나의 사랑하는 가족에게

CPA

2차 재무관리

2010-2022년 2차 시험

기출문제 상세해설집 (주제별)

정형찬 부경대학교

좋은땅

머리말

"올 공인회계사 2차, 널뛰기 난이도에 응시생 분통"
"연도·과목별 난이도 편차 심각…올해는 재무관리에서 폭탄
부분합격제 하 '복불복 시험' 비판…채점기준 등 공개 요구"

　위의 인용문은 2022년 공인회계사 2차 시험을 치루고 난 후 응시생들의 반응을 <법률저널>이 보도한 기사 내용의 일부분이다(2022년 7월 5일자). 올해는 전반적으로 지난해에 비해 2차 시험의 난이도가 높았으며 그 중에서도 재무관리가 가장 어려웠다고 한다. 시험 종료 직후 <법률저널>이 자체 진행한 설문조사에서 가장 어려웠던 과목을 묻는 질문에 응답자 91%가 재무관리를 꼽았으며, 이 외에는 회계감사 3.8%, 재무회계, 세법 각 2.6%로 미미했다고 한다.

　이처럼 공인회계사 2차 재무관리는 CPA를 준비하는 수험생 사이에서는 어렵기로 악명 높은 과목이다. CPA 2차 시험 응시생들이 종종 얘기하는 것처럼 실제로 2차 재무관리 시험은 다른 재무관리 교수가 와도 풀지 못할 만큼 어렵다. 저자가 지난 10여 년간의 2차 재무관리 시험 문제를 풀어 본 경험에 의하면, 재무관리 2차 시험 문제가 어려운 가장 근본적인 이유는 출제 교수들이 미국이나 한국 재무관련 과목의 교과서에 나와 있지도 않은 본인의 전공 분야에서 잘 알려진 유명 논문에서 다루는 주제나 사례를 시험 문제로 출제하는 경향이 강하기 때문이다. 예를 들어, 이번 2022년 2차 재무관리 <문제 7>의 (물음 4)의 경우 응시생들이 이 문제를 제대로 풀려면 옵션에서 기초자산의 베타와 옵션의 베타와의 상호 관련성을 정확히 이해하고 있어야 한다. 그런데, 이 주제는 현재 시중에 나와 있는 미국이나 한국 교과서에서 쉽게 찾아볼 수 있는 주제는 아니다. 이 주제를 처음으로 다룬 논문은 현대 파생금융시장의 탄생에 가장 큰 기여를 한 Black and Scholes(1973)의 논문이다. Black and Scholes(1973)의 이 논문을 꼼꼼히 읽어보지 못한 학생들이 이 문제를 제대로

풀기는 사실상 불가능하다. 결과적으로 학부 재학생이나 졸업생에게는 이런 유형의 2차 시험 문제는 거의 폭탄에 가깝다.

이 문제뿐만이 아니다. 작년 2021년도 2차 시험의 <문제 2>는 Myers and Majluf(1984)의 자본조달순위이론(pecking order theory)에 관한 문제였는데, 문제 자체가 Myers and Majluf(1984) 논문의 제2장에서 제시된 숫자 예를 그대로 문제로 만든 사례이다. Myers and Majluf(1984)가 논문의 제2장에서 숫자 예를 활용하여 독자들이 자본조달순위이론의 기본 개념 즉 정보비대칭 하에서 수익성이 높은 투자안이 있을 경우 내부금융이 유상증자(신주 발행)와 같은 외부금융보다 우선한다는 기본 개념을 쉽게 이해할 수 있도록 설명하고 있는 부분을 발췌해 문제로 만들어 출제한 것이다. 이런 유형의 문제는 대학원 재무관리전공 박사과정에서 이 논문을 직접 읽고 강의를 들은 대학원생들을 대상으로 중간고사나 기말고사에 출제하면 적합한 문제이다. 따라서 이 논문을 직접 읽어보지 못한 학부 재학생이나 졸업생들은 말할 것도 없고 이 논문을 읽어본 대학원생일지라도 시험 현장에서 논문을 보지 않고 풀기는 어려운 난이도가 매우 높은 문제이다.

게다가 수험생들이 2차 재무관리를 준비하기 어려운 또 하나의 이유는 1차 재무관리 시험과는 달리 확정 정답이 공개되지 않는다는 점이다. 물론 대부분의 문제는 출제자의 의도와 정답을 파악하는 게 그리 어렵지 않지만 몇몇 문제는 정답이 없어 출제자의 의도가 무엇인지 문제를 어떻게 해석해야 할지에 대해 불명확한 경우도 없지 않다. 금융감독원이 채점 기준과 확정 정답을 모두 공개하는 것이 부담스럽다면 적어도 정답만이라도 공개한다면 기출문제를 공부하는 수험생들의 부담이 훨씬 줄어들 수 있다. 금감원의 이러한 비공개 원칙은 60대인 저자도 이해하기 힘든데, 공정과 투명성을 무엇보다 중요하게 생각하는 젊은 세대로서는 받아들이기 쉽지 않을 것이다.

그럼에도 불구하고 CPA 2차 재무관리 시험의 이러한 경향은 쉽게 바뀌지 않을 것이다. 따라서 2차 재무관리 시험을 준비하는 수험생으로서 최선의 전략은 이러한 시험 환경에 최대한 적응하는 것이다. 이를 위해서는 먼저 이제까지

출제된 여러 유형의 기출문제들을 많이 풀어보고 특히 여러 해에 걸쳐 반복 출제되는 기본 문제는 절대 놓치지 않도록 철저히 준비하도록 하는 게 좋다. 또한 기존의 출제 경향과 전혀 다른 문제 스타일에 적응하기 위해서는 무엇보다도 재무관리의 기초이론과 핵심 계량 모형 등에 대한 충분한 이해를 바탕으로 다양한 유형의 문제를 풀 수 있는 응용력을 키워야 한다. 한편 아무리 준비를 철저히 하고 충분한 실력을 갖추고 있더라도 2차 시험과 같이 문제의 지문 자체가 복잡해서 문제를 정확히 파악하지 못하면 정답을 제시할 수 없다. 그러므로 복잡한 문제일수록 정답을 찾기 위해선 먼저 문제를 정확히 파악하려는 자세가 무엇보다도 중요하다. 아인슈타인이 "내게 세상을 구할 수 있는 한 시간이 주어진다면 55분은 문제를 정의하는 데 쓰고 나머지 5분간은 문제를 풀겠다."고 한 것도 해답을 찾기 위해선 먼저 문제를 정확히 파악하는 것이 가장 중요하다고 생각했기 때문이다.

저자가 이 책을 집필한 직접적인 동기는 현재 저자가 가르치고 있는 부경대학교 학생들뿐만 아니라 저자가 올해 초에 출간한 <CPA 객관식 재무관리> 해설서를 가지고 시험공부를 하는 수험생들이 <CPA 2차 재무관리> 해설서도 출간해 달라는 요청을 해왔기 때문이다. 이러한 수험생들의 요청에 따라 저자는 이 책에서 2차 재무관리 기출문제 하나하나에 대해서 출제자가 요구하는 기초이론과 계량 모형, 핵심 명제가 무엇인지, 이를 어떻게 활용하는 것이 가장 효율적으로 정답을 이끌어낼 수 있는지 등에 대해 상세히 설명하려고 애썼다. 특히 여러 문제에서 반복적으로 출제되고 있는 주요 이론이나 혹은 문제와 직접 관련이 있으나 일반 교과서에서는 다루지 않는 고급재무이론에 대해서는 <Solution Note>를 만들어 학생들이 이를 완전히 이해하고 유사한 문제에 대해 응용력을 높일 수 있도록 조치하였다. 저자가 이 책을 통해 진정으로 바라는 것은 대학 재학 중에 교육과정의 미비 혹은 수험생 개인 사정으로 재무관련 과목을 충분히 수강할 수 없었던 부경대학교 학생들을 포함한 전국의 많은 수험생들, 특히 지방대학의 재학생이나 졸업생들이 교과서와 이 해설서만으로 스스로 CPA 2차 재무관리 시험을 준비할 수 있는 기회를 제공하는 것이다.

이 책에서는 2010년부터 최근 2022년에 이르기까지 공인회계사 2차 시험에 출제된 모든 문제를 먼저 주제별로 분류하고 다시 각 주제별로는 기초이론으로 풀 수 있는 문제에서부터 고급재무이론을 적용해야 풀 수 있는 문제에 이르기까지 문제의 난이도에 따라 적절히 배치하였다. 이 책은 2010년 이후 역대 CPA 2차 재무관리 기출문제를 다음과 같이 전체 10개의 장으로 구성하였다.

제1장 재무관리 기초와 재무제표분석   제2장 채권의 가치평가와 이자율

제3장 주식의 가치평가   제4장 자본시장 균형이론

제5장 자본예산   제6장 자본구조와 배당정책

제7장 기업의 인수합병   제8장 옵션

제9장 선물과 스왑   제10장 국제재무관리

제1장 재무관리 기초와 재무제표분석에서는 재무관리의 목표와 화폐의 시간적 가치, 재무제표분석 등으로 구성되어 있으며, 총 2개의 기출문제와 이에 대한 해설을 포함하고 있다. 제2장 채권의 가치평가와 이자율에서는 채권의 가치평가와 이자율 기간구조, 듀레이션 및 볼록성 등의 주제로 구성되어 있으며, 총 10개의 기출문제와 해설을 포함하고 있다. 제3장 주식의 가치평가에서는 배당평가모형과 잉여현금흐름모형과 경제적 부가가치모형, 행동재무론 등의 주제로 구성되어 있으며, 총 4개의 기출문제와 해설을 포함하고 있다. 제4장 자본시장 균형이론에서는 포트폴리오 선택이론과 CAPM, APT와 3-요인모형 등의 주제로 구성되어 있으며, 총 26개의 기출문제와 해설을 포함하고 있다. 제5장 자본예산에서는 투자안의 현금흐름 추정과 투자 평가, 투자 평가와 인플레이션 등의 주제로 구성되어 있으며, 총 6개의 기출문제와 해설을 포함하고 있다.

제6장 자본구조와 배당정책에서는 MM이론과 하마다모형, MM 이후의 자본

구조이론, 배당정책 등의 주제로 구성되어 있으며, 총 12개의 기출문제와 해설을 포함하고 있다. 제7장 기업의 인수합병에서는 인수합병의 경제성 평가와 공개매수와 무임승차 문제 등의 주제로 구성되어 있으며, 총 5개의 기출문제와 해설을 포함하고 있다. 제8장 옵션에서는 옵션의 가치평가, 옵션투자전략, 옵션 유사증권과 실물옵션 등의 주제로 구성되어 있으며, 총 21개의 기출문제와 해설을 포함하고 있다. 제9장 선물과 스왑에서는 선물의 가치평가, 선물거래와 헤징, 스왑 등의 주제로 구성되어 있으며, 총 4개의 기출문제와 해설을 포함하고 있다. 제10장 국제재무관리에서는 환율결정이론의 주제로 구성되어 있으며, 총 1개의 기출문제와 해설을 포함하고 있다.

출제된 문제를 주제별로 분류해 볼 때 가장 출제 빈도가 높은 분야는 1차 재무관리 시험과 마찬가지로 <제4장 자본시장 균형이론>이 총 26문제로 가장 높으며, 전체 91개 문제 중에서 차지하는 비중은 29%이다. 다음으로는 <제8장 옵션>이 총 21문제로 구성되어 있으며, 비중은 23%이다. 또한 <제6장 자본구조와 배당정책>과 <제2장 채권의 가치평가와 이자율>이 각각 총 12개와 총 10개 문제로 비중은 각각 13%와 11%를 차지하고 있다. 따라서 수험생들은 이러한 기출 문제의 주제별 분포를 참고해서 시험 준비 시간을 배분하는 것도 고득점을 위한 좋은 전략일 수 있다.

마지막으로 이 책을 집필하는 동안 많은 불편을 참고 지원을 아끼지 않았던 가족들에게 감사드린다. 그리고 이 책의 출간을 기다리면서 지금도 어딘가에서 소중한 젊은 시절을 CPA 시험 준비에 할애하고 고통을 감내하는 전국의 CPA 시험 준비생들에게 행운을 빈다.

2022년 8월
해운대에서 저자 씀

목차

재무관리 기초와 재무제표분석

1.1 재무관리의 목표와 화폐의 시간적 가치

문제 1 다음 물음에 대하여 답하라. 각 물음은 서로 연관성이 없는 별개의 물음이다. (2014년 문제 1)

(물음 1) A기업은 내년의 주당이익(EPS_1)을 660원으로 예상하고 있으며 주식에 대한 적정 할인율은 12%이다. A기업은 앞으로 매년 이익의 60%를 재투자할 예정이며 자기자본에 대한 투자수익률은 15%를 유지할 것으로 전망된다. 배당할인모형에 의하면 주식가치는 얼마인가? 또 주식가치 중에서 성장기회에 대한 가치(NPVGO)는 얼마인가?

(물음 2) B채권은 만기가 5년이며 액면이자율이 6.2%이고 분기별로 이자를 지급한다. 현재 이 채권은 액면가와 동일한 가격으로 거래되고 있다. 이 채권에 대한 실효이자율(effective rate of interest)은 얼마인가? <u>계산결과는 %단위로 표시하되 반올림하여 소수점 둘째 자리까지 표기</u>하라.

(물음 3) C은행의 정기예금은 연 이자율이 3.6%이다. 이 정기예금을 이용해서 세후 기준으로 원금의 두 배를 마련하려면 몇 년간 투자해야 하는가? 단, 현재 이자소득세율은 15.4%이고, 이자소득세는 만기 시점에 한 번만 납부한다고 가정한다. 아래 표에 제시된 각 실수에 대한 자연대수 값을 계산에 이용하고, <u>계산결과는 반올림하여 소수점 둘째 자리까지 표</u>

<u>기</u>하라.

실수(x)	자연대수($\ln x$)
0.036	-3.3242
0.154	-1.8708
0.846	-0.1672
1.000	0.0000
1.036	0.0354
1.846	0.6130
2.000	0.6931
2.182	0.7802

(물음 4) 일반적으로 재무관리의 목표는 기업가치 극대화라고 말한다. 기업가치가 아니라 이익을 극대화하는 것을 재무관리의 목표로 설정하면 어떤 문제점이 있는지 5줄 이내로 설명하라.

상세 해설 및 정답

이 문제는 일정성장배당평가모형을 이용한 주식가치 평가와 화폐의 시간적 가치, 재무관리의 목표 등 다양한 주제에 대해 묻는 문제이다.

(물음 1) 먼저 배당할인모형에 의해 주가를 추정하면 다음과 같이 8,800원이다.

- $g = b \times ROE = 0.6 \times 0.15 = 0.09, \quad r = 0.12$

- $D_1 = EPS_1 \times (1-b) = 660 \times 0.4 = 264$

- $P = \dfrac{D_1}{r-g} = \dfrac{264}{0.12-0.09} = 8,800$

그리고 향후 양(+)의 NPV를 실현할 수 있는 수익성 있는 투자기회 (growth opportunity)를 가지고 있는 성장기업의 주가는 다음 식과 같이 성장 없는 주식의 현재가치와 미래 성장기회의 순현재가치(NPVGO)의 합으로 나타낼 수 있다.

- P = 성장없는 주식의 현재가치 + 성장기회의 순현가

$$= \frac{EPS_1}{r} + NPVGO$$

그러므로 미래 성장기회의 순현재가치(NPVGO)는 앞에서 계산한 성장기업의 주가에서 성장 없는 주식의 현재가치를 차감하여 산출하며, 여기서 NPVGO는 다음 식과 같이 3,300원이다.

- $NPVGO = P - \dfrac{EPS_1}{r} = 8,800 - \dfrac{660}{0.12} = 3,300$

(물음 2) 현재 이 채권은 액면가와 동일한 가격으로 거래되고 있으므로 이 채권의 연간 만기수익률(y)은 액면이자율과 동일한 연 6.2%이다. 따라서 분기별로 이자를 지급할 경우 연간 6.2%의 만기수익률을 연간 실효이자율(y_e)로 환산하면 다음과 같이 6.35%이다.

- P(채권가격) = F(액면가)

   → 만기수익률(y) = 액면이자율(i) = 6.2%

- 실효이자율 $y_e = (1 + \dfrac{y}{4})^4 - 1 = (1 + \dfrac{0.062}{4})^4 - 1$

$$= 0.0635 \ (6.35\%)$$

(물음 3) 이 문제는 일정 금액의 원금을 연 이자율이 3.6%인 정기예금에 가입했을 때 세후 기준으로 원금인 현재가치(PV)의 두 배가 되는 데 소요되는 기간을 계산하는 문제이다. 화폐의 시간가치에서 미래가치(FV)를 계산하는 공식을 이용하면 쉽게 풀 수 있는 문제이다. 정기예금의 원금을 PV라고 할 때 n년 후의 미래가치(FV_n)인 원금과 세후 이자금액의 합계가 원금인 PV의 두 배가 되어야 하므로 n은 다음 관계식을 충족시켜야 한다. 단 이자소득세는 만기 시점에 한 번만 납부한다고 가정하고 있는 점에 유의한다. 아래 식에서 T_p는 이자소득에 대한 개인소

득세율을 의미한다.

- $FV_n = PV + 세후 이자수익 = 2PV$

  $PV + [PV(1+r)^n - PV](1-T_p) = 2PV$

  $1 + [(1+r)^n - 1](1-T_p) = 2 \rightarrow (1+r)^n = \dfrac{1}{1-T_p} + 1$

위 식에서 연 이자율(r) 3.6%와 이자소득에 대한 개인소득세율(T_p) 15.4%를 대입해서 기간 n을 구하면 다음과 같이 약 22.04년이다.

- $(1+r)^n = \dfrac{1}{1-T_p} + 1$

  $\rightarrow (1+0.036)^n = \dfrac{1}{1-0.154} + 1 = 2.182$

  $n \times \ln(1.036) = \ln(2.182)$

  $n = \dfrac{\ln(2.182)}{\ln(1.036)} = \dfrac{0.7802}{0.0354} = 22.04 \,(년)$

(물음 4) 회계적 이익극대화 목표는 다음과 같은 핵심 문제점을 가지고 있다. 첫째, 이익극대화 목표에서 이익이 단기 이익인지 장기이익인지, 혹은 영업이익인지 당기순이익(주당순이익)인지에 대한 개념이 명확하지 않다. 둘째, 회계적 이익은 감가상각방법과 재고자산평가방법 등에 대한 경영자의 회계처리방법의 선택에 따라 그 크기가 달라질 수 있는 자의적인 수치이므로 주가와는 달리 객관적인 기업목표가 될 수 없다. 셋째, 회계적 이익은 이익의 발생 시기와 위험을 무시하고 있어 화폐의 시간가치와 이익의 질적 가치 등을 정확히 반영하지 못하는 이론적 결함을 가진다.

1.2 재무제표분석

문제 2 ㈜대한의 2019년 세전영업이익(EBIT)은 500억원이었다. ㈜대한에서는 2019년 초와 2020년 초에 리조트 건설에 필요한 150억원의 자본적 지출이 각각 발생했다. 2020년 말부터 발생되는 ㈜대한의 잉여현금흐름은 향후 지속될 것이다. 한편, ㈜대한의 2019년과 2020년 리조트 건설사업의 연 투하자본이익률(ROIC)은 15%이다. 2019년과 2020년에 공통 적용되는 ㈜대한에 관한 아래의 정보를 이용해서 물음에 답하시오. (2020년 문제 2)

⑴ 목표 부채비율(부채/자기자본)은 50%이다.

⑵ 보통주 자기자본비용, 세후 부채비용은 각각 연 10%, 4%이다.

⑶ 우선주 발행은 없다.

⑷ 법인세율은 25%이다.

⑸ 감가상각비는 존재하지 않는다.

⑹ 시간선 상 t=0, 1, 2는 각각 2019년 기말(2020년 기초), 2020년 기말, 2021년 기말이다.

(물음 1) 2020년 초에 발생된 자본적 지출 150억원을 통해 2020년에 창출되는 경제적 부가가치(EVA)는 19.5억원으로 추정된다. ㈜대한의 2020년 리조트 건설사업의 연 가중평균자본비용(WACC)을 추정하시오.

(물음 2) ㈜대한의 2019년 말 잉여현금흐름이 200억원일 경우, 2019년 말의 순운전자본 증감액을 구하시오.

(물음 3) 2020년 기준 ㈜대한의 매출액은 전년 대비 10% 감소할 것이다. 또한, ㈜대한의 2020년에 적용되는 영업레버리지도(DOL)는 2.0으로 예상된다. 2020년 초 기준으로 ㈜대한의 기업가치를 추정하시오. 단, 2020년 말 기준 유동자산, 유동부채는 각각 99억원, 87억원으로 전년대비 10% 감소, 16% 증가할 전망이다. <u>계산결과는 반올림하여 억원 단위로 표시하시오.</u>

(물음 4) ㈜대한은 부채이용 기업이다. ㈜대한이 무부채기업일 경우와 비교하면, ㈜대한의 부채사용에 따른 법인세 절감효과로 늘어난 2020년 말 기업 가치 증가분은 100억원으로 추정된다. 2020년 말 기준 발행주식 수는 100만주, 이자비용은 총부채의 10%가 될 것이다. 주당순이익(EPS) 20,000원에 해당하는 ㈜대한의 2020년 말 기준 세전영업이익(EBIT)을 구하시오. 단, MM 수정명제 I이 적용된다. <u>계산결과는 반올림하여 억원 단위로 표시하시오.</u>

상세 해설 및 정답

이 문제는 경제적 부가가치(EVA)와 MM(1963)의 자본구조이론 등에 관한 문제이다. 구체적으로는 이들 이론을 적용하여 WACC, 잉여현금흐름, 영업이익(EBIT) 등을 추정하는 문제이다.

(물음 1) EVA는 다음 식과 같이 투하자본이익률($ROIC$)과 가중평균자본비용($WACC$)의 차이에 투하자본(IC)을 곱해서 산출한다. 따라서 아래 식에 의해 2020년 리조트 건설사업의 WACC은 2%이다.

- $EVA = IC \times (ROIC - WACC)$

  $\rightarrow 19.5 = 150 \times (0.15 - WACC)$

  $\therefore WACC = 0.02 \, (2\%)$

참고로 이 문제는 ㈜대한의 기존 투자사업의 WACC이 아닌 2020년 리조트 건설사업이라는 특정 사업의 WACC을 추정하는 것이므로 기업 전체의 WACC을 추정하는 오류를 범하지 않아야 한다.

그리고 경제적 부가가치(EVA)를 추정하기 위한 다양한 계산 공식에 관해서는 아래 <Solution Note>를 참고하기 바란다.

(물음 2) 이 문제에서 잉여현금흐름(FCF)은 기업잉여현금흐름($FCFF$)을 의미하며, 기업의 영업현금흐름에다 투자사업으로 인해 필요한 자본적 지출과 순운전자본 등의 소요자본을 차감한 것이다. 문제에서 ㈜대

한의 2019년 말 잉여현금흐름($FCFF_0$)이 200억원일 경우, 순운전 자본 증감액(ΔWC)을 구하면 다음과 같이 25억원이다. 아래 식에서 Dep와 $CapEx$는 각각 감가상각비와 자본적 지출을 의미한다.

- $FCFF_0 = EBIT_0(1 - T_C) + Dep - (CapEx_0 + \Delta WC_0)$

  $\rightarrow 200 = 500 \times (1 - 0.25) + 0 - (150 + \Delta WC_0)$

  $\therefore \Delta WC_0 = 25 \, (억원)$

기업잉여현금흐름($FCFF$)의 추정 공식에 관해서는 제3장 문제 3(2022년 문제 1)의 (물음 2)와 해당 문제의 <Solution Note>를 참고하기 바란다.

(물음 3) 이 문제는 기업잉여현금흐름모형($FCFF$)에 의해 기업가치를 계산하는 문제이다. 2020년 초 기준 ㈜대한의 기업가치를 추정하기 위해서는 2020년 말 기준 잉여현금흐름($FCFF_1$)을 추정해야 한다. 이를 위해 먼저 2020년 말 기준 세전영업이익($EBIT_1$)을 아래와 같이 산출한다. 아래 식에서 TR은 매출액을 의미한다.

- $DOL = \dfrac{\Delta EBIT / EBIT_0}{\Delta TR / TR_0} = \dfrac{\Delta EBIT / EBIT_0}{-0.1} = 2$

  $\rightarrow \dfrac{\Delta EBIT}{EBIT_0} = -0.2$

  $\therefore \Delta EBIT = -0.2 \times EBIT_0 = -0.2 \times 500 = -100$

- $EBIT_1 = EBIT_0 + \Delta EBIT = 500 - 100 = 400$

또한 2020년도 기간 중 발생한 자본적 지출($CapEx$)은 150억원으로 주어져 있으나 순운전자본 증감액(ΔWC)은 제시되어 있지 않다. 따라서 2020년 말 기준 잉여현금흐름($FCFF_1$)을 산출하기 위해서는 2020년도 기간 중 발생한 순운전자본 증감액(ΔWC)을 추가적으로 구해야 한다. 2020년 기간 중의 순운전자본 증감액(ΔWC)은 다음 식과 같이 구한다. 아래 식에서 CA와 CL은 각각 유동자산과 유동부채를 의미한다.

- $\dfrac{CA_1}{CA_0} - 1 = -0.1 : \dfrac{99}{CA_0} - 1 = -0.1 \rightarrow CA_0 = 110$

  $\dfrac{CL_1}{CL_0} - 1 = 0.16 : \dfrac{87}{CL_0} - 1 = 0.16 \rightarrow CL_0 = 75$

- $\Delta WC = WC_1 - WC_0 = (CA_1 - CL_1) - (CA_0 - CL_0)$

  $= (99 - 87) - (110 - 75) = -23$

위에서 추정한 잉여현금흐름 관련 정보를 이용하여 2020년 말 기준 잉여현금흐름($FCFF_1$)을 추정하면 다음과 같이 173억원이다.

- $FCFF_1 = EBIT_1(1 - T_C) + Dep - (CapEx + \Delta WC)$

  $= 400 \times (1 - 0.25) + 0 - [150 + (-23)] = 173$

위에서 추정한 2020년 말 기준 잉여현금흐름은 향후 지속될 것이므로 2020년 초 기준의 기업가치(V_0)를 기업잉여현금흐름모형을 이용하여 구하기 위해서는 다음과 같이 2020년 말 기준 잉여현금흐름($FCFF_1$)을 기업의 WACC으로 나누어 추정한다. 추정 결과, 기업가치는 2,163억원이다.

- $\dfrac{B}{S} = \dfrac{1}{2} \rightarrow B : S : V = 1 : 2 : 3 \rightarrow \dfrac{S}{V} = \dfrac{2}{3},\ \dfrac{B}{V} = \dfrac{1}{3}$

  $\rightarrow WACC = (\dfrac{2}{3})(0.1) + (\dfrac{1}{3})(0.04) = 0.08\ (8\%)$

- $V_0 = \dfrac{FCFF_1}{WACC} = \dfrac{173}{0.08} = 2,163$ (억원)

(물음 4) MM 수정명제 I을 이용하여 2020년도 ㈜대한의 부채(B)와 이자비용(I_1)을 다음 식과 같이 계산한다.

- $T_C B = 0.25 \times B = 100 \rightarrow B = 400$

- $I_1 = B \times r_B = 400 \times 0.1 = 40$

위에서 추정한 이자비용을 이용하여 2020년 말 기준 세전영업이익

($EBIT_1$)을 구하면 다음과 같이 307억원이다. 아래 식에서 NI와 N은 각각 당기순이익과 발행주식수를 의미한다.

- $NI_1 = EPS_1 \times N_1 = 2\,(\text{만원}) \times 100\,(\text{만주}) = 200\,(\text{억원})$
- $NI_1 = (EBIT_1 - I_1)(1 - T_C) = (EBIT_1 - 40)(1 - 0.25) = 200$

  $\rightarrow EBIT_1 = 307\,(\text{억원})$

※ Solution Note: 경제적 부가가치(EVA)의 계산 공식

경제적 부가가치(EVA)란 세후 영업이익에서 투자자본의 조달비용을 차감한 부가가치를 의미한다. 경제적 부가가치(EVA)를 추정하는 계산 공식은 다양하므로 아래에서 주요한 계산 공식 3가지를 제시한다.

1. $EVA = $ 세후 영업이익$(NOPAT) - $ 투하자본 조달비용

   $= EBIT(1 - T_C) - IC \times WACC$

2. $EVA = \dfrac{EBIT(1 - T_C)}{IC} \times IC - IC \times WACC$

   $= (ROIC - WACC) \times IC \qquad (ROIC = \dfrac{EBIT(1 - T_C)}{IC})$

3. $EVA = $ 세후 영업이익$(NOPAT) - $ 투하자본 조달비용

   $= ($영업이익 $-$ 법인세$) - ($이자비용 $+$ 자기자본비용$)$

   $= ($영업이익 $-$ 법인세 $-$ 이자비용$) - $ 자기자본비용

   $= $ 당기순이익 $-$ 자기자본비용

2

채권의 가치평가와 이자율

2.1 채권의 가치평가

문제 1 다양한 만기와 액면이자를 가진 채권들이 자본시장에서 거래되고 있다. 모든 채권은 채무불이행 위험이 없으며, 이자지급 주기가 1년, 액면금액이 100,000원으로 동일하다. 또한 모든 채권은 공매가 가능하며, 거래비용 없이 차익거래 기회가 없는 균형가격에 거래된다. (2020년 문제 5)

※ (물음 1)과 (물음 2)는 채권 A~채권 D의 잔존만기, 액면이자율, 만기수익률, 가격의 일부 정보를 제시한 아래 표를 이용하여 답하시오.

채권	잔존 만기(년)	액면 이자율	만기 수익률	가격(원)
A	15	0%		
B	15	6%		64,000
C	15	8%		78,400
D	15			100,000

(물음 1) 채권 B와 채권 C를 활용하여, 채권 A의 시장가격을 구하시오.

(물음 2) (물음 1)을 활용하여, 채권 D의 만기수익률을 구하시오.

※ (물음 3)~(물음 5)는 채권 E~채권 G의 잔존만기, 액면이자율, 만기수익률, 가격의 일부 정보를 제시한 아래 표를 이용하여 답하시오.

채권	잔존 만기(년)	액면 이자율	만기 수익률	가격(원)
E	1	0%		
F	2	10%	9.80%	
G	3	0%	10.00%	

(물음 3) 채권 F의 가격을 구하시오. <u>계산결과는 반올림하여 원 단위로 표시하시오.</u>

(물음 4) 만기 3년 이내의 현물이자율 수익률곡선이 우상향(만기가 증가할 때 현물이자율이 같거나 증가)하기 위한 채권 E의 최대가격을 구하시오. <u>계산결과는 반올림하여 원 단위로 표시하시오.</u>

(물음 5) 만기 3년 이내의 현물이자율 수익률곡선이 우상향(만기가 증가할 때 현물이자율이 같거나 증가)하기 위한 채권 E의 최소가격을 구하시오. <u>계산결과는 반올림하여 원 단위로 표시하시오.</u>

상세 해설 및 정답

이 문제는 채권의 가치평가와 이자율 기간구조에 관한 문제이다.

(물음 1) 먼저 채권 B와 채권 C의 가격을 기간별 현물이자율(r_t)을 이용하여 다음과 같이 표시할 수 있다.

$$\bullet\ P_B = \frac{6,000}{(1+r_1)} + \frac{6,000}{(1+r_2)^2} \cdots + \frac{6,000}{(1+r_{15})^{15}} + \frac{100,000}{(1+r_{15})^{15}} = 64,000$$

$$\bullet\ P_C = \frac{8{,}000}{(1+r_1)} + \frac{8{,}000}{(1+r_2)^2} \cdots + \frac{8{,}000}{(1+r_{15})^{15}} + \frac{100{,}000}{(1+r_{15})^{15}} = 78{,}400$$

위의 식에서 제시한 채권 B의 가격에 4를 곱한 값에서 채권 C의 가격에 3을 곱한 값을 차감하면 순수할인채권(무이표채)인 채권 A의 가격을 구할 수 있다. 계산 결과, 채권 A의 가격은 다음과 같이 20,800원이다.

$$\bullet\ 4P_B - 3P_C = \frac{100{,}000}{(1+r_{15})^{15}} = P_A$$

$$= 4 \times 64{,}000 - 3 \times 78{,}400 = 20{,}800$$

(물음 2) 채권 D의 경우는 액면금액(F)과 채권가격(P)이 동일한 액면채(par bond)이므로 액면이자율(i)와 만기수익률(y)이 동일하다. 따라서 채권 D의 액면이자율(i)을 구할 수 있으면 만기수익률(y)은 쉽게 결정할 수 있다. 먼저 채권 D의 가격을 아래 식 (1)과 같이 액면이자율(i)과 S_1과 S_2의 함수로 나타낼 수 있다.

$$\bullet\ P_D = 100{,}000 = \frac{100{,}000 \times i}{(1+r_1)} + \cdots + \frac{100{,}000 \times i}{(1+r_{15})^{15}} + \frac{100{,}000}{(1+r_{15})^{15}}$$

$$\rightarrow\quad 1 = \frac{i}{(1+r_1)} + \cdots + \frac{i}{(1+r_{15})^{15}} + \frac{1}{(1+r_{15})^{15}}$$

$$= i \times \left[\frac{1}{(1+r_1)} + \cdots + \frac{1}{(1+r_{15})^{15}} \right] + \frac{1}{(1+r_{15})^{15}}$$

$$= i \times S_1 + S_2 \qquad\qquad (1)$$

그리고 앞의 (물음 1)에서 구한 채권 A와 채권 B의 가격 정보를 이용하여 위의 식 (1)에서 정의한 S_1과 S_2를 구하면 다음과 같이 각각 7.2와 0.208이다.

$$\bullet \ P_A = \frac{100,000}{(1+r_{15})^{15}} = 20,800$$

$$\rightarrow \frac{1}{(1+r_{15})^{15}} = S_2 = \frac{20,800}{100,000} = 0.208$$

$$\bullet \ P_B = 64,000 = \frac{6,000}{(1+r_1)} + \cdots + \frac{6,000}{(1+r_{15})^{15}} + \frac{100,000}{(1+r_{15})^{15}}$$

$$= 6,000\left[\frac{1}{(1+r_1)} + \cdots + \frac{1}{(1+r_{15})^{15}}\right] + 20,800$$

$$= 6,000 \times S_1 + 20,800 \rightarrow S_1 = 7.2$$

위에서 구한 S_1과 S_2의 값을 앞의 식 (1)에 대입하여 채권 D의 액면이자율(i)을 계산하면 다음과 같이 11%이다. 따라서 채권 D는 액면이자율(i)과 만기수익률(y)이 동일한 액면채이므로 만기수익률도 11%이다.

$$\bullet \ 1 = i \times S_1 + S_2 = i \times 7.2 + 0.208 \rightarrow i = y = 0.11 \ (11\%)$$

(물음 3) 문제에서 만기 2년인 이자부채권(이표채) F의 액면이자율(i)과 만기수익률(y)이 모두 주어져 있으므로 이를 이용하여 채권 F의 가격을 구하면 다음과 같이 100,348원이다.

$$\bullet \ P_F = \frac{10,000}{(1+y)} + \frac{110,000}{(1+y)^2} = \frac{10,000}{(1+0.098)} + \frac{110,000}{(1+0.098)^2}$$

$$= 100,348 \ (원)$$

(물음 4) 먼저 채권 G는 만기 3년 순수할인채권(무이표채)이므로 만기수익률과 현물이자율은 동일하다. 따라서 채권 G의 만기수익률이 10%이므로 만기 3년 현물이자율 r_3도 동일한 10%이다. 수익률곡선이 우상향하기 위해서는 만기 2년 현물이자율 r_2는 현물이자율 r_3의 10%보다 같거나 작아야 한다. 이 경우 채권 F의 가격에서 구한 현물이자율 r_1은 다음 식과 같이 5.94%보다 같거나 커야 한다.

- $r_2 \leq r_3 = 0.1 \, (10\%)$

- $P_F = 100{,}348 = \dfrac{10{,}000}{(1+r_1)} + \dfrac{110{,}000}{(1+r_2)^2} = \dfrac{10{,}000}{(1+r_1)} + \dfrac{110{,}000}{(1+0.1)^2}$

  $\rightarrow r_1 \geq 0.0594 \, (5.94\%)$

만기 1년 현물이자율 r_1이 5.94%보다 같거나 커야 한다는 조건하에서 만기 1년인 순수할인채권(무이표채) E의 최대가격은 현물이자율 r_1이 최소인 5.94%일 때의 가격이며 다음과 같이 94,393원이다.

- $r_1 \geq 0.0594 \, (5.94\%)$

- $P_E(Max) = \dfrac{100{,}000}{(1+0.0594)} = 94{,}393 \, (원)$

(물음 5) 만기 3년 이내의 현물이자율 수익률곡선이 우상향할 때 만기 1년 현물이자율 r_1과 만기 2년 현물이자율 r_2와 만기 2년 이자부채권(이표채)의 만기수익률 y와의 대소 관계는 채권 F의 만기수익률을 고려할 때 다음과 같은 부등식을 만족해야 한다.

- $r_1 \leq y = 0.098 \leq r_2$

따라서 수익률곡선이 우상향하기 위한 만기 1년 순수할인채권(무이표채) E의 최소가격은 현물이자율 r_1이 최대인 9.80%일 때의 가격이며 다음과 같이 91,075원이다.

- $r_1 \leq y = 0.098$

- $P_E(Min) = \dfrac{100{,}000}{(1+0.098)} = 91{,}075 \, (원)$

참고로 수익률곡선이 우상향할 때 현물이자율과 만기수익률 간의 대소 관계에 대한 상세한 설명은 <정형찬, CPA 객관식 재무관리, 2022> pp. 70-71를 참고하기 바란다.

2.2 이자율 기간구조

문제 2 액면금액이 모두 10,000원이면서 다음의 조건을 갖는 채권 A, B, C가 있다. 이표채는 연 1회 이자를 지급한다. 각 기간별 유동성프리미엄은 $_0L_1 = 0.0\%$, $_1L_2 = 0.2\%$, $_2L_3 = 0.3\%$이다. ($_{n-1}L_n = n-1$년부터 n년까지 1년 동안의 유동성프리미엄) 금액에 대해서는 소수점 셋째 자리에서 반올림하여 둘째 자리까지 사용하고, 수익률 등 비율에 대해서는 소수점 다섯째 자리에서 반올림하여 넷째 자리까지 사용하시오. (2010년 문제 3)

채권	만기	표면이자율	만기수익률
A	1년	10%	10%
B	2년	20%	12%
C	3년	0%	13%

(물음 1) 만기별 현물이자율을 구하고 이를 이용하여 수익률곡선을 그리시오.

(물음 2) 1년이 지난 시점에서의 1년 만기와 2년 만기의 기대현물이자율을 구하시오. 유동성프리미엄은 각 기간별로 현재와 동일하게 유지된다고 가정하시오. 즉, 1년 후 시점을 0으로 보았을 때 $_0L_1 = 0.0\%$, $_1L_2 = 0.2\%$로 1년 전과 동일하다.

(물음 3) (물음 2)를 무시하고 (물음 1)의 수익률곡선이 1년 후에도 그대로 유지될 것이라고 예상하는 투자자가 있다. 이 투자자의 목표투자기간이 1년일 때, 현재 시점에서 C채권을 이용하여 수익률곡선타기 전략을 취한다면 이 투자자가 기대하는 투자수익률은 얼마인가?

이 문제는 이자율 기간구조와 채권 투자전략에 관한 문제이다.

(물음 1) 수익률곡선을 그리기 위해 우선 만기별 현물이자율을 다음과 같이 산출한다. 단 여기서 현물이자율은 r, 만기수익률은 y로 표시한다.

- 1년 만기 현물이자율 $r_1 = $ 만기수익률 $y_A = 0.1\,(10\%)$

- $P_B = \dfrac{2,000}{(1+y_B)} + \dfrac{12,000}{(1+y_B)^2} = \dfrac{2,000}{(1+r_1)} + \dfrac{12,000}{(1+r_2)^2}$

  $\rightarrow \dfrac{2,000}{(1+0.12)} + \dfrac{12,000}{(1+0.12)^2} = 11,352.04 = \dfrac{2,000}{(1+0.1)} + \dfrac{12,000}{(1+r_2)^2}$

  $\rightarrow r_2 = 0.1219\,(12.19\%)$

- 채권 C는 무이표채 $\rightarrow y_C = r_3 = 0.13\,(13\%)$

결과적으로 만기별 현물이자율 r_1, r_2, r_3는 각각 10%, 12.19%, 13%로 나타났다. 이를 이용하여 수익률곡선을 그리면 다음 그림과 같이 우상향곡선 형태가 된다.

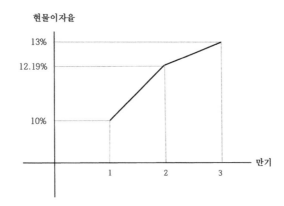

(물음 2) 유동성선호가설이 성립한다는 가정 하에 1년이 지난 시점에서의 1년 만기와 2년 만기의 기대현물이자율을 구하기 위해 우선 각 기간별 선도이자율($_{n-1}f_n$)과 기대현물이자율을 계산한다.

- $_1f_2 = \dfrac{(1+r_2)^2}{(1+r_1)} - 1 = \dfrac{(1+0.1219)^2}{(1+0.1)} - 1 = 0.1442\ (14.42\%)$

- $_2f_3 = \dfrac{(1+r_3)^3}{(1+r_2)^2} - 1 = \dfrac{(1+0.13)^3}{(1+0.1219)^2} - 1 = 0.1464\ (14.64\%)$

- $E(_1r_2) = {}_1f_2 - {}_1L_2 = 0.1442 - 0.002 = 0.1422\ (14.22\%)$

- $E(_2r_3) = {}_2f_3 - {}_2L_3 = 0.1464 - 0.003 = 0.1434\ (14.34\%)$

위에서 구한 각 기간별 선도이자율($_{n-1}f_n$)과 기대현물이자율($E(_{n-1}r_n)$)을 이용하여 1년이 지난 시점에서의 1년 만기와 2년 만기의 기대현물이자율을 추정하면 다음과 같다. 단, 여기서 주의해야 할 점은 유동성프리미엄은 각 기간별로 현재와 동일하게 유지된다고 가정하고 있으므로 1년이 지난 시점에서 선도이자율 $_2f_3$를 구할 때 2년 말부터 3년 말까지의 유동성프리미엄은 $_2L_3$가 아닌 $_1L_2$를 적용해야 한다.

- $E(_1r_2) = 0.1422\ (14.22\%)$

- $[1 + E(_1r_3)]^2 = [(1 + E(_1r_2)] \times (1 + {}_2f_3)$

$\qquad\qquad\quad = [(1 + E(_1r_2)] \times [(1 + E(_2r_3) + {}_1L_2)]$

$\rightarrow E(_1r_3) = \sqrt{(1.1422) \times (1 + 0.1434 + 0.002)} - 1$

$\qquad\qquad = 0.1438\ (14.38\%)$

위의 결과에 의하면, 1년 만기와 2년 만기의 기대현물이자율은 각각 14.22%와 14.38%로 추정할 수 있다.

(물음 3) 현재 시점에서 C채권을 이용하여 수익률곡선타기 전략을 취할 때, 채권 C의 현재가격(P)과 1년 후 기대가격($E(P_1)$) 및 1년간 기대 투자수익률($E(r)$)은 각각 다음과 같이 추정할 수 있다.

- $P = \dfrac{10,000}{(1+r_3)^3} = \dfrac{10,000}{(1+0.13)^3} = 6,930.50$

- $E(P_1) = \dfrac{10,000}{(1+r_2)^2} = \dfrac{10,000}{(1+0.1219)^2} = 7,944.96$

- $E(r) = \dfrac{E(P_1)}{P} - 1 = \dfrac{7,944.96}{6,930.50} - 1 = 0.1464 \, (14.64\%)$

따라서 1년간 기대 투자수익률은 14.64%이다.

문제 3 액면금액이 100,000원인 갑 채권은 1년 만기 순수할인채이며 현재 채권시장에서 95,238원에 거래되고 있다. 병 채권은 1년에 한 번씩 후급으로 6% 이자를 지급하는 이표채인데 만기는 2년이며 현재 액면가 100,000원에 거래되고 있다. (2014년 문제 6)

(물음 1) 불편기대가설(unbiased expectation hypothesis)이 성립한다고 가정하고 1년 후부터 2년 말까지의 내재선도이자율(implied forward interest rate)을 구하라. <u>계산결과는 %단위로 표시하되 반올림하여 소수점 둘째 자리까지 표기</u>하라.

(물음 2) 불편기대가설이 성립한다는 가정하에서 1년 후 병 채권의 예상가격을 계산하고, 병 채권을 현재 매입하여 1년 동안 보유한 후 매각할 때 기대되는 1년간 보유수익률(holding period return)을 구하라. <u>계산결과는 %단위로 표시하되 반올림하여 소수점 둘째 자리까지 표기</u>하라.

(물음 3) 이자율의 기간구조(term structure of interest rate)를 설명하는 가설들을 6줄 이내로 서술하라.

이 문제는 이자율 기간구조와 채권 투자전략에 관한 문제이다.

(물음 1) 불편기대가설이 성립한다고 가정했을 때 1년 후부터 2년 말까지의 내재 선도이자율($_1f_2$)은 다음과 같이 7.07%로 추정할 수 있다.

$$\bullet \ P_\text{갑} = 95,238 = \frac{100,000}{(1+r_1)} \rightarrow r_1 = 0.0500 \ (5.00\%)$$

$$\bullet \ P_\text{병} = \frac{6,000}{(1+r_1)} + \frac{106,000}{(1+r_2)^2}$$

$$= \frac{6,000}{(1+0.05)} + \frac{16,000}{(1+r_2)^2} = 100,000 \rightarrow r_2 = 0.0603 \ (6.03\%)$$

$$\bullet \ _1f_2 = \frac{(1+r_2)^2}{(1+r_1)} - 1 = \frac{(1+0.0603)^2}{(1+0.05)} - 1 = 0.0707 \ (7.07\%)$$

(물음 2) 불편기대가설이 성립할 경우 1년 후 1년 만기 기대현물이자율은 1년 말부터 2년 말까지의 선도이자율과 일치한다. 즉 $E(_1r_2) = {_1f_2}$이 성립한다. 따라서 1년 후 병 채권의 예상가격$[E(P_1)]$은 다음과 같이 99,000.65원이다.

$$\bullet \ E(P_1) = \frac{106,000}{[1+E(_1r_2)]} = \frac{106,000}{(1+{_1f_2})} = \frac{106,000}{(1+0.0707)} = 99,000.65$$

그리고 1년간 기대 보유수익률$[E(r)]$은 각각 다음과 같이 5%로 추정할 수 있다. 단, C는 병 채권의 액면이자를 의미한다.

$$\bullet \ P = 100,000, \ E(P_1) = 99,000.65, \ C = 6,000$$

$$\bullet \ E(r) = \frac{C + E(P_1)}{P} - 1 = \frac{6,000 + 99,000.65}{100,000} - 1 = 0.0500 \ (5.00\%)$$

(물음 3) 이자율의 기간구조(term structure of interest rate)를 설명하는 가설들을 6줄 이내로 서술하라.

① 불편기대이론: 투자자는 위험중립형이며 미래 기대현물이자율은 선도이자율과 동일하다.

② 유동성선호이론: 투자자는 위험회피형이며 선도이자율은 미래 기대현물이자율에 유동성프리미엄을 더한 값과 동일하다.

③ 시장분할이론: 채권시장은 채권의 만기별로 분할되어 있고 투자자는 선호하는 특정한 만기의 영역이 존재한다. 선호하는 영역을 벗어난 만기를 가진 채권에는 투자하지 않는다.

④ 선호영역이론: 투자자는 선호하는 특정한 만기의 영역이 존재하지만, 만일 다른 만기의 채권들에 충분한 프리미엄이 존재한다면 투자자는 선호하는 영역을 벗어난 만기를 가진 채권에도 투자할 수 있다.

문제 4 금년도 1월 1일($t=0$) 기준으로 만기, 액면금액, 액면이자율, 만기수익률이 상이한 채권들이 아래 표에 제시되어 있다. 자본시장에서 채권 A, B, C가 각각 균형가격 하에 있고 모든 이자지급 주기는 1년으로 가정한다. <u>계산결과는 소수점 아래 다섯째 자리에서 반올림하여 넷째 자리까지 표시하시오.</u> (2019년 문제 7)

채권	만기	액면금액	액면이자율	만기수익률
A	1년	100,000원	0%	6%
B	2년	70,000원	10%	9%
C	3년	50,000원	15%	12%
D	3년	100,000원	20%	13%

(물음 1) 금년도 1월 1일 시점($t=0$)에서 채권 A, B, C의 시장가격은 각각 얼마인가?

(물음 2) 금년도 1월 1일 시점($t=0$)에서 $t=k$년 만기 현물이자율을 $_0i_k$, $t=k$년 시점에서 1년 만기 선도이자율을 $_kf_{k+1}$으로 각각 표기한다. $(1+{_0i_2})^2$, $(1+{_0i_3})^3$, $_1f_2$, $_2f_3$은 각각 얼마인가?

(물음 3) 채권을 매입, 매도하는 경우 거래비용이 없다고 가정하고 다음에 대해 답하시오.

① 채권 D의 시장가격과 균형가격을 각각 계산하고 채권 D의 과소 또는 과대평가 여부를 판단하시오.

② 채권 D 1개를 거래단위 기준으로 하여 차익거래 전략을 제시하시오. 단, 금년도 1월 1일 시점($t=0$)을 제외한 다른 시점($t=1$, 2, 3)의 순현금흐름은 0이 되도록 차익거래를 구성한다. 1단위 이하로 분할하여 채권의 거래가 가능하다고 가정한다.

(물음 4) 차익거래에서 매입 및 매도되는 모든 채권의 거래비용이 거래금액의 0.3%라고 가정한다. 차익거래가 발생할 수 있는 채권 D의 가격범위를 구하시오.

이 문제는 이자율 기간구조와 채권의 가치평가 및 차익거래에 관한 문제이다.

(물음 1) 금년도 1월 1일 시점($t=0$)에서 채권 A, B, C의 시장가격은 각각 다음과 같다.

- $P_A = \dfrac{100,000}{(1+0.06)} = 94,339.6226$

- $P_B = \dfrac{7,000}{(1+0.09)} + \dfrac{77,000}{(1+0.09)^2} = 71,231.3778$

- $P_C = \dfrac{7,500}{(1+0.12)} + \dfrac{7,500}{(1+0.12)} + \dfrac{57,500}{(1+0.12)^3} = 53,602.7469$

(물음 2) 먼저 $t=0$에서 $t=k$년 만기 현물이자율 $_0i_k$는 다음 식과 같이 추정할 수 있다. 아래 식에서 y는 채권의 만기수익률을 의미한다.

- $_0i_1 = y_A = 0.06$

- $P_B = 71,231.3778 = \dfrac{7,000}{(1+{_0i_1})} + \dfrac{77,000}{(1+{_0i_2})^2} = \dfrac{7,000}{(1+0.06)} + \dfrac{77,000}{(1+{_0i_2})^2}$

  $\rightarrow (1+{_0i_2})^2 = 1.1914$

- $P_C = 53,602.7469 = \dfrac{7,500}{(1+{_0i_1})} + \dfrac{7,500}{(1+{_0i_2})^2} + \dfrac{57,500}{(1+{_0i_3})^3}$

  $= \dfrac{7,500}{(1+0.06)} + \dfrac{7,500}{1.1914} + \dfrac{57,500}{(1+{_0i_3})^3}$

  $\rightarrow (1+{_0i_3})^3 = 1.4292$

위에서 추정한 현물이자율 $_0i_k$를 이용하여 $t=k$년 시점에서 1년 만기 선도이자율을 $_kf_{k+1}$를 계산하면 다음 식과 같다.

$$\bullet \ _1f_2 = \frac{(1+ _0i_2)^2}{(1+ _0i_1)} - 1 = \frac{1.1914}{1.06} - 1 = 0.1240 \ (12.40\%)$$

$$\bullet \ _2f_3 = \frac{(1+ _0i_3)^3}{(1+ _0i_2)^2} - 1 = \frac{1.4292}{1.1914} - 1 = 0.1996 \ (19.96\%)$$

(물음 3)

① 채권 D의 시장가격(P_D)과 균형가격(V_D)을 각각 계산한 결과 아래와 같이 시장가격이 균형가격보다 작으므로 채권 D는 시장에서 과소평가 된 것으로 판단된다.

$$\bullet \ P_D = \frac{20,000}{(1+0.13)} + \frac{20,000}{(1+0.13)^2} + \frac{120,000}{(1+0.13)^3} = 116,528.0682$$

$$\bullet \ V_D = \frac{20,000}{(1+ _0i_1)} + \frac{20,000}{(1+ _0i_2)^2} + \frac{120,000}{(1+ _0i_3)^3}$$

$$= \frac{20,000}{(1+0.06)} + \frac{20,000}{1.1914} + \frac{120,000}{1.4292} = 119,617.9541$$

$\bullet \ P_D < V_D \rightarrow$ 과소평가

② 채권 D의 시장가격이 균형가격에 비해 과소평가 되었으므로, 채권 D를 시장가격으로 매입하고 현재 균형가격으로 거래되고 있는 만기가 상이 한 채권 A, B, C를 이용하여 채권 D의 미래 현금흐름을 그대로 복제 한 채권포트폴리오를 구성한 다음 이를 공매도하면 차익거래이익을 실 현할 수 있다. 먼저 채권 D의 미래 현금흐름을 그대로 복제한 채권포트 폴리오를 구성하기 위해 필요한 채권 A, B, C의 개수 n_A, n_B, n_C를 다음 연립방정식을 풀어 계산하면 다음과 같다.

$\bullet \ t = 1 : CF_D = 20,000 = 100,000n_A + 7,000n_B + 7,500n_C$

$\bullet \ t = 2 : CF_D = 20,000 = 77,000n_B + 7,500n_C$

$\bullet \ t = 3 : CF_D = 120,000 = 57,500n_C$

$\rightarrow n_A = 0.0395, \ n_B = 0.0565, \ n_C = 2.0870$

위의 계산 결과에 의하면, 채권 D의 복제포트폴리오는 채권 A, B, C를 각각 0.0395개, 0.0565개, 2.0870개로 구성할 수 있다. 따라서 채권 D를 시장가격으로 매입하고 채권 D의 복제포트폴리오를 공매도하면 다음 표에서 제시한 바와 같이 현재 시점($t=0$)에서 약 3,091.8525원의 차익거래이익을 실현할 수 있다. 단, 아래 표에서 t시점별로 현금흐름이 정확히 0이 되지 않은 경우도 있으나 이것은 어디까지나 단수처리 과정에서 발생한 오류에 불과하다.

차익거래 내용	t시점의 현금흐름			
	$t=0$	$t=1$	$t=2$	$t=3$
채권 D 1개 매입	$-116,528.0682$	20,000	20,000	120,000
채권 A 0.0395개 공매도	3,726.4151	$-3,950$	0	0
채권 B 0.0565개 공매도	4,024.5728	-395.5	$-4,350.5$	0
채권 C 2.0870개 공매도	111,868.9328	$-15,652.5$	$-15,652.5$	$-120,000$
차익거래이익	3,091.8525	0	0	0

(물음 4) 만약 채권 D의 현재 시장가격 P_D가 균형가격 V_D보다 작아 과소평가되어 있다고 가정해 보자. 이때 차익거래는 현재 시장가격으로 채권 D를 매입하고 채권 D의 복제포트폴리오를 균형가격으로 공매도하면 차익거래이익을 얻을 수 있다. 이 차익거래가 가능하기 위해서는 매입 및 매도되는 모든 채권의 거래비용을 감안한 차익거래이익(AP)이 0보다 커야 한다. 이 조건을 충족시키는 채권 D의 가격범위를 구하면 다음 식과 같이 채권 D의 가격(P_D)이 118,902.3931원보다 작아야 한다.

- $P_D < V_D \rightarrow$ 채권 D 과소평가

$$AP = -P_D(1+0.003) + V_D(1-0.003)$$

$$= -P_D(1+0.003) + 119,617.9541 \times (1-0.003) > 0$$

$$\rightarrow P_D < 118,902.3931$$

반면에, 만약 채권 D의 현재 시장가격 P_D이 균형가격 V_D보다 커서 과대평가되어 있다고 가정해 보자. 이때 차익거래는 현재 시장가격으로 채권 D를 공매도하고 채권 D의 복제포트폴리오를 균형가격으로 매입하면 차익거래이익을 얻을 수 있다. 이 차익거래가 가능하기 위해서는 매입 및 매도되는 모든 채권의 거래비용을 감안한 차익거래이익(AP)이 0보다 커야 한다. 이 조건을 충족시키는 채권 D의 가격범위를 구하면 다음 식과 같이 채권 D의 가격(P_D)이 120,337.8214원보다 커야 한다.

- $P_D > V_D \rightarrow$ 채권 D 과대평가

$$AP = P_D(1 - 0.003) - V_D(1 + 0.003)$$
$$= P_D(1 - 0.003) - 119,617.9541 \times (1 + 0.003) > 0$$
$$\rightarrow P_D > 120,337.8214$$

그러므로 차익거래가 발생할 수 있는 채권 D의 가격범위는 다음과 같이 채권 D의 가격(P_D)이 118,902.3931원보다 작거나 혹은 120,337.8214원보다 커야 한다.

- $P_D < 118,902.3931$ 혹은 $P_D > 120,337.8214$

2.3 듀레이션과 볼록성

문제 5 액면가격이 10,000원이고 표면금리는 8%이며 만기수익률은 12%인 무위험 이표채 A가 있다. 이 채권의 이자는 매 3개월마다 후급되며 만기까지는 9개월이 남아 있다. (계산과정 중 <u>금액과 관련된 수치는 반올림하여 소수점 아래 두 자리까지 계산하고 이자율 등의 비율과 듀레이션은 반올림하여 소수점 아래 네 자리까지 표시</u>하시오.) (2011년 문제 4)

(물음 1) 듀레이션을 이용하여 이 채권의 이자율탄력성을 구하시오.

(물음 2) 채권가격과 만기수익률과의 관계는 선형관계가 아니기 때문에 가격변화를 더욱 정확하게 추정하기 위해서는 듀레이션과 함께 볼록성을 고려해야 한다. 이 채권의 볼록성은 얼마인가?

(물음 3) (앞의 지문과 물음들을 무시하고 다음의 물음에 답하시오.) 기업 B는 시장가치 기준으로 100억원의 부채를 가지고 있으며 부채의 평균 듀레이션은 3년이다. 부채 중 50억원은 듀레이션이 4년인 5년 만기 채권으로 이루어져 있다. 이 기업은 부채의 듀레이션을 2년으로 낮추기 위해 1년 만기 무이표채를 발행하여 5년 만기 채권의 일부를 상환하려고 한다. 수익률곡선이 수평이라는 가정 하에 기업 B가 발행해야 할 1년 만기 무이표채의 규모는 얼마인가?

이 문제는 이자가 1년에 한번 복리 계산되는 것이 아니라 분기(3개월)마다 한 번 복리 계산되는 경우의 채권의 듀레이션과 볼록성에 관한 문제이다. 이로 인해 채권의 듀레이션과 볼록성 계산이 매우 복잡하며, 심지어 이에 대한 추정 공식이 일반 투자론 교과서에 잘 찾아보기 힘들어 난이도가 높은 편에 속하는 문제이다.

(물음 1) 듀레이션을 이용하여 이 채권의 이자율탄력성을 구하기 위해 우선 분기마다 한 번 복리 계산되는 경우의 채권 가격을 계산한다.

- 분기별 표면금리 $(i_q) = i/4 = 0.02$,

  분기별 액면이자 $= 10,000 \times 0.02 = 200$,

  분기별 만기수익률 $(y_q) = y/4 = 0.03$,

  액면가격 $(F) = 10,000$, 만기 $(T) = 3$분기 (9개월)

- $P = \dfrac{200}{(1+0.03)} + \dfrac{200}{(1+0.03)^2} + \dfrac{10,200}{(1+0.03)^3} = 9,717.14$

위에서 추정한 채권가격을 이용하여 분기 단위의 듀레이션 (D_q)과 연 단위 듀레이션 (D)을 추정하면 다음과 같이 각각 2.9406분기와 0.7352년이다. 아래 식에서 m은 연간 이자계산 횟수를 의미한다.

- $D_q = 1 \times \dfrac{200/1.03}{9.717.14} + 2 \times \dfrac{200/1.03^2}{9.717.14} + 3 \times \dfrac{10,200/1.03^3}{9.717.14} = 2.9406$

- $D = \dfrac{D_q}{m} = \dfrac{2.9406}{4} = 0.7352$ (년)

최종적으로 위에서 추정한 채권가격과 연 단위 듀레이션 (D)을 이용하여 이자율탄력성 추정 공식에 의해 이 채권의 이자율탄력성 (ϵ)을 구하면 다음 식과 같이 -0.0857이다. 아래 식에서 D_M은 수정 듀레이션(modified duration)을 의미한다.

- $D_M = \dfrac{D}{(1+y_q)} = \dfrac{0.7352}{(1+0.03)} = 0.7138$

- $\epsilon = \dfrac{dP/P}{dy/y} = -D_M \times y = -0.7138 \times 0.12 = -0.0857$

참고로 복리계산 기간이 1년이 아닌 경우($m>1$) 이자율탄력성 추정 공식에서 수정 듀레이션 D_M은 채권가격을 계산할 때 사용한 분기별 만기수익률($y_q = 3\%$)을 적용하여 측정해야 하는 데 반해, 마지막 이 자율 항목인 y는 이자율탄력성을 측정하는 기준 시점인 현재의 만기 수익률 12%를 그대로 적용해야 한다.

(물음 2) 듀레이션에 의해 직선 형태로 추정되는 채권가격에 곡선기울기의 변 화율로 정의되는 볼록성을 더하면 실제 채권가격에 가까운 채권가격 을 추정할 수 있다. 이러한 볼록성(CV: $convexity$)은 다음 식에서와 같이 채권가격 함수의 2차 미분값(P'')을 채권가격(P)으로 나눈 비 율로 정의한다. 복리계산이 분기마다 이루어질 경우($m = 4$) 채권의 볼록성을 측정하는 공식을 이용하여 볼록성을 계산하면 다음 식과 같이 0.6883이다. 아래 식에서 C_t는 매 분기별 현금흐름을, n은 만 기까지의 기간을 연 단위($=9/12=0.75$년)로 나타낸 것이다.

- $CV = \dfrac{P''}{P} = \dfrac{d^2P}{dy^2} \times \dfrac{1}{P} = [\dfrac{1}{(1+\frac{y}{m})^2} \sum\limits_{t=1}^{mn} \dfrac{(\frac{t}{m})(\frac{t+1}{m})C_t}{(1+\frac{y}{m})^t}] \times \dfrac{1}{P}$

$= [\dfrac{1}{(1+0.03)^2} \sum\limits_{t=1}^{3} \dfrac{(\frac{t}{4})(\frac{t+1}{4})C_t}{(1+0.03)^t}] \times \dfrac{1}{9,717.14}$

$= \dfrac{1}{(1.03)^2}[\dfrac{(\frac{1}{4})(\frac{2}{4})(200)}{(1.03)} + \dfrac{(\frac{2}{4})(\frac{3}{4})(200)}{(1.03)^2} + \dfrac{(\frac{3}{4})(\frac{4}{4})(10,200)}{(1.03)^3}] \times \dfrac{1}{9,717.14}$

$= 0.6883$

일반적으로 복리계산 기간이 1년일 경우에도 채권의 볼록성을 측정하 는 공식 자체가 복잡하고 이해하기가 쉽지 않다. 그런데 이 문제에서 는 복리계산 기간이 분기 단위이므로 공식 자체가 더욱 복잡하고 계 산도 까다롭다. 그래서 이러한 유형의 문제를 풀기 위해서는 어쩔 수 없이 공식을 완벽히 이해하고 암기해서 꼼꼼히 푸는 방법밖에 없다.

(물음 3) 채권 포트폴리오의 듀레이션(D_p)은 채권포트폴리오를 구성하는 개별채권의 듀레이션을 가중평균한 값이다. 이 원리를 이용하여 채권포트폴리오를 구성하는 나머지 50억원의 기타 채권의 듀레이션(D_2)을 계산하면 다음 식과 같이 2년이다.

- $D_p = 3 = w_1 D_1 + w_2 D_2 = 0.5(4) + 0.5 D_2 \rightarrow D_2 = 2 \,(\text{년})$

1년 만기 무이표채의 듀레이션(D_3)은 1년이므로 기업 B가 발행해야 할 무이표채의 규모(X)는 아래 식과 같이 33.33억원이다.

- $D_p = w_1 D_1 + w_2 D_2 + w_3 D_3$

$$= (\frac{50-X}{100})(4) + (0.5)(2) + (\frac{X}{100})(1) = 2$$

$$\rightarrow X = 33.33 \,(\text{억원})$$

문제 6 가나기업이 발행한 무보증 채권(만기 2년, 액면가 100,000원, 액면이 자율 3%, 연 1회 이자 지급)의 현행수익률(current yield)은 3.2% 이고, 무위험수익률은 2%이다. (2017년 문제 4)

(물음 1) 채권의 현재가격과 만기수익률을 추정하시오. 만기수익률은 %기준으로 반올림하여 소수점 둘째 자리까지 표시하시오.

(물음 2) 채권의 원리금 상환가능성은 다음과 같은 확률분포를 가질 것으로 예상된다. 다음 물음에 답하시오.

상황	확률
ⓐ 이자와 원금전액 회수불능	0%
ⓑ 제1회의 이자만 회수	1%
ⓒ 제1회 및 제2회 이자회수와 원금의 70%만 회수	2%
ⓓ 이자와 원금전액 회수	97%

① 상황에 따른 각각의 수익률을 구하시오.

② 위 ①에서 구한 수익률을 실현수익률이라고 가정하고 채권의 기대수익률을 구하시오. 수익률은 %기준으로 반올림하여 소수점 둘째 자리까지 표시하시오.

(물음 3) (물음 1)의 만기수익률과 (물음 2)의 기대수익률을 이용하여 수익률 스프레드와 채무불이행 위험프리미엄을 각각 구하시오. 수익률은 %기준으로 반올림하여 소수점 둘째 자리까지 표시하시오.

(물음 4) (물음 1)과 동일한 조건에서 만기수익률이 2% 포인트 하락하였다 (t=0). 매콜리(Macaulay) 듀레이션을 이용하는 경우의 채권가격 변화율과 실제 채권가격 변화율의 차이를 구하시오. 단, 수익률곡선은 수평이고 평행이동 한다고 가정한다. 듀레이션 추정은 소수점 셋째 자리에서 반올림하여 계산하고, 듀레이션을 통한 채권금액 변화분은 원 단위까지 계산하며, 각 채권가격 변화율은 반올림하여 소수점 다섯째 자리까지 구하여 계산하시오.

(물음 5) 만기수익률이 변동하는 경우, 실제 채권의 가격변화와 듀레이션을 통해 추정한 채권의 가격변화 사이의 차이는 왜 발생하는지 설명하고 그 차이를 줄이는 방안을 제시하시오.

상세 해설 및 정답

이 문제는 채권의 수익률 계산과 듀레이션 및 볼록성에 관한 문제이다.

(물음 1) 먼저 현행수익률(y_C)에 대한 정보를 이용하여 채권의 현재가격(P)을 추정하면 다음과 같이 93,750원이다.

- $y_C = 0.032 = \dfrac{C}{P} = \dfrac{3{,}000}{P} \rightarrow P = 93{,}750$

위에서 추정한 채권의 현재가격을 이용하여 2차방정식 근의 공식에 의해 만기수익률을 추정하면 다음 식과 같이 6.43%이다.

- $P = 93{,}750 = \dfrac{3{,}000}{(1+y)} + \dfrac{103{,}000}{(1+y)^2} \rightarrow y^2 + 1.968y - 0.1307 = 0$

- $\therefore y = \dfrac{-1.968 \pm \sqrt{(1.968)^2 - 4(1)(-0.1307)}}{2} = 0.0643 \, (6.43\%)$

(물음 2) ① 상황에 따른 채권수익률을 구하면 각각 다음과 같다.

- 상황 a : $P = 93{,}750 = \dfrac{0}{(1+y)} + \dfrac{0}{(1+y)^2} \rightarrow y = -1 \, (-100\%)$

- 상황 b : $P = 93{,}750 = \dfrac{3{,}000}{(1+y)} \rightarrow y = -0.968 \, (-96.8\%)$

- 상황 c : $P = 93{,}750 = \dfrac{3{,}000}{(1+y)} + \dfrac{73{,}000}{(1+y)^2} \rightarrow y = -0.1014 \, (-10.14\%)$

- 상황 d : $P = 93{,}750 = \dfrac{3{,}000}{(1+y)} + \dfrac{103{,}000}{(1+y)^2} \rightarrow y = 0.0643 \, (6.43\%)$

② 채권의 기대수익률은 아래와 같이 5.07%이다.

- $E(y) = (-1)(0) + (-0.968)(0.01) + (-0.1014)(0.02) + (0.0643)(0.97)$

  $= 0.0507\,(5.07\%)$

(물음 3) 이 문제는 채권불이행위험과 채권의 만기수익률 간의 관계인 이자율 위험구조(risk structure of interest rates)에 관한 문제이다. 먼저 수익률 스프레드(yield spread)는 채무불이행이 발생하지 않는다는 가정하에 측정된 약속수익률인 만기수익률과 무위험수익률과의 차이를 의미한다. 그리고 채무불이행 위험프리미엄(default premium)은 만기수익률에서 채무불이행 가능성을 고려하여 측정된 기대수익률과의 차이를 의미한다. 이러한 정의에 따라서 수익률 스프레드와 채무불이행 위험프리미엄을 계산하면 다음과 같이 각각 4.43%와 1.36%이다.

- 수익률 스프레드 = 만기수익률(y) - 무위험수익률(r_f)

  $= 0.0643 - 0.02 = 0.0443\,(4.43\%)$

- 채무불이행 프리미엄 = 만기수익률(y) - 기대수익률$(E(y))$

  $= 0.0643 - 0.0507 = 0.0136\,(1.36\%)$

(물음 4) 이 문제는 시장이자율(만기수익률)이 변화할 때, 실제 채권가격 변화율과 듀레이션을 이용하는 경우의 채권가격 변화율과의 차이를 구하는 문제이다. 먼저 만기수익률이 현재 6.43%에서 2% 하락하여 4.43%로 하락할 때, 실제 채권가격 변화율(δ_A)은 다음과 같이 측정할 수 있다.

- $P(y = 6.43\%) = 93{,}750$

- $P(y = 4.43\%) = \dfrac{3{,}000}{(1 + 0.0443)} + \dfrac{103{,}000}{(1 + 0.0443)^2} = 97{,}319$

- $\rightarrow \delta_A = \dfrac{97{,}319}{93{,}750} - 1 = 0.03807\,(3.807\%)$

그리고 두 번째 방식인 매컬리(Macaulay) 듀레이션을 이용하여 측정한 채권가격 변화율을 구하기 전에 먼저 기준 시점인 만기수익률이

6.43%일 때의 듀레이션을 계산한다.

$$\bullet \ D = 1 \times \frac{3,000/(1.0643)}{93,750} + 2 \times \frac{103,000/(1.0643)^2}{93,750} = 1.97 \ (년)$$

위에서 구한 듀레이션을 이용하여 만기수익률(y)이 현재 6.43%에서 2% 하락하여 4.43%로 하락할 때 채권가격 변화율(δ_B)을 구하면 다음과 같다.

$$\bullet \ \delta_B = -\left(\frac{D}{1+y}\right)\Delta y$$

$$= -\left(\frac{1.97}{1+0.0643}\right)(-0.02) = 0.03702\,(3.702\%)$$

지금까지 구한 실제 채권가격 변화율(δ_A)과 듀레이션을 이용하는 경우의 채권가격 변화율(δ_B)과의 차이는 다음과 같이 0.00105 (0.105%)이다. 즉 듀레이션을 이용한 채권가격 변화율(δ_B)이 실제 채권가격 변화율(δ_A)보다 0.105%만큼 작다.

$$\bullet \ \delta_A - \delta_B = 0.03807 - 0.03702 = 0.00105 \ (0.105\%)$$

(물음 5) 듀레이션은 다음 그림에서 제시한 바와 같이 직선으로 표시되기 때문에 실제 채권가치를 이자율 변동 방향에 따라 과소 혹은 과대평가하는 약점을 보인다. 예를 들어 만기수익률이 하락할 경우에는 아래 그림에서처럼 채권가격 상승분을 과소평가하는 반면에, 만기수익률이 상승할 경우에는 채권가격 하락분을 과대평가하므로 실제 채권가격의 변화와 듀레이션을 통해 추정한 채권의 가격변화 사이에는 차이가 발생할 수밖에 없다. 이러한 차이를 줄이는 방안은 듀레이션에 의해 직선의 형태로 추정되는 채권가격에 곡선기울기의 변화율로 정의되는 볼록성(convexity)을 더하면 실제 채권가격에 가까운 채권가격을 추정할 수 있다.

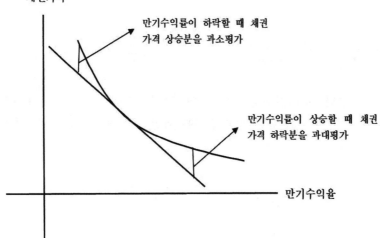

문제 7   현재 시점($t=0$)인 금년도 1월 1일 기준으로 만기와 액면이자율이 상이한 이표채들이 아래 표에 제시되어 있다. 채권시장에서 이표채 A, B, C는 액면가채권(par value bond)으로 채권가격은 모두 100원으로 동일하며 균형 하에 있다고 가정한다. 채권시장에서 불편기대이론이 성립한다. 모든 채권은 신용위험이 없으며 이자지급 주기를 1년으로 한다. <u>계산결과는 소수점 아래 다섯째 자리에서 반올림하여 넷째 자리까지 표시하시오.</u> (2021년 문제 5)

이표채	만기	액면이자율
A	1년	4%
B	2년	5%
C	3년	6%

(물음 1)   현재 시점($t=0$)에서 $t=k$년 만기 현물이자율(spot interest rate)을 $_0i_k$, $t=k$년 시점에서 1년 만기 선도이자율(forward interest rate)을 $_kf_{k+1}$으로 각각 표기한다. 현재 시점($t=0$) 채권시장의 수익률곡선을 설명할 수 있는 $(1+_0i_1)$, $(1+_0i_2)^2$, $(1+_0i_3)^3$, $_1f_2$, $_2f_3$을 각각 계산하시오.

(물음 2)   (물음 1)에서 도출된 수익률곡선 하에서 액면가 100원, 만기 3년, 액면이자율 10%인 이표채 D의 현재 시점($t=0$) 듀레이션을 계산하시오.

(물음 3)   현재 시점($t=0$)에서 (물음 1)에서 도출된 수익률곡선이 1%p 하향 평행 이동하는 경우 (물음 2) 이표채 D의 가격변화율을 볼록성(convexity)을 조정하여 계산하시오.

(물음 4)   현재 시점($t=0$)에서 채권시장에 액면금액이 100원인 3년 만기 무이표채 E가 존재한다. (물음 1)에서 도출된 수익률곡선이 1년 후에도 그대로 유지될 것으로 예상된다. 목표투자기간이 1년일 때, 현재 시점($t=0$)에서 무이표채 E를 이용하여 수익률곡선타기 투자전략을 실행하는 경우 기대 투자수익률을 계산하시오.

상세 해설 및 정답

이 문제는 이자율 기간구조와 듀레이션과 볼록성, 채권의 투자전략 등에 관한 문제이다.

(물음 1) 먼저 이표채 A, B, C의 채권가격을 이용하여 현재 시점($t=0$)에서 $t=k$년 만기 현물이자율의 다음 함수값 $(1+_0i_1)$, $(1+_0i_2)^2$, $(1+_0i_3)^3$을 구하면 각각 다음과 같다.

- $P_A = 100 = \dfrac{104}{(1+_0i_1)} \rightarrow (1+_0i_1) = 1.04$

- $P_B = 100 = \dfrac{5}{(1+_0i_1)} + \dfrac{105}{(1+_0i_2)^2} = \dfrac{5}{1.04} + \dfrac{105}{(1+_0i_2)^2}$

  $\rightarrow (1+_0i_2)^2 = 1.1030$

- $P_C = 100 = \dfrac{6}{(1+_0i_1)} + \dfrac{6}{(1+_0i_2)^2} + \dfrac{106}{(1+_0i_3)^3}$

  $= \dfrac{6}{1.04} + \dfrac{6}{1.1030} + \dfrac{106}{(1+_0i_3)^3}$

  $\rightarrow (1+_0i_3)^3 = 1.1938$

그리고 $t=k$년 시점에서 1년 만기 선도이자율(forward interest rate) $_kf_{k+1}$를 구하면 다음과 같다.

- $_1f_2 = \dfrac{(1+_0i_2)^2}{(1+_0i_1)} - 1 = \dfrac{1.1030}{1.04} - 1 = 0.0606\ (6.06\%)$

- $_2f_3 = \dfrac{(1+_0i_3)^3}{(1+_0i_2)^2} - 1 = \dfrac{1.1938}{1.1030} - 1 = 0.0823\ (8.23\%)$

(물음 2) 먼저 액면가 100원, 만기 3년, 액면이자율 10%인 이표채 D의 현재 가격을 계산하면 다음과 같이 110.8243원이다.

$$\bullet \ P_D = \frac{10}{(1+{}_0i_1)} + \frac{10}{(1+{}_0i_2)^2} + \frac{110}{(1+{}_0i_3)^3}$$

$$= \frac{10}{1.04} + \frac{10}{1.1030} + \frac{110}{1.1938} = 110.8243$$

위에서 추정한 이표채 D의 가격을 이용하여 듀레이션(D)을 추정하면 다음과 같이 2.7447년이다.

$$\bullet \ D = 1 \times \frac{10/1.04}{110.8243} + 2 \times \frac{10/1.1030}{110.8243} + 3 \times \frac{110/1.1938}{110.8243} = 2.7447$$

참고로 위에서 구한 듀레이션(D)은 이표채 D의 만기수익률(YTM)을 이용하여 추정하는 매컬리 듀레이션(Macaulay duration)이 아니고, 기간별 현물이자율을 이용하여 추정한 듀레이션으로 피셔-와일 듀레이션(Fisher-Weil duration)이라고 부른다.

(물음 3) 현재 시점($t=0$)에서 수익률곡선이 1%p 하향 평행 이동하는 경우, 즉 현재 시점에서 각 만기별 현물이자율(${}_0i_k$)이 동일하게 1%p 하락할 경우 이표채 D의 가격변화율은 수정듀레이션(D_M)과 볼록성(CV)을 함께 고려한 다음 공식에 의해 구할 수 있다.

$$\bullet \ \frac{\triangle P}{P} = -D_M \times (\triangle i) + \frac{1}{2} \times CV \times (\triangle i)^2$$

먼저 (물음 1)에서 구한 현재 시점에서의 $t=k$년 만기 현물이자율을 이용하여 이표채 D의 수정듀레이션(D_M)을 추정한다. 아래 식에서 C_t는 t시점에서의 현금흐름을 의미한다.

$$\bullet \ D_M = \frac{1}{P_D}[1 \times \frac{C_1}{(1+{}_0i_1)^2} + 2 \times \frac{C_2}{(1+{}_0i_2)^3} + 3 \times \frac{C_3}{(1+{}_0i_3)^4}]$$

$$= \frac{1}{110.8243}[1 \times \frac{10}{(1+0.04)^2} + 2 \times \frac{10}{(1+0.0502)^3} + 3 \times \frac{110}{(1+0.0608)^4}]$$

$$= 2.5907$$

그리고 현물이자율을 이용하여 다음 식에서와 같이 볼록성(CV)을 추정한다. 아래 식에서 n은 만기까지의 기간을, C_t은 t시점에서의 현금흐름을 각각 의미한다.

- $CV = [\sum_{t=1}^{n} \frac{t(t+1)C_t}{(1+_0i_t)^{t+2}}] \times \frac{1}{P_D} = [\sum_{t=1}^{3} \frac{t(t+1)C_t}{(1+_0i_t)^{t+2}}] \times \frac{1}{110.8243}$

$$= [\frac{(1)(2)(10)}{(1.04)^3} + \frac{(2)(3)(10)}{(1.0502)^4} + \frac{(3)(4)(110)}{(1.0608)^5}] \times \frac{1}{110.8243}$$

$$= 9.4724$$

따라서 위에서 구한 수정듀레이션(D_M)과 볼록성(CV)을 이용하여 현물이자율($_0i_k$)이 1%p 하락할 경우 이표채 D의 가격변화율($\Delta P/P$)을 계산하면 다음과 같이 2.64%이다. 즉 현물이자율($_0i_k$)이 1%p 하락할 경우 이표채 D의 가격은 2.64% 상승한다.

$$\frac{\Delta P}{P} = -D_M \times (\Delta i) + \frac{1}{2} \times CV \times (\Delta i)^2$$

$$= -2.5907 \times (-0.01) + \frac{1}{2} \times 9.4724 \times (-0.01)^2$$

$$= 0.0264 \, (2.64\%)$$

참고로 이 문제에서 출제자의 의도는 채권의 볼록성(CV)을 계산하고 이를 수정듀레이션(D_M)과 함께 활용하여 시장이자율 변동에 따른 채권의 가격변화율을 계산하라는 것으로 해석된다. 만약 이 문제에서 이표채 D의 만기수익률(YTM)을 추정할 수 있다면 보다 간편하게 수정듀레이션과 볼록성을 계산할 수 있다. 그런데 이 문제에서는 이표채 D의 현물이자율은 계산이 가능하나 만기수익률의 경우 구할 수는 있으나 계산 과정이 복잡하고 시간이 너무 많이 소요될 수 있어 사실상 불가능하다. 왜냐하면 이표채 D의 경우 만기가 3년이므로 만기수익률을 계산하려면 3차 방정식을 풀어야 하며 이를 정확히 구하는 가장 효과적인 방법은 Excel의 IRR함수를 이용하는 것이나 CPA 시험에서는 컴퓨터 접근이 불가능해 Excel을 이용할 수 없기 때문이다. 따라서 어쩔 수 없이 계산 과정이 복잡하지만 현물이자율을 이용하여 수정듀레이션과 볼록성을 계산할 수밖에 없다.

(물음 4) 현재 시점에서 목표투자기간이 1년일 때, 기대 투자수익률을 계산하기 위해서는 무이표채 E의 현재가격(P)과 1년 후 예상되는 기대 가격 ($E(P_1)$)을 추정해야 한다. 먼저 무이표채 E의 현재가격(P)을 구하면 다음과 같이 83.7661원이다.

- $P = \dfrac{100}{(1 + {}_0i_3)^3} = \dfrac{100}{1.1938} = 83.7661$

1년 후 무이표채 E의 만기까지의 기간은 2년이 되며 (물음 1)에서 도출된 수익률곡선이 1년 후에도 그대로 유지될 경우 할인율로는 ${}_0i_2$를 이용할 수 있다. 따라서 1년 후 예상되는 기대 가격($E(P_1)$)과 기대 수익률($E(r)$)은 다음과 같이 산출할 수 있으며, 기대수익률은 8.23% 이다.

- $E(P_1) = \dfrac{100}{(1 + {}_0i_2)^2} = \dfrac{100}{1.1030} = 90.6618$

- $E(r) = \dfrac{E(P_1)}{P} - 1 = \dfrac{90.6618}{83.7661} - 1 = 0.0823 \ (8.23\%)$

문제 8 (2010년 문제 5)

(물음 1) 은행이 만기가 2년인 고정금리 대출을 동일한 금액의 만기가 1년인 고정금리 예금으로 조달하였다. 만약 시장이자율이 1년 후 2%p 상승하면 은행이 어떤 종류의 이자율 위험에 노출되는지 50자 이내로 설명하시오.

※ (물음 2)~(물음 5)는 다음의 내용을 이용하여 답하시오.

현재 S은행의 시장가치 기준 재무상태표는 다음과 같다.

재무상태표

(단위: 억원)

자산		부채와 자기자본	
현금	5	CD	90
채권	100	자기자본	15
합계	105	합계	105

채권은 표면이자율이 연 8%이고 만기가 2년이며 이자를 매 6개월마다 지급한다. 만기 1년의 CD는 이자율이 연 8%(반기 복리)이고 액면금액을 만기에 지급한다. 현재 시장이자율은 연 8%(반기 복리)이다. 수익률곡선은 수평이며 평행이동한다. 금액은 억원 단위로 표기하고, 모든 계산은 반올림하여 소수점 둘째자리까지 나타내시오.

(물음 2) 시장이자율이 2%p 상승하면 자기자본의 시장가치가 얼마나 변하는가? 듀레이션을 이용하여 금액 기준으로 답하시오.

(물음 3) S은행은 듀레이션갭을 이용하여 이자율 위험을 면역화하려고 한다. S은행이 면역화하기 위한 조건식을 도출 과정과 함께 제시하시오. 그리고 S은행이 부채의 듀레이션과 부채비율을 변경할 수 없다면, 이 은행이 면역화하기 위하여 자산의 듀레이션을 얼마로 조정해야 하는가?

(물음 4) 시장이자율의 2%p 상승이 자기자본의 시장가치에 미치는 영향을 현금
흐름할인법(DCF)을 이용하여 계산하시오.

(물음 5) (물음 2)와 (물음 4)의 값에 차이가 발생하는 이유를 30자 이내로 설
명하시오.

상세 해설 및 정답

이 문제는 채권의 듀레이션과 볼록성 및 자산·부채관리(asset and liability management)에 관한 문제이다.

(물음 1) 은행이 보유하고 있는 자산(고정금리 대출)의 듀레이션이 부채(고정
금리 예금)의 듀레이션보다 크므로 인해 이자율이 상승할 경우 자산
의 하락폭이 부채의 하락폭보다 커 결과적으로 은행의 자기자본 가
치가 하락할 위험에 노출되어 있다.

(물음 2) 먼저 S은행이 보유하고 있는 자산(asset)과 부채(liability)의 듀레이
션을 계산한다. 은행이 자산으로 보유하고 있는 채권은 표면이자율과
시장이자율이 동일한 액면채이므로 이 채권의 액면가(face value)는
시장가치와 동일한 100억원이다. 2년 만기 채권의 듀레이션(D_B)과
자산 포트폴리오의 평균 듀레이션(D_A)은 다음과 같이 구한다. 아래
식에서 D_C는 현금의 듀레이션을, w_C와 w_B는 자산 포트폴리오 중
현금과 채권의 구성비율을 각각 의미한다. 참고로 현금의 듀레이션
(D_C)은 0이다.

$$\bullet \ D_B = 0.5 \times \frac{4/1.04}{100} + 1 \times \frac{4/1.04^2}{100} + 1.5 \times \frac{4/1.04^3}{100} + 2 \times \frac{104/1.04^4}{100} = 1.89 \ (년)$$

$$\rightarrow D_A = w_C D_C + w_B D_B = \frac{5}{105} \times 0 + \frac{100}{105} \times 1.89 = 1.80 \ (년)$$

그리고 S은행이 부채로서 보유하고 있는 CD(certificate of deposit)
는 양도성예금증서로 제3자에게 양도가 가능한 정기예금증서를 말한
다. S은행은 1년 후 이 CD의 만기일에 액면금액을 지급하며 만기일

이전에는 중간에 이자를 지급하지 않는 일종의 순수할인채권(무이표채)이므로 CD의 듀레이션은 만기와 동일한 1년이다. 즉 S은행이 보유하고 있는 부채의 듀레이션(D_L)은 1년이 된다.

위에서 구한 자산(A)과 부채(L)의 듀레이션을 이용하여 시장이자율이 2% 상승할 경우 자기자본(E)의 시장가치 변화액을 추정하면 다음 식과 같이 -1.90억원이다. 즉 시장이자율이 2% 상승할 경우 S은행의 자기자본의 시장가치는 1.90억원 감소할 것이다.

$$
\begin{aligned}
\bullet \ \Delta E &= \Delta A - \Delta L = -\frac{D_A}{1+y/2}(\Delta y)(A) - [-\frac{D_L}{1+y/2}(\Delta y)(L)] \\
&= -(D_A \times A - D_L \times L)(\frac{\Delta y}{1+y/2}) \\
&= -(1.80 \times 105 - 1 \times 90)(\frac{0.02}{1+0.08/2}) = -1.90 \ (억원)
\end{aligned}
$$

(물음 3) 시장이자율이 Δy만큼 상승할 경우 자기자본의 시장가치의 변화액(ΔE)은 아래와 같이 자산과 부채 간의 듀레이션갭(duration gap)의 함수로 나타낼 수 있다. 따라서 듀레이션갭을 이용하여 이자율 위험을 면역화하기 위한 조건은 다음에서 정의한 듀레이션갭(D_{gap})이 0이 되어야 한다.

$$
\begin{aligned}
\Delta E &= \Delta A - \Delta L \\
&= (-\frac{D_A}{1+y/2} \times \Delta y \times A) - (-\frac{D_L}{1+y/2} \times \Delta y \times L) \\
&= -(D_A \times A - D_L \times L)(\frac{\Delta y}{1+y/2}) = -(D_A - D_L \times \frac{L}{A})A(\frac{\Delta y}{1+y/2}) \\
&= -D_{gap} \times A \times (\frac{\Delta y}{1+y/2})
\end{aligned}
$$

$\therefore$ 면역화 조건 : $D_{gap} = D_A - D_L \times \frac{L}{A} = 0 \rightarrow D_A = D_L \times \frac{L}{A}$

그러므로 S은행이 면역화 조건을 충족시키기 위해서는 다음 식과 같이 자산의 듀레이션(D_A)을 0.86년으로 조정해야 한다.

$$D_{gap} = 0 \rightarrow D_A = D_L \times \frac{L}{A} = 1 \times \frac{90}{105} = 0.86 \text{ (년)}$$

(물음 4) 시장이자율이 2%p 상승할 경우 반기 시장이자율은 5%(=4%+1%)가 되며, 이때 이자율 상승이 자기자본의 시장가치(E)에 미치는 영향을 현금흐름할인법(DCF)을 이용하여 계산하면 다음과 같이 1.84억원 감소한다. 아래 식에서 $B^{'}$는 이자율 상승 후 채권의 가치를, $A^{'}$는 이자율 상승 후 자산의 가치를, $L^{'}$는 이자율 상승 후 부채인 CD(양도성예금증서)의 가치를 각각 의미한다.

- $B^{'} = \dfrac{4}{1.05} + \dfrac{4}{1.05^2} + \dfrac{4}{1.05^3} + \dfrac{104}{1.05^4} = 96.45$

  $A^{'} = Cash + B^{'} = 5 + 96.45 = 101.45$

- CD의 액면금액$(F) = 90(1 + 0.04)^2$

  $\rightarrow L^{'} = \dfrac{F}{(1 + 0.05)^2} = \dfrac{90(1 + 0.04)^2}{(1 + 0.05)^2} = 88.29$

- $\Delta E = \Delta A - \Delta L = (A^{'} - A) - (L^{'} - L)$

  $= (101.45 - 105) - (88.29 - 90) = -1.84$

(물음 5) 시장이자율이 상승할 경우 (물음 2)에서 듀레이션을 통해 자기자본의 가치변화를 추정한 결과 1.90억원이 감소한 것으로 나타났다. 이에 반해 (물음 4)에서 현금흐름할인법(DCF)을 이용하여 실제 자기자본의 가치변화를 추정한 결과 1.84억원이 감소한 것으로 나타났다. 이러한 차이가 발생하는 이유는 듀레이션이 직선으로 표시되는 특성으로 인해 채권가격의 볼록성(convexity)을 고려하지 않고 듀레이션만을 이용하여 채권가치 변화액을 추정할 경우 시장수익률이 상승할 때 채권가격 하락분을 과대평가하기 때문이다. (보다 상세한 설명은 앞의 문제 6(2017년 문제 4)의 (물음 5)에 대한 해설과 그림을 참고하기 바란다.)

문제 9 금융기관인 ㈜바사의 재무상태표에 따르면 자산으로서 장기채권의 시장가치가 1,000이고 부채로서 정기예금이 600, 그리고 자본금이 400으로 되어 있다. 장기채권은 만기가 3년이고 4%의 액면이자를 매년 말 지급한다. 한편 정기예금은 만기가 1년이며 4%의 액면이자를 연말에 지급한다. 현재 시장이자율은 4%라고 가정한다. (2013년 문제 5)

(물음 1) 시장이자율이 1%포인트 상승하는 경우와 1%포인트 하락하는 경우 현금흐름할인법을 이용하여 자기자본의 가치변화를 각각 계산하라. <u>계산결과는 반올림하여 소수점 둘째 자리까지 표기</u>하라.

(물음 2) 시장이자율이 1%포인트 상승하는 경우와 1%포인트 하락하는 경우 ㈜바사의 자산과 부채 듀레이션을 이용하여 자기자본의 가치변화를 각각 계산하라. <u>계산결과는 반올림하여 소수점 둘째 자리까지 표기</u>하라.

(물음 3) (물음 1)과 (물음 2)의 결과를 요약하고 그 함축적 의미를 설명하라.

이 문제는 채권의 듀레이션과 볼록성 및 자산·부채관리(asset and liability management)에 관한 문제이다.

(물음 1) ㈜바사가 보유하고 있는 자산(asset)은 장기채권이 유일하므로 자산(A)의 가치변화는 장기채권의 가치변화에 의해 측정할 수 있다. 현재 장기채권은 액면이자율과 시장이자율이 동일한 액면채이므로 액면가(F)는 시장가치와 동일한 1,000이다. 그리고 ㈜바사가 보유하고 있는 부채(liability)는 1년 후 만기에 이자와 원금을 함께 지급하는 정기예금이므로 부채(L)의 가치변화는 정기예금의 가치변화에 의해 측정할 수 있다.

먼저 시장이자율이 1%포인트 상승하는 경우 자기자본의 시장가치(E)에 미치는 영향을 현금흐름할인법(DCF)을 이용하여 계산하면 다음과 같이 -21.52이다. 즉 시장이자율이 1%포인트 상승할 경우 자기자본의 가치는 21.52만큼 하락한다. 아래 식에서 B'는 이자율 상승 후 장기채권의 가치를, A'는 이자율 상승 후 자산의 가치를, L'는 이자율 상승 후 부채인 정기예금의 가치를 각각 의미한다.

- $A' = B' = \dfrac{40}{1.05} + \dfrac{40}{1.05^2} + \dfrac{1,040}{1.05^3} = 972.77$

- $L' = \dfrac{600(1+0.04)}{(1+0.05)} = 594.29$

- $\Delta E = \Delta A - \Delta L = (A' - A) - (L' - L)$

  $= (972.77 - 1,000) - (594.29 - 600) = -21.52$

한편 시장이자율이 1%포인트 하락하는 경우 자기자본의 시장가치에 미치는 영향을 현금흐름할인법을 이용하여 계산하면 다음과 같이 22.46이다. 즉 시장이자율이 1%포인트 하락할 경우 자기자본의 가치는 22.46만큼 상승한다.

$$\bullet\; A^{'} = B^{'} = \frac{40}{1.03} + \frac{40}{1.03^2} + \frac{1,040}{1.03^3} = 1,028.29$$

$$\bullet\; L^{'} = \frac{600(1+0.04)}{(1+0.03)} = 605.83$$

$$\bullet\; \Delta E = \Delta A - \Delta L = (A^{'} - A) - (L^{'} - L)$$

$$= (1,028.29 - 1,000) - (605.83 - 600) = 22.46$$

(물음 2) 듀레이션을 이용하여 시장이자율의 변화가 자기자본의 시장가치에 미치는 영향을 계산하기 위해 자산과 부채의 듀레이션을 계산하면 다음과 같이 각각 2.89년과 1년이다. 아래 식에서 D_A는 장기채권의 듀레이션을, D_L는 정기예금의 듀레이션을 각각 의미한다. 참고로 정기예금은 1년 후 만기일에 이자와 원금을 모두 지급하고 중간에 이자를 지급하지 않으므로 정기예금의 듀레이션(D_L)은 만기와 동일한 1년이다.

$$\bullet\; D_A = 1 \times \frac{40/1.04}{1,000} + 2 \times \frac{40/1.04^2}{1,000} + 3 \times \frac{1,040/1.04^3}{1,000} = 2.89 \text{ (년)}$$

$$\bullet\; D_L = 1 \text{ (년)}$$

위에서 구한 자산(A)인 장기채권과 부채(L)인 정기예금의 듀레이션을 이용하여 시장이자율이 1% 상승할 경우 자기자본(E)의 시장가치 변화액을 추정하면 다음 식과 같이 -22.02이다. 즉 시장이자율이 1% 상승할 경우 자기자본은 22.02만큼 하락할 것이다.

$$\bullet\; \triangle E = -\left(D_A - D_L \times \frac{L}{A}\right) A \left(\frac{\Delta y}{1+y}\right)$$

$$= -\left(2.89 - 1 \times \frac{600}{1,000}\right)(1,000)\left(\frac{0.01}{1+0.04}\right) = -22.02$$

한편 시장이자율이 1%포인트 하락하는 경우 자기자본의 시장가치에 미치는 영향을 듀레이션을 이용하여 계산하면 다음과 같이 22.02이다. 즉 시장이자율이 1%포인트 하락할 경우 자기자본의 가치는 22.02만큼 상승한다.

$$\Delta E = -\left(D_A - D_L \times \frac{L}{A}\right) A\left(\frac{\Delta y}{1+y}\right)$$

$$= -\left(2.89 - 1 \times \frac{600}{1,000}\right)(1,000)\left(\frac{-0.01}{1+0.04}\right) = 22.02$$

(물음 3) (물음 1)과 (물음 2)의 결과를 요약하면 다음과 같다.

1. 시장이자율이 1%포인트 상승하는 경우 자기자본의 시장가치에 미치는 영향을 현금흐름할인법(DCF)과 듀레이션을 이용하여 계산한 결과 각각 -21.52와 -22.02로 나타났다. 이러한 차이는 곧 듀레이션을 이용한 결과가 실제 현금흐름할인법(DCF)에 의한 결과보다 채권가치 하락분을 과대평가하고 있음을 의미한다.

2. 반면에 시장이자율이 1%포인트 하락하는 경우 현금흐름할인법(DCF)과 듀레이션을 이용하여 계산한 결과가 각각 22.46과 22.02로 나타났다. 이러한 차이는 곧 듀레이션을 이용한 결과가 실제 현금흐름할인법(DCF)에 의한 결과보다 채권가치 상승분을 과소평가하고 있음을 의미한다.

3. 이처럼 듀레이션은 직선으로 표시되기 때문에 채권가격의 볼록성(convexity)을 고려하지 않고 듀레이션만으로 채권가치의 변동액을 추정할 경우 실제 채권가치를 이자율 변동 방향에 따라 과소 혹은 과대평가하는 약점을 보인다.

(보다 상세한 설명은 문제 6(2017년 문제 4)의 (물음 5)에 대한 해설과 그림을 참고하기 바란다.)

문제 10 1년, 2년, 3년 후에 각각 1,000억원을 지불할 부채를 보유하고 있는 ㈜한국보험은 이자율 변동으로 발생하는 부채 포트폴리오의 가치변동 위험을 면역화하려고 한다. 자본시장에서 현재의 채권수익률은 5%이고 수익률곡선은 수평이며 평행이동 한다고 가정한다. <u>금액은 억원 단위이며, 모든 계산결과는 소수점 아래 다섯째 자리에서 반올림하여 넷째 자리까지 표시하시오.</u> (2019년 문제 6)

(물음 1) ㈜한국보험이 보유한 부채 포트폴리오의 듀레이션과 볼록성 (convexity)은 각각 얼마인가?

(물음 2) ㈜한국보험이 1년 만기 무이표채와 3년 만기 무이표채를 이용하여 면역전략을 수행하고자 한다. 단, ㈜한국보험은 다른 자산을 보유하고 있지 않으며, 자산과 부채 포트폴리오의 현재가치를 일치시켜서 면역전략을 수행한다고 가정한다.

① 1년 만기 및 3년 만기 무이표채에 투자할 비중과 금액은 각각 얼마인가?

② ㈜한국보험이 보유한 자산 포트폴리오의 볼록성은 얼마인가?

③ 이자율 변동으로 발생하는 부채 포트폴리오의 가치변동에 대하여 완전면역이 확보되는지 설명하시오.

(물음 3) ㈜한국보험이 1년 만기 무이표채와 2년 만기 무이표채를 이용하여 면역전략을 수행하고자 한다. 단, ㈜한국보험은 다른 자산을 보유하고 있지 않으며, 자산과 부채 포트폴리오의 현재가치를 일치시켜서 면역전략을 수행한다고 가정한다.

① 1년 만기 및 2년 만기 무이표채에 투자할 비중과 금액은 각각 얼마인가?

② ㈜한국보험이 보유한 자산 포트폴리오의 볼록성은 얼마인가?

③ 이자율 변동으로 발생하는 부채 포트폴리오의 가치변동에 대하여 완전면역이 확보되는지 설명하시오.

(물음 4) (물음 2)와 (물음 3)의 전략이 부채 포트폴리오의 가치변동위험에 대한 면역화에 차이를 발생시키는가? 만약 차이를 발생시킨다면 <u>근본적인 이유</u>를 설명하시오.

상 세 해 설 및 정 답

이 문제는 채권의 듀레이션과 볼록성 및 자산·부채관리(asset and liability management)에 관한 문제이다.

(물음 1) ㈜한국보험이 보유한 부채 포트폴리오의 시장가치(L)와 듀레이션은 다음과 같이 추정할 수 있으며, 부채의 듀레이션(D_L)은 1.9675년이다.

$$\bullet\; L = \frac{1,000}{1.05} + \frac{1,000}{1.05^2} + \frac{1,000}{1.05^3} = 2,723.2480 \,(억원)$$

$$\bullet\; D_L = 1 \times \frac{1,000/1.05}{2,723.2480} + 2 \times \frac{1,000/1.05^2}{2,723.2480} + 3 \times \frac{1,000/1.05^3}{2,723.2480} = 1.9675 \,(년)$$

한편 부채 포트폴리오의 볼록성(CV_L)은 다음 식과 같이 5.8996이다. 아래 식에서 C_t는 t시점에서의 부채의 현금흐름을, n은 부채의 만기를, y는 부채의 만기수익률을 각각 의미한다.

$$\bullet\; CV_L = \frac{d^2 L}{dy^2} \times \frac{1}{L} = [\frac{1}{(1+y)^2} \sum_{t=1}^{n} \frac{t(t+1)C_t}{(1+y)^t}] \times \frac{1}{L}$$

$$= \frac{1}{(1+0.05)^2} \times [\frac{(1)(2)(1,000)}{1.05} + \frac{(2)(3)(1,000)}{1.05^2} + \frac{(3)(4)(1,000)}{1.05^3}] \times \frac{1}{2,723.2480}$$

$$= 5.8996$$

(물음 2) ㈜한국보험은 1년 만기 무이표채와 3년 만기 무이표채를 이용하여 자산과 부채 포트폴리오의 현재가치를 일치시켜서 순자산면역전략을 수행한다고 가정하고 있다.

① 순자산면역전략에서 이자율 변화에 따른 순자산변화액이 0이 되기 위

한 조건은 듀레이션갭이 0이 되어야 한다. 그런데 이 문제에서는 자산과 부채의 현재가치가 일치하므로 듀레이션갭이 0이 되기 위해서는 다음 식과 같이 자산과 부채의 듀레이션이 일치해야 한다.

- $D_{gap} = (D_A - D_L \times \frac{L}{A}) = (D_A - D_L) = 0 \quad (\because A = L)$

  $\rightarrow D_A = D_L$

무이표채로 구성된 자산포트폴리오의 듀레이션은 포트폴리오를 구성하는 개별 채권의 듀레이션을 가중평균하여 구한다. 1년 만기 무이표채에 투자할 비중을 w_1이라고 하면 w_1은 자산과 부채의 듀레이션이 일치해야 한다는 조건을 충족시켜야 한다. 이때 w_1과 3년 만기 무이표채에 투자할 비중 w_3는 다음 식과 같이 각각 0.5163과 0.4837이다.

- $D_A = D_L \rightarrow w_1 \times 1 + (1 - w_1) \times 3 = 1.9675$

  $\therefore w_1 = 0.5163, \ w_3 = 1 - w_1 = 1 - 0.5163 = 0.4837$

그리고 1년 만기 무이표채에 투자할 금액(B_1)과 3년 만기 무이표채에 투자할 금액(B_3)은 다음 식과 같이 각각 1,406.0129억원과 1,317.2351억원이다.

- $B_1 = A \times w_1 = 2,723.2480 \times 0.5163 = 1,406.0129 \ (\because A = L)$

- $B_3 = A - B_1 = 2,723.2480 - 1,406.0129 = 1,317.2351$

② 무이표채로 구성된 자산포트폴리오의 볼록성은 포트폴리오를 구성하는 개별 무이표채의 볼록성을 가중평균하여 구한다. 1년 만기 무이표채의 볼록성(CV_1)과 3년 만기 무이표채의 볼록성(CV_3), 그리고 이들 개별 무이표채의 볼록성을 가중평균한 자산포트폴리오의 볼록성(CV_A) 등은 다음 식과 같이 각각 추정한다. 아래 식에서 n은 무이표채의 만기를, y는 무이표채의 만기수익률을 각각 의미한다.

$$\bullet \ CV_1 = \frac{n(n+1)}{(1+y)^2} = \frac{1 \times 2}{(1+0.05)^2} = 1.8141$$

$$\bullet \ CV_3 = \frac{n(n+1)}{(1+y)^2} = \frac{3 \times 4}{(1+0.05)^2} = 10.8844$$

$$\bullet \ CV_A = w_1 CV_1 + w_3 CV_3 = (0.5163)(1.8141) + (0.4837)(10.8844)$$
$$= 6.2014$$

따라서 ㈜한국보험이 보유한 자산 포트폴리오의 볼록성(CV_A)은 위의 식과 같이 6.2014이다. (무이표채의 볼록성을 계산하는 공식에 관해서는 아래 <Solution Note>를 참고하기 바란다.)

③ 이자율 변동으로 발생하는 채권가격의 변동액($\triangle P$)은 다음 식과 같이 채권의 듀레이션(D)과 볼록성(CV)에 의해 결정된다.

$$\bullet \ \triangle P = -(\frac{D}{1+y})(\triangle y)P + \frac{1}{2} \times CV \times (\triangle y)^2 \times P$$

그런데 이 문제에서 부채 포트폴리오와 자산 포트폴리오의 듀레이션은 둘 다 동일하나, 볼록성은 자산의 볼록성(6.2014)이 부채의 볼록성 (5.8996)보다 더 크다. 그러므로 이자율 변동으로 발생하는 부채 포트폴리오의 가치변동에 대하여 완전면역이 확보될 수 있다. 왜냐하면, 위 식에서 알 수 있는 바와 같이, 채권의 볼록성(CV)은 이자율 변동에 의한 채권의 가치 변동에 있어서 항상 긍정적인 영향이 미치기 때문이다.

(물음 3) ㈜한국보험은 1년 만기 무이표채와 2년 만기 무이표채를 이용하여 자산과 부채 포트폴리오의 현재가치를 일치시켜서 순자산면역전략을 수행한다고 가정하고 있다.

① 1년 만기 무이표채에 투자할 비중을 w_1이라고 하면 w_1은 자산과 부채의 듀레이션이 일치해야 한다는 조건을 충족시켜야 한다. 이때 w_1과 2년 만기 무이표채에 투자할 비중 w_2는 다음 식과 같이 각각 0.0325와 0.9675이다.

- $D_A = D_L \rightarrow w_1 \times 1 + (1 - w_1) \times 2 = 1.9675$

  $\therefore w_1 = 0.0325, \ w_2 = 1 - w_1 = 1 - 0.0325 = 0.9675$

그리고 1년 만기 무이표채에 투자할 금액(B_1)과 2년 만기 무이표채에 투자할 금액(B_2)은 다음 식과 같이 각각 88.5056억원과 2,634.7424억원이다.

- $B_1 = A \times w_1 = 2,723.2480 \times 0.0325 = 88.5056 \ (\because A = L)$

- $B_2 = A - B_1 = 2,723.2480 - 88.5056 = 2,634.7424$

② 무이표채로 구성된 자산포트폴리오의 볼록성은 포트폴리오를 구성하는 개별 무이표채의 볼록성을 가중평균하여 구한다. 1년 만기 무이표채의 볼록성(CV_1)과 2년 만기 무이표채의 볼록성(CV_2), 그리고 이들 개별 무이표채의 볼록성을 가중평균한 자산포트폴리오의 볼록성(CV_A) 등은 다음 식과 같이 각각 추정한다.

- $CV_1 = \dfrac{n(n+1)}{(1+y)^2} = \dfrac{1 \times 2}{(1+0.05)^2} = 1.8141$

- $CV_2 = \dfrac{n(n+1)}{(1+y)^2} = \dfrac{2 \times 3}{(1+0.05)^2} = 5.4422$

- $CV_A = w_1 CV_1 + w_3 CV_3 = (0.0325)(1.8141) + (0.9675)(5.4422)$

  $= 5.3243$

따라서 ㈜한국보험이 보유한 자산 포트폴리오의 볼록성(CV_A)은 위의 식과 같이 5.3243이다.

③ 이 문제에서 부채 포트폴리오와 자산 포트폴리오의 듀레이션은 둘 다 동일하나, 볼록성은 자산의 볼록성(5.3243)이 부채의 볼록성(5.8996)보다 더 작다. 그러므로 이자율 변동으로 발생하는 부채 포트폴리오의 가치변동에 대하여 완전면역이 확보되지 않는다.

(물음 4) (물음 2)와 (물음 3)의 두 전략 모두 자산과 부채의 듀레이션은 일치하지만 볼록성의 차이로 인해 면역화에 차이를 발생시킨다. (물음 2) 전략에서는 자산의 볼록성(A_2)이 부채의 볼록성보다 더 커서 이자율이 하락할 때는 자산가치의 상승폭이 부채가치의 상승폭보다 더 크고, 반대로 이자율이 상승할 때는 자산가치의 하락폭이 부채가치의 하락폭보다 더 작다. 따라서 이자율 변동 방향과 관계없이 순자산가치는 증가하게 됨으로써 완전면역이 확보될 수 있다. 이에 반해, (물음 3) 전략에서는 자산의 볼록성(A_3)이 부채의 볼록성보다 작아 이자율이 하락할 때는 자산가치의 상승폭이 부채가치의 상승폭보다 작고, 반대로 이자율이 상승할 경우에는 자산가치의 하락폭이 부채가치의 하락폭보다 더 크다. 따라서 이자율 변동 방향과 관계없이 순자산가치는 감소하게 됨으로써 완전면역이 확보될 수 없다. 이러한 차이를 발생시키는 근본적인 이유는, 아래 그림에서 제시한 바와 같이, 채권의 볼록성이 클수록 시장이자율이 하락할 때($r-$) 채권가격의 상승폭이 더 크고, 반면에 시장이자율이 상승할 때($r+$) 채권가격의 하락폭은 더 작기 때문이다.

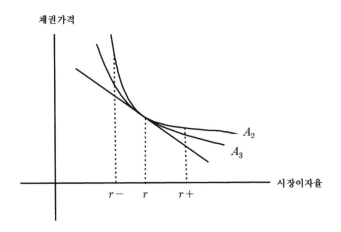

※ Solution Note: 무이표채의 볼록성을 계산하는 공식

무이표채(순수할인채권)는 이자부채권(coupon bond)과는 달리 만기일까지 중간에 이자를 지급하지 않고 만기일에 액면가만을 상환하는 채권이다. 이러한 무이표채의 가격은 다음 식과 같이 만기일에 지급받는 액면

가의 현재가치이다. 아래 식에서 n은 무이표채의 만기를, y는 무이표채의 만기수익률을, F는 무이표채의 액면가를, P는 무이표채의 현재 시점에서의 가격을 각각 의미한다.

$$\bullet \ P = \frac{F}{(1+y)^n} \to F = P(1+y)^n$$

무이표채는 앞서 설명한 바와 같이 만기일까지 현금흐름이 만기일에 지급되는 액면가가 유일하므로 무이표채의 볼록성(CV: convexity)은 아래 식에서와 같이 이자부채권에 비해 훨씬 간단히 추정할 수 있다.

$$\bullet \ CV = \frac{d^2 P}{dy^2} \times \frac{1}{P} = [\frac{1}{(1+y)^2} \sum_{t=1}^{n} \frac{t(t+1)C_t}{(1+y)^t}] \times \frac{1}{P}$$

$$= \frac{1}{(1+y)^2} \times \frac{n(n+1)F}{(1+y)^n} \times \frac{1}{P}$$

$$= \frac{1}{(1+y)^2} \times \frac{n(n+1)P(1+y)^n}{(1+y)^n} \times \frac{1}{P} \quad (\because F = P(1+y)^n)$$

$$= \frac{n(n+1)}{(1+y)^2}$$

3

주식의 가치평가

3.1 배당평가모형

문제 1 포트폴리오 매니저인 김민국씨는 A기업의 자본비용을 추정하고, 이를 이용하여 A기업의 현재 주가가 과대 혹은 과소평가되어 있는지에 대한 보고서를 작성하고자 한다. 이를 위해 A기업에 대해 다음과 같은 자료를 수집하였다. 아래의 정보는 이후 변동이 없을 것으로 예상되며, 회사채는 채무불이행위험이 없다고 가정한다. (2014년 문제 4)

- 자본구조
  - 회사채를 발행하여 조달한 부채와 보통주를 발행하여 조달한 자본으로 구성
  - 부채비율(B/S): 100%
- 회사채 관련 정보
  - 액면이자율(coupon rate): 8%
  - 현재 액면가(par value)로 거래되고 있으며, 1년에 한번 이자를 지급하는 영구채
- 보통주 관련 정보
  - 시장포트폴리오의 기대수익률: 9%
  - 무위험이자율: 5%
  - A기업의 주식베타: 1.2
  - A기업의 현재 주가: 250원

- A기업의 배당성장률 예측치: 5%
- 작년 말 주당 배당(d_0): 5원
- 보통주 발행 주식 수: 3,200,000주
- 법인세율: 30%

위의 자료를 바탕으로 김민국씨는 다음과 같은 보고서를 작성하였다.

- 자기자본비용
  - 일정성장 배당평가모형(항상성장모형 혹은 고정성장모형)을 활용하여 자기자본비용을 계산할 수 있으나, A기업의 경우 CAPM모형을 적용하는 것이 적절하다고 판단되었다.
  - CAPM모형을 이용하여 추정한 자기자본비용은 (가)%이다.
- 타인자본비용
  - 세전타인자본비용은 현재 시장에서 거래되고 있는 A기업 회사채를 통해 추정한 만기수익률을 이용하였으며, 세후타인자본비용은 (나)%이다.
- A기업의 현재 부채비율(B/S)은 100%이고, 자기자본비용과 세후타인자본비용을 활용하여 추정한 가중평균자본비용은 (다)%이다.
- 지난 해 A기업의 주주잉여현금흐름(FCFE)은 4,000만원이었고, 영원히 매년 5% 성장할 것으로 예상된다. 따라서 현재 A기업의 주식은 (라)평가되어 있는 것으로 판단된다.

(물음 1) 빈 칸 (가)와 (나)에 들어갈 자기자본비용과 세후타인자본비용은 얼마인가? 계산결과는 %단위로 표시하되 반올림하여 소수점 첫째 자리까지 표기하라.

(물음 2) A기업의 자기자본비용 추정과 관련하여 다음 물음에 답하여라.

① 일정성장 배당평가모형을 활용하여 A기업의 자기자본비용을 추정하라. 계산결과는 %단위로 표시하되 반올림하여 소수점 첫째 자리까지 표기하라.

② ①의 계산결과를 이용하여 김민국씨가 일정성장 배당평가모형을 이용하였을 때의 문제점을 2줄 이내로 설명하라.

(물음 3) 빈 칸 (다)에 적절한 가중평균자본비용은 얼마인지 계산하라. <u>계산결과는 %단위로 표시하되 반올림하여 소수점 첫째 자리까지 표기</u>하라.

(물음 4) 주주잉여현금흐름에 대한 김민국씨의 예상이 옳다고 가정할 때, 주주잉여현금흐름을 이용하여 A기업 주식의 내재가치(intrinsic value)를 계산하라. 이를 바탕으로 판단할 때, 괄호 (라)에 들어갈 적절한 단어는 무엇인가? <u>계산결과는 반올림하여 원단위로 표기</u>하라.

상세 해설 및 정답

이 문제는 일정성장배당평가모형과 주주잉여현금흐름모형을 이용하여 주식의 내재가치와 요구수익률을 추정하는 문제이다.

(물음 1) 빈 칸 (가)와 (나)에 들어갈 자기자본비용(r_S)과 세후타인자본비용(r_B^a)은 다음과 같이 각각 9.8%와 5.6%이다. 아래 식에서 P_B는 회사채 가격을, F는 회사채의 액면가를, i와 r_B는 회사채의 액면이자율과 세전 만기수익률을 각각 의미한다.

(가) $r_S = r_f + [E(r_m) - r_f]\beta_S$

$= 0.05 + (0.09 - 0.05)(1.2) = 0.098 \ (9.8\%)$

(나) $P_B = F \rightarrow i = r_B = 0.08$

$\therefore r_B^a = 0.08(1 - 0.3) = 0.056 \ (5.6\%)$

(물음 2)

① 일정성장 배당평가모형을 활용하여 A기업의 자기자본비용을 추정하면 다음과 같이 7.1%이다. 아래 식에서 P_S는 현재 주가를 의미한다.

- $D_1 = D_0(1+g) = 5 \times 1.05 = 5.25$

- $r_S = \dfrac{D_1}{P_S} + g = \dfrac{5.25}{250} + 0.05 = 0.071 \ (7.1\%)$

② 일정성장 배당평가모형을 이용하여 추정한 A기업의 자기자본비용 (7.1%)은 (물음 1)에서 CAPM으로 추정한 자기자본비용(9.8%)과 다르다. 이처럼 일정성장 배당평가모형을 이용하여 자기자본비용을 추정할 때의 문제점으로는 우선 일정성장 배당평가모형은 배당을 지불하는 기업에게만 적용될 수 있으며, 배당이 영구히 일정한 비율로 성장한다는 엄격한 가정이 필요하다. 그리고 이 모형은 CAPM과는 달리 기업 투자의 체계적 위험(베타)을 고려하지 않아 CAPM에 의한 계산 결과와 다를 수 있다.

(물음 3) 가중평균자본비용은 다음 식과 같이 7.7%이다.

- $r_S = 9.8\%, \ r_B^a = 5.6\%, \ B/S = 1 \rightarrow S/V = B/V = 0.5$

- $WACC = (\dfrac{S}{V})r_S + (\dfrac{B}{V})r_B^a$

  $= (0.5)(0.098) + (0.5)(0.056) = 0.077 \ (7.7\%)$

(물음 4) 주주잉여현금흐름($FCFE$)을 이용하여 A기업 주식의 내재가치(P_I)를 계산하면 다음 식과 같이 273원이다. 아래 식에서 S는 자기자본의 시장가치를 의미한다.

- $S = \dfrac{FCFE_1}{r_S - g} = \dfrac{4,000(1+0.05)}{0.098 - 0.05} = 87,500 \ (만원)$

- $P_I = \dfrac{87,500 \ (만원)}{320 \ (만주)} = 273 \ (원)$

따라서 현재 A기업의 주식은 과소평가되어 있는 것으로 판단된다. 왜냐하면 A기업의 주식의 내재가치(P_I)가 273원으로 현재 시장가격(P_S)인 250원보다 크기 때문이다.

3.2 잉여현금흐름모형과 경제적 부가가치모형

문제 2 AAA 기업은 3,000만원이 소요되는 설비를 도입하는 프로젝트를 고려하고 있다. 다음 자료를 이용하여 각 물음에 답하시오. 계산결과는 <u>만원 단위로 소수점 첫째 자리까지 계산</u>하시오. (2012년 문제 1)

< 자 료 >

① 설비의 수명은 3년이고 잔존가치는 300만원이며 정액법으로 상각한다.

② 설비를 도입한 후에 예상되는 매출 증가는 다음과 같으며 모두 현금으로 발생한다.

	1차년	2차년	3차년
매출 증가	2,800만원	3,600만원	4,000만원

③ 매출 증가에 필요한 변동비용은 매출액의 65%이며 모두 현금으로 지불된다.

④ 매출 증가에 필요한 고정비용에는 설비의 감가상각비만 있다.

⑤ 법인세율은 25%이고 투하자본에 대한 기대수익률은 12%이다.

(물음 1) 프로젝트에 대한 3년간의 추정손익계산서를 작성하시오. <u>계산결과는 반올림하여 소수점 둘째 자리까지 표기</u>하라.

(물음 2) 프로젝트의 증분현금흐름(incremental cash flow)을 연도별로 계산하고 이를 이용해서 프로젝트의 순현재가치를 계산하시오.

(물음 3) 프로젝트의 경제적 부가가치(economic value added)를 연도별로 계산하고 이를 이용해서 프로젝트의 순현재가치를 계산하시오. 단, 경제적 부가가치는 경제적 이익(economic income) 또는 잔여이익(residual income)과 같은 개념이다.

상세 해설 및 정답

이 문제는 투자평가에 있어서 추정손익계산서 작성과 증분현금흐름의 추정 및 경제적 부가가치의 추정 등에 관한 문제이다.

(물음 1) 프로젝트에 대한 3년간의 추정손익계산서는 다음과 같다.

추정손익계산서

(단위: 만원)

	1차년	2차년	3차년
매출액	2,800	3,600	4,000
변동비용	(1,820)	(2,340)	(2,600)
감가상각비	(900)	(900)	(900)
영업이익	80	360	500
법인세($T_C = 25\%$)	(20)	(90)	(125)
순이익	60	270	375

(물음 2) 프로젝트의 연도별 증분현금흐름은 다음 식과 같이 추정한다. 아래 식에서 $CapEx_0$는 투자 초기의 설비투자액을, OCF_t는 t년도의 영업현금흐름을, S는 투자종료 시점의 설비의 잔존가치를, B는 투자종료 시점의 설비의 장부가치 등을 의미한다.

- $t = 0$: $\Delta CF_0 = -\Delta CapEx_0 = -3{,}000$

- $t = 1$: $\Delta OCF_1 = \Delta EBIT(1 - T_C) + \Delta Dep$

  $$= 80(1 - 0.25) + 900 = 960$$

- $t = 2$: $\Delta OCF_2 = 360(1 - 0.25) + 900 = 1{,}170$

- $t = 3$: $\Delta CF_3 = \Delta OCF_3 + \Delta S - (\Delta S - \Delta B)T_C$

  $$= 500(1 - 0.25) + 900 + 300 - 0 = 1{,}575$$

이 문제에서 투자종료 시점에서 설비의 매각가치에 대한 명확한 언급이 없지만 여기서는 매각가치와 장부가치가 동일하다고 가정한다

($\Delta S = \Delta B$). 따라서 설비 처분이익이나 손실이 발생하지 않으므로 설비 처분으로 인한 법인세는 발생하지 않는다. 위에서 추정한 연도별 증분현금흐름을 이용해서 프로젝트의 NPV를 계산하면 다음 식과 같이 -89.1만원이다.

$$NPV = -3,000 + \frac{960}{(1+0.12)} + \frac{1,170}{(1+0.12)^2} + \frac{1,575}{(1+0.12)^3} = -89.1$$

(물음 3) 경제적 부가가치(EVA)는 일반적으로 일정 연도의 세후영업이익에서 기초 투하자본(IC)의 조달비용을 차감해 계산한다. 이에 따라 연도별 경제적 부가가치를 계산하면 다음과 같다.

- $\Delta EVA_t = \Delta EBIT_t (1 - T_C) - \Delta IC_{t-1} \times WACC$
- $\Delta EVA_1 = 80(1 - 0.25) - 3,000 \times 0.12 = -300$

  $\Delta EVA_2 = 360(1 - 0.25) - (3,000 - 900) \times 0.12 = 18$

  $\Delta EVA_3 = 500(1 - 0.25) - (3,000 - 900 \times 2) \times 0.12 = 231$

그리고 위에서 추정한 연도별 경제적 부가가치(EVA)를 이용해서 프로젝트의 NPV를 계산하면 다음 식과 같이 -89.1만원이다.

$$NPV = \frac{-300}{(1+0.12)} + \frac{18}{(1+0.12)^2} + \frac{231}{(1+0.12)^3} = -89.1$$

문제 3 다음은 ㈜한국의 향후 2년간 추정 재무자료이다.
(2022년 문제 1)

(단위: 억원)

	1년말($t=1$)	2년말($t=2$)
순이익	1,000	1,100
지급이자	20	20
순운전자본 증감액	50	40
감가상각비	70	80
순자본적 지출액	100	120
장기부채	2,000	2,000
자기자본	8,000	10,000

현재 시점($t=0$)의 기타 재무정보는 다음과 같다.

⑴ 주식의 베타계수: 1.5
⑵ 무위험이자율: 1%
⑶ 기대 시장수익률: 7%
⑷ 법인세율: 20%
⑸ 발행주식수: 1천만주

위의 자료 이외에 현금흐름에 영향을 미치는 요인은 없다. 무위험이자율, 기대 시장수익률, 법인세율, 발행주식수는 향후에도 현재 시점의 측정치와 동일하다. ㈜한국의 부채는 장기부채만 존재하며 장기부채는 전액 이자를 지급하는 금융부채이다. 장기부채 및 자기자본의 장부가치는 시장가치와 항상 동일하며, 현재 시점($t=0$)과 1년 말($t=1$)에 동일하다. 발행주식은 모두 보통주이다. 자기자본수익률(ROE)은 2년차 ($t=2$) 이후 모두 2년차와 동일하다. ROE 및 자기자본비용금액은 기말 자기자본을 이용하여 계산한다.

(물음 1) 1년차와 2년차의 가중평균자본비용(WACC)을 계산하시오. <u>계산결과는 % 단위로 소수점 아래 셋째 자리에서 반올림하여 둘째 자리까지 표시하시오.</u>

(물음 2) 1년 말($t=1$)의 기업관점의 잉여현금흐름(FCFF: Free Cash Flow for the Firm)과 주주관점의 잉여현금흐름(FCFE: Free Cash Flow to Equity)을 계산하시오.

(물음 3) 배당할인모형(DDM: Dividend Discount Model)을 활용하여 1주당 본질가치(intrinsic value)를 계산하시오. 배당금은 3년차($t=3$)부터 매년 일정하게 영구히 성장한다. 배당성향은 1년차($t=1$)는 0.2, 2년차($t=2$)는 0.3이고 3년차($t=3$)부터는 0.4이다.

(물음 4) 잔여이익모형(RIM: Residual Income Model)을 활용하여 1주당 본질가치를 계산하시오. 잔여이익은 3년차($t=3$)부터 매년 5%씩 일정하게 영구히 성장한다.

상세 해설 및 정답

이 문제는 잉여현금흐름 추정과 기업가치 평가모형인 배당할인모형(DDM: Dividend Discount Model)과 잔여이익모형(RIM: Residual Income Model) 등을 활용하여 주식의 본질적인 가치를 추정하는 문제이다.

(물음 1) 부채의 이자율은 지급이자와 부채의 장부가치를 이용하여 계산하며, 자기자본의 자본비용은 주식의 베타를 이용하여 계산한다. 이에 따라 ㈜한국의 부채의 이자율(r_B)과 자기자본의 자본비용(r_S)을 계산하면 각각 다음과 같이 1%와 10%이다.

- $r_B = \dfrac{20}{2,000} = 0.01\ (1\%)$

- $r_S = r_f + (E(r_m) - r_f)\beta_S$

  $= 0.01 + (0.07 - 0.01) \times 1.5 = 0.1\ (10\%)$

위에서 구한 부채의 이자율(r_B)과 자기자본의 자본비용(r_S)을 이용하여 1년차와 2년차 가중평균자본비용($WACC$)을 계산하면 다음과 같이 각각 8.16%와 8.47%이다. 아래 식에서 B, S, V는 각각 부채와 자기자본의 시장가치, 기업가치를 각각 의미한다.

- $B_1 = 2,000, S_1 = 8,000, V_1 = 10,000 \rightarrow \dfrac{S_1}{V_1} = 0.8, \dfrac{B_1}{V_1} = 0.2$

$$WACC_1 = 0.8 \times 0.1 + 0.2 \times 0.01 \times (1 - 0.2) = 0.0816 \ (8.16\%)$$

- $B_2 = 2,000, S_2 = 10,000, V_2 = 12,000 \rightarrow \dfrac{S_2}{V_2} = \dfrac{5}{6}, \dfrac{B_2}{V_2} = \dfrac{1}{6}$

$$WACC_2 = \dfrac{5}{6} \times 0.1 + \dfrac{1}{6} \times 0.01 \times (1 - 0.2) = 0.0847 \ (8.47\%)$$

(물음 2) 기업관점의 잉여현금흐름(FCFF: free cash flow for the firm)은 회사가 성장을 위한 투자를 모두 집행하고 나서 투자자들에게 지급할 수 있는 현금을 의미한다. FCFF를 계산하는 공식에는 여러 형태가 있으나 여기서는 당기순이익을 활용하는 공식을 사용한다(이에 대한 구체적 설명은 아래 <Solution Note>를 참고하기 바람). 즉 FCFF는 아래 식과 같이 당기순이익(NI)에다 감가상각비(Dep)와 세후 이자비용($I(1-T_C)$)을 더한 다음 자본적 지출($CapEx$)과 순운전자본 증감액(ΔWC)을 차감해 구한다. 문제에서 제시된 순자본적 지출($NCapEx$)은 자본적 지출에서 감가상각비를 차감한 것을 의미한다. 위의 공식에 따라 1년 말($t=1$) 기업관점의 잉여현금흐름($FCFF_1$)을 계산하면 다음 식과 같이 866억원이다.

- $CapEx_1 = NCapEx_1 + Dep_1 = 100 + 70 = 170$
- $FCFF_1 = NI_1 + Dep_1 + I_1(1 - T_C) - (CapEx_1 + \Delta WC_1)$

$$= 1,000 + 70 + 20(1 - 0.2) - (170 + 50)$$

$$= 866 \ (억원)$$

그리고 주주관점의 잉여현금흐름(FCFE: Free Cash Flow to Equity)은 주주들에게 제공될 수 있는 현금흐름으로 기업 잉여현금흐름

(FCFF)에서 순차입액(=신규 차입액−원금상환액)을 더하고 세후 이 자비용을 차감해 구한다. 이 공식에 따라 1년 말($t=1$) 주주잉여현금흐름($FCFE_1$)을 구하면 다음 식과 같이 850억원이다.

$$\bullet\ FCFE_1 = NI_1 + Dep_1 - (CapEx_1 + \Delta WC_1) + Net\,Borrowing$$

$$= FCFF_1 - I(1 - T_C) + Net\,Borrowing$$

$$= 866 - 20(1 - 0.2) + 0 = 850\ (억원)$$

(물음 3) 배당할인모형을 활용하여 1주당 본질가치(intrinsic value)를 계산하기 위해 우선 1년차와 2년차의 기간별 주당 배당금을 산정한다. 아래 식에서 D는 총배당금을, d는 주당 배당금을, N은 발행주식수를 각각 의미한다.

$$\bullet\ d_1 = \frac{D_1}{N} = \frac{1{,}000(억원) \times 0.2}{1{,}000(만주)} = 2{,}000\ (원)$$

$$\bullet\ d_2 = \frac{D_2}{N} = \frac{1{,}100(억원) \times 0.3}{1{,}000(만주)} = 3{,}300\ (원)$$

그리고 3년차($t=3$)의 주당 배당금은 성장률과 함께 다음과 같이 산정한다. 아래 식에서 b는 유보비율을, PR은 배당성향을 각각 의미한다. (단, 일반적으로 ROE는 당기순이익을 기초 자기자본의 장부가치로 나누어 산정하나 이 문제에서는 기말 자기자본의 장부가치(BE)를 이용하여 계산하라는 출제자의 요구에 유의해야 한다.)

$$\bullet\ ROE_3 = ROE_2 = \frac{NI_2}{BE_2} = \frac{1{,}100}{10{,}000} = 0.11,$$

$$b_3 = 1 - PR_3 = 1 - 0.4 = 0.6$$

$$\rightarrow g_3 = b_3 \times ROE_3 = 0.6 \times 0.11 = 0.066$$

$$\bullet\ d_3 = d_2(1 + g_3) = 3{,}300(1 + 0.066) = 3{,}517.8\ (원)$$

1주당 본질가치를 계산하기 위해 배당할인모형 중 2단계 배당할인모형을 활용한다. 배당성장률이 1년차와 2년차, 3년차 이후 기간이 다르나, 3년차부터는 모두 연 6.6%로 안정적인 성장 단계로 들어간다. 따라서 다음 식과 같이 1년차와 2년차 배당의 현재가치를 각각 계산하는 1단계와 3년차 이후의 배당의 현재가치는 일정성장 배당할인모형(Gordon 성장모형)을 이용하여 계산하는 2단계로 나누어 추정한 다음 이들을 합하여 주식의 본질적 가치(P_I)를 계산한다.

$$P_I = \frac{d_1}{(1+r_S)} + \frac{d_2}{(1+r_S)^2} + (\frac{d_3}{r_S - g_3})\frac{1}{(1+r_S)^2}$$

$$= \frac{2,000}{(1+0.1)} + \frac{3,300}{(1+0.1)^2} + (\frac{3,517.8}{0.1 - 0.066})\frac{1}{(1+0.1)^2}$$

$$= 90,053.48 \, (원)$$

위의 배당할인모형에 의해 추정한 1주당 본질가치는 90,053.48원이다.

(물음 4) 잔여이익(residual income)은 다음 식과 같이 당기순이익에서 주주의 기회비용인 자기자본비용을 차감한 이익을 의미하며 경제적 부가가치(EVA)와 동일한 개념이다. 아래 식에서 BE는 자기자본의 장부가치를 의미한다.

- 잔여이익 = 당기순이익 − 자기자본의 자본비용금액

$$= NI - r_S \times BE = (ROE - r_S) \times BE$$

먼저 기간별 ROE와 주당 장부가치(BPS)를 계산하면 다음과 같다.

- $ROE_1 = \frac{1,000}{8,000} = 0.125$, $ROE_2 = \frac{1,100}{10,000} = 0.11$

- $BPS_1 = \frac{BE_1}{N} = \frac{8,000(억원)}{1,000(만주)} = 80,000 \, (원)$

  $BPS_2 = \frac{BE_2}{N} = \frac{10,000(억원)}{1,000(만주)} = 100,000 \, (원)$

1주당 본질가치를 계산하기 위해 1년차에서 3년차까지의 기간별 주당 잔여이익(RI)을 다음과 같이 산정한다.

- $RI_t = EPS_t - r_S \times BPS_t = (ROE_t - r_S) \times BPS_t$

  $\rightarrow RI_1 = (0.125 - 0.1) \times 80,000 = 2,000$ (원)

  $RI_2 = (0.11 - 0.1) \times 100,000 = 1,000$ (원)

  $RI_3 = RI_2(1 + g_3) = 1,000(1 + 0.05) = 1,050$ (원)

1주당 본질가치(P_I)를 계산하기 위해 배당할인모형에서와 같이 2단계 잔여이익모형(RIM)을 활용한다.

- $BPS_0 = \dfrac{8,000(억원)}{1,000(만주)} = 80,000$ (원)

- $P_I = BPS_0 + \displaystyle\sum_{t=1}^{\infty} \dfrac{RI_t}{(1 + r_S)^t}$

  $= 80,000 + \dfrac{2,000}{(1 + 0.1)} + \dfrac{1,000}{(1 + 0.1)^2} + \left(\dfrac{1,050}{0.1 - 0.05}\right)\dfrac{1}{(1 + 0.1)^2}$

  $= 100,000$ (원)

잔여이익모형에 의해 추정한 1주당 본질가치는 100,000원이다.

※ Solution Note: 기업잉여현금흐름과 주주잉여현금흐름 추정 공식

1. 기업잉여현금흐름(FCFF: free cash flow to the firms)

기업관점의 잉여현금흐름(FCFF)은 회사가 성장을 위한 투자를 모두 집행하고 나서 기업의 투자자(주주와 채권자)에게 지급할 수 있는 현금을 의미한다. FCFF를 계산하는 공식에는 여러 형태가 있으나 영업이익을 중심으로 추정하는 다음 식 (1)과 당기순이익을 중심으로 추정하는 식 (2)가 대표적으로 많이 활용되고 있다.

$$\bullet \ FCFF = EBIT(1 - T_C) + Dep - (CapEx + \Delta WC) \qquad (1)$$

$$\bullet \ FCFF = NI + Dep + I(1 - T_C) - (CapEx + \Delta WC) \qquad (2)$$

위의 식 (1)은 세후 영업이익에다 감가상각비를 더한 후에 자본적 지출($CapEx$)과 순운전자본 증감액(ΔWC)을 차감해서 기업잉여현금흐름(FCFF)을 추정한다. 한편 식 (2)는 당기순이익에다 감가상각비와 세후 이자비용을 더한 후에 자본적 지출과 순운전자본 증감액을 차감해서 FCFF를 추정한다. 문제에 따라서는 자본적 지출 대신에 자본적 지출에서 감가상각비를 차감한 순자본적 지출($NCapEx$)에 대한 정보를 주는 경우도 종종 있으므로 이들 간의 관계를 고려해서 FCFF를 추정해야 한다.

2. 주주잉여현금흐름(FCFE: free cash flow to equity)

주주관점의 잉여현금흐름(FCFE)은 모든 영업비용을 지급하고 순운전자본과 자본적 지출을 한 후 보통주주 이외의 투자자(채권자와 우선주주)가 제공한 자본과 이자를 상환하고 남은 최종 잔여현금흐름으로 보통주주에게 제공될 수 있는 현금을 의미한다. 이러한 FCFE를 계산하는 공식에도 여러 형태가 있다. 영업이익을 중심으로 추정하는 다음 식 (1)과 당기순이익을 중심으로 추정하는 식 (2), 그리고 기업잉여현금흐름(FCFF)으로부터 추정하는 식 (3)을 활용할 수도 있다. 아래 식에서 $Net\,Borrowing$은 순차입금(=신규 차입금−원금 상환액)을, I는 이자비용을 의미한다.

$$\bullet \ FCFE = EBIT(1 - T_C) + Dep - (CapEx + \Delta WC)$$
$$- I(1 - T_C) + Net\,Borrowing \qquad (1)$$

$$\bullet \ FCFE = NI + Dep - (CapEx + \Delta WC) + Net\,Borrowing \quad (2)$$

$$\bullet \ FCFE = FCFF - I(1 - T_C) + Net\,Borrowing \qquad (3)$$

3.3 행동재무론

문제 4 투자자 A는 부의 크기(W)로 효용(U)을 얻는 것이 아니라 투자로 인한 부의 증감(ΔW)에 따라 효용을 얻는다. 그의 효용함수는 다음과 같다. (2011년 문제 5)

$$\Delta W \geq 0 인 \ 경우, \ U(\Delta W) = \sqrt{\Delta W}$$
$$\Delta W < 0 인 \ 경우, \ U(\Delta W) = -\sqrt{|\Delta W|}$$

(물음 1) ΔW에 대한 이 투자자의 효용함수를 도시하고, 이 투자자는 위험에 대해 어떤 태도를 보이는 투자자인지 설명하시오.

(물음 2) 이 투자자는 어떤 투자를 시작한 직후 10원의 평가손실을 얻게 되었다. 투자를 계속하게 되면 50%의 확률로 −15원의 결과($\Delta W = -15$)를 얻게 되거나 50%의 확률로 −5원의 결과($\Delta W = -5$)를 얻게 된다. 이 투자의 위험프리미엄을 구하시오. 계산결과는 <u>반올림하여 소수점 아래 네 자리까지 표시하시오.</u>

(물음 3) 이 투자자의 효용함수를 토대로 전망이론(prospect theory)에서 말하는 '손실회피(loss aversion)' 현상이 발생하는 이유를 <u>5줄 이내로 설명</u>하시오.

이 문제는 투자자의 위험성향과 효용함수와의 관계 및 행동재무론의 대표이론인 전망이론에 관한 문제이다.

(물음 1) 투자자 A의 아래 효용함수를 도시하면 다음 그림과 같다.

$\Delta W \geq 0$인 경우, $U(\Delta W) = \sqrt{\Delta W}$

$\Delta W < 0$인 경우, $U(\Delta W) = -\sqrt{|\Delta W|}$

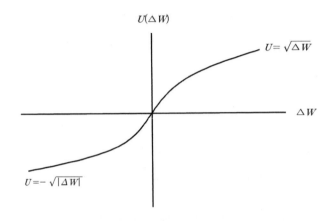

<그림 4.2 투자자 A의 효용함수>

$\Delta W \geq 0$인 경우, 투자자 A의 효용함수는 위의 그림에서와 같이 전형적인 위험회피형 투자자의 효용함수로 원점에 대해 오목한(concave) 형태를 가지며, 부의 증감액(ΔW)이 증가함에 따라 효용은 체감적으로 증가하는 특성을 나타낸다. 이러한 특성을 수학적으로 표시할 경우 다음 식과 같이 부의 증감액(ΔW)에 대한 효용의 1차 미분은 양($+$)의 값을, 2차 미분은 음($-$)의 값을 가진다.

- $U(\Delta W) = \sqrt{\Delta W} \ \rightarrow \ \dfrac{dU}{d(\Delta W)} = \dfrac{1}{2\sqrt{\Delta W}} > 0$

$$\dfrac{d^2 U}{d(\Delta W)^2} = -\dfrac{1}{4(\sqrt{\Delta W})^3} < 0$$

반면에 $\Delta W < 0$인 경우, 투자자 A의 효용함수는 위의 그림에서와 같이 위험선호형 투자자의 효용함수로 원점에 대해 볼록한(convex) 형태를 가지며, 부의 증감액(ΔW)이 증가함에 따라 효용은 체증적으로 증가하는 특성을 나타낸다. 이러한 특성을 수학적으로 표시할 경우 다음 식과 같이 부의 증감(ΔW)에 대한 효용의 1차 미분과 2차 미분 모두 양(+)의 값을 가진다.

$$\bullet\ U(\Delta W) = -\sqrt{|\Delta W|}\ \rightarrow\ \frac{dU}{d(\Delta W)} = \frac{1}{2\sqrt{|\Delta W|}} > 0$$

$$\frac{d^2 U}{d(\Delta W)^2} = \frac{1}{4(\sqrt{|\Delta W|})^3} > 0$$

그러므로 투자자 A는 $\Delta W \geq 0$인 경우 즉 이득의 영역에서는 위험회피 성향을 보이는 반면, $\Delta W < 0$인 경우 즉 손실의 영역에서는 위험선호 성향을 보이고 있다.

(물음 2) 정의에 의해 확실성등가부(CEW: certainty equivalent wealth)의 효용은 투자자의 부의 증감의 기대효용과 정확히 일치해야 한다. 이에 따라 먼저 확실성등가부는 다음과 같이 추정할 수 있다.

$$\bullet\ E[U(\Delta W)] = 0.5(-\sqrt{|-15|}) + 0.5(-\sqrt{|-5|}) = -3.0545$$

$$\bullet\ U(\Delta CEW) = E[U(\Delta W)] \rightarrow -\sqrt{|\Delta CEW|} = -3.0545$$

$$\therefore\ \Delta CEW = -(3.0545)^2 = -9.3300$$

위험프리미엄(RP)은 다음과 같이 기대 부의 증감에서 확실성등가부를 차감한 -0.6700으로 추정할 수 있다.

$$\bullet\ E(\Delta W) = 0.5 \times (-15) + 0.5 \times (-5) = -10$$

$$\bullet\ RP = E(\Delta W) - \Delta CEW$$

$$= -10 - (-9.3300) = -0.6700$$

(물음 3) 전망이론에서 말하는 손실회피(loss aversion) 현상은 투자자들이 투자의 이득에서 느끼는 만족감보다는 투자의 손실에서 느끼는 심리적 고통이 더 심하기 때문에 가능한 한 확실한 손실(sure loss)을 회피하기 위해 손실의 영역에서는 위험선호적인 성향을 보이는 현상을 의미한다.

자본시장 균형이론

4.1 포트폴리오 선택이론과 CAPM

문제 1 A펀드와 주가지수의 <u>과거</u> 3년 동안의 연간 수익률 r_A와 r_M은 다음과 같다. 같은 기간 중 무위험수익률은 매년 1%였다. 소수점 다섯째 자리에서 반올림하여 넷째 자리까지 사용하시오. (2010년 문제 4)

연도	r_A	r_M
2007년	8%	2%
2008년	−2%	0%
2009년	3%	4%

(물음 1) 주가지수수익률의 표준편차를 추정하시오.

(물음 2) 시장모형($r_{At} = \alpha_A + \beta_A r_{Mt} + \epsilon_{At}$)의 회귀계수 $\widehat{\alpha_A}$와 $\widehat{\beta_A}$를 구하시오.

(물음 3) A펀드의 샤프지수(Sharpe's measure)와 젠센지수(Jensen's measure)를 구하시오.

이 문제는 과거 3년 동안의 연간 수익률에 관한 자료를 이용하여 시장모형의 계수와 펀드 투자성과 평가 등에 관한 문제이다.

(물음 1) 표준편차를 계산하는 공식을 이용하여 주가지수수익률의 표준편차를 추정하면 다음과 같다.

연도	r_A	r_M
2007년	0.08	0.02
2008년	−0.02	0
2009년	0.03	0.04
$\sum$	0.09	0.06

- $\overline{r_M} = \dfrac{\sum_{t=1}^{3} r_M}{3} = \dfrac{0.06}{3} = 0.02$

- $\sigma_M^2 = \dfrac{(0.02 - 0.02)^2 + (0 - 0.02)^2 + (0.04 - 0.02)^2}{(3-1)} = 0.0004$

  $\rightarrow \sigma_M = \sqrt{0.0004} = 0.02 \, (2\%)$

따라서 주가지수수익률의 표준편차(σ_M)는 2%이다.

(물음 2) 먼저 시장모형($r_{At} = \alpha_A + \beta_A r_{Mt} + \epsilon_{At}$)의 회귀계수 $\hat{\alpha}_A$와 $\hat{\beta}_A$를 추정하면 다음 식과 같이 각각 0.005와 1.25이다.

- $\sigma_{AM} = \dfrac{\sum_{t=1}^{3}(r_A - \overline{r_A})(r_M - \overline{r_M})}{(3-1)}$ (단, $\overline{r_A} = \dfrac{0.09}{3} = 0.03$)

  $= \dfrac{(0.08 - 0.03)(0) + (-0.02 - 0.03)(0 - 0.02) + (0)(0.04 - 0.02)}{2}$

  $= 0.0005$

- $\hat{\beta}_A = \dfrac{\sigma_{AM}}{\sigma_M^2} = \dfrac{0.0005}{(0.02)^2} = 1.25$

- $\hat{\alpha}_A = \overline{r_A} - \hat{\beta}_A \overline{r_M} = 0.03 - (1.25)(0.02) = 0.005$

(물음 3) A펀드의 샤프지수와 젠센지수는 다음 식과 같이 각각 0.4와 0.0075이다.

- $\sigma_A^2 = \dfrac{(0.08 - 0.03)^2 + (-0.02 - 0.03)^2 + (0.03 - 0.03)^2}{(3-1)} = 0.0025$

  $\rightarrow \sigma_A = \sqrt{0.0025} = 0.05 \ (5\%)$

- $S_A = \dfrac{\overline{r_A} - r_f}{\sigma_A} = \dfrac{0.03 - 0.01}{0.05} = 0.4$

- $\hat{\alpha}_A = \overline{r_A} - [r_f + (\overline{r_M} - r_f)\hat{\beta}_A]$

  $= 0.03 - [0.01 + (0.02 - 0.01) \times 1.25] = 0.0075$

문제 2 (물음 1)~(물음 4)는 각각 독립적인 물음이며, 모든 물음에서 CAPM 이 성립한다고 가정한다. <u>계산결과는 반올림하여 소수점 둘째 자리까지 표시하라.</u> (2016년 문제 4)

(물음 1) 주식 A와 주식 B의 표준편차와 시장포트폴리오와의 상관계수는 다음과 같다.

주 식	표준편차	시장포트폴리오와의 상관계수
A	20%	0.9
B	15%	0.4

시장포트폴리오의 보상변동성비율($\frac{E(R_M) - R_f}{\sigma_M}$)은 0.5이고, 무위험수익률($R_f$)은 5%이다. 단, $E(R_M)$과 σ_M은 각각 시장포트폴리오의 기대수익률과 표준편차를 나타낸다.

⑴ 주식 A와 주식 B의 기대수익률을 구하라.

⑵ 주식 A와 주식 B에 각각 50%씩 투자하여 구성한 포트폴리오의 위험프리미엄은 시장포트폴리오 위험프리미엄의 1.5배이다. 주식 A와 주식 B의 베타를 각각 계산하라.

(물음 2) 시장포트폴리오의 기대수익률과 표준편차는 각각 8%와 10%이고, 무위험수익률은 4%이다. 주식 C와 주식 D의 기대수익률과 표준편차는 다음과 같다.

주 식	기대수익률	표준편차
C	10%	20%
D	6%	10%

주식 C와 주식 D로 구성한 포트폴리오의 비체계적 위험을 최소화하는 주식 C와 주식 D에 대한 투자비율은 각각 얼마인가? 단, 시장모형이 성립한다고 가정한다.

(물음 3) 주식 E의 현재 가격은 50원이고, 기대수익률은 15%이다. 시장위험프리미엄과 무위험수익률은 각각 5%이다.

   (1) 다른 조건은 변화하지 않고, 주식 E와 시장포트폴리오의 공분산만 현재의 2배가 된다면, 주식 E의 현재 적정가격은 얼마인가? 단, 주식 E는 배당을 지급하지 않는다고 가정한다.

   (2) 위의 질문 (1)의 결과가 의미하는 것이 무엇인지 간략하게 서술하라.

(물음 4) 투자자들 가운데 어떤 투자자가 더 위험회피적인지 판단할 수 있는 방법을 <u>3가지 제시하라.</u> 단, 위험회피도는 고려하지 않는다.

상세 해설 및 정답

이 문제는 위험자산의 체계적 위험과 비체계적 위험의 분해, CAPM의 가격결정 기능 등에 관한 문제이다.

(물음 1) 주식 A와 주식 B의 베타는 다음과 같이 나타낼 수 있다.

$$\bullet \ \beta_A = \frac{\rho_{AM}\sigma_A\sigma_M}{\sigma_M^2} = \frac{\rho_{AM}\sigma_A}{\sigma_M} = \frac{0.9 \times 0.2}{\sigma_M} = \frac{0.18}{\sigma_M}$$

$$\bullet \ \beta_B = \frac{\rho_{BM}\sigma_B\sigma_M}{\sigma_M^2} = \frac{\rho_{BM}\sigma_B}{\sigma_M} = \frac{0.4 \times 0.15}{\sigma_M} = \frac{0.06}{\sigma_M}$$

   (1) 시장포트폴리오의 보상변동성비율($\frac{E(R_M) - R_f}{\sigma_M}$)이 주어져 있으므로 증권시장선(SML)에 의해 주식 A와 주식 B의 기대수익률을 구하면 다음과 같이 각각 14%와 8%이다.

- $E(R_A) = R_f + [E(R_M) - R_f]\beta_A = 0.05 + [E(R_M) - R_f] \times \dfrac{0.18}{\sigma_M}$

$$= 0.05 + (\frac{E(R_M) - R_f}{\sigma_M}) \times 0.18 = 0.05 + 0.5 \times 0.18 = 0.14$$

- $E(R_B) = R_f + [E(R_M) - R_f]\beta_B = 0.05 + [E(R_M) - R_f] \times \dfrac{0.06}{\sigma_M}$

$$= 0.05 + (\frac{E(R_M) - R_f}{\sigma_M}) \times 0.06 = 0.05 + 0.5 \times 0.06 = 0.08$$

⑵ 주식 A와 주식 B에 각각 50%씩 투자하여 구성한 포트폴리오의 위험프리미엄은 시장포트폴리오 위험프리미엄의 1.5배일 때 주식 A와 주식 B의 베타는 다음 식과 같이 각각 2.25와 0.75이다.

- $\beta_p = 0.5\beta_A + 0.5\beta_B = 1.5$

- $\dfrac{\beta_A}{\beta_B} = \dfrac{0.18/\sigma_M}{0.06/\sigma_M} = 3 \rightarrow \beta_A = 3\beta_B$

- $\beta_p = 0.5\beta_A + 0.5\beta_B = 0.5(3\beta_B) + 0.5\beta_B = 1.5$

  $\rightarrow \beta_A = 2.25, \ \beta_B = 0.75$

(물음 2) 먼저 개별주식의 비체계적 위험을 계산하기 위해 개별 주식의 베타를 다음 식과 같이 구한다.

- $\beta_C = \dfrac{E(R_C) - r_f}{E(R_M) - r_f} = \dfrac{0.10 - 0.04}{0.08 - 0.04} = 1.5$

- $\beta_D = \dfrac{E(R_D) - r_f}{E(R_M) - r_f} = \dfrac{0.06 - 0.04}{0.08 - 0.04} = 0.5$

시장모형이 성립하므로 주식 C와 주식 D의 비체계적 위험을 다음과 같이 산출한다.

- $\sigma^2(\epsilon_C) = \sigma_C^2 - \beta_C^2 \sigma_M^2 = (0.2)^2 - (1.5)^2(0.1)^2 = 0.0175$

- $\sigma^2(\epsilon_D) = \sigma_D^2 - \beta_D^2 \sigma_M^2 = (0.1)^2 - (0.5)^2(0.1)^2 = 0.0075$

주식 C와 주식 D에 대한 투자비율이 각각 w_C와 $(1-w_C)$로 구성한 포트폴리오의 비체계적 위험은 다음과 같이 계산할 수 있다(참고로 포트폴리오의 비체계적 위험, 즉 포트폴리오의 잔차분산을 계산하는 다음 공식을 이해하지 못한 수험생은 이에 대한 도출 과정을 설명한 아래의 <Solution Note>를 참고하기 바란다).

- $\sigma^2(\epsilon_p) = w_C^2 \sigma^2(\epsilon_C) + (1-w_C)^2 \sigma^2(\epsilon_D)$

$\qquad = w_C^2(0.0175) + (1-w_C)^2(0.0075)$

$\qquad = 0.025\, w_C^2 - 0.015 w_C + 0.0075$

주식 C와 주식 D로 구성된 포트폴리오의 비체계적 위험을 최소화하기 위해 다음 조건을 만족시키는 주식 C와 주식 D의 투자비율을 구하면 다음과 같이 각각 30%와 70%이다.

- $\dfrac{d\sigma^2(\epsilon_p)}{dw_C} = 2(0.025)w_C - 0.015 = 0 \rightarrow w_C = 0.3,\ w_D = 0.7$

(물음 3) 주식 E의 현재 가격(P)은 50원이고, 기대수익률은 15%이므로 1년도 말의 기대 주가와 베타는 다음 식과 같이 각각 57.5원과 2이다.

- $P = 50 = \dfrac{E(P_1)}{1 + E(r_E)} = \dfrac{E(P_1)}{1 + 0.15} \rightarrow E(P_1) = 50 \times 1.15 = 57.5$

- $E(r_E) = 0.15 = 0.05 + 0.05\beta_E \rightarrow \beta_E = 2$

(1) 주식 E와 시장포트폴리오의 공분산만 현재의 2배가 된다면, 주식 E의 베타도 현재의 2배인 4가 되므로 주식 E의 현재 적정가격은 다음과 같이 46원이다.

- $E(r_E) = 0.05 + 0.05 \times 4 = 0.25$

- $P_0 = \dfrac{E(P_1)}{1 + E(r_E)} = \dfrac{57.5}{1 + 0.25} = 46$

(2) CAPM이 성립한다는 가정 하에 다른 조건은 변하지 않고 위험자산인 주식의 체계적 위험을 나타내는 공분산 혹은 베타가 증가할 경우 주식의 적정할인율이 증가하게 되며 이에 따라 주가는 하락하게 된다.

(물음 4) 어떤 투자자가 더 위험회피적인지 판단할 수 있는 3가지 방법을 제시하면 다음과 같다.

① 위험회피형 투자자의 무차별곡선의 기울기가 크고 가파를수록 투자자는 더 위험회피적이다.
② 투자자가 선택한 최적 포트폴리오에서 시장포트폴리오에 대한 투자비율이 낮고 반면에 무위험자산에 대한 투자비율이 높을수록 더 위험회피적이다.
③ 투자자가 선택한 최적 포트폴리오의 기대수익률과 위험(표준편차)이 낮을수록 더 위험회피적이다.

※ Solution Note: 포트폴리오의 체계적 및 비체계적 위험 계산 공식

두 개의 개별자산인 주식 A와 주식 B로 포트폴리오를 구성한다고 가정한다. 그리고 β_A와 β_B는 각각 주식 A와 주식 B의 베타를, ϵ_A와 ϵ_B는 각각 주식 A와 주식 B의 잔차를, σ_M은 시장포트폴리오의 표준편차는 의미한다. 만약 주식 A와 주식 B에 w_A와 w_B만큼 투자하여 포트폴리오 P를 구성한다고 했을 때 포트폴리오 P의 체계적 위험과 비체계적 위험(잔차분산)은 다음 공식에 의해 추정한다.

1. 포트폴리오의 체계적 위험

- $\beta_p = w_A \beta_A + w_B \beta_B$

- 포트폴리오 P의 체계적 위험 $= \beta_p^2 \sigma_M^2 = (w_A \beta_A + w_B \beta_B)^2 \sigma_M^2$

2. 포트폴리오의 비체계적 위험(잔차분산)

먼저 주식 A와 주식 B의 표준편차 및 베타를 이용하여 개별주식의 비체계적 위험(잔차분산)을 다음과 같이 각각 계산한다.

- $\sigma^2(\epsilon_A) = \sigma_A^2 - \beta_A^2 \sigma_M^2$: $\sigma^2(\epsilon_B) = \sigma_B^2 - \beta_B^2 \sigma_M^2$

시장모형(단일지수모형)은 다음 세 조건이 성립한다고 가정한다.

- $E(\epsilon_i) = 0$, $Cov(\epsilon_i, r_M) = 0$, $Cov(\epsilon_i, \epsilon_j) = 0$

따라서 시장모형이 성립할 경우 위에서 산출한 개별주식의 비체계적 위험을 이용하여 포트폴리오 P의 비체계적 위험을 도출하면 다음과 같다.

- $\sigma^2(\epsilon_P) = \sigma^2(w_A \epsilon_A + w_B \epsilon_B)$

$= w_A^2 \sigma^2(\epsilon_A) + w_B^2 \sigma^2(\epsilon_B) + 2 w_A w_B Cov(\epsilon_A, \epsilon_B)$

$= w_A^2 \sigma^2(\epsilon_A) + w_B^2 \sigma^2(\epsilon_B)$ $(\because Cov(\epsilon_A, \epsilon_B) = 0)$

문제 3 (2013년 문제 3)

(물음 1) 다음과 같이 시장에 두 개의 위험자산과 무위험자산이 존재하는 자본 시장을 가정한다. 무위험이자율은 10%다.

위험자산	개별 자산의 시장가치
주식 A	200억원
주식 B	300억원

투자자 갑은 총 투자금액 1,000원을 시장포트폴리오와 무위험자산에 70%와 30%씩 나누어 투자하고 있다. 투자자 갑은 현재 주식 A와 주식 B에 투자한 금액이 향후 경기 상황에 따른 주가 변화로 인해 다음과 같이 바뀔 것으로 예상하고 있다. 이 때 시장포트폴리오의 위험프리미엄은 몇 %인가? 각 상황별 수익률을 계산하여 시장포트폴리오의 위험프리미엄을 계산하고, 계산결과는 %로 표기하되 반올림하여 소수점 둘째 자리까지 표기하라.

경기 상황	확률	주식 A	주식 B
호황	50%	350원	462원
불황	50%	315원	441원

(물음 2) 투자자 갑은 다음과 같은 효용함수를 가지고 있다. 단, $E(R_p)$와 σ_p는 각각 포트폴리오의 수익률과 표준편차이고, γ는 위험회피계수이다.

$$U = E(R_p) - \frac{1}{2} \times \gamma \times \sigma_p^2$$

투자자 갑은 위의 효용함수를 최대화하는 최적포트폴리오를 구성하고자 한다. $\gamma = 20$일 때, 투자자 갑의 총 투자금액 1,000원 가운데 주식 A와 주식 B에 투자해야 하는 금액은 각각 얼마인가? 이때 (물음 1)에서 계산한 결과를 이용하라. 계산결과는 반올림하여 원단위로 표기하시오.

(물음 3) 시장포트폴리오에만 투자했을 때의 효용과 무위험자산에만 투자했을 때의 효용을 무차별하게 만드는 투자자 갑의 위험회피계수는 얼마인가? 단, (물음 1)~(물음 2)에서 도출한 시장포트폴리오의 기대수익률과 분산을 이용하고, (물음 2)에서 주어진 효용함수를 이용하라. 위험회피계수는 반올림하여 소수점 첫째 자리까지 표기하라.

(물음 4) (물음 2)의 결과와 관계없이, 투자자 갑이 구성한 최적포트폴리오의 기대수익률은 12%, 표준편차는 5%, 무위험이자율은 10%로 가정한다. 위험회피계수가 20일 때, 투자자 갑이 선택한 최적포트폴리오의 확실성 등가 수익률은 얼마인가? 단, (물음 2)에서 주어진 효용함수를 이용하라. 수익률은 %로 표기하되, 반올림하여 소수점 둘째 자리까지 표기하라.

상세 해설 및 정답

이 문제는 CAPM이 성립하고 투자자의 효용함수가 주어져 있을 경우 최적 포트폴리오의 선택과 토빈의 분리정리, 확실성등가 추정 등에 관한 문제이다.

(물음 1) 시장포트폴리오의 기대수익률을 추정하기 위해 먼저 경기 상황에 따른 시장포트폴리오의 수익률 확률분포를 구해야 한다. 문제에서 투자자 갑은 총 투자금액 1,000원을 시장포트폴리오와 무위험자산에 70%와 30%씩 나누어 투자하고 있으므로 현재(기초) 시장포트폴리오에 투자한 금액은 700원이다. 또한 향후(기말) 경기 상황에 따른 주식 A와 주식 B의 예상 가격이 주어져 있으므로 이를 이용하여 시장포트폴리오의 기말 예상 가격과 수익률 확률분포를 아래 표와 같이 추정할 수 있다.

경기 상황	확률	기말 예상 가격			시장포트폴리오 수익률
		주식 A	주식 B	시장포트폴리오	
호황	50%	350원	462원	812원	812/700−1=0.16
불황	50%	315원	441원	756원	756/700−1=0.08

위에서 제시한 시장포트폴리오의 수익률 확률분포를 이용하여 시장포트폴리오의 기대수익률과 위험프리미엄(RP)을 계산하면 다음과 같다.

- $E(r_m) = (0.5)(0.16) + (0.5)(0.08) = 0.12\ (12\%)$

  $\rightarrow RP = E(r_m) - r_f = 0.12 - 0.1 = 0.02\ (2\%)$

따라서 시장포트폴리오의 위험프리미엄은 2%이다.

(물음 2) 먼저 이 문제에서 유의해야 할 점은 (물음 1)에서 투자자 갑이 보유하고 있는 포트폴리오 즉 시장포트폴리오와 무위험자산에 70%와 30%씩 투자한 포트폴리오는 효율적 포트폴리오이기는 하나 투자자 갑의 최적 포트폴리오는 아니라는 것이다. 왜냐하면 투자자 갑의 최적포트폴리오는 투자자 갑의 무차별곡선과 자본시장선(CML)이 접하는 지점의 효율적 포트폴리오이어야 하기 때문이다. 따라서 이 최적 포트폴리오는 투자자 갑의 무차별곡선의 기울기와 자본시장선의 기울기가 일치하는 접점에서의 포트폴리오이다.

먼저, 최적 포트폴리오에서 투자자 갑의 무차별곡선의 기울기, 즉 한계대체율(MRS)은 효용함수에 대한 전미분을 이용하여 다음과 같이 추정할 수 있다.

$$dU = dE(R_p) - \frac{1}{2}\gamma(2\sigma_p)d\sigma_p = dE(R_p) - \gamma\sigma_p d\sigma_p = 0\ (\because U = \text{일정})$$

$$\rightarrow MRS = \frac{dE(R_p)}{d\sigma_p} = \gamma\sigma_p = 20\sigma_p$$

한편, 자본시장선(CML)의 기울기를 구하기 전에 앞의 (물음 1)에서 제시한 시장포트폴리오 수익률의 확률분포표를 이용하여 시장포트폴리오의 표준편차를 다음과 같이 추정한다.

- $\sigma_m = \sqrt{(0.5)^2(0.16-0.12)^2 + (0.5)^2(0.08-0.12)^2} = 0.04\ (4\%)$

위에서 추정한 시장포트폴리오의 표준편차를 이용하여 자본시장선(CML)의 기울기를 구하면 다음과 같이 0.5이다.

- CML의 기울기 $= \dfrac{E(r_m) - r_f}{\sigma_m} = \dfrac{0.12 - 0.1}{0.04} = 0.5$

따라서 투자자 갑의 무차별곡선의 기울기와 자본시장선의 기울기가 일치하는 최적 포트폴리오의 표준편차는 다음 식과 같이 2.5%이다.

- $20 \times \sigma_p = 0.5 \rightarrow \sigma_p = 0.025\ (2.5\%)$

최적 포트폴리오의 표준편차가 2.5%이어야 하므로 최적 포트폴리오에서 시장포트폴리오에 대한 투자비율과 투자금액을 구하면 다음 식과 같이 각각 62.5%와 625원이다. 즉 투자자 갑의 최적 포트폴리오는 시장포트폴리오에 대한 투자비율이 62.5%, 무위험자산에 대한 투자비율이 37.5%인 포트폴리오이다.

- $\sigma_p = w_m \sigma_m = w_m \times 0.04 = 0.025 \rightarrow w_m = 0.625\ (62.5\%)$
- 시장포트폴리오의 투자금액 $= 1{,}000 \times w_m = 1{,}000 \times 0.625 = 625$

그리고 앞의 (물음 1)의 첫 번째 표에서 주어진 주식 A와 주식 B의 현재 시장가치를 이용하여 주식 A와 주식 B가 시장포트폴리오에서 차지하는 구성비율을 계산하면 다음과 같이 각각 40%와 60%이다.

- $w_A = \dfrac{200}{200 + 300} = 0.4\ (40\%),\ \ w_B = 1 - w_A = 0.6\ (60\%)$

최종적으로 토빈의 분리정리에 의해 주식 A와 주식 B에 투자해야 하는 금액은 위에서 구한 주식 A와 주식 B가 시장포트폴리오에서 차지하는 구성비율을 이용하여 계산하면 다음과 같이 각각 250원과 375원이다.

- 주식 A에 대한 투자금액 $= 625 \times w_A = 625 \times 0.4 = 250\ (원)$
- 주식 B에 대한 투자금액 $= 625 \times w_B = 625 \times 0.6 = 375\ (원)$

(물음 3) 시장포트폴리오에만 투자했을 때의 효용($U(m)$)과 무위험자산에만 투자했을 때의 효용($U(f)$)을 무차별하게 만드는 투자자 갑의 위험회피계수는 다음 식과 같이 25이다.

- $U(m) = 0.12 - (1/2)\gamma(0.04)^2 = 0.12 - 0.0008\gamma$

- $U(f) = 0.1 - (1/2)\gamma(0)^2 = 0.1$

- $U(m) = U(f) \rightarrow 0.12 - 0.0008\gamma = 0.1$

    $\therefore \ \gamma = 25$

(물음 4) 투자자 갑이 선택한 최적포트폴리오의 확실성 등가수익률을 r_{CE}라고 하자. 이때 확실성 등가수익률의 정의에 의해, 투자자 갑이 선택한 최적포트폴리오의 기대효용($U(Opt)$)과 확실성 등가수익률의 효용($U(CE)$)은 일치해야 한다. 이 정의를 이용하여 투자자 갑이 선택한 최적포트폴리오의 확실성 등가수익률을 계산하면 다음 식과 같이 9.5%이다.

- $U(Opt) = 0.12 - \dfrac{1}{2} \times 20 \times (0.05)^2 = 0.095$

    $U(CE) = r_{CE} - \dfrac{1}{2} \times 20 \times (0)^2 = r_{CE}$

- $U(Opt) = U(CE) \rightarrow 0.095 = r_{CE}$

    $\therefore \ r_{CE} = 0.095 \ (9.5\%)$

문제 4 다음에 주어진 회귀식을 이용하여 개별 주식 A, B, C의 초과수익률을 시장지수의 초과수익률에 대해 회귀분석한 결과는 아래의 표에 나타나 있다. 개별 주식 A, B, C의 수익률은 시장지수 수익률과 양(+)의 관계를 가지고, 무위험수익률은 표본기간 동안 5%로 일정하며, 시장모형이 성립한다고 가정한다. (2021년 문제 3)

$$(\text{회귀식}) \quad r_j - r_f = \alpha_j + \beta_j(r_M - r_f) + e_j$$

회귀식에서 r_j와 r_M은 각각 주식 j의 수익률과 시장지수 수익률을 나타내고, r_f는 무위험수익률을 나타낸다. e_j는 잔차이다.

구분	평균 수익률	수익률의 표준편차	알파 (α)	베타 (β)	R^2
주식 A	10%	10%	( )	( )	0.81
주식 B	9%	9%	( )	( )	( )
주식 C	( )	( )	2%	( )	0.75
시장지수	14%	15%	–	–	–

(물음 1) 주어진 정보를 이용하여 다음에 답하시오. <u>알파값은 % 단위로 소수점 아래 둘째 자리에서 반올림하여 첫째 자리까지 표시하고, 베타값은 소수점 아래 둘째 자리에서 반올림하여 첫째 자리까지 표시하시오.</u>

① 주식 A의 알파값과 베타값을 계산하시오.

② 초과수익률을 이용한 회귀분석에서 주식 A의 알파값과 베타값이 각각 0.5%와 0.5로 추정되었다고 가정한다. 초과수익률이 아닌 수익률을 이용하여 주식 A에 대한 회귀분석을 실시하였을 경우, 알파값을 계산하시오.

③ 주식 A와 주식 B 수익률의 상관계수가 0.6이라고 할 때, 주식 B의 알파값을 계산하시오.

④ 주식 C의 잔차분산($\sigma^2(e_C)$)이 0.01인 경우, 주식 C 수익률의 표준편차를 계산하시오. 계산결과는 % 단위로 소수점 아래 셋째 자리에서 반올림하여 둘째 자리까지 표시하시오.

(물음 2) 주식 A와 주식 B의 베타값이 각각 0.4와 0.2라고 하자. 주식 A와 주식 B에 50%씩 투자하여 포트폴리오 P를 구성하고자 한다. 계산결과는 소수점 아래 다섯째 자리에서 반올림하여 넷째 자리까지 표시하시오.

① 포트폴리오 P의 비체계적 위험을 계산하시오.

② 포트폴리오 P의 수익률과 시장지수 수익률의 공분산을 계산하시오.

상세 해설 및 정답

이 문제는 포트폴리오 선택이론과 CAPM에 관한 문제이다. 포트폴리오의 위험 측정, 증권특성선을 이용한 개별 증권의 베타와 알파값의 추정, 분산의 분해 등에 관해 묻는 문제이다.

(물음 1) 문제의 표에서 제시된 개별 주식에 대한 회귀식은 해당 주식의 증권특성선이다. 개별 주식 A, B, C의 수익률은 시장지수 수익률과 양(+)의 관계를 가지므로 개별 주식의 베타는 모두 양(+)의 값을 가진다. 표에 제시된 개별 주식에 대한 증권특성선을 이용하여 다음 물음에 답하도록 한다.

① 주식 A의 증권특성선의 결정계수인 R^2은 주식 A와 시장포트폴리오 간의 상관계수의 제곱(ρ_{AM}^2)이며 이것은 주식 A의 분산 중 체계적 위험이 차지하는 비중을 나타낸다. 이러한 관계를 이용하여 먼저 주식 A의 베타(β_A)을 계산하면 다음과 같이 0.6이다.

- $R^2 = \rho_{AM}^2 = 0.81 \rightarrow \rho_{AM} = 0.9 \ (\because \beta_A > 0)$

$$\therefore \beta_A = \frac{\rho_{AM}\sigma_A}{\sigma_M} = \frac{(0.9)(0.1)}{(0.15)} = 0.6$$

위에서 구한 주식 A의 베타와 증권특성선을 이용하여 주식 A의 알파값(α_A)을 계산하면 다음과 같이 -0.4%이다.

- $\bar{r}_A - r_f = \alpha_A + \beta_A(\bar{r}_M - r_f)$

  $\rightarrow \alpha_A = (\bar{r}_A - r_f) - \beta_A(\bar{r}_M - r_f)$

  $= (0.1 - 0.05) - (0.6)(0.14 - 0.05) = -0.004\,(-0.4\%)$

② 초과수익률이 아닌 단순수익률을 이용하여 주식 A에 대한 회귀분석을 실시할 경우의 알파값(α'_A)을 계산하면 다음과 같이 3%이다.

- $\bar{r}_A - r_f = \alpha_A + \beta_A(\bar{r}_M - r_f)$

  $\rightarrow \bar{r}_A = r_f + \alpha_A + \beta_A \bar{r}_M - \beta_A r_f$

  $= (r_f + \alpha_A - \beta_A r_f) + \beta_A \bar{r}_M = \alpha'_A + \beta_A \bar{r}_M$

  $\therefore\ \alpha'_A = r_f + \alpha_A - \beta_A r_f = 0.05 + 0.005 - (0.5)(0.05)$

  $= 0.03\,(3\%)$

③ 시장모형이 성립할 경우 주식 A와 주식 B 수익률의 상관계수(ρ_{AB})는 다음과 같이 주식 A와 시장포트폴리오 간의 상관계수(ρ_{AM})와 주식 B와 시장포트폴리오 간의 상관계수(ρ_{BM})의 곱으로 나타낼 수 있다(이 공식에 대한 증명은 <정형찬, CPA 객관식 재무관리, 2022> p. 238 참고하기 바란다).

- $\rho_{AB} = \rho_{AM} \times \rho_{BM}$

그리고 주식 A의 증권특성선의 결정계수(R^2)는 주식 A와 시장포트폴리오 간의 상관계수의 제곱(ρ^2_{AM})이므로 주식 A와 시장포트폴리오 간의 상관계수(ρ_{AM})는 0.9이다. 따라서 주식 B와 시장포트폴리오 간의 상관계수(ρ_{BM})는 2/3이다.

- $\rho_{AB} = 0.6 = \rho_{AM} \times \rho_{BM} = 0.9 \times \rho_{BM} \rightarrow \rho_{BM} = \dfrac{2}{3}$

주식 B와 시장포트폴리오 간의 상관계수(ρ_{BM})가 2/3일 경우 주식 B의 베타는 다음과 같이 0.4이다.

- $\beta_B = \dfrac{\rho_{BM}\,\sigma_B}{\sigma_M} = \dfrac{(2/3)(0.09)}{0.15} = 0.4$

위에서 구한 주식 B의 증권특성선과 베타값을 이용하여 주식 B의 알파값을 계산하면 다음과 같이 0.4%이다.

- $\alpha_B = (\bar{r}_B - r_f) - \beta_B(\bar{r}_M - r_f)$

$= (0.09 - 0.05) - (0.4)(0.14 - 0.05) = 0.004\,(0.4\%)$

④ 주식 C의 분산에서 주식 C의 잔차분산($\sigma^2(e_C)$)이 차지하는 비중은 [1 − 결정계수(R^2)]에 결정되며 다음 식과 같이 0.25이다. 그리고 이 관계식을 이용하여 주식 C 수익률의 표준편차를 구하면 다음과 같이 0.2이다.

- $\dfrac{\sigma^2(\epsilon_C)}{\sigma_C^2} = 1 - R^2 = 1 - 0.75 = 0.25$

$\rightarrow \sigma_C^2 = \dfrac{\sigma^2(\epsilon_C)}{0.25} = \dfrac{0.01}{0.25} = 0.04$

$\therefore \sigma_C = \sqrt{0.04} = 0.2$

(물음 2) 주식 A와 주식 B의 베타값이 각각 0.4와 0.2라고 하자. 주식 A와 주식 B에 50%씩 투자하여 포트폴리오 P를 구성한다.

① 먼저 주식 A와 주식 B의 표준편차 및 베타를 이용하여 개별주식의 비체계적 위험을 다음 식과 같이 계산한다.

- $\sigma^2(\epsilon_A) = \sigma_A^2 - \beta_A^2 \sigma_M^2 = (0.1)^2 - (0.4)^2(0.15)^2 = 0.0064$

- $\sigma^2(\epsilon_B) = \sigma_B^2 - \beta_B^2 \sigma_M^2 = (0.09)^2 - (0.2)^2(0.15)^2 = 0.0072$

시장모형이 성립하므로 위에서 산출한 개별주식의 비체계적 위험을 이용하여 포트폴리오 P의 비체계적 위험을 다음 식과 같이 계산하면 0.0034이다.

- $\sigma^2(\epsilon_P) = w_A^2 \sigma^2(\epsilon_A) + w_B^2 \sigma^2(\epsilon_B) \qquad (\because Cov(\epsilon_A, \epsilon_B) = 0)$

$$= (0.5)^2(0.0064) + (0.5)^2(0.0072) = 0.0034$$

참고로 이 문제는 앞의 문제 2(2016년 문제 4)의 (물음 2)와 유사한 문제로 포트폴리오의 비체계적 위험을 계산하는 문제이다. 포트폴리오의 비체계적 위험을 계산하는 공식에 익숙하지 않은 수험생은 해당 문제의 해설이나 <Solution Note>를 참고하기 바란다.

② 포트폴리오 P의 수익률과 시장지수 수익률의 공분산(σ_{PM})은 다음 식과 같이 포트폴리오 P의 베타를 이용하여 구하면 0.0068이다.

- $\beta_P = w_A \beta_A + w_B \beta_B = (0.5)(0.4) + (0.5)(0.2) = 0.3$

- $\beta_P = \dfrac{\sigma_{PM}}{\sigma_M^2} \rightarrow \sigma_{PM} = \beta_P \sigma_M^2 = (0.3)(0.15)^2 = 0.0068$

문제 5 두 위험자산의 기대수익률과 수익률의 표준편차가 다음과 같이 표로 주어져 있다. (2012년 문제 6)

	기대수익률 $(E(R))$	표준편차 (σ)
자산 A	20%	30%
자산 B	10%	10%

아래의 독립적인 물음에 대해 각각 답하시오.

(물음 1) 두 개의 자산 A와 B로 포트폴리오를 구성하려 한다. 이때 나타날 수 있는 투자기회집합의 경계선 세 개를 표준편차와 기대수익률의 함수식(예: $E(R) = 2\sigma + 3\%$)으로 나타내시오.

(물음 2) 위에서 주어진 두 개의 자산 A와 B로 구성된 포트폴리오의 표준편차를 10% 보다 작게 만들기 위해서는 두 자산 사이의 상관계수가 얼마보다 작아야 하는가? 계산결과는 <u>반올림하여 소수점 둘째자리까지</u> 나타내시오.

(물음 3) 세 개의 위험자산 X, Y, Z만이 유통되는 자본시장에서 아래와 같은 두 개의 포트폴리오가 효율적 포트폴리오(efficient portfolio)임을 알게 되었다. 즉, Markowitz 경계선(frontier) 상에 놓여 있다. 기대수익률이 22%가 되는 효율적 포트폴리오의 자산 구성비를 <u>백분율 기준으로 반올림하여 소수점 둘째 자리까지</u> 나타내시오.

	자산의 구성비율 (X : Y : Z)	기대수익률
효율적 포트폴리오 (1)	(50% : 30% : 20%)	30%
효율적 포트폴리오 (2)	(10% : 50% : 40%)	18%

이 문제는 포트폴리오의 기대수익률과 위험을 측정하는 공식에 대한 이해와 특성에 관해 묻는 문제이다.

(물음 1) 포트폴리오의 기대수익률과 위험을 측정하는 데 있어서 매우 중요한 가정 중의 하나가 공매도(short selling)를 허용하는지의 여부이다. 그럼에도 불구하고 이 문제에서 출제자는 이에 대한 언급을 하지 않고 있다. 그런데 문제에서 가능한 투자기회집합의 경계선이 세 개가 있다는 것을 전제로 하고 있는 점은 공매도를 허용하지 않는다는 것을 의미한다. 왜냐하면 공매도를 허용할 경우 경계선이 4개(ρ_{AB}가 −1과 +1일 때 각 2개씩)가 나타날 수 있기 때문이다. 그래서 여기서는 공매도를 허용하지 않는다는 가정 하에 문제를 풀도록 한다.

공매도를 허용하지 않을 경우 주어진 두 자산 간의 상관계수(ρ_{AB} =−1, 0, +1)에 의해 두 자산의 투자비율에 따른 포트폴리오의 기대수익률과 표준편차를 구하면 다음 그림과 같이 나타낼 수 있다.

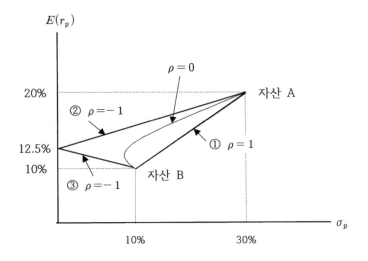

위 그림과 같이 공매도가 허용되지 않을 경우 나타날 수 있는 투자기회집합의 경계선은 두 자산 간의 상관계수에 따라 직선 ① ($\rho_{AB}=1$), ②와 ③ ($\rho_{AB}=-1$) 등 세 개이다. 이 세 개의 경계선을 표준편차와 기대수익률의 함수식으로 구하면 각각 다음과 같다.

① 두 자산 간의 상관계수가 1일 경우($\rho_{AB} = 1$)

- $E(r_p) = w_A E(r_A) + (1 - w_A) E(r_B)$

  $\quad = w_A(0.2) + (1 - w_A)(0.1) = 0.1 w_A + 0.1$

- $\sigma_p = \sqrt{w_A^2 \sigma_A^2 + w_B^2 \sigma_B^2 + 2 w_A w_B \sigma_A \sigma_B} \quad (\because \ \rho_{AB} = 1)$

  $\quad = w_A \sigma_A + w_B \sigma_B = w_A(0.3) + (1 - w_A)(0.1)$

  $\quad = 0.2 w_A + 0.1$

자산 A에 대한 투자비율 w_A를 매개변수로 하여 포트폴리오의 기대수익률과 표준편차와의 함수를 도출하면 두 자산 간의 상관계수가 1일 경우($\rho_{AB} = 1$) 경계선 ①의 함수는 다음과 같다.

- $E(r_p) = 0.5 \sigma_p + 5\%$

②와 ③   두 자산 간의 상관계수가 −1일 경우($\rho_{AB} = -1$)

- $E(r_p) = 0.1 w_A + 0.1 \quad (\because \ E(r_p)$는 상관계수와 무관$)$

- $\sigma_p = \sqrt{w_A^2 \sigma_A^2 + w_B^2 \sigma_B^2 - 2 w_A w_B \sigma_A \sigma_B} \quad (\because \ \rho_{AB} = -1)$

  $\quad = |w_A \sigma_A - w_B \sigma_B| = |w_A(0.3) - (1 - w_A)(0.1)|$

  $\quad = |0.4 w_A - 0.1|$

  $\circ \ w_A \geq 0.25 \rightarrow \sigma_p = 0.4 w_A - 0.1 \ (경계선 ②)$

  $\circ \ w_A < 0.25 \rightarrow \sigma_p = -0.4 w_A + 0.1 \ (경계선 ③)$

자산 A에 대한 투자비율 w_A를 매개변수로 포트폴리오의 기대수익률과 표준편차와의 함수를 도출하면 두 자산 간의 상관계수가 −1일 경우 경계선 ②와 ③의 함수는 각각 다음과 같다. 경계선 ②와 ③은 기울기의 부호만 다르고 기울기의 크기나 절편은 동일하다.

- 경계선 ② → $E(r_p) = 0.25\sigma_p + 12.5\%$

- 경계선 ③ → $E(r_p) = -0.25\sigma_p + 12.5\%$

(물음 2) 이 문제의 이론적 배경은 앞에서 제시한 그림에서 두 자산 간의 상관계수(ρ_{AB})가 0일 경우 최소분산포트폴리오(MVP)의 표준편차가 두 자산 중 위험이 작은 자산 B의 표준편차 10%보다 작을 수 있다는 것이다. 그런데 상관계수가 0보다 조금 큰 어느 범위까지는 이것이 성립하나 그 범위를 벗어나면 두 자산 중 위험이 작은 자산인 B가 최소분산포트폴리오가 된다. 이 문제에서는 포트폴리오의 표준편차가 자산 B의 표준편차인 10%보다 작을 수 있는 상관계수의 범위를 구하는 것이다.

수험생들이 이 문제에서 놓치지 말아야 할 점은 표준편차 10%가 두 자산 중 위험이 작은 자산 B의 표준편차라는 것이다. 따라서 공매도가 허용되지 않는 경우 포트폴리오의 표준편차를 10%보다 작게 만들기 위해서는 자산 B가 최소분산포트폴리오가 되어서는 안 된다. 이것은 곧 공매도가 허용되지 않는 경우 최소분산포트폴리오에서 자산 B의 구성비율(w_B^*)이 반드시 1보다 작아야 한다는 것을 의미한다. 이러한 조건을 충족시키는 상관계수(ρ_{AB})의 범위를 구하면 다음 식과 같이 0.33보다 작아야 한다.

$$w_B^* = \frac{\sigma_A^2 - \rho_{AB}\sigma_A\sigma_B}{\sigma_A^2 + \sigma_B^2 - 2\rho_{AB}\sigma_A\sigma_B} = \frac{(0.3)^2 - \rho_{AB}(0.3)(0.1)}{(0.3)^2 + (0.1)^2 - 2\rho_{AB}(0.3)(0.1)} < 1$$

$$\rightarrow \rho_{AB} < \frac{1}{3}(=0.33)$$

그리고 포트폴리오 A와 B 간의 상관계수가 최소분산포트폴리오를 구성하는 A와 B의 구성비율에 미치는 영향에 대해서는 정형찬(CPA 객관식 재무관리, 2022)의 pp. 199−201을 참고하기 바란다.

(물음 3) 이 문제에서 활용해야 할 이론적 기초는 포트폴리오 A와 B가 모두 효율적 포트폴리오라면, 두 포트폴리오 A와 B의 구성비를 선형 결합한 새로운 포트폴리오도 효율적이라는 사실이다. 문제에서 두 효율적 포트폴리오 1과 2의 선형 결합으로 구성된 새로운 포트폴리오를 포트폴

리오 3이라고 할 때 이 포트폴리오 3도 효율적 포트폴리오이며, 포트폴리오 3의 기대수익률이 22%가 되기 위해 포트폴리오 1과 2의 구성비율은 다음과 같이 각각 1/3과 2/3이다.

- $E(r_3) = w_1 E(r_1) + w_2 E(r_2) = w_1(0.3) + (1-w_1)(0.18) = 0.22$

$$\rightarrow w_1 = \frac{1}{3},\ w_2 = \frac{2}{3}$$

포트폴리오 3은 포트폴리오 1과 포트폴리오 2에 대한 구성비율이 각각 1/3과 2/3이므로 포트폴리오 3의 개별자산의 구성비는 다음 식과 같이 X: Y: Z=23.33%: 43.34%: 33.33%이다(Y의 구성비는 반올림할 경우 엄밀하게는 43.33%이나 X, Y, Z의 합이 1이 되어야 한다는 원칙에 따라 이를 43.34%로 조정하였음).

$$r_3 = w_1 r_1 + w_2 r_2$$

$$= \frac{1}{3}(0.5 r_X + 0.3 r_Y + 0.2 r_Z) + \frac{2}{3}(0.1 r_X + 0.5 r_Y + 0.4 r_Z)$$

$$= \frac{0.7}{3} r_X + \frac{1.3}{3} r_Y + \frac{1}{3} r_Z$$

$$= 0.2333 r_X + 0.4334 r_Y + 0.3333 r_Z$$

문제 6 주식 A의 기대수익률은 15%, 수익률의 표준편차는 22%이고, 무위험 이자율은 7%이다. 투자자의 효용함수는 $U = E(r_p) - 0.005\gamma\sigma_p^2$이다. 다음 물음에 답하시오. $E(r_p)$와 σ_p는 각각 포트폴리오의 기대수익률과 표준편차이고, γ는 위험회피계수이다. <u>효용함수를 이용하여 계산할 때는 수익률과 표준편차를 %단위로 적용하시오.</u> (2018년 문제 4)

(물음 1) 위험회피계수가 4인 투자자가 무위험자산과 주식 A를 이용해 최적 포트폴리오를 구성하려고 한다. 이 최적포트폴리오의 기대수익률과 표준편차를 계산하시오. <u>%단위로, 소수점 아래 셋째 자리에서 반올림하여 둘째 자리까지 표시하시오.</u>

(물음 2) 투자자 갑의 차입이자율은 8%라고 하자. 투자자 갑의 최적포트폴리오의 구성비중이 차입이자율의 변화에 영향을 받지 않기 위해서는 투자자의 위험회피계수 γ가 어떠한 범위에 있어야 하는가? <u>소수점 아래 셋째 자리에서 반올림하여 둘째 자리까지 표시하시오.</u>

(물음 3) 위험회피계수가 1.2인 투자자 을이 있다. 차입이자율이 8%에서 9%로 상승하는 경우, 투자자 을이 구성한 최적포트폴리오의 기대수익률은 어떻게 변화하는가? <u>%단위로, 소수점 아래 셋째 자리에서 반올림하여 둘째 자리까지 표시하시오.</u>

(물음 4) 주식 B의 기대수익률은 10%, 수익률의 표준편차는 10%이다. 자본시장에 주식 A와 주식 B만 존재한다고 가정하자. 두 주식의 상관계수는 0.2이고, 시장포트폴리오의 기대수익률은 12.5%이다. CAPM이 성립한다고 가정하고 적정 무위험이자율을 계산하시오. <u>%단위로, 소수점 아래 셋째 자리에서 반올림하여 둘째 자리까지 표시하시오.</u>

상세 해설 및 정답

이 문제는 포트폴리오의 기대수익률과 위험 및 최적 포트폴리오의 선택, CAPM 등에 관해 묻는 문제이다.

(물음 1) 투자자가 무위험자산과 주식 A만을 이용해 최적포트폴리오를 구성하려고 한다면 이것은 마치 주식 A가 시장포트폴리오 역할을 한다고 생각하고 문제를 풀면 쉽게 풀 수 있는 문제이다. 최적포트폴리오는 투자자의 무차별곡선과 자본시장선(CML)이 접하는 지점의 포트폴리오이며, 이 최적 포트폴리오에서는 투자자의 무차별곡선의 기울기와 자본시장선의 기울기가 일치해야 한다. 최적 포트폴리오에서 위험회피계수가 4인 투자자의 무차별곡선의 기울기, 즉 한계대체율(MRS)은 효용함수에 대한 전미분을 이용하여 다음과 같이 추정할 수 있다.

$$dU = dE(R_p) - 0.005\gamma(2\sigma_p)d\sigma_p = dE(R_p) - 0.01\gamma\sigma_p d\sigma_p = 0 \ (\because U = \text{일정})$$

$$\rightarrow MRS = \frac{dE(R_p)}{d\sigma_p} = 0.01\gamma\sigma_p = 0.04\sigma_p$$

한편, 주식 A가 유일한 위험자산이므로 자본시장선의 기울기를 구하면 다음과 같다.

$$CML\text{의 기울기} = \frac{E(r_A) - r_f}{\sigma_A} = \frac{15 - 7}{22} = 0.3636$$

따라서 투자자의 무차별곡선의 기울기와 자본시장선의 기울기가 일치하는 최적 포트폴리오의 표준편차는 다음 식과 같이 9.09%이다.

• $0.04 \times \sigma_p = 0.3636 \rightarrow \sigma_p = 9.09 \ (\%)$

최적 포트폴리오의 표준편차와 자본시장선을 이용해 최적 포트폴리오의 기대수익률을 계산하면 다음 식과 같이 10.31%이다.

• $E(r_p) = r_f + \dfrac{E(r_A) - r_f}{\sigma_A} \times \sigma_p = 7 + \dfrac{15 - 7}{22} \times 9.09 = 10.31 \ (\%)$

그러므로 투자자의 최적 포트폴리오의 기대수익률과 표준편차는 각각 10.31%와 9.09%이다.

(물음 2) 투자자 갑의 최적포트폴리오의 구성비중이 차입이자율의 변화에 영향을 받지 않기 위해서는 최적 포트폴리오는 대출 포트폴리오에 한정되어야 한다. 왜냐하면 이럴 경우 투자자 갑은 차입할 필요가 없어 차입이자율 변화에 전혀 영향을 받지 않기 때문이다. 이것은 곧 투자자 갑의 최적 포트폴리오에서 시장포트폴리오에 해당하는 주식 A에 대한 투자비율(w_A)이 1 이하이어야 함을 의미한다. 이를 충족시키는 투자자 갑의 위험회피계수 γ는 다음 식과 같이 1.65 이상이어야 한다.

- $\sigma_p = w_A \sigma_A$

- $0.01\gamma\sigma_p = 0.01\gamma(w_A\sigma_A) = \dfrac{15-7}{22} = 0.3636$

$$\rightarrow w_A = \frac{0.3636}{0.01\gamma\sigma_A} = \frac{0.3636}{0.01\gamma(22)} \leq 1 \rightarrow \gamma \geq \frac{0.3636}{0.01 \times 22} = 1.65$$

(물음 3) 차입이자율(r_B)이 8%와 9%일 때 투자자 을이 구성한 최적포트폴리오의 기대수익률은 각각 다음과 같이 추정할 수 있다.

- $r_B = 8\% \rightarrow 0.01(1.2)\sigma_p = \dfrac{15-8}{22} = 0.3182$

$$\sigma_p = \frac{0.3182}{0.01 \times 1.2} = 26.52\,(\%)$$

$$E(r_p) = 8 + \frac{15-8}{22} \times 26.52 = 16.44\,(\%)$$

- $r_B = 9\% \rightarrow 0.01(1.2)\sigma_p = \dfrac{15-9}{22} = 0.2727$

$$\sigma_p = \frac{0.2727}{0.01 \times 1.2} = 22.73\,(\%)$$

$$E(r_p) = 9 + \frac{15-9}{22} \times 22.73 = 15.20\,(\%)$$

그러므로 차입이자율이 8%에서 9%로 상승하는 경우, 최적포트폴리오의 기대수익률은 16.44%에서 15.20%로 약 1.24% 감소한다.

(물음 4) 시장포트폴리오의 기대수익률이 12.5%이므로 시장포트폴리오를 구성하는 주식 A와 B의 구성비율은 각각 50%로 동일이다.

- $E(r_m) = w_A \times 0.15 + (1 - w_A) \times 0.1 = 0.125$

  $\rightarrow w_A = 0.5, \; w_B = 0.5$

CAPM이 성립하므로 주식 A의 베타를 구하고, 증권시장선(SML)을 이용해 적정 무위험이자율을 구한다.

- $\sigma_{AB} = \rho_{AB} \sigma_A \sigma_B = (0.2)(0.22)(0.1) = 0.0044$

- $\sigma_m^2 = (0.5)^2 (0.22)^2 + (0.5)^2 (0.1)^2 + 2(0.5)(0.5)(0.0044) = 0.0168$

- $\sigma_{Am} = Cor(r_A, r_m) = Cor(r_A, 0.5 r_A + 0.5 r_B) = 0.5 \sigma_A^2 + 0.5 \sigma_{AB}$

  $= (0.5)(0.22)^2 + (0.5)(0.0044) = 0.0264$

- $\beta_A = \dfrac{\sigma_{Am}}{\sigma_m^2} = \dfrac{0.0264}{0.0168} = 1.5714$

CAPM이 성립하므로 SML을 이용하여 적정 무위험이자율을 구하면 다음과 같이 8.12%이다.

- $E(r_A) = 0.15 = r_f + (0.125 - r_f) \times 1.5714 \rightarrow r_f = 0.0812 \; (8.12\%)$

문제 7 주가지수를 복제한 포트폴리오의 기대수익률은 12%, 표준편차는 25%이며, 무위험이자율은 2%이다. 펀드매니저 김이 관리하고 있는 펀드 K는 위험자산만으로 구성되었으며, 기대수익률은 16%이고, 표준편차는 15%이다. 현재 펀드매니저 김은 펀드 K에 수수료를 부과하지 않고 있다. (2014년 문제 5)

(물음 1) 투자자 갑은 소극적 투자자로 주가지수를 복제한 포트폴리오와 무위험자산을 보유하고, 투자자 을은 펀드 K와 무위험자산을 보유하고 있다. 단, 무위험이자율로 무한정 차입과 대출이 가능하다고 가정한다.

① 투자자 갑은 주가지수를 복제한 포트폴리오와 무위험이자율에 각각 70%와 30%를 투자하고 있다. 투자자 갑이 보유한 포트폴리오의 기대수익률과 표준편차를 계산하라. 계산결과는 %단위로 표시하되 반올림하여 소수점 첫째 자리까지 표기하라.

② 투자자 을이 투자자 갑과 동일한 기대수익률을 얻기 위해서 펀드 K에 투자해야 하는 비율은 얼마이며, 이 때 투자자 을이 부담하는 위험(표준편차)은 얼마인가? 투자비율의 계산결과는 반올림하여 소수점 첫째 자리까지 표기하고, 표준편차는 %단위로 표시하되 반올림하여 소수점 첫째 자리까지 표기하라.

③ ①~②의 계산결과를 이용하여, 투자자 갑이 보유한 포트폴리오에 비해 투자자 을이 보유한 포트폴리오가 지니는 장점은 무엇인지 2줄 이내로 서술하라.

(물음 2) 펀드매니저 김은 펀드 K에 수수료를 부과하려고 한다. 투자자 갑과 을이 동일한 위험을 부담할 때 동일한 위험보상을 받을 수 있게 만드는 수수료는 몇 %인가? 계산결과는 %단위로 표시하되 반올림하여 소수점 첫째 자리까지 표기하라. 단, 수수료가 부과될 경우, 펀드의 기대수익률은 수수료가 부과되기 이전의 기대수익률에서 수수료를 차감하여 구한다.

(물음 3) (물음 1)~(물음 2)의 결과와는 관계없이, 투자자 A는 주가지수를 복제한 포트폴리오와 무위험자산을 이용하여 최적포트폴리오를 구성하였다. 다음 물음에 답하라.

① 이 최적포트폴리오의 표준편차가 20%라면, 투자자 A가 주가지수를 복제한 포트폴리오에 투자하는 비율은 얼마인가?

② 투자자 A가 다음과 같은 효용함수를 가지고 있다고 가정하면, 투자자 A의 위험회피계수는 얼마인가?

$$U = E(R_p) - \frac{1}{2} \times A \times \sigma_p^2$$

여기서, $E(R_p)$와 σ_p는 각각 주가지수를 복제한 포트폴리오와 무위험자산을 결합한 포트폴리오의 기대수익률과 표준편차이며, A는 위험회피계수이다.

상세 해설 및 정답

이 문제는 포트폴리오의 기대수익률과 위험 및 투자자의 효용함수가 주어졌을 때 최적 포트폴리오의 선택 등에 관해 묻는 문제이다.

(물음 1) ① 투자자 갑이 보유한 포트폴리오의 기대수익률과 표준편차는 다음과 같이 각각 9%와 17.5%이다. 아래 식에서 w_m은 시장포트폴리오에 대한 투자비율을, $E(r_g)$와 σ_g는 각각 투자자 갑이 보유한 포트폴리오의 기대수익률과 표준편차를 의미한다.

- $E(r_g) = 0.7E(r_m) + 0.3r_f = (0.7)(0.12) + (0.3)(0.02)$

  $= 0.09 \, (9\%)$
- $\sigma_g = w_m \times \sigma_m = (0.7)(0.25) = 0.175 \; (17.5\%)$

② 투자자 을이 펀드 K에 투자해야 하는 비율은 w_k라고 할 때 이것은 다음 식을 충족시켜야 한다. 아래 식에서 $E(r_y)$와 σ_y는 각각 투자자 을이 보유한 포트폴리오의 기대수익률과 표준편차를 의미한다.

- $E(r_y) = w_k E(r_k) + (1 - w_k)r_f$

  $\quad = w_k(0.16) + (1 - w_k)(0.02) = E(r_g) = 0.09$

  $\rightarrow w_k = 0.5 \ (50\%)$

이때 투자자 을이 부담해야 할 위험(표준편차)은 다음과 같다.

- $\sigma_y = w_k \sigma_k = (0.5)(0.15) = 0.075 \ (7.5\%)$

③ 투자자 을의 포트폴리오는 투자자 갑의 포트폴리오에 비해 기대수익률은 동일하나 위험(표준편차)이 더 작으므로 더 효율적인 포트폴리오이다.

(물음 2) 펀드 K에 대한 수수료는 펀드 수익률 크기와는 무관한 고정 수수료로 상수(constant)이므로 기대수익률에는 영향을 미치나 표준편차에는 영향을 주지 않는다. 따라서 펀드 K에 대한 고정 수수료를 F라고 할 때, 투자자 을의 표준편차가 투자자 갑의 표준편차와 일치하는 펀드 K에 대한 투자비율 w_k는 다음 식과 같이 7/6이다.

- $\sigma_y = w_k \sigma_k = w_k(0.15) = \sigma_g = 0.175 \rightarrow w_k = \dfrac{7}{6}$

투자자 을이 펀드 K에 대한 투자비율이 7/6일 때 투자자 갑과 투자자 을의 기대수익률을 일치시키는 고정 수수료 F는 다음 식과 같이 8%이다.

- $E(r_y) = w_k[E(r_k) - F] + (1 - w_k)r_f$

  $\quad = (\dfrac{7}{6})(0.16 - F) + (1 - \dfrac{7}{6})(0.02) = E(r_g) = 0.09$

  $\rightarrow F = 0.08 \ (8\%)$

(물음 3) ① 최적포트폴리오의 표준편차가 20%라면 주가지수를 복제한 포트폴리오 즉 시장포트폴리오에 투자하는 비율 w_m은 다음 식과 같이 0.8이다.

- $\sigma_A = w_m \times \sigma_m = w_m \times 0.25 = 0.2 \rightarrow w_m = 0.8$

② 이 문제를 풀기 위해 반드시 기억해야 할 기초이론은 CAPM이 성립할 때 개별 투자자가 선택하는 최적 포트폴리오는 개별 투자자의 무차별곡선과 자본시장선(CML)이 접하는 지점의 효율적 포트폴리오이다. 따라서 이 최적 포트폴리오에서는 개별 투자자의 무차별곡선의 기울기와 자본시장선의 기울기가 일치한다. 먼저, 최적 포트폴리오에서 투자자 A의 무차별곡선의 기울기, 즉 한계대체율(MRS)은 효용함수에 대한 전미분을 이용하여 다음과 같이 추정할 수 있다.

$$dU = dE(R_p) - \frac{1}{2}A(2\sigma_p)d\sigma_p = dE(R_p) - A\sigma_p d\sigma_p = 0 \ (\because U = 일정)$$

$$\rightarrow MRS = \frac{dE(R_p)}{d\sigma_p} = A\sigma_p = A \times 0.2$$

한편, 자본시장선의 기울기는 다음과 같이 추정할 수 있다.

$$CML의 \ 기울기 = \frac{E(r_m) - r_f}{\sigma_m} = \frac{0.12 - 0.02}{0.25} = 0.4$$

그러므로 투자자 A의 무차별곡선의 기울기와 자본시장선(CML)의 기울기가 일치할 때 위험회피계수는 다음 식과 같이 2이다.

$$A \times 0.2 = 0.4 \rightarrow A = 2$$

문제 8 다음의 정보를 이용하여 물음에 답하시오. (2022년 문제 5)

<투자자 갑>

⑴ 펀드 A(주가지수 인덱스 펀드)와 무위험자산 보유

⑵ A의 기대수익률은 10%, 표준편차는 53%

⑶ 효용함수는 $U = E(R_p) - 0.84 \times \sigma_p^2$

　* U는 효용, $E(R_p)$는 포트폴리오 기대수익률, σ_p^2은 포트폴리오 분산

　* A는 위험자산 X, Y, Z로 구성

<투자자 을>

⑴ 펀드 B(위험자산만으로 구성)와 무위험자산 보유

⑵ B의 기대수익률은 26%, 표준편차는 88%

<공통사항>

⑴ 무위험이자율은 1%

⑵ 무위험이자율로 무한 차입과 대출 가능

※ (물음 1)~(물음 4)는 독립적이다.

(물음 1) A는 X 30%, Y 30%, Z 40%로 구성되어 있다. 갑의 총 투자액은 5천만원이고 포트폴리오의 표준편차는 15%이다. 갑이 X에 투자하는 금액을 구하시오. <u>계산결과는 천원 단위까지 표시하시오.</u>

(물음 2) 갑은 A와 무위험자산에 6:4로 투자한다. 을의 포트폴리오 기대수익률은 갑보다 4%p 높다. 을의 포트폴리오 수익률의 분산을 계산하시오. <u>계산결과는 % 단위로 소수점 아래 둘째 자리에서 반올림하여 첫째 자리까지 표시하시오.</u>

(물음 3) 을은 B와 무위험자산의 운용을 자산관리자(PB: Private Banker)에 위임하고 있다. 을의 PB 수수료는 운용자산의 4%이다 *(운용자산의 수수료 차감후 수익률 = 운용자산의 수수료 차감전 수익률-4%).* 수수료 차

감 후 을의 샤프지수는 갑과 동일하다. 갑은 A와 무위험자산에 6:4로 직접 투자한다. 을의 B에 대한 투자 비율을 계산하시오. <u>계산결과는 % 단위로 소수점 아래 둘째 자리에서 반올림하여 첫째 자리까지 표시하시오.</u>

(물음 4) 갑의 효용을 극대화시키는 A에 대한 투자비율을 구하시오. <u>계산결과는 % 단위로 소수점 아래 둘째 자리에서 반올림하여 첫째 자리까지 표시하시오.</u>

상세 해설 및 정답

이 문제는 CAPM이 성립하고 투자자의 효용함수가 주어져 있을 경우 최적 포트폴리오의 선택과 토빈의 분리정리 등에 관해 묻는 문제이다.

(물음 1) 펀드 A는 주가지수 인덱스 펀드이므로 시장포트폴리오를 의미한다. 투자자 갑이 X에 투자하는 금액을 구하기 위해서는 우선 토빈의 분리정리에 의해 투자자 값이 펀드 A(시장포트폴리오)에 투자한 비중과 투자금액을 구해야한다. 현재 투자자 갑이 보유하고 있는 포트폴리오의 표준편차(σ_g)가 15%이므로 투자자 갑이 펀드 A에 투자한 비중(w_A)과 투자금액은 다음 식과 같이 구할 수 있다.

- $\sigma_g = 0.15 = w_A \sigma_A = w_A \times 0.53 \rightarrow w_A = \dfrac{0.15}{0.53} = 0.283 \ (28.3\%)$

- 펀드 A의 투자금액 $= 50,000(천원) \times 0.283 = 14,150 (천원)$

따라서 투자자 갑이 펀드 A를 구성하는 주식 X에 투자하는 금액은 다음과 같이 4,245(천원)이다.

- 자산 X의 투자금액 $= 14,150(천원) \times 0.3 = 4,245 (천원)$

(물음 2) 투자자 갑의 포트폴리오 기대수익률($E(r_g)$)과 을의 포트폴리오 기대수익률($E(r_y)$)은 각각 다음과 같이 구할 수 있다.

- $E(r_g) = 0.6E(r_A) + 0.4r_f = (0.6)(0.1) + (0.4)(0.01) = 0.064$

- $E(r_y) = E(r_g) + 0.04 = 0.064 + 0.04 = 0.104$

이와 같이, 을의 포트폴리오 기대수익률이 10.4%일 경우 을이 펀드 B에 투자한 비중은 다음 식과 같이 37.6%이다.

- $E(r_y) = 0.104 = w_B E(r_B) + (1 - w_B)r_f$
$$= w_B(0.26) + (1 - w_B)(0.01)$$

$$\rightarrow w_B = \frac{0.094}{0.25} = 0.376 \ (37.6\%)$$

따라서 을의 포트폴리오 수익률의 분산(σ_y^2)은 다음 식과 같이 10.9%²이다.

- $\sigma_y = w_B \sigma_B = 0.376 \times 0.88 = 0.33088$

$$\rightarrow \sigma_y^2 = (0.33088)^2 = 0.109 \ (10.9\%^2)$$

참고로 표준편차의 단위는 %로 표시할 수 있지만 분산은 %로 표시할 수 없다. 따라서 분산은 %로 표시하는 것보다 그냥 소수점으로 나타내는 것이 좋으나 이 문제에서처럼 분산을 %로 표시해야 할 경우에는 어쩔 수 없이 %²으로 표시하는 것이 옳다.

(물음 3) 먼저 투자자 갑의 샤프지수(S_g)는 다음과 같이 0.1698이다.

- $E(r_g) = 0.064$

- $\sigma_g = 0.6\sigma_A = 0.6 \times 0.53 = 0.318$

$$\rightarrow S_g = \frac{E(r_g) - r_f}{\sigma_g} = \frac{0.064 - 0.01}{0.318} = 0.1698$$

을의 B에 대한 투자 비율을 w_B라고 할 때, 수수료(F) 차감후 투자자 을의 포트폴리오 샤프지수(S_y)는 다음 식과 같이 도출할 수 있다.

- $E(r_y) = w_B E(r_B) + (1 - w_B)r_f - F$

  $\qquad = w_B(0.26) + (1 - w_B)(0.01) - 0.04 = 0.25w_B - 0.03$

- $\sigma_y = w_B \sigma_B = w_B(0.88) = 0.88w_B$

$$\rightarrow S_y = \frac{E(r_y) - r_f}{\sigma_y} = \frac{(0.25w_B - 0.03) - 0.01}{0.88w_B}$$

수수료 차감 후 을의 샤프지수는 갑과 동일하므로 을의 B에 대한 투자비율을 w_B는 다음 식을 만족시켜야 하며, 이때 w_B는 39.8%이다.

- $S_y = S_g \rightarrow \dfrac{0.25w_B - 0.04}{0.88w_B} = 0.1698$

$$\therefore w_B = \frac{0.04}{0.25 - 0.88 \times 0.1698} = 0.398 \,(39.8\%)$$

(물음 4) 이 문제는 개별 투자자의 효용함수가 주어졌을 때 최적포트폴리오를 선택하는 문제로 앞의 문제 3(2013년 문제 3)의 (물음 2)와 유사한 문제이다. 투자자 갑의 최적포트폴리오는 토빈의 분리정리에 의해 펀드 A(시장포트폴리오)와 무위험자산으로 구성된 포트폴리오이며, 투자자 갑의 무차별곡선과 자본시장선(CML)이 접하는 지점의 효율적 포트폴리오이다. 따라서 이 최적 포트폴리오에서는 투자자 갑의 무차별곡선의 기울기와 자본시장선의 기울기가 일치한다. 먼저, 최적 포트폴리오에서 투자자 갑의 무차별곡선의 기울기, 즉 한계대체율(MRS)은 효용함수에 대한 전미분을 이용하여 다음과 같이 추정한다.

- $dU = dE(R_p) - 0.84(2\sigma_p)d\sigma_p$

  $\qquad = dE(R_p) - 1.68\sigma_p d\sigma_p = 0 \quad (\because U = 일정)$

$$\rightarrow MRS = \frac{dE(R_p)}{d\sigma_p} = 1.68\sigma_p$$

한편, 이 문제에서 펀드 A는 시장포트폴리오이므로 펀드 A의 기대수익률과 표준편차를 이용하여 자본시장선(CML)의 기울기를 구하면 다음과 같이 0.1698이다.

- CML의 기울기 $= \dfrac{E(r_A) - r_f}{\sigma_A} = \dfrac{0.1 - 0.01}{0.53} = 0.1698$

따라서 투자자 갑의 무차별곡선의 기울기(MRS)와 자본시장선(CML)의 기울기가 일치하는 최적 포트폴리오의 표준편차는 다음과 같이 10.11%이다.

- $MRS = CML$의 기울기 $\rightarrow 1.68\sigma_p = 0.1698$

$$\therefore \ \sigma_p = \frac{0.1698}{1.68} = 0.1011 \ (10.11\%)$$

최적 포트폴리오의 표준편차가 10.11%이어야 하므로 투자자 갑의 효용을 극대화시키는 최적 포트폴리오에서 펀드 A에 대한 투자비율을 구하면 다음 식과 같이 19.1%이다.

- $\sigma_p = w_A \sigma_A = w_A \times 0.53 = 0.1011$

$$\rightarrow w_A = \frac{0.1011}{0.53} = 0.191 \ (19.1\%)$$

문제 9 주식 A의 수익률에 대한 확률분포는 아래와 같다. (2015년 문제 3)

상황	확률	수익률
I	0.5	20%
II	0.5	−10%

(물음 1) 다음 물음에 대하여 답하라.

① 주식 A의 기대수익률과 표준편차를 계산하라.

② 주식 A와 주식 B의 수익률은 $R_B = 3\% + 0.2R_A$의 관계를 가지고 있다. 투자자 갑은 주식 A와 주식 B, 두 위험자산만으로 포트폴리오 K를 구성하고자 한다. 투자자 갑은 포트폴리오 K의 표준편차가 0이 되기를 원한다. 이때 주식 A에 대한 투자비율은 얼마인가? 단, 공매가 가능하다고 가정한다.

(물음 2) 주식 C의 기대수익률과 표준편차는 각각 10%와 20%이다. 또한 주식 A와 주식 C의 상관계수는 0.3이다. 투자자 갑은 주식 A와 주식 C로 구성된 포트폴리오를 구성하고자 한다. 이 포트폴리오 가운데 샤프비율 $\left(\dfrac{E(R_p) - R_f}{\sigma_p} \right)$이 극대화되는 위험포트폴리오 M의 기대수익률과 표준편차는 얼마인가? 무위험수익률은 3%라고 가정한다. 계산과정 중 분산, 공분산과 관련된 수치는 <u>반올림하여 소수점 넷째 자리까지 계산하고,</u> 계산결과는 %단위로 표시하되 <u>반올림하여 소수점 둘째 자리까지 표시하라.</u>

(물음 3) 투자자 갑의 차입이자율과 대출이자율은 각각 5%와 3%라고 하자. 이 투자자가 차입도 하지 않고, 대출도 하지 않는 투자비율, 즉 위험포트폴리오 M에 대한 투자비율이 1이 되도록 하는 위험회피계수의 범위는 얼마인가?

단, 투자자 갑의 효용함수는 $U = E(R_p) - \dfrac{1}{2} \times \gamma \times \sigma_p^2$이다. 여기서, $E(R_p)$와 σ_p는 각각 위험포트폴리오 M과 무위험자산이 결합한 포트

폴리오의 기대수익률과 표준편차이고, γ는 위험회피계수이다. (물음 2)에서 도출한 위험포트폴리오 M의 기대수익률과 표준편차를 이용하라. 계산결과는 <u>반올림하여 소수점 넷째 자리까지 표시하라.</u>

(물음 4) (물음 1)~(물음 3)의 결과와는 관계없이, 위험회피형 투자자 갑과 을이 있다고 가정하자. 다음 문장에 대하여 "옳다" 혹은 "옳지 않다" 중 하나로 답하고, 그 이유를 간략하게 서술하라.

> 투자자 갑의 위험회피도가 투자자 을의 위험회피도보다 더 높다면, 투자자 갑의 무차별곡선의 기울기가 투자자 을의 무차별곡선의 기울기보다 더 크다.

단, 무차별곡선은 기대수익률(Y축)과 표준편차(X축)의 공간에 존재하며, 동일한 표준편차를 기준으로 기울기를 평가한다.

상세 해설 및 정답

이 문제는 포트폴리오의 기대수익률과 위험 및 최적 포트폴리오의 선택 등에 관해 묻는 문제이다.

(물음 1) ① 주식 A의 기대수익률과 표준편차는 다음과 같다.

- $E(r_A) = (0.5)(0.2) + (0.5)(-0.1) = 0.05 \ (5\%)$

- $\sigma_A = \sqrt{0.5(0.2 - 0.05)^2 + 0.5(-0.1 - 0.05)^2} = 0.15 \ (15\%)$

② 이 문제에서 출제자가 요구하는 핵심 사안은 주식 A와 주식 B의 수익률이 선형(직선) 관계를 가지고 있는 경우 두 주식수익률 간의 상관계수(ρ_{AB})는 1이 되어야 한다는 것이다. 두 주식 간의 상관계수가 1일 경우 포트폴리오 K의 표준편차가 0이 되는 주식 A에 대한 투자비율(w_A)은 다음과 같이 계산할 수 있다.

- $\sigma_B^2 = \sigma^2(0.03 + 0.2r_A) = (0.2)^2\sigma_A^2$

  $\rightarrow \sigma_B = (0.2)\sigma_A = 0.2 \times 0.15 = 0.03$

- $\sigma_K = \sqrt{w_A^2\sigma_A^2 + w_B^2\sigma_B^2 + 2w_A w_B \sigma_A \sigma_B}$ $(\because \rho_{AB} = 1)$

  $= w_A\sigma_A + w_B\sigma_B$

  $= w_A(0.15) + (1 - w_A)(0.03) = 0 \rightarrow w_A = -0.25$

(물음 2) 샤프비율이 극대화되는 위험포트폴리오 M 즉 시장포트폴리오는 주식 A와 C로 구성되므로 각 주식의 구성비율을 각각 w_A와 w_C라고 한다. 이때 시장포트폴리오의 수익률과 기대수익률은 각각 다음과 같이 정의한다.

- $r_m = w_A r_A + w_C r_C = w_A r_A + (1 - w_A)r_C$
- $E(r_m) = w_A E(r_A) + w_C E(r_C) = w_A E(r_A) + (1 - w_A)E(r_C)$

이 문제는 기본적으로 시장포트폴리오의 구성 요건에 관한 문제이다. CAPM이 성립하며 자본시장이 균형 상태 하에서는 다음 식과 같이 개별 주식과 시장포트폴리오 수익률의 공분산 대비 개별 주식의 위험프리미엄 비율, 즉 시장포트폴리오를 구성하는 개별 주식의 공분산 1단위당 위험보상률은 모두 동일해야 한다. 이것은 또한 시장포트폴리오의 분산 대비 시장위험프리미엄 비율과도 일치해야 한다(이에 대한 증명은 아래 <Solution Note>를 참고하기 바란다).

- $\dfrac{E(r_A) - r_f}{\sigma_{Am}} = \dfrac{E(r_C) - r_f}{\sigma_{Cm}} = \dfrac{E(r_m) - r_f}{\sigma_m^2}$

먼저 주식 A, C와 시장포트폴리오 수익률 간의 공분산 σ_{Am}와 σ_{Cm}을 각각 구하면 다음과 같이 w_A의 함수로 나타낼 수 있다.

- $\sigma_{Am} = Cov(r_A, r_m) = Cov(r_A, w_A r_A + (1 - w_A) r_C)$

  $= w_A Var(r_A) + (1 - w_A) Cov(r_A, r_C)$

  $= w_A (0.15)^2 + (1 - w_A)(0.3 \times 0.15 \times 0.2)$

  $= 0.0225 w_A + 0.009(1 - w_A) = 0.0135 w_A + 0.009$

- $\sigma_{Cm} = Cov(r_C, r_m) = Cov(r_C, w_A r_A + (1 - w_A) r_C)$

  $= w_A Cov(r_C, r_A) + (1 - w_A) Var(r_C)$

  $= w_A (0.3 \times 0.15 \times 0.2) + (1 - w_A)(0.2)^2$

  $= 0.009 w_A + 0.04(1 - w_A) = -0.031 w_A + 0.04$

위에서 구한 공분산 σ_{Am}와 σ_{Cm}을 시장포트폴리오의 구성 요건에 대입하여 이를 만족시키는 w_A를 구하면 다음 식과 같다.

- $\dfrac{E(r_A) - r_f}{\sigma_{Am}} = \dfrac{E(r_C) - r_f}{\sigma_{Cm}}$

  $\rightarrow \dfrac{0.05 - 0.03}{0.0135 w_A + 0.009} = \dfrac{0.1 - 0.03}{-0.031 w_A + 0.04}$

  $\therefore w_A = 0.1086, \ w_C = 1 - 0.1086 = 0.8914$

위에서 구한 w_A와 w_C를 이용하여 시장포트폴리오의 기대수익률과 표준편차를 계산하면 각각 다음과 같이 9.46%와 18.38%이다.

- $E(r_M) = w_A E(r_A) + w_C E(r_C)$

  $= (0.1086)(0.05) + (0.8914)(0.1) = 0.0946 \ (9.46\%)$

- $\sigma_M = \sqrt{w_A^2 \sigma_A^2 + w_C^2 \sigma_C^2 + 2 w_A w_C \rho_{AC} \sigma_A \sigma_C}$

  $= \sqrt{(0.1086)^2 (0.15)^2 + (0.8914)^2 (0.2)^2 + 2(0.1086)(0.8914)(0.3)(0.15)(0.2)}$

  $= \sqrt{0.0338} = 0.1838 \ (18.38\%)$

(물음 3) 이 문제를 풀기 위해 반드시 기억해야 할 기초이론은 CAPM이 성립할 때 개별 투자자가 선택하는 최적 포트폴리오는 개별 투자자의 무차별곡선과 자본시장선(CML)이 접하는 지점의 효율적 포트폴리오이며, 이 최적 포트폴리오에서는 개별 투자자의 무차별곡선의 기울기와 자본시장선의 기울기가 일치한다는 것이다. 그리고 이 문제에서는 차입이자율과 대출이자율이 서로 다른 두 개의 무위험이자율이 존재한다고 가정하고 있으므로 자본시장선(CML)도 차입이자율과 대출이자율에 따라 서로 다른 형태를 지닌다. 최적포트폴리오가 위험포트폴리오 M에 대한 투자비율이 1이 되는 포트폴리오를 가정하고 있으므로 포트폴리오 M의 기대수익률과 표준편차는 (물음 2)에서 도출한 바와 같이 각각 9.46%와 18.38%이다.

먼저, 최적 포트폴리오에서는 투자자 갑의 무차별곡선의 기울기, 즉 한계대체율(MRS)은 효용함수에 대한 전미분을 이용하여 다음과 같이 추정할 수 있다.

$$dU = dE(R_p) - \frac{1}{2}\gamma(2\sigma_p)d\sigma_p = dE(R_p) - \gamma\sigma_p d\sigma_p = 0 \ (\because U = \text{일정})$$

$$\rightarrow MRS = \frac{dE(R_p)}{d\sigma_p} = \gamma\sigma_p = \gamma \times 0.1838$$

한편, 대출이자율(r_L)과 차입이자율(r_B)에 따른 각각의 자본시장선의 기울기를 추정하면 다음과 같다.

- 대출이자율 $CML(L)$: $\dfrac{dE(R_p)}{d\sigma_p} = \dfrac{E(r_m) - r_L}{\sigma_m} = \dfrac{0.0946 - 0.03}{0.1838} = 0.3515$

- 차입이자율 $CML(B)$: $\dfrac{dE(R_p)}{d\sigma_p} = \dfrac{E(r_m) - r_B}{\sigma_m} = \dfrac{0.0946 - 0.05}{0.1838} = 0.2427$

그리고 최적 포트폴리오인 포트폴리오 M에서 투자자 갑의 무차별곡선의 기울기와 대출이자율(3%)에 따른 자본시장선인 CML(L)과 차입이자율(5%)에 따른 자본시장선인 CML(B)의 기울기가 일치할 때 각각의 위험회피계수를 계산하면 다음과 같다.

- $CML(L): \gamma \times 0.1838 = 0.3515 \rightarrow \gamma = 1.9124$

- $CML(B): \gamma \times 0.1838 = 0.2427 \rightarrow \gamma = 1.3205$

   $\therefore 1.3205 < \gamma < 1.9124$

그러므로 위험회피계수(γ)의 범위는 위의 식에서와 같이 1.3205보다 크고 1.9124보다 작아야 한다.

(물음 4) 옳다. 투자자 갑의 위험회피도가 투자자 을의 위험회피도보다 더 높다면 투자자 갑이 추가적으로 부담해야 하는 위험 한 단위에 대한 보상으로 요구하는 기대수익률이 투자자 을에 비해 상대적으로 더 크다. 이것은 곧 투자자 갑의 한계대체율(MRS)인 무차별곡선의 기울기가 투자자 을의 무차별곡선의 기울기보다 더 크다는 것을 의미한다.

※ Solution Note: 시장포트폴리오의 구성 요건과 위험보상률

CAPM이 성립할 경우 아래 식에서와 같이 모든 개별 주식의 베타(체계적 위험)에 대한 위험프리미엄의 비율은 시장포트폴리오의 위험프리미엄과 항상 동일하다.

- $E(r_i) = r_f + [E(r_m) - r_f]\beta_i$

   $\rightarrow \dfrac{E(r_i) - r_f}{\beta_i} = E(r_m) - r_f$

위의 식을 아래와 같이 변형하면, 이 문제의 (물음 2)에서 언급한 바와 같이, CAPM이 성립하며 자본시장에서 과소 혹은 과대평가된 자산이 없어 초과 수요나 초과 공급이 없는 시장 균형상태에서는 항상 개별 주식과 시장포트폴리오 수익률 간의 공분산 대비 개별 주식의 위험프리미엄 비율, 즉 공분산 1단위당 위험보상률은 모두 동일하다. 이것은 또한 시장포트폴리오의 분산 대비 시장위험프리미엄 비율과도 일치한다.

- $E(r_i) = r_f + [E(r_m) - r_f]\beta_i$

$$\rightarrow \frac{E(r_i) - r_f}{\beta_i} = E(r_m) - r_f$$

$$\rightarrow \frac{E(r_i) - r_f}{\sigma_{im}} = \frac{E(r_m) - r_f}{\sigma_m^2} \qquad (\because \beta_i = \frac{\sigma_{im}}{\sigma_m^2})$$

따라서 이 문제의 (물음 2)에서 제시한 바와 같이 CAPM이 성립할 경우 시장포트폴리오는 다음 조건을 충족시켜야 한다.

- $$\frac{E(r_A) - r_f}{\sigma_{Am}} = \frac{E(r_C) - r_f}{\sigma_{Cm}} = \frac{E(r_m) - r_f}{\sigma_m^2}$$

문제 10 위험자산 A와 B의 기대수익률, 표준편차, 공분산은 다음과 같다. (2022년 문제 4)

[공통자료]

구분	기대수익률	표준편차	A와 B의 공분산
A	0.30	0.30	0.01
B	0.20	0.10	

※ (물음 1)~(물음 4)는 독립적이다.

(물음 1) A와 B의 상관계수가 (−)1.0으로 변화되었다고 가정한다. 최소분산포트폴리오(MVP)의 기대수익률은 얼마나 변화하는지 계산하시오. <u>계산결과는 %p 단위로 소수점 아래 둘째 자리에서 반올림하여 첫째 자리까지 표시하시오.</u>

(물음 2) 투자자는 접점포트폴리오를 구성한다. 무위험이자율은 5%이다. 시장에 위험자산은 A, B만 존재한다. A의 투자비율을 계산하시오. <u>계산결과는 % 단위로 소수점 아래 둘째 자리에서 반올림하여 첫째 자리까지 표시하시오.</u>

(물음 3) 시장포트폴리오의 기대수익률은 50%, 표준편차는 10%, 무위험이자율은 1%이다. A와 B로만 구성된 포트폴리오의 비체계적 위험을 최소화하는 B에 대한 투자비율을 구하시오. 단, CAPM과 시장모형이 성립한다. <u>계산결과는 % 단위로 소수점 아래 둘째 자리에서 반올림하여 첫째 자리까지 표시하시오.</u>

(물음 4) 시장에 위험자산 C가 추가되었다. C의 기대수익률은 0.25, 표준편차는 0.2이다. A, B, C로 접점포트폴리오가 구성된다. 시장포트폴리오는 접점포트폴리오로 가정한다. A와 B의 기대수익률과 표준편차는 [공통자료]와 동일하다. 다만, 시장변동으로 위험자산간 공분산은 모두 0 ($\sigma_{AB} = \sigma_{BC} = \sigma_{CA} = 0$)이 되었다. 무위험이자율은 1%이다. 자산별로 트레이너 지수를 계산하고, 그 결과를 CAPM의 한계와 관련하여 설명하시오.

계산결과는 소수점 아래 넷째 자리에서 반올림하여 셋째 자리까지 표시하시오.

상세 해설 및 정답

이 문제는 최소분산포트폴리오(MVP)와 시장포트폴리오의 구성 요건, CAPM에 의한 포트폴리오 성과평가의 한계 등에 관한 문제이다.

(물음 1) 먼저 위험자산 A와 B의 공분산이 0.01일 때 최소분산포트폴리오(MVP)를 구성하는 개별자산 A와 B의 구성비율을 구하면 다음과 같이 각각 0과 1이다.

- $w_A = \dfrac{\sigma_B^2 - \sigma_{AB}}{\sigma_A^2 + \sigma_B^2 - 2\sigma_{AB}} = \dfrac{(0.1)^2 - 0.01}{(0.3)^2 + (0.1)^2 - 2(0.01)} = 0$

- $w_B = 1 - w_A = 1$

이 경우 최소분산포트폴리오의 기대수익률은 다음과 같이 20%이다.

- $E(r_{MVP}) = w_A E(r_A) + w_B E(r_B) = 0 \times 0.3 + 1 \times 0.2 = 0.2\ (20\%)$

다음으로 A와 B의 상관계수가 (−)1.0으로 변화되었을 때 최소분산포트폴리오(MVP)를 구성하는 개별자산 A와 B의 구성비율을 구하면 다음과 같이 각각 0.25와 0.75이다.

- $w_A = \dfrac{\sigma_B^2 - \rho_{AB}\sigma_A\sigma_B}{\sigma_A^2 + \sigma_B^2 - 2\rho_{AB}\sigma_A\sigma_B} = \dfrac{(0.1)^2 - (-1)(0.3)(0.1)}{(0.3)^2 + (0.1)^2 - 2(-1)(0.3)(0.1)}$

  $= \dfrac{0.04}{0.16} = 0.25$

- $w_B = 1 - w_A = 0.75$

이 경우 최소분산포트폴리오의 기대수익률은 22.5%이다.

- $E^{'}(r_{MVP}) = 0.25 \times 0.3 + 0.75 \times 0.2 = 0.225 \; (22.5\%)$

따라서 위험자산 A와 B의 상관계수가 변화했을 때 최소분산포트폴리오 (MVP)의 기대수익률 변화율은 다음과 같이 2.5%이다.

- $\Delta E(r_{MVP}) = E^{'}(r_{MVP}) - E(r_{MVP}) = 0.225 - 0.2 = 0.025 \; (2.5\%)$

(물음 2) 접점포트폴리오(tangency portfolio)란 무위험이자율에서 위험자산들만으로 구성된 마코위츠의 효율적 프론티어로 직선을 연결했을 때 이 직선과 접하는 효율적 프론티어 상의 유일한 포트폴리오를 의미하며 시장포트폴리오 M을 뜻한다. 결국 이 문제는 앞의 문제 9(2015년 문제 3)의 (물음 2)와 마찬가지로 시장포트폴리오의 구성 요건에 관한 문제이다(이에 대한 상세한 설명은 앞의 문제 9의 (물음 2)와 해당 문제의 <Solution Note>를 참고하기 바람). 먼저 시장포트폴리오는 주식 A와 B로 구성되며 각 주식의 구성비율을 각각 w_A, $1 - w_A$라고 하자. 이때 시장포트폴리오의 수익률은 다음과 같이 정의한다.

- $r_m = w_A r_A + (1 - w_A) r_B$

CAPM이 성립하며 자본시장이 균형상태에서는 항상 다음 식과 같이 개별 위험자산과 시장포트폴리오 수익률 간의 공분산 대비 개별 위험자산의 위험프리미엄 비율, 즉 공분산 1단위당 위험보상률은 모두 동일하다. 이것은 또한 시장포트폴리오의 분산 대비 시장위험프리미엄 비율과도 일치한다.

- $$\frac{E(r_A) - r_f}{\sigma_{Am}} = \frac{E(r_B) - r_f}{\sigma_{Bm}} = \frac{E(r_m) - r_f}{\sigma_m^2}$$

따라서 개별 위험자산과 시장포트폴리오는 반드시 이 조건을 충족시켜야 한다는 점을 활용하면 시장포트폴리오를 구성하는 개별자산의 구성비율을 쉽게 구할 수 있다. 각 개별 주식의 표준편차와 공분산에 관한 정보를 이용하여 개별 자산과 시장포트폴리오 수익률 간의 공분산 (σ_{im})을 다음 식과 같이 자산 A의 구성비율(w_A)로 표시한다.

- $\sigma_{AB} = Cov(r_A, r_B) = 0.01$

- $\sigma_{Am} = Cov(r_A, w_A r_A + (1-w_A) r_B)$

  $= w_A \sigma_A^2 + (1-w_A)\sigma_{AB} = w_A (0.3)^2 + (1-w_A)(0.01)$

  $= 0.08 w_A + 0.01$

- $\sigma_{Bm} = Cov(r_B, w_A r_A + (1-w_A) r_B)$

  $= w_A \sigma_{AB} + (1-w_A)\sigma_B^2 = w_A (0.01) + (1-w_A)(0.1)^2$

  $= 0.01$

위에서 구한 개별 주식과 시장포트폴리오 수익률 간의 공분산(σ_{im})을 다음의 시장포트폴리오 구성 요건식에 대입하여 자산 A의 구성비율 (w_A)을 구하면 다음과 같이 8.3%이다.

- $\dfrac{E(r_A)-r_f}{\sigma_{Am}} = \dfrac{E(r_B)-r_f}{\sigma_{Bm}} \rightarrow \dfrac{0.3-0.05}{0.08 w_A + 0.01} = \dfrac{0.2-0.05}{0.01} = 15$

  $\therefore w_A = \dfrac{0.1}{1.2} = 0.083 \,(8.3\%)$

(물음 3) 이 문제는 앞의 문제 2(2016년 문제 4)의 (물음 2)와 유사한 문제로 포트폴리오의 비체계적 위험에 관한 문제이다. 먼저 개별 자산 A와 B의 비체계적 위험을 계산하기 위해 각 자산의 베타를 다음 식과 같이 구한다.

- $\beta_A = \dfrac{E(r_A)-r_f}{E(r_m)-r_f} = \dfrac{0.3-0.01}{0.5-0.01} = 0.5918$

- $\beta_B = \dfrac{E(r_B)-r_f}{E(r_m)-r_f} = \dfrac{0.2-0.01}{0.5-0.01} = 0.3878$

시장모형이 성립하므로 자산 A와 B의 베타를 이용하여 각 자산의 비체계적 위험을 다음과 같이 산출한다.

- $\sigma^2(\epsilon_A) = \sigma^2_A - \beta^2_A \sigma^2_m = (0.3)^2 - (0.5918)^2(0.1)^2 = 0.0865$

- $\sigma^2(\epsilon_B) = \sigma^2_B - \beta^2_B \sigma^2_m = (0.1)^2 - (0.3878)^2(0.1)^2 = 0.0085$

자산 A와 B에 대한 투자비율이 각각 $1 - w_B$와 w_B로 구성한 포트폴리오의 비체계적 위험은 다음과 같이 계산할 수 있다(참고로 포트폴리오의 비체계적 위험, 즉 포트폴리오의 잔차분산을 계산하는 다음 공식을 이해하지 못한 수험생은 앞의 문제 2(2016년 문제 4)의 (물음 2)에 대한 해설과 이에 대한 도출 과정을 설명한 해당 문제의 <Solution Note>를 참고하기 바람).

- $\sigma^2(\epsilon_p) = (1 - w_B)^2 \sigma^2(\epsilon_A) + w^2_B \sigma^2(\epsilon_B)$

    $= (1 - 2w_B + w^2_B)(0.0865) + w^2_B(0.0085)$

    $= 0.095\, w^2_B - 0.173 w_B + 0.0865$

자산 A와 B로 구성된 포트폴리오의 비체계적 위험을 최소화하기 위해 다음 조건을 만족시키는 자산 B의 투자비율(w_B)을 구하면 91.1%이다.

- $\dfrac{d\sigma^2(\epsilon_p)}{dw_B} = 2(0.095)w_B - 0.173 = 0 \rightarrow w_B = 0.911\,(91.1\%)$

참고로 포트폴리오의 비체계적 위험을 계산하는 방법에는 위에서 제시한 것처럼 개별 자산의 비체계적 위험을 가각 계산한 다음 이를 구성비율의 제곱과 곱하고 이를 합산하는 방식으로 포트폴리오의 비체계적 위험을 산출하는 방식이 가장 일반적이고 편리하다. 그러나 이외에도 다음 식과 같이 포트폴리오의 분산(총위험)에서 체계적 위험을 차감해 계산하는 방법도 활용할 수 있다.

- $\sigma^2(\epsilon_p) = \sigma^2_p - \beta^2_p \sigma^2_m = \sigma^2_p - [(1 - w_B)\beta_A + w_B \beta_B]^2 \times \sigma^2_m$

그런데 이 두 번째 방식으로 이 문제를 풀 때 유의해야 할 점은 이 문제에서 출제자가 전혀 언급하고 있지 않으나 자산 A와 B 간의 공분산이 공통자료에서 제시된 0.01이 아닌 다음 식에서와 같이 0.0023으로 변했다는 사실이다.

- $\sigma_{AB} = \beta_A \beta_B \sigma_m^2 = (0.5918)(0.3878)(0.1)^2 = 0.0023$

자산 A와 B 간의 공분산이 0.01에서 0.0023으로 변했다는 점을 감안해 두 번째 방식으로 포트폴리오의 비체계적 위험을 계산하더라도 동일한 결과를 얻을 수 있다. 그러나 이 점을 놓치게 되면 출제자가 원하는 정답을 구할 수 없다. 출제자의 의도는 이 문제에서 위에서 제시한 첫 번째 방식으로 포트폴리오의 비체계적 위험을 계산하라는 것이다. 그러므로 포트폴리오의 비체계적 위험을 계산할 때는 특별한 지시가 없는 한 위에서 제시한 첫 번째 방식으로 푸는 것이 안전하다.

(물음 4) 이 문제에서 위험자산의 트레이너 지수를 구하기 위해서는 시장포트폴리오의 기대수익률과 개별 자산의 베타를 먼저 추정해야 한다. 시장포트폴리오의 기대수익률을 추정하는 부분은 앞의 (물음 1)과 유사하며 단지 개별 자산 C가 추가된 점이 다를 뿐이다(이에 대한 상세한 설명은 앞의 문제 9(2015년 문제 3)의 (물음 2)와 해당 문제의 <Solution Note>를 참고하기 바람). 먼저 시장포트폴리오는 자산 A, B, C로 구성되므로 각 자산의 구성비율을 각각 w_A, w_B, w_C라고 하자. 이때 시장포트폴리오의 수익률과 기대수익률은 다음과 같이 정의한다.

- $r_m = w_A r_A + w_B r_B + w_C r_C$ (단, $w_A + w_B + w_C = 1$)
- $E(r_m) = w_A E(r_A) + w_B E(r_B) + w_C E(r_C)$

CAPM이 성립하며 자본시장의 균형상태에서는 항상 다음 식과 같이 개별 자산과 시장포트폴리오 수익률 간의 공분산 대비 개별 자산의 위험프리미엄 비율, 즉 개별 자산별로 공분산 1단위당 위험보상률은 모두 동일하다. 이것은 또한 시장포트폴리오의 분산 대비 시장위험프리미엄 비율과도 일치한다.

$$\bullet \quad \frac{E(r_A) - r_f}{\sigma_{Am}} = \frac{E(r_B) - r_f}{\sigma_{Bm}} = \frac{E(r_C) - r_f}{\sigma_{Cm}} = \frac{E(r_m) - r_f}{\sigma_m^2}$$

따라서 개별 위험자산과 시장포트폴리오는 반드시 이 조건을 충족시켜야 한다는 점을 활용하여 시장포트폴리오의 기대수익률을 구한다. 세 위험자산의 수익률이 상호 독립적이면 세 위험자산 수익률 상호 간의 공분산(σ_{ij})은 0이다. 개별 자산과 시장포트폴리오 수익률 간의 공분산(σ_{im})을 다음과 같이 각 개별 자산의 구성비율(w_i)로 표시한다.

- $\sigma_{ij} = Cov(r_i, r_j) = 0$ (단, $i \neq j$)

- $\sigma_{Am} = Cov(r_A, w_A r_A + w_B r_B + w_C r_C)$

  $= w_A \sigma_A^2 = w_A (0.3)^2 = 0.09 w_A$

- $\sigma_{Bm} = Cov(r_B, w_A r_A + w_B r_B + w_C r_C)$

  $= w_B \sigma_B^2 = w_B (0.1)^2 = 0.01 w_B$

- $\sigma_{Cm} = Cov(r_C, w_A r_A + w_B r_B + w_C r_C)$

  $= w_C \sigma_C^2 = w_C (0.2)^2 = 0.04 w_C$

위에서 구한 개별 자산과 시장포트폴리오 수익률 간의 공분산(σ_{im})을 다음의 시장포트폴리오 구성 요건에 대입하여 시장포트폴리오를 구성하는 각 자산의 구성비율(w_i) 상호 간의 관계식을 구하면 다음과 같다.

$$\bullet \quad \frac{E(r_A) - r_f}{\sigma_{Am}} = \frac{E(r_B) - r_f}{\sigma_{Bm}} = \frac{E(r_C) - r_f}{\sigma_{Cm}}$$

$$\rightarrow \frac{0.3 - 0.01}{0.09 w_A} = \frac{0.2 - 0.01}{0.01 w_B} = \frac{0.25 - 0.01}{0.04 w_C}$$

$$\therefore \ w_B = 5.897 w_A, \ w_C = 1.862 w_A$$

위에서 구한 각 자산의 구성비율 w_A, w_B, w_C 간의 관계식과 이들의 합은 반드시 1이 되어야 한다는 조건을 이용하여 시장포트폴리오를 구성하는 각 자산의 구성비율을 계산하면 다음과 같다.

- $w_A + w_B + w_C = 1 \rightarrow w_A + 5.897w_A + 1.862w_A = 1$

  $\therefore w_A = 0.114,\ w_B = 0.673,\ w_C = 0.213$

따라서 위에서 구한 각 자산의 구성비율을 이용하여 시장포트폴리오의 기대수익률을 계산하면 다음과 같이 22.2%이다.

- $E(r_m) = w_A E(r_A) + w_B E(r_B) + w_C E(r_C)$

  $= (0.114)(0.3) + (0.673)(0.2) + (0.213)(0.25)$

  $= 0.222\ (22.2\%)$

그리고 개별 자산 A, B, C의 트레이너 지수를 구하기 위해 다음 식과 같이 각 개별 자산의 베타를 추정한다.

- $\beta_A = \dfrac{E(r_A) - r_f}{E(r_m) - r_f} = \dfrac{0.3 - 0.01}{0.222 - 0.01} = \dfrac{0.29}{0.212} = 1.368$

- $\beta_B = \dfrac{E(r_B) - r_f}{E(r_m) - r_f} = \dfrac{0.2 - 0.01}{0.222 - 0.01} = \dfrac{0.19}{0.212} = 0.896$

- $\beta_C = \dfrac{E(r_C) - r_f}{E(r_m) - r_f} = \dfrac{0.25 - 0.01}{0.222 - 0.01} = \dfrac{0.24}{0.212} = 1.132$

위에서 추정한 개별 자산 A, B, C의 베타를 이용하여 최종적으로 각 자산의 트레이너 지수(T_i)를 구하면 다음과 같이 모두 0.212로 동일하다.

$$\bullet \quad T_A = \frac{E(r_A) - r_f}{\beta_A} = \frac{0.29}{1.368} = 0.212$$

$$\bullet \quad T_B = \frac{E(r_B) - r_f}{\beta_B} = \frac{0.19}{0.896} = 0.212$$

$$\bullet \quad T_C = \frac{E(r_C) - r_f}{\beta_C} = \frac{0.24}{1.132} = 0.212$$

위에서 추정한 개별 자산 A, B, C의 트레이너 지수는 모두 동일하며 시장위험프리미엄 $[E(r_m) - r_f]$와 정확히 일치한다. 이러한 이유로 Roll(1977)은 CAPM을 개별 자산이나 포트폴리오의 횡단면 성과평가 지표로 사용하는 것을 비판했다. 왜냐하면 이 문제에서처럼 성과평가에 사용된 시장포트폴리오가 평균−분산 기준으로 효율적이면 모든 개별자산이나 포트폴리오가 증권시장선(SML) 상에 정확히 위치하게 되어 어떤 위험자산도 비정상적 성과를 나타낼 수 없기 때문이다. 그러나 CAPM에서 가정하고 있는 진정한 시장포트폴리오는 이론적으로 모든 위험자산(예를 들면 주식, 채권, 부동산, 귀금속, 미술품, 코인 등)을 포함하여야 하므로 현실적으로 진정한 시장포트폴리오를 구성하는 것은 불가능하다. 따라서 이러한 CAPM의 한계로 인해 만약 포트폴리오 성과평가에 비효율적인 시장지수(inefficient index)를 사용한다면 포트폴리오 성과 순위는 어떤 비효율적 지수를 선택하느냐에 따라 달라지는 비합리적인 결과를 가져오게 된다.

문제 11 다음은 주식 A, B, C, 시장포트폴리오의 기대수익률, 표준편차, 시장포트폴리오와의 상관계수를 나타낸다. (2015년 문제 4)

구 분	기대수익률	표준편차	시장포트폴리오와의 상관계수
주식 A	14.00%	( )	1.0
주식 B	14.00%	15.00%	0.8
주식 C	( )	( )	0.8
시장포트폴리오	( )	10.00%	1.0

(물음 1) CAPM이 성립한다고 가정하자. 시장에서 투자자들의 평균적 위험회피계수가 4일 때, 시장포트폴리오의 위험프리미엄을 계산하라. 단, 투자자들의 효용함수는 다음과 같다.

$$U = E(R_p) - \frac{1}{4} \times \gamma \times \sigma_p^2$$

여기서, $E(R_p)$와 σ_p는 각각 시장포트폴리오와 무위험자산이 결합한 포트폴리오의 기대수익률과 표준편차이고, γ는 위험회피계수이다.

(물음 2) (물음 1)과는 관계없이, CAPM이 성립한다고 가정하고, 다음 물음에 대해 답하라. 무위험수익률은 5%이다.

① 주식 A의 표준편차와 시장포트폴리오의 기대수익률은 얼마인가?

② 주식 C의 기대수익률이 시장포트폴리오의 기대수익률과 동일하다면, 주식 C의 표준편차는 얼마인가?

③ 주식 A와 무위험자산을 결합한 포트폴리오 K의 기대수익률은 11.3%이다. 이 포트폴리오의 베타를 계산하라. 또한, 포트폴리오 K와 시장포트폴리오의 상관계수가 1임을 보여라.

(물음 3) (물음 1)~(물음 2)와는 관계없이, 무위험자산이 존재하지 않는 완전자

본시장을 가정하자. 시장에는 주식 B와 주식 D만 존재하며, 주식 B와 주식 D의 시장가치는 각각 6억원과 4억원이고, 주식 B와 주식 D의 상관계수는 0이다. 주식 D의 기대수익률과 표준편차는 각각 16%와 20%이다. 주식 B와 D로 구성된 제로베타 포트폴리오의 기대수익률은 얼마인가?

(물음 4) (물음 1)~(물음 3)과는 관계없이, CAPM이 성립한다고 가정할 때 다음 문장에 대하여 "옳다" 혹은 "옳지 않다"라고 답하고, 그 이유를 간략하게 서술하라.

> 자본시장에는 위험프리미엄이 0보다 작은 위험자산이 존재할 수 있으나, 투자자들은 이 위험자산을 보유하려 하지 않을 것이다.

상세 해설 및 정답

이 문제는 CAPM과 제로베타포트폴리오(zero-beta portfolio)의 특성에 관해 묻는 문제이다.

(물음 1) "투자자들의 평균적 위험회피계수가 4일 때"라는 것은 투자자들이 최적 포트폴리오로서 시장포트폴리오를 선택할 때를 의미한다. 따라서 이 문제는 투자자들이 최적 포트폴리오로서 시장포트폴리오를 선택할 때 시장포트폴리오의 위험프리미엄을 계산하는 문제이다. CAPM이 성립할 때 투자자가 선택하는 최적 포트폴리오는 투자자의 무차별곡선과 자본시장선(CML)이 접하는 지점의 효율적 포트폴리오이며, 이 최적 포트폴리오에서는 무차별곡선의 기울기, 즉 한계대체율(MRS)과 자본시장선의 기울기가 일치한다는 원리를 이용하면 쉽게 풀 수 있다.

먼저, 최적 포트폴리오인 시장포트폴리오에서 투자자의 무차별곡선의 기울기, 즉 한계대체율(MRS)은 효용함수에 대한 전미분을 이용하여 다음과 같이 추정할 수 있다.

$$dU = dE(R_p) - \frac{1}{4}\gamma(2\sigma_p)d\sigma_p = dE(R_p) - \frac{1}{2}\gamma\sigma_p d\sigma_p = 0 \ (\because U = \text{일정})$$

$$\rightarrow MRS = \frac{dE(R_p)}{d\sigma_p} = \frac{1}{2}\gamma\sigma_p = \frac{1}{2} \times 4 \times \sigma_m = 2 \times 0.1 = 0.2$$

한편, 자본시장선의 기울기를 구하면 다음과 같다.

$$CML\text{의 기울기} = \frac{E(r_m) - r_f}{\sigma_m} = \frac{E(r_m) - r_f}{0.1}$$

따라서 투자자의 무차별곡선의 기울기와 자본시장선(CML)의 기울기가 일치할 때 시장포트폴리오의 위험프리미엄을 계산하면 다음 식과 같이 2%이다.

$$\frac{E(r_m) - r_f}{0.1} = 0.2 \rightarrow E(r_m) - r_f = (0.2)(0.1) = 0.02 \ (2\%)$$

(물음 2) (물음 1)과는 관계없이, CAPM이 성립한다고 가정하고, 다음 물음에 대해 답하라. 무위험수익률은 5%이다.

① 주식 A의 표준편차를 계산하기 위해 우선 생각해야 할 것은 CAPM이 성립할 경우 두 위험자산의 기대수익률이 동일하면 두 위험자산의 베타도 동일하다는 원리이다. 이 문제에서 주식 A와 주식 B의 기대수익률이 동일한 데 이것은 곧 두 주식의 베타도 동일하다는 것을 의미한다. 주식 B의 베타는 다음과 같이 측정할 경우 1.2이다.

$$\beta_B = \frac{\rho_{Bm}\sigma_B\sigma_m}{\sigma_m^2} = \frac{\rho_{Bm}\sigma_B}{\sigma_m} = \frac{0.8 \times 0.15}{0.1} = 1.2$$

주식 A의 베타도 주식 B의 베타와 같이 1.2이므로 주식 A의 표준편차는 다음 식과 같이 0.12이다.

$$\beta_B = \beta_A = \frac{\rho_{Am}\sigma_A}{\sigma_m} = \frac{1 \times \sigma_A}{0.1} = 1.2 \rightarrow \sigma_A = 0.12$$

그리고 시장포트폴리오의 기대수익률은 주식 B의 기대수익률과 베타를 증권시장선(SML)에 적용하여 구하며, 계산 결과 12.5%로 나타났다.

$$E(r_B) = 0.14 = 0.05 + [E(r_m) - 0.05] \times 1.2$$

$$\rightarrow E(r_m) = 0.125 \ (12.5\%)$$

② 주식 C의 기대수익률이 시장포트폴리오의 기대수익률과 동일하다면, 주식 C의 베타는 시장포트폴리오의 베타와 동일한 1.0이다. 따라서 주식 C의 표준편차는 다음과 같이 12.5%로 추정된다.

$$\beta_m = \beta_C = \frac{\rho_{Cm}\sigma_C}{\sigma_m} = \frac{0.8 \times \sigma_C}{0.1} = 1 \rightarrow \sigma_C = 0.125 \ (12.5\%)$$

③ 주식 A와 무위험자산을 결합한 포트폴리오 K의 기대수익률이 11.3%일 때 이 포트폴리오의 베타는 증권시장선(SML)을 이용하면 쉽게 구할 수 있다. 아래 계산 결과 포트폴리오 K의 베타는 0.84로 나타났다.

$$E(r_k) = 0.113 = 0.05 + [0.125 - 0.05] \times \beta_k \rightarrow \beta_k = 0.84$$

또한, 주식 A와 시장포트폴리오의 상관계수(ρ_{Am})가 1이며, 포트폴리오 K는 주식 A와 무위험자산에 대한 구성비율이 각각 w_A와 $1-w_A$이라고 가정한다. 이때 포트폴리오 K와 시장포트폴리오의 상관계수(ρ_{km})는 상관계수에 관한 다음 정리를 이용하면 간단히 1이라는 것을 증명할 수 있다 (상관계수에 관한 아래 정리는 매우 유용하게 활용될 수 있으므로 반드시 기억하기 바람).

- 정리 : $\rho(ax+b, cy+d) = \rho(x,y)$ (x, y는 확률변수, a, b, c, d는 상수)
- $\rho_{km} = \rho(r_k, r_m) = \rho(w_A r_A + (1-w_A)r_f, r_m)$

  $= \rho(r_A, r_m) = 1$

(물음 3) 이 문제는 무위험자산이 존재하지 않은 경우에 이를 대체할 수 있는 제로베타포트폴리오를 이용하여 CAPM을 도출해내는 제로베타 CAPM

에 관한 문제이다. 문제의 핵심은 제로베타포트폴리오의 베타가 0이며, 이에 따라 시장포트폴리오와의 공분산도 0이라는 특성을 이용하여 주식 B와 D로써 제로베타포트폴리오를 구성하는 것이다. 먼저 시장포트폴리오에서 주식 B와 D의 구성비율은 문제에서 각각 0.6(=6억/10억)과 0.4(=4억/10억)로 주어져 있으며, 제로베타포트폴리오에서 주식 B와 D의 구성비율은 각각 w_B와 $1-w_B$이라고 가정한다. 이때 시장포트폴리오와 제로베타포트폴리오의 수익률은 각각 다음 식과 같이 나타낼 수 있다.

- 시장포트폴리오 : $r_m = 0.6r_B + 0.4r_D$

- 제로베타포트폴리오 : $r_z = w_B r_B + (1-w_B)r_D$

정의에 의해, 제로베타 포트폴리오의 베타와 시장포트폴리오와의 공분산은 모두 0이어야 한다.

- $\beta_z = \dfrac{Cov(r_z, r_m)}{\sigma_m^2} = 0 \rightarrow Cov(r_z, r_m) = 0$

- $Cov(r_z, r_m) = Cov(w_B r_B + (1-w_B)r_D, 0.6r_B + 0.4r_D) = 0$

  $w_B(0.6)\,Cov(r_B, r_B) + (1-w_B)(0.4)\,Cov(r_D, r_D) = 0\ (\because Cov(r_B, r_D) = 0)$

  $w_B(0.6)\,\sigma_B^2 + (1-w_B)(0.4)\,\sigma_D^2 = 0$

  $w_B(0.6)(0.15)^2 + (1-w_B)(0.4)(0.2)^2 = 0$

  $\rightarrow w_B = 6.4,\ w_D = 1-w_B = -5.4$

위의 결과에 의하면, 제로베타포트폴리오는 주식 B에 6.4(640%)를, 주식 B에 −5.4(−540% 공매도) 투자비율로 구성해야 한다는 것이다. 이렇게 구성된 제로베타포트폴리오의 기대수익률을 계산하면 다음과 같이 3.2%이다.

$$E(R_z) = w_B E(r_B) + w_D E(r_D)$$

$$= (6.4)(0.14) + (-5.4)(0.16) = 0.032\ (3.2\%)$$

(물음 4) 옳지 않다. 위험프리미엄이 0보다 작은 위험자산은 베타가 음(−)인 위험자산을 의미한다. 베타가 음(−)인 자산의 수익률은 시장포트폴리오의 수익률과 역의 관계를 가진다. 즉 시장수익률이 상승할 경우 베타가 음(−)인 자산의 수익률은 하락하며, 반대로 시장수익률이 하락할 경우 이 자산의 수익률은 상승한다. 실제로 자본시장에서 투자자들은 자신이 보유하고 있는 포트폴리오의 체계적 위험을 줄이기 위해 혹은 헤징을 목적으로 베타가 음(−)인 자산을 다양한 형태로 보유하고 있다. 대표적인 사례로는 금과 금 관련 주식, 주식을 기초자산으로 하는 풋옵션(puts on stocks), 지수선물의 매도포지션 (selling futures contracts against indices), 보험계약 등을 들 수 있다.

(참고로 지배원리에 의해서도 베타가 음(−)인 위험자산이 무위험자산에 의해 기대수익률−체계적 위험 기준 하에서 지배되지 않는다. 왜냐하면 베타가 음(−)인 위험자산의 기대수익률이 무위험수익률보다 낮지만 체계적 위험인 베타도 무위험자산에 비해 낮기 때문이다. 따라서 베타가 음(−)인 위험자산과 무위험자산 간에는 지배관계가 성립하지 않는다.)

문제 12 (물음 1)과 (물음 2)는 각각 독립적인 물음이다.

아래 표에 제시된 주식 A와 B의 기대수익률, 표준편차 그리고 베타를 이용하여 다음 물음에 답하시오. (2019년 문제 4)

주식	기대수익률	표준편차	베타
A	14%	11%	0.6
B	16%	20%	1.6

(물음 1) 무위험자산이 존재하지 않고 주식 A와 B만 존재하는 완전자본시장을 가정하자. 시장포트폴리오는 주식 A와 B에 각각 60%와 40%를 투자한 포트폴리오이다. 다음에 대해 답하시오.

① 제로베타 포트폴리오를 만들기 위한 주식 A의 구성비율과 제로베타 포트폴리오의 기대수익률은 각각 얼마인가?

② 주식 A와 B 수익률 사이의 공분산과 제로베타 포트폴리오의 표준편차는 각각 얼마인가? 공분산은 소수점 아래 다섯째 자리에서 반올림하여 넷째 자리까지, 표준편차는 %단위로 소수점 아래 셋째 자리에서 반올림하여 둘째 자리까지 표시하시오.

(물음 2) 주식 A와 B의 수익률은 모두 시장모형에 의해 생성된다는 가정 하에 다음에 대해 답하시오.

① 주식 A 수익률과 시장포트폴리오 수익률 사이의 상관계수가 0.6이라면, 주식 A와 B 수익률 사이의 공분산은 얼마인가? 공분산은 소수점 다섯째 자리에서 반올림하여 넷째 자리까지 표시하시오.

② 시장모형과 마코위츠(Markowitz)의 완전분산공분산모형을 비교할 때, 시장모형의 유용성 가운데 하나는 업종별 애널리스트를 통한 증권분석과 투자의사결정이 가능하다는 점이다. 그 이유를 5줄 이내로 설명하시오.

상세 해설 및 정답

이 문제는 제로베타 포트폴리오의 구성 및 기대수익률과 표준편차의 측정, 시장모형과 마코위츠(Markowitz)의 완전분산공분산모형의 비교 등에 관한 문제이다.

(물음 1) 시장포트폴리오의 수익률(r_m)과 제로베타포트폴리오의 수익률(r_z)은 각각 다음과 같이 정의할 수 있다.

- $r_m = 0.6r_A + 0.4r_B$

- $r_z = w_A r_A + (1 - w_A)r_B$

① 제로베타 포트폴리오의 베타는 0이 되어야 하므로 제로베타 포트폴리오를 구성하는 주식 A의 구성비율은 다음과 같이 1.6(160%)이다.

- $\beta_z = w_A \beta_A + (1 - w_A)\beta_B = w_A(0.6) + (1 - w_A)(1.6) = 0$

  $\rightarrow w_A = 1.6,\ w_B = 1 - w_A = -0.6$

위에서 구한 주식 A와 주식 B의 구성비율을 이용하여 제로베타 포트폴리오의 기대수익률을 계산하면 다음 식과 같이 12.8%이다.

- $E(r_z) = 1.6E(r_A) + (-0.6)E(r_B)$

  $= (1.6)(0.14) + (-0.6)(0.16) = 0.128\ (12.8\%)$

② 제로베타 포트폴리오와 시장포트폴리오 둘 다 주식 A와 B로 구성되어 있으며, 제로베타 포트폴리오와 시장포트폴리오 수익률 간의 공분산은 0이 되어야 한다는 원리를 이용하여 주식 A와 B 수익률 사이의 공분산을 계산하면 다음과 같이 -0.0072이다.

- $Cov(r_z, r_m) = Cov(1.6r_A - 0.6r_B, 0.6r_A + 0.4r_B) = 0$

$$\rightarrow (1.6)(0.6)\sigma_A^2 + (1.6)(0.4)\sigma_{AB} - (0.6)^2\sigma_{AB} - (0.6)(0.4)\sigma_B^2 = 0$$

$$(1.6)(0.6)(0.11)^2 + [(1.6)(0.4) - (0.6)^2]\sigma_{AB} - (0.6)(0.4)(0.2)^2 = 0$$

$$\therefore \sigma_{AB} = \frac{-0.002016}{0.28} = -0.0072$$

위에서 추정한 주식 A와 B 수익률 사이의 공분산을 이용하여 제로베타 포트폴리오의 표준편차를 계산하면 다음과 같이 24.33%이다.

- $\sigma_z^2 = w_A^2\sigma_A^2 + w_B^2\sigma_B^2 + 2w_Aw_B\sigma_{AB}$

$$= (1.6)^2(0.11)^2 + (-0.6)^2(0.2)^2 + 2(1.6)(-0.6)(-0.0072)$$

$$= 0.0592$$

- $\sigma_z = \sqrt{0.0592} = 0.2433\ (24.33\%)$

(물음 2) 시장모형이 성립할 경우 주식 A와 B 수익률 사이의 공분산은 다음 식에 의해 결정된다: $\sigma_{AB} = \beta_A\beta_B\sigma_m^2$.

① 주식 A 수익률과 시장포트폴리오 수익률 사이의 상관계수가 0.6이라 면, 주식 A와 B 수익률의 공분산은 아래와 같이 0.0116이다.

- $\beta_A = 0.6 = \dfrac{\rho_{Am}\sigma_A}{\sigma_m} = \dfrac{0.6 \times 0.11}{\sigma_m} \rightarrow \sigma_m = 0.11$

- $\sigma_{AB} = \beta_A\beta_B\sigma_m^2 = (0.6)(1.6)(0.11)^2 = 0.0116$

② 마코위츠의 완전분산공분산모형을 이용하여 증권분석을 할 경우에는 개별 증권의 업종별 특성과 산업 동향을 반영할 방법이 적당하지 않다. 반면에, 시장모형의 경우 업종별 애널리스트(industry analyst)들이 시 장지수로서 한국종합주가지수 대신에 산업별주가지수를 사용하거나 혹 은 두 시장지수를 모두 사용한 산업모형(industry model)으로 해당 업 종에 속하는 개별 증권의 베타와 기대수익률, 공분산 등을 추정한다면 업종별 애널리스트를 통해 산업적 특성이 잘 반영된 증권분석과 투자

의사결정이 가능하다는 이점이 있다.

(참고로 한국종합주가지수 수익률(r_m)과 특정 k산업의 주가지수 수익률(r_k)을 모두 시장지수로 사용할 경우 시장모형은 다음과 같이 산업모형(industry model)으로 확대될 수 있다.

- $r_i = \alpha_i + \beta_{im}r_m + \beta_{ik}r_k + \epsilon_i$

단, 산업모형에서 유의할 점은 시장지수로 선정된 한국종합주가지수와 산업별주가지수 수익률 간의 상관관계가 낮아야 한다. 그렇지 않으면 다중공선성(multicollinearity) 문제가 야기될 수 있다.)

문제 13 과거의 역사적 자료가 미래의 발생 가능한 상황을 설명할 수 있다는 가정 하에 2005년부터 최근까지 주식 A와 주식 B의 초과주식수익률을 이용하여 다음과 같이 증권특성선(security characteristic line)을 추정하였다. 동기간 동안 주식 A의 표준편차는 16%, 주식 B의 표준편차는 60%, 시장포트폴리오의 표준편차는 10%로 계산되었다. 시장모형이 성립한다는 가정 하에서 다음에 답하시오. (2011년 문제 2)

$$R_A = 1.2 + 0.8R_M + \epsilon_A$$
$$R_B = -0.3 + 1.5R_M + \epsilon_B$$

단, R_A는 주식 A의 수익률에서 무위험수익률을 차감한 주식 A의 초과수익률, R_B는 주식 B의 수익률에서 무위험수익률을 차감한 주식 B의 초과수익률, R_M은 시장포트폴리오 수익률에서 무위험수익률을 차감한 시장초과수익률, ϵ_A는 주식 A의 잔차, ϵ_B는 주식 B의 잔차를 각각 의미한다.

(물음 1) 주식 A와 시장포트폴리오 간의 상관계수, 주식 B와 시장포트폴리오 간의 상관계수를 각각 구하시오. 계산결과는 반올림하여 소수점 둘째 자리까지 표기하시오.

(물음 2) 주식 A에 60%, 주식 B에 40% 투자하였을 경우 두 주식으로 구성된 포트폴리오의 총위험인 표준편차를 구하시오. 계산결과는 %단위로 표시하되 반올림하여 소수점 둘째 자리까지 표기하시오.

(물음 3) 주식 A의 증권특성선이 주식 A의 수익률 변화를 얼마나 설명할 수 있는지 밝히시오. 또한 주식 B의 증권특성선이 주식 B의 수익률 변화를 얼마나 설명할 수 있는지 밝히시오. 계산결과는 %단위로 표시하되 반올림하여 소수점 둘째 자리까지 표기하시오.

(물음 4) 자본시장에서 전통적인 CAPM만으로는 개별 위험자산의 수익률을 설명하기에 미흡하다는 견해가 지배적이다. 이에 대한 대안 중의 하나가 Fama와 French의 3요인모형(three factor model)이다. Fama와 French의 3요인모형을 전통적 CAPM과 비교하여 5줄 이내로 설명하시오.

상세 해설 및 정답

이 문제는 시장모형, CAPM 및 3요인모형 등 자본시장 균형이론에 관한 문제이다.

(물음 1) 주식 A와 주식 B의 증권특성선의 기울기가 해당 주식의 베타이므로 이 정보를 이용하여 해당 주식과 시장포트폴리오간의 상관계수를 구하면 다음 식과 같이 각각 0.5와 0.25이다.

- $\beta_A = \dfrac{\rho_{AM}\sigma_A\sigma_M}{\sigma_M^2} = \dfrac{\rho_{AM}\sigma_A}{\sigma_M} = \dfrac{\rho_{AM}\times 0.16}{0.1} = 0.8 \rightarrow \rho_{AM} = 0.5$

- $\beta_B = \dfrac{\rho_{BM}\sigma_B\sigma_M}{\sigma_M^2} = \dfrac{\rho_{BM}\sigma_B}{\sigma_M} = \dfrac{\rho_{BM}\times 0.6}{0.1} = 1.5 \rightarrow \rho_{BM} = 0.25$

(물음 2) 시장모형이 성립할 경우 주식 A와 B 수익률 사이의 공분산은 다음 식에 의해 결정된다: $\sigma_{AB} = \beta_A\beta_B\sigma_m^2$. 이 원리를 이용하여 두 주식으로 구성된 포트폴리오의 총위험인 표준편차를 구하면 다음 식과 같이 26.94%이다.

- $\sigma_{AB} = \beta_A\beta_B\sigma_M^2 = (0.8)(1.5)(0.1)^2 = 0.012$
- $\sigma_p^2 = (0.6)^2(0.16)^2 + (0.4)^2(0.6)^2 + 2(0.6)(0.4)(0.012) = 0.072576$

  $\rightarrow \sigma_p = 0.2694\ (26.94\%)$

(물음 3) 주식 A(B)의 증권특성선이 주식 A(B)의 수익률 변화를 얼마나 설명할 수 있는지는 주식 A(B)와 시장포트폴리오 간의 상관계수의 제곱 즉 결정계수 $\rho_{AM}^2(\rho_{BM}^2)$에 의해 결정된다. 따라서 (물음 1)에서 구한 주식 A, B와 시장포트폴리오 간의 상관계수를 이용하여 주식 A와 주식 B의 결정계수를 계산하면 다음 식과 같이 각각 25%와 6.25%이다.

- $\rho_{AM}^2 = (0.5)^2 = 0.25\ (25\%)$

- $\rho_{BM}^2 = (0.25)^2 = 0.0625\ (6.25\%)$

(물음 4) 전통적 CAPM은 규모가 작은 소기업 주식이 대기업 주식에 비해 지속적으로 높은 수익률을 실현하는 기업규모효과(firm size effect)와 장부가치/시장가치 비율(book-to-market value ratio)이 높은 가치주(value stock)가 이 비율이 낮은 성장주(growth stocks)에 비해 지속적으로 높은 수익률을 실현하는 가치효과(value effect)를 충분히 반영하지 못하고 있다. 그런데 3요인 모형은 CAPM의 시장요인뿐만 아니라 CAPM이 반영하지 못하고 있는 기업규모요인과 장부가치/시장가치요인 등 3요인에 의해 위험자산의 수익률을 설명하고 있어 전통적 CAPM에 비해 자산수익률에 대한 설명력을 높일 수 있다.

문제 14 다음 물음에 대하여 "옳다" 또는 "옳지 않다"라고 답하고 그 근거를 제시하시오. (2017년 문제 5)

(물음 1) 법인세가 있는 MM(1963)이론이 성립한다는 가정 하에서 부채를 사용하는 기업의 부채비율(부채/자기자본)이 무한히 증가하면 <u>자기자본비용×자기자본 구성비율</u> 부분이 0에 근접하게 되어 가중평균자본비용(WACC)은 결국 <u>부채비용×(1-법인세율)</u>로 수렴하게 된다.

(물음 2) 자본자산가격결정모형(CAPM)이 성립한다는 가정 하에서 CAPM에 의하여 계산된 기업 A의 요구수익률이 12%이고 균형주가가 120만원인데, 자본시장에서 현재 기업 A의 주식이 100만원에 거래되고 있다면 저평가되어 있는 이 주식의 기대수익률은 주가가 120만원이 될 때까지 계속 상승할 것이다.

(물음 3) 투자안의 현금흐름 평가에 사용되는 할인율이 증가하면 투자안의 순현가(NPV)는 감소하게 되어 결국 순현가가 0이 되는 할인율을 내부수익률(IRR)이라고 한다. 따라서 상호배타적 투자안 B와 C 중에 투자안 B의 내부수익률이 투자안 C의 내부수익률보다 크면 투자안 B의 순현가는 투자안 C의 순현가보다 항상 크게 된다.

(물음 4) 개별자산의 체계적 위험을 측정하는 베타는 과거의 개별자산 수익률 및 시장포트폴리오 수익률 자료를 이용하여 실증적으로 추정할 수 있다. 이렇게 추정된 베타가 일정하지 않고 시간에 따라 변하는 이유는 시장포트폴리오 수익률의 분산이 시간가변적일뿐만 아니라 개별자산과 시장포트폴리오 수익률 간의 공분산도 시간가변적이기 때문이다.

상세 해설 및 정답

이 문제는 MM(1963)의 자본구조이론, 자본예산에서 순현가법과 내부수익률법 간의 관계, CAPM의 가격결정기능과 베타의 특성 등 다양한 주제에 관한 문제이다.

(물음 1) 옳지 않다. 법인세가 있는 MM(1963)이론이 성립한다는 가정 하에서 부채를 사용하는 기업의 부채비율(B/S)이 무한히 증가하면 부채구성비율(B/V)은 거의 1에 접근한다. 따라서 가중평균자본비용(WACC)은 다음 식과 같이 <u>부채비용×(1−법인세율)</u>이 아니고 <u>무부채기업의 자기자본비용(r_U)×(1−법인세율)</u>로 수렴하게 된다.

$$WACC = r_U(1 - T_C \frac{B}{V_L}) \approx r_U(1 - T_C) \ \ (\because \ \frac{B}{V_L} \to 1)$$

(물음 2) 옳지 않다. CAPM에 의하여 계산된 기업 A의 요구수익률 즉 균형기대수익률($E(R_A)$)과 현재 주가에 내재된 기대수익률($E(r_A)$)을 각각 계산하면 다음과 같이 12%와 34.4%이다(단, 아래 식에서 $E(P_1)$은 1년도 말의 기대 주가를 의미하며, 기업 A는 배당을 지급하지 않는다고 가정함). 균형주가가 120만원인데 반해 현재 주가가 100만원으로 저평가되어 있으므로 현재 주가가 120만원이 될 때까지 현재 주가에 내재된 이 주식의 기대수익률 $E(r_A)$는 현재 34.4%에서 균형 기대수익률인 12%에 도달할 때까지 계속 하락하게 된다.

- 균형가격 : $P = 120 = \dfrac{E(P_1)}{1 + E(R_A)} = \dfrac{E(P_1)}{1 + 0.12} \to E(P_1) = 134.4$

- 현재가격 : $P = 100 = \dfrac{E(P_1)}{1 + E(r_A)} = \dfrac{134.4}{1 + E(r_A)} \to E(r_A) = 34.4 \, (\%)$

(물음 3) 옳지 않다. 이 문제는 투자평가기법 중 IRR법의 단점을 묻는 문제이다. 특히 상호배타적 투자안의 평가에서 NPV법과 IRR법이 서로 다른 결론을 가져다 줄 경우에 관한 문제이다. NPV법과 IRR법에 있어서 투자규모나 투자기간 내 현금흐름의 형태가 다를 경우 NPV법과 IRR법의 평가결과는 서로 상반될 수 있다. 예를 들어, 투자안 B는 투자

초기에 큰 현금흐름이 발생하는 데 반해 투자안 C는 투자 말기에 큰 현금흐름이 발생하는 경우 두 투자안의 NPV곡선(NPV profile)은 아래 그림에서와 같이 서로 교차하게 된다. 이 때 자본비용이 r^*이며 피셔의 수익률 r_X보다 작을 경우에는, 아래 그림에서처럼, 투자안 B의 내부수익률이 투자안 C의 내부수익률보다 크다고 할지라도, 투자안 B의 순현가는 투자안 C의 순현가보다 더 작을 수 있다.

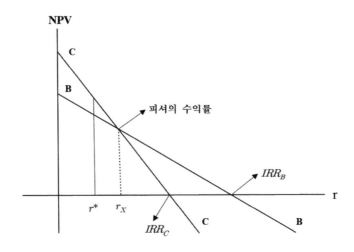

(물음 4) 옳다. 개별자산의 체계적 위험을 측정하는 베타는 다음 식과 같이 개별자산과 시장포트폴리오 수익률 간의 공분산을 시장포트폴리오 수익률의 분산으로 나눈 값으로 정의한다.

$$\beta_i = \frac{Cov(r_i, r_m)}{Var(r_m)}$$

따라서 베타가 일정하지 않고 시간에 따라 변하는 것은 분모인 시장포트폴리오 수익률의 분산이 시간의 경과에 따라 변화할 수 있을 뿐만 아니라 분자인 개별자산과 시장포트폴리오 수익률 간의 공분산도 시간의 경과에 따라 변화할 수 있기 때문이다.

문제 15   시장에는 주식 A, B, C와 무위험자산만이 존재한다고 가정한다. 시장포트폴리오는 주식 A, B, C로 구성된다. 세 개의 주식 수익률은 상호 독립적이다. 개별 주식과 시장포트폴리오 수익률의 공분산 대비 개별 주식의 위험프리미엄 비율은 모두 동일한 균형상태이다. 무위험자산의 수익률은 2%이다. 주식 A, B, C의 기대수익률과 표준편차는 아래 표와 같다. (2021년 문제 4)

구분	기대수익률	표준편차
주식 A	12%	10%
주식 B	7%	5%
주식 C	2.8%	2%

(물음 1) 시장포트폴리오의 기대수익률을 계산하시오. 계산결과는 % 단위로 소수점 아래 셋째 자리에서 반올림하여 둘째 자리

(물음 2) 주식 B의 베타값을 계산하시오. 계산결과는 소수점 아래 셋째 자리에서 반올림하여 둘째 자리까지 표시하시오.

위에서 결정된 시장포트폴리오의 개별주식 투자 비율을 A 40%, B 40%, C 20%라고 가정하자. 이 투자비율을 유지하는 포트폴리오 D가 있다. ㈜대한자산운용은 포트폴리오 D를 기초자산(벤치마크)으로 하는 KR ETF (exchange-traded fund)를 출시하였다. KR ETF는 7월 1일 1주당 1만원에 상장되었다. KR ETF의 상장 전일 주식 A, B, C의 종가는 모두 1만원이었다. 주식 A, B, C의 주가와 KR ETF의 주당 가격 및 순자산가치(NAV)는 다음과 같다.

(단위: 원)

일자	주식 A	주식 B	주식 C	KR ETF	KR ETF NAV
7/31	10,700	11,000	11,100	11,300	11,000
8/31	10,600	10,700	10,400	10,500	10,450

(물음 3) KR ETF의 추적오차(tracking error)를 계산하시오. 단, 추적오차는

$$\sqrt{\frac{\sum_{t=1}^{n}[(r_{ETFNt}-r_{BMt})-(\overline{r_{ETFNt}-r_{BMt}})]^2}{n-1}}$$ 으로 계산된다. (r_{ETFNt}는 t시점의

ETF NAV 수익률, r_{BMt}는 t시점의 벤치마크 수익률, $(\overline{r_{ETFNt}-r_{BMt}})$는 ETF NAV 수익률과 벤치마크 수익률 차이의 평균) <u>계산결과는 % 단위로 소수점 아래 셋째 자리에서 반올림하여 둘째 자리까지 표시하시오.</u>

(물음 4) ETF에 대한 투자는 주식 투자전략 중 하나에 포함된다. ETF에 대한 투자전략을 효율적 시장가설(EMH)과 관련지어 <u>세 줄 이내로 설명하시오.</u>

상세 해설 및 정답

이 문제는 CAPM과 ETF의 추적오차(tracking error) 및 ETF 투자전략의 특성 등에 관한 문제이다.

(물음 1) 이 문제는 기본적으로 시장포트폴리오의 구성 요건에 관한 문제로 앞의 문제 9(2015년 문제 3)의 (물음 2)와 유사하다. 시장포트폴리오가 주식 A, B, C로 구성되므로 각 주식의 구성비율을 각각 w_A, w_B, w_C라고 하자. 이때 시장포트폴리오의 수익률과 기대수익률은 다음과 같이 정의한다.

- $r_m = w_A r_A + w_B r_B + w_C r_C$ (단, $w_A + w_B + w_C = 1$)
- $E(r_m) = w_A E(r_A) + w_B E(r_B) + w_C E(r_C)$

문제에서 주어진 바와 같이, CAPM이 성립하며 자본시장에서 과소 혹은 과대평가된 자산이 없어 초과 수요나 초과 공급이 없는 시장 균형상태에서는 항상 다음 식과 같이 개별 주식과 시장포트폴리오 수익률 간의 공분산 대비 개별 주식의 위험프리미엄 비율, 즉 공분산 1단위당 위험보상률은 모두 동일해야 한다. 이것은 또한 시장포트폴리오의 분산 대비 시장위험프리미엄 비율과도 일치한다(이에 대한 증명은 앞의 문제

9(2015년 문제 3)의 <Solution Note>를 참고하기 바란다).

$$\frac{E(r_A) - r_f}{\sigma_{Am}} = \frac{E(r_B) - r_f}{\sigma_{Bm}} = \frac{E(r_C) - r_f}{\sigma_{Cm}} = \frac{E(r_m) - r_f}{\sigma_m^2}$$

따라서 개별 주식과 시장포트폴리오는 반드시 이 조건을 충족시켜야 한다는 점을 활용하면 시장포트폴리오의 기대수익률을 쉽게 구할 수 있다. 먼저 세 개의 주식 수익률이 상호 독립적이면 세 개의 주식 상호 간의 공분산(σ_{ij})은 0이다. 이 조건과 각 개별 주식의 표준편차에 관한 정보를 이용하여 개별 주식과 시장포트폴리오 수익률 간의 공분산 (σ_{im})을 다음 식과 같이 각 개별 주식의 구성비율(w_i)과 분산(σ_i^2)으로 표시한다.

- $\sigma_{ij} = Cov(r_i, r_j) = 0$ (단, $i, j = A, B, C$)

- $\sigma_{Am} = Cov(r_A, r_m) = Cov(r_A, w_A r_A + w_B r_B + w_C r_C)$

  $$= w_A Cov(r_A, r_A) = w_A \sigma_A^2 = w_A (0.1)^2$$

- $\sigma_{Bm} = Cov(r_B, r_m) = Cov(r_B, w_A r_A + w_B r_B + w_C r_C)$

  $$= w_B Cov(r_B, r_B) = w_B \sigma_B^2 = w_B (0.05)^2$$

- $\sigma_{Cm} = Cov(r_C, r_m) = Cov(r_C, w_A r_A + w_B r_B + w_C r_C)$

  $$= w_C Cov(r_C, r_C) = w_C \sigma_C^2 = w_C (0.02)^2$$

위에서 구한 개별 주식과 시장포트폴리오 수익률 간의 공분산(σ_{im})을 다음의 시장포트폴리오 구성 요건식에 대입하여 시장포트폴리오를 구성하는 각 주식의 구성비율(w_i) 상호 간의 관계식을 구하면 다음과 같다.

$$\bullet \ \frac{E(r_A) - r_f}{\sigma_{Am}} = \frac{E(r_B) - r_f}{\sigma_{Bm}} = \frac{E(r_C) - r_f}{\sigma_{Cm}}$$

$$\rightarrow \frac{0.12 - 0.02}{w_A(0.1)^2} = \frac{0.07 - 0.02}{w_B(0.05)^2} = \frac{0.028 - 0.02}{w_C(0.02)^2}$$

$$\rightarrow w_B = 2w_A, \ w_B = w_C$$

위에서 구한 각 주식의 구성비율 w_A, w_B, w_C 간의 관계식과 이들의 합은 반드시 1이 되어야 한다는 조건을 이용하여 각 주식의 구성비율을 계산하면 다음과 같다.

$$\bullet \ w_A + w_B + w_C = 1 \rightarrow w_A + 2w_A + 2w_A = 1$$

$$\therefore w_A = 0.2, \ w_B = 0.4, \ w_C = 0.4$$

따라서 위에서 구한 각 주식의 구성비율을 이용하여 최종적으로 시장포트폴리오의 기대수익률을 계산하면 다음과 같이 6.32%이다.

$$\bullet \ E(r_m) = w_A E(r_A) + w_B E(r_B) + w_C E(r_C)$$

$$= (0.2)(0.12) + (0.4)(0.07) + (0.4)(0.028)$$

$$= 0.0632 \, (6.32\%)$$

(물음 2) 앞의 (물음 1)에서 구한 시장포트폴리오의 기대수익률을 이용하여 주식 B의 베타값을 계산하면 다음 식과 같이 1.16이다.

$$\bullet \ \beta_B = \frac{E(r_B) - r_f}{E(r_m) - r_f} = \frac{0.07 - 0.02}{0.0632 - 0.02} = 1.16$$

(물음 3) KR ETF의 추적오차(tracking error)는 문제에서 제시한 정의에 의하면 KR ETF의 순자산가치(NAV: net asset value)의 수익률에서 벤치마크의 수익률을 차감한 값의 표준편차이다. 이에 따라 먼저 t시점의 KR ETF의 순자산가치(NAV)의 수익률(r_{ETFNt})과 벤치마크의 수익률(r_{ETFNt})을 다음 식에 의해 추정한다.

$$\bullet \ r_{ETFNt} = \frac{NAV_{ETFt} - NAV_{ETFt-1}}{NAV_{ETFt-1}}$$

$$\bullet \ r_{BMt} = \frac{BM_t - BM_{t-1}}{BM_{t-1}}$$

위의 정의에 의해 KR ETF의 순자산가치(NAV)의 수익률(r_{ETFNt})과 벤치마크의 수익률(r_{ETFNt})을 계산하기 위해 t시점의 KR ETF의 순자산가치(NAV)와 벤치마크(BM)의 가치를 추정한다. KR ETF가 목표로 하는 벤치마크는 시장포트폴리오의 개별주식 투자 비율이 A 40%, B 40%, C 20%로 구성된 포트폴리오 D이므로 t시점의 벤치마크의 가치는 해당 시점의 개별 주식의 주가에 투자비율을 곱해 계산하면 다음 <표 1>과 같이 구할 수 있다.

<표 1> 시점별 벤치마크의 가치와 ETF의 순자산가치(NAV)

일자	주식 A	주식 B	주식 C	벤치마크 (BM)	KR ETF NAV
7/01(t=0)	10,000	10,000	10,000	10,000	10,000
7/31(t=1)	10,700	11,000	11,100	10,900	11,000
8/31(t=2)	10,600	10,700	10,400	10,600	10,450

위의 <표 1>에서 계산한 t시점의 벤치마크의 가치와 ETF의 순자산가치(NAV)를 이용하여 KR ETF의 순자산가치(NAV)의 수익률(r_{ETFNt})과 벤치마크 수익률(r_{BMt})을 계산한다. 그리고 이들 수익률 간의 차이와 이의 평균을 계산하면 다음 <표 2>와 같다.

<표 2> NAV 수익률과 벤치마크 수익률 차이와 평균

시 점	$r_{ETFNt}(A)$	$r_{BMt}(B)$	$A-B$	$\overline{A-B}$
7/31(t=1)	0.1	0.09	0.01	-0.00625
8/31(t=2)	-0,05	-0,0275	-0.0225	

위의 <표 2>에서 구한 KR ETF의 순자산가치(NAV)의 수익률(r_{ETFNt})과 벤치마크 수익률(r_{BMt}) 간의 차이와 이의 평균을 이용하여 다음 식과 같이 표준편차를 계산하면 2.30%이다. 따라서 KR ETF의 추적오차(TE)는 2.30%이다.

$$
\begin{aligned}
\bullet\ TE &= \sqrt{\dfrac{\displaystyle\sum_{t=1}^{n}[(r_{ETFNt}-r_{BMt})-(\overline{r_{ETFNt}-r_{BMt}})]^2}{n-1}} \\
&= \sqrt{\dfrac{[0.01-(-0.00625)]^2+[-0.0225-(-0.00625)]^2}{2-1}} \\
&= \sqrt{0.000528125}=0.0230\,(2.30\%)
\end{aligned}
$$

(물음 4) 준강형 효율적 시장가설에 의하면 주가는 공개적으로 이용 가능한 모든 정보를 신속하고 충분하게 반영하고 있으므로 과소 혹은 과대평가된 주식을 발견해 시장보다 우월한 투자성과를 내려고 시도하는 적극적 투자전략(active strategy)이 실제로 시장지수 수익률보다 높은 성과를 장기간 지속적으로 달성하는 것은 불가능하다. 이에 반해 잘 분산된 포트폴리오를 구축하여 시장지수(market index)를 복제하도록 설계된 ETF나 인덱스 펀드(index fund)에 투자하는 소극적 투자전략(passive strategy)은 상대적으로 낮은 관리수수료를 지불하고서도 목표로 하는 시장지수의 투자 성과와 분산투자효과를 얻을 수 있는 이점을 갖는다.

문제 16 투자자 갑은 다음과 같은 포트폴리오의 성과를 얻었다. (2017년 문제 3)

자산	투자비중(%)	수익률(%)	표준편차	베타
주식	75	3.0	0.25	2.0
채권	15	2.0	0.20	0.2
현금성자산	10	1.0	0	0

(물음 1) 다음 물음에 답하시오.

  ⑴ 샤프지수(Sharpe's measure)와 트레이너지수(Treynor's measure)의 의미를 각각 설명하시오.

  ⑵ 주식의 샤프지수와 트레이너지수를 각각 구하시오.

다음은 (물음 2)~(물음 4)와 관련된 추가 정보이다.

투자자 갑은 다음의 벤치마크 포트폴리오의 성과를 기준으로 자신의 투자성과를 측정하고자 한다.

자산	투자비중(%)	수익률(%)
주식(주가지수)	60	2.0
채권(채권지수)	30	1.5
현금성자산	10	1.0

투자자 갑은 초과수익률의 원천을 자산배분능력과 종목선정능력으로 나누어 파악하고자 한다.

(물음 2) 투자자 갑의 포트폴리오 수익률과 벤치마크 포트폴리오 수익률을 각각 구하시오.

(물음 3) 벤치마크 포트폴리오 수익률을 초과하는 투자자 갑의 포트폴리오 수익률 중 자산배분능력으로부터 발생하는 기여도는 얼마인가?

(물음 4) 벤치마크 포트폴리오 수익률을 초과하는 투자자 갑의 포트폴리오 수익률 중 종목선정능력으로부터 발생하는 기여도는 얼마인가?

상세 해설 및 정답

이 문제는 포트폴리오의 성과측정 지수와 포트폴리오 투자전략의 핵심인 자산배분(asset allocation)과 종목선정(security selection) 능력으로부터 발생하는 기여도 측정에 관한 문제이다.

(물음 1)

(1) 샤프지수(Sharpe's measure)는 자본시장선(CML)을 이용하여 분산투자된 포트폴리오의 위험(표준편차) 단위당 위험프리미엄의 보상 정도가 얼마인가를 측정하는 투자성과 지표이다. 반면에 트레이너지수(Treynor's measure)는 증권시장선(SML)을 이용하여 포트폴리오의 체계적 위험인 베타의 단위당 위험프리미엄의 보상 정도가 얼마인가를 측정하는 투자성과 지표이다.

(2) 먼저 무위험이자율은 현금성자산(예를 들어, 정기예금이나 단기 국채 등)의 수익률을 대용한다. 이를 이용하여 주식의 샤프지수와 트레이너지수를 측정하면 다음 식과 같이 각각 0.08과 0.01이다.

- $S = \dfrac{\overline{r_s} - r_f}{\sigma_s} = \dfrac{0.03 - 0.01}{0.25} = 0.08$

- $T = \dfrac{\overline{r_s} - r_f}{\beta_s} = \dfrac{0.03 - 0.01}{2} = 0.01$

(물음 2) 투자자 갑의 포트폴리오(p) 수익률과 벤치마크 포트폴리오(B) 수익률을 계산하면 다음 식과 같이 각각 2.65%와 1.75%이다.

- $\overline{r_p} = (0.75)(0.03) + (0.15)(0.02) + (0.1)(0.01) = 0.0265$
- $\overline{r_B} = (0.6)(0.02) + (0.3)(0.015) + (0.1)(0.01) = 0.0175$

(물음 3) 자산배분(asset allocation)이란 투자자의 투자금액을 여러 유형의 자산 즉 주식, 채권, 현금성자산 등으로 배분하는 의사결정이며, 자산배분능력이란 포트폴리오를 구성하는 여러 유형의 자산에 대한 투자비율(자산배분)을 어떻게 결정하는지에 따른 투자성과의 차이를 뜻한다. 따라서 투자자 갑의 포트폴리오 초과수익률 중 자산배분능력으로부터 발생하는 기여도는 각 자산의 수익률은 벤치마크 포트폴리오의 수익률로 고정한 다음 투자자 갑의 포트폴리오와 벤치마크 포트폴리오 간의 투자비율(자산배분)의 차이에서 발생하는 두 포트폴리오 수익률 간의 차이로서 추정한다. 이를 계산하면 다음과 같이 0.075%이다.

- $\overline{r_p} = (0.75)(0.02) + (0.15)(0.015) + (0.1)(0.01) = 0.01825$

- $\overline{r_B} = (0.6)(0.02) + (0.3)(0.015) + (0.1)(0.01) = 0.0175$

- 자산배분능력 $= \overline{r_p} - \overline{r_B} = 0.01825 - 0.0175 = 0.00075 \ (0.075\%)$

(물음 4) 종목선정(security selection)은 특정 자산 유형 내에서 개별 투자종목을 선정하는 의사결정이며, 종목선정능력은 포트폴리오를 구성하는 특정 자산 유형 내에서 개별 투자종목을 어떻게 선정하는지에 따른 투자성과의 차이를 의미한다. 따라서 투자자 갑의 포트폴리오 초과수익률 중 종목선정능력으로부터 발생하는 기여도는 각 자산의 투자비율은 투자자 갑의 실제 투자비율로 고정한 다음 투자자 갑의 포트폴리오와 벤치마크 포트폴리오를 구성하는 자산의 수익률 차이에서 발생하는 두 포트폴리오 간의 수익률 차이로서 추정한다. 이를 계산하면 다음과 같이 0.825%이다.

- $\overline{r_p} = (0.75)(0.03) + (0.15)(0.02) + (0.1)(0.01) = 0.0265$

- $\overline{r_B} = (0.75)(0.02) + (0.15)(0.015) + (0.1)(0.01) = 0.01825$

- 종목선정능력 $= \overline{r_p} - \overline{r_m} = 0.0265 - 0.01825 = 0.00825 \ (0.825\%)$

문제 17 (물음 1)~(물음 5)는 각각 독립적인 물음이다.

표준편차와 기대수익률의 공간에 위험자산 $A \sim D$를 표시하면 다음 그림과 같다.
(2019년 문제 3)

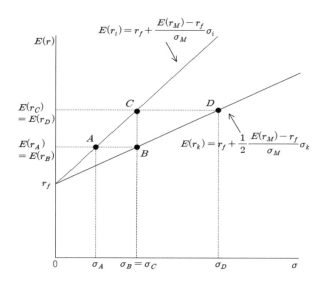

그림에서 r_f와 $E(r_M)$은 각각 무위험이자율과 시장포트폴리오의 기대수익률을 나타내고, σ_M은 시장포트폴리오 수익률의 표준편차를 나타낸다. 또한, $E(r_j)$와 σ_j는 각각 위험자산 $j(j=A,\ B,\ C,\ D)$의 기대수익률과 수익률의 표준편차를 나타낸다. 다음 가정 하에 물음에 답하시오.

⑴ 위험자산 $A \sim D$의 위험프리미엄은 모두 0보다 크다.

⑵ 위험자산 B와 C 수익률 사이의 상관계수는 -1 보다 크고 1 보다 작다.

⑶ 위험자산 C의 위험프리미엄은 위험자산 A의 위험프리미엄의 2배이다.

⑷ CAPM이 성립한다.

(물음 1) 위험자산 A의 위험프리미엄과 수익률의 표준편차(σ_A)는 각각 3%와 6%라고 하자. 효율적 포트폴리오 E의 표준편차가 7%라면, 포트폴리오 E의 기대수익률은 얼마인가? 단, 무위험이자율은 5%이다.

(물음 2) 위험자산 B와 D에 각각 40%와 60%를 투자하여 구성한 포트폴리오의 기대수익률이 시장포트폴리오의 기대수익률과 동일하다고 가정할 때, 다음에 대해 답하시오.

① β_A와 β_C는 각각 얼마인가?

② 위험자산 A와 C를 결합하여 구성한 포트폴리오의 표준편차가 0이기 위한 위험자산 A의 구성비율은 얼마인가?

(물음 3) 위험자산 B와 C를 이용하여 포트폴리오를 구성하고자 한다. 다음에 대해 답하시오.

① 포트폴리오 F는 위험자산 B와 C로 구성한 최소분산 포트폴리오(minimum variance portfolio)이다. 포트폴리오 F를 만들기 위한 위험자산 B의 구성비율은 얼마인가?

② 포트폴리오 F와 동일한 기대수익률을 제공하는 포트폴리오들 가운데 포트폴리오 X의 표준편차가 가장 작다. 시장포트폴리오의 표준편차가 20%이고 포트폴리오 X의 표준편차가 45%라면, β_B는 얼마인가?

(물음 4) 위험자산 P의 분산은 위험자산 B와 시장포트폴리오에 각각 50%씩 투자하여 구성한 포트폴리오의 분산과 같다. 위험자산 P의 분산이 시장포트폴리오 분산의 $\frac{3}{4}$배(즉, $\sigma_P^2 = 0.75\sigma_M^2$)라고 할 때, 다음에 대해 답하시오.

① β_A는 얼마인가?

② 위험자산 B의 위험프리미엄이 6%라면, 시장포트폴리오의 위험프리미엄은 얼마인가?

(물음 5) 자본시장의 불균형이 발생한 경우, CAPM모형과 APT모형에서 시장균형을 회복하는 과정이 서로 차이를 보이는데, 그 차이점이 무엇인지 5줄 이내로 설명하시오.

이 문제는 CAPM 모형에 있어서 CML과 SML의 특성과 CAPM 모형과 APT모형에서 시장균형을 회복하는 과정의 차이점 등에 관해 묻는 문제이다.

(물음 1) 그림에서 위험자산 A는 CML 상에 존재하는 효율적 포트폴리오이다. 위험자산 A의 위험프리미엄과 표준편차를 이용하여 CML의 기울기 (λ)를 다음 식과 같이 계산하면 0.5이다.

- $E(r_A) - r_f = \dfrac{E(r_m) - r_f}{\sigma_m} \times \sigma_A = \lambda \sigma_A \rightarrow 0.03 = \lambda \times 0.06$

$\therefore \ \lambda = \dfrac{E(r_m) - r_f}{\sigma_m} = 0.5$

따라서 효율적 포트폴리오 E의 표준편차가 7%라면, 포트폴리오 E의 기대수익률은 다음과 같이 8.5%이다.

- $E(r_E) = r_f + \lambda \sigma_E = 0.05 + 0.5 \times 0.07 = 0.085 \ (8.5\%)$

(물음 2) 이 문제를 푸는 핵심 원리는 CAPM(SML)에서 두 자산의 기대수익률이 동일하면 베타도 동일하며, 위험자산의 위험프리미엄은 베타와 정비례한다는 것이다. 따라서 위험자산 A와 B의 기대수익률이 동일하므로 A와 B의 베타도 같다. 동일한 논리로 C와 D의 베타도 같아야 한다. 또한 위험자산 C의 위험프리미엄이 A의 위험프리미엄의 2배라고 가정하고 있으므로 이것은 곧 C의 베타가 A의 베타의 2배라는 것을 뜻한다.

① 위험자산 B와 D에 각각 40%와 60%를 투자하여 구성한 포트폴리오 P의 기대수익률이 시장포트폴리오의 기대수익률과 동일하다면 포트폴리오 P의 베타는 시장포트폴리오의 베타와 동일한 1이다.

- $\beta_p = 0.4\beta_B + 0.6\beta_D = 0.4\beta_A + 0.6\beta_C = 1 \ (\because \beta_B = \beta_A, \beta_D = \beta_C)$

그리고 C의 베타가 A의 베타의 2배이므로 이를 위의 식에 대입하여 β_A와 β_C를 구하면 각각 0.625와 1.25이다.

- $\beta_p = 0.4\beta_A + 0.6\beta_C = 0.4\beta_A + 0.6(2\beta_A) = 1.6\beta_A = 1$

  $\rightarrow \beta_A = \dfrac{1}{1.6} = 0.625, \; \beta_C = 2\beta_A = 1.25$

② 이 문제를 푸는 핵심 원리 중의 하나는 위험자산 A와 C, 시장포트폴리오는 셋 모두 CML이라는 직선상에 존재하는 효율적 포트폴리오이므로 이들 상호간의 상관계수는 모두 1이라는 사실이다. 또한 A와 C의 시장포트폴리오와의 상관계수가 모두 1이며, C의 베타가 A의 베타의 2배이므로 C의 표준편차는 다음 식과 같이 A의 표준편차의 2배가 된다.

- $\beta_C = 2\beta_A : \dfrac{\rho_{Cm}\sigma_C}{\sigma_m} = 2 \times \dfrac{\rho_{Am}\sigma_A}{\sigma_m} \rightarrow \sigma_C = 2\sigma_A \; (\because \rho_{Cm} = \rho_{Am} = 1)$

이에 따라 상관계수가 1인 두 위험자산 A와 C를 결합하여 구성한 포트폴리오의 표준편차(σ_p)가 0이기 위한 위험자산 A의 구성비율(w_A)은 다음과 같이 200%이다.

- $\sigma_p = w_A\sigma_A + (1-w_A)\sigma_C = w_A\sigma_A + (1-w_A)(2\sigma_A) = 0$

  $\rightarrow w_A + 2(1-w_A) = 0$

  $\therefore w_A = 2\,(200\%), \; w_C = 1 - w_A = -1\,(-100\%)$

참고로 문제에서 공매도 허용 여부에 대한 언급이 없기 때문에 공매도가 허용된다고 가정한다. 그런데 만약 공매도가 허용되지 않을 경우, 즉 $w_A \geq 0, w_C \geq 0$ 경우에는 위험자산 A와 C 간의 상관계수(ρ_{AC})가 1이므로 위험자산 A와 C를 결합하여 구성한 포트폴리오의 표준편차는 결코 0이 될 수 없다.

(물음 3) 이 문제를 푸는 핵심 원리는 ① 최소분산포트폴리오(MVP)의 구성비율에 대한 공식을 이해하는 것과 ② CAPM이 성립할 경우 기대수익률이 동일하면 베타도 동일하다는 것과 CML 상에 존재하는 효율적인 포트폴리오의 경우 다음 식과 같이 시장포트폴리오에 대한 투자비율(w_m)과 해당 포트폴리오의 베타(β_p)는 동일하다는 것이다. 아래 식에서 β_f는 무위험자산의 베타이다.

$$\bullet\ \beta_p = w_m\beta_m + (1-w_m)\beta_f = w_m\ \ (\because \beta_m = 1,\ \beta_f = 0)$$

① 그림에서 주어진 바와 같이 위험자산 B의 표준편차(σ_B)와 C의 표준편차(σ_C)가 동일하므로 최소분산 포트폴리오 F를 만들기 위한 위험자산 B의 구성비율(w_B^*)은 다음 식과 같이 50%이다.

$$\bullet\ w_B^* = \frac{\sigma_C^2 - \sigma_{BC}}{\sigma_B^2 + \sigma_C^2 - 2\sigma_{BC}} = \frac{\sigma_B^2 - \sigma_{BC}}{\sigma_B^2 + \sigma_B^2 - 2\sigma_{BC}} = \frac{\sigma_B^2 - \sigma_{BC}}{2(\sigma_B^2 - \sigma_{BC})} = \frac{1}{2}$$

② 문제에서 포트폴리오 F와 동일한 기대수익률을 제공하는 포트폴리오들 가운데 포트폴리오 X의 표준편차가 가장 작으므로 포트폴리오 X는 효율적 포트폴리오로 CML 상에 존재한다. 그리고 포트폴리오 X의 표준편차가 45%이므로 다음 식과 같이 포트폴리오 X의 시장포트폴리오에 대한 투자비율(w_m)과 베타(β_X)는 모두 2.25이다.

$$\bullet\ \sigma_X = 0.45 = w_m\sigma_m = w_m(0.2) \rightarrow w_m = \beta_X = \frac{0.45}{0.2} = 2.25$$

그리고 포트폴리오 F와 포트폴리오 X는 기대수익률이 동일하므로 두 포트폴리오의 베타도 같다. 따라서 포트폴리오 F의 베타(β_F)의 값은 포트폴리오 X와 마찬가지로 2.25이다. 한편 그림에서 위험자산 A와 B의 기대수익률이 동일하므로 A와 B의 베타도 동일하며, 위험자산 C의 위험프리미엄이 A의 위험프리미엄의 2배라고 가정하고 있으므로 이것은 곧 C의 베타가 A의 베타의 2배라는 것을 의미한다. 결과적으로 C의 베타는 B의 베타의 2배이다. 이러한 관계를 이용하여 β_B를 구하면 다음과 같이 1.5이다.

- $E(r_F) = E(r_X) \rightarrow \beta_F = \beta_X = 2.25$

- $\beta_A = \beta_B,\ \beta_C = 2\beta_A \rightarrow \beta_C = 2\beta_B$

- $\beta_F = 2.25 = 0.5\beta_B + 0.5\beta_C = 0.5\beta_B + 0.5(2\beta_B) = 1.5\beta_B$

   $\rightarrow \beta_B = \dfrac{2.25}{1.5} = 1.5$

(물음 4) 그림에서 위험자산 A와 B의 기대수익률이 동일하므로 A와 B의 베타도 동일하며 위험자산 B와 C의 표준편차도 동일하다. 또한 위험자산 C의 위험프리미엄은 위험자산 A의 위험프리미엄의 2배라고 가정하고 있으므로 C의 베타는 A 베타의 2배이다.

① 위험자산 P의 분산이 시장포트폴리오 분산의 $\dfrac{3}{4}$배(즉, $\sigma_P^2 = 0.75\sigma_M^2$)라고 하면 다음 관계식이 성립한다. 이를 이용해 β_A를 풀면 다음 식과 같이 0.5이다. 단, 문제에서 위험자산 $A \sim D$의 위험프리미엄은 모두 0보다 크다고 가정하고 있으므로 β_A는 0보다 커야 한다.

- $\sigma_p^2 = (0.5)^2\sigma_B^2 + (0.5)^2\sigma_m^2 + 2(0.5)(0.5)\rho_{Bm}\sigma_B\sigma_m = 0.75\sigma_m^2$

   $\rightarrow \sigma_B^2 + \sigma_m^2 + 2\rho_{Bm}\sigma_B\sigma_m = 3\sigma_m^2$

   $(\dfrac{\sigma_B}{\sigma_m})^2 + 1 + 2(\dfrac{\rho_{Bm}\sigma_B}{\sigma_m}) = 3$

   $(\dfrac{\rho_{Cm}\sigma_C}{\sigma_m})^2 + 1 + 2\beta_B = 3 \quad (\because \rho_{Cm} = 1,\ \sigma_B = \sigma_C)$

   $\beta_C^2 + 1 + 2\beta_A = (2\beta_A)^2 + 1 + 2\beta_A = 3 \quad (\because \beta_C = 2\beta_A,\ \beta_B = \beta_A)$

   $2\beta_A^2 + \beta_A - 1 = 0 \rightarrow (\beta_A + 1)(2\beta_A - 1) = 0$

   $\therefore \beta_A = 0.5 \quad (\because \beta_A > 0)$

② 문제 ①에서 구한 A의 베타(β_A)가 0.5이므로 A와 기대수익률이 동일한 B의 베타(β_B)도 0.5이다. 따라서 위험자산 B의 위험프리미엄이 6%일 경우 시장포트폴리오의 위험프리미엄은 다음 식과 같이 12%이다.

- $\beta_B = \beta_A = 0.5$

- $E(r_B) - r_f = [E(r_m) - r_f]\beta_B = [E(r_m) - r_f] \times 0.5 = 0.06$

    $\rightarrow [E(r_m) - r_f] = \dfrac{0.06}{0.5} = 0.12 \, (12\%)$

(물음 5) CAPM은 효용이론에 이론적 기초를 두고 있는 반면에 APT는 차익거래 논리에 이론적 기반을 두고 있다. 따라서 자본시장의 불균형이 발생할 경우, CAPM에서는 시장의 모든 투자자들이 자신의 위험회피 성향에 따라 개별 포트폴리오의 소규모 조정과정을 통해 시장균형을 회복한다고 가정하고 있다. 이에 반해, APT에서는 기관투자자들과 같은 소수의 시장 영향력이 큰 투자자들이 규모가 크고 잘 분산된 포트폴리오(a large well-diversified portfolio)를 활용한 대규모 차익거래를 통해 시장균형을 회복한다고 가정하고 있다.
(참고로 시장불균형 상태에서 균형상태로 회귀할 때 투자자들의 가격조정활동은 차익거래과정을 통해 이루어진다는 점은 CAPM과 APT 둘 다 동일하다.)

문제 18 (물음 1)∼(물음 4)는 각각 독립적인 물음이다. 지난 5년 동안 시장 포트폴리오의 평균초과수익률은 17%이고, 표준편차는 20%이다. 무위험수익률은 이 기간 동안 4%로 일정하다. (2016년 문제 5)

(물음 1) 지난 5년 동안 주식 A의 초과수익률($R_{A,t} - R_f$)과 시장포트폴리오의 초과수익률($R_{M,t} - R_f$)을 이용하여 다음과 같은 회귀식을 추정하였다.

$$(R_{A,t} - R_f) = \alpha_A + \beta_A (R_{M,t} - R_f) + \epsilon_{A,t}$$

회귀분석의 결과를 이용하여 추정한 주식 A에 대한 성과지표들은 다음과 같다. 단, 정보비율은 '젠센의 알파/잔차의 표준편차'로 계산된다.

샤프지수	트레이너지수	젠센의 알파	정보비율
( )	0.2	2.7%	0.2

⑴ 주식 A의 베타는 얼마인가?

⑵ 주식 A의 샤프지수는 얼마인가?

(물음 2) 다음 문장이 옳은지 그른지 판단하고, 그 이유를 간략하게 설명하라.

> 지난 5년 동안 주식 B와 시장포트폴리오의 상관계수가 1이라면, 주식 B의 샤프지수는 시장포트폴리오의 샤프지수와 동일하다.

(물음 3) 내년의 시장포트폴리오 위험프리미엄과 무위험수익률은 과거 5년 동안의 평균과 같을 것으로 기대된다. 주식 C와 주식 D의 현재 가격에 내재된 기대수익률과 베타는 다음과 같다.

주 식	현재 가격에 내재된 기대수익률	베타
C	20%	1.2
D	18%	0.8

⑴ CAPM모형을 활용하여 주식 C와 주식 D의 과대평가 혹은 과소평가 여부를 판단하라.

⑵ 투자자 갑은 주식 C와 주식 D를 결합하여 포트폴리오 K를 구성하였다. CAPM을 활용하여 평가하였을 때 포트폴리오 K가 적정(공정)하게 평가되어 있다면, 투자자 갑의 주식 C와 주식 D에 대한 투자비율은 각각 얼마인가? <u>계산결과는 %기준으로 반올림하여 소수점 둘째 자리까지 표시하라.</u>

(물음 4) 다음 문장이 옳은지 그른지 판단하고, 그 이유를 설명하라.

> 제로베타 포트폴리오는 비효율적인 포트폴리오이다.

상세 해설 및 정답

이 문제는 포트폴리오 투자성과 지표와 제로베타포트폴리오의 특성에 관해 묻는 문제이다.

(물음 1) 젠슨의 $\alpha_A = 0.027$, $\overline{R}_M - R_f = 0.17$

⑴ 회귀분석의 결과에 의해 추정된 회귀식은 다음과 같다.

- $(\overline{R}_A - R_f) = \alpha_A + \beta_A (\overline{R}_M - R_f) = 0.027 + \beta_A (0.17)$

그리고 주식 A의 트레이너 지수가 0.2이므로 이를 이용하여 위의 회귀식에서 주식 A의 베타를 구하면 다음과 같이 0.9이다.

- $T_A = \dfrac{\overline{R}_A - R_f}{\beta_A} = 0.2 \rightarrow \overline{R}_A - R_f = 0.2\beta_A$

- $(\overline{R}_A - R_f) = 0.2\beta_A = 0.027 + \beta_A(0.17) \rightarrow \beta_A = 0.9$

(2) 주식 A의 정보비율이 0.2이므로 이를 이용하여 주식 A의 잔차의 표준 편차 즉 $\sigma(\epsilon_A)$를 구하면 다음과 같다.

- 정보비율$(A) = \dfrac{\text{젠슨의 } \alpha_A}{\sigma(\epsilon_A)} = \dfrac{0.027}{\sigma(\epsilon_A)} = 0.2 \rightarrow \sigma(\epsilon_A) = 0.135$

분산의 분해식을 이용하여 주식 A의 표준편차를 구하면 다음과 같이 0.225이다.

- $\sigma_A^2 = \beta_A^2 \sigma_M^2 + \sigma^2(\epsilon_A) = (0.9)^2(0.2)^2 + (0.135)^2 = 0.050625$

    $\therefore \sigma_A = \sqrt{0.050625} = 0.225 \ (22.5\%)$

따라서 주식 A의 샤프지수는 다음 식과 같이 0.8이다.

- $S_A = \dfrac{\overline{R}_A - R_f}{\sigma_A} = \dfrac{0.2\beta_A}{\sigma_A} = \dfrac{0.2 \times 0.9}{0.225} = 0.8$

(물음 2) 옳지 않다. 주식 B와 시장포트폴리오의 상관계수가 1이라고 하더라도 주식 B의 젠슨의 알파(α_B)가 유의적으로 0이 아닌 경우에는 다음 식과 같이 주식 B의 샤프지수(S_B)는 시장포트폴리오의 샤프지수 (S_M)와 동일하지 않다.

- $(\overline{R}_B - R_f) = \alpha_B + \beta_B(\overline{R}_M - R_f) = \alpha_B + \dfrac{\rho_{BM}\sigma_B}{\sigma_M}(\overline{R}_M - R_f)$

    $\dfrac{(\overline{R}_B - R_f)}{\sigma_B} = \dfrac{\alpha_B}{\sigma_B} + \dfrac{(\overline{R}_M - R_f)}{\sigma_M} \ \ (\because \rho_{BM} = 1) \rightarrow S_B = \dfrac{\alpha_B}{\sigma_B} + S_M$

    $\therefore S_B \neq S_M \ (\because \alpha_B \neq 0)$

물론 주식 B의 젠슨의 알파가 0인 경우에는 주식 B와 시장포트폴리오의 상관계수가 1이라면 주식 B의 샤프지수는 시장포트폴리오의 샤프지수와 정확히 일치한다.

(물음 3) 내년의 시장포트폴리오 위험프리미엄과 무위험수익률은 과거 5년 동안의 평균과 같을 것으로 기대되므로 증권시장선(SML)은 다음과 같이 정의할 수 있다.

$$SML : E(R_i) = R_f + (E(R_M) - R_f)\beta_i = 0.04 + 0.17\beta_i$$

(1) 이 문제는 CAPM의 가격결정 기능에 관한 문제이다. 문제에 주어진 두 자산 가격의 과대 혹은 과소평가 여부에 대해서는 다음의 원칙을 활용하면 쉽게 답할 수 있다. 즉,

- 기대수익률 > 균형 기대수익률 → 과소평가
- 기대수익률 < 균형 기대수익률 → 과대평가
- 기대수익률 = 균형 기대수익률 → 균형상태

위에서 구한 증권시장선(SML)과 두 자산의 베타를 이용하여 각 자산의 균형 기대수익률을 구하고, 이를 표에 제시된 현재 가격에 내재된 기대수익률과 비교해 두 자산 가격의 과대 혹은 과소평가 여부 여부를 판단하면 다음과 같이 주식 C는 과대평가, 주식 D는 과소평가되어 있다.

- 균형기대수익률 $E(r_C) = 0.04 + 0.17 \times 1.2 = 0.244\,(24.4\%)$
- 균형기대수익률 $E(r_D) = 0.04 + 0.17 \times 0.8 = 0.176\,(17.6\%)$

- 주식 C: 기대수익률 (20%) < 균형 기대수익률 (24.4%) → 과대평가
- 주식 D: 기대수익률 (18%) > 균형 기대수익률 (17.6%) → 과소평가

(2) 이 문제의 핵심은 주식 C와 주식 D의 현재 가격이 각각 과대평가와 과소평가되어 있으므로 이들 두 주식을 적정한 비율로 포트폴리오를

구성할 경우 이들 과대평가와 과소평가가 서로 상쇄되어 포트폴리오가 적정(공정)하게 평가될 수 있다는 점이다. 만약 주식 C에 대한 구성비율 w_C가 적정비율이라고 한다면, 이 구성비율 하에서 두 주식의 균형 기대수익률로 측정한 포트폴리오 K의 기대수익률과 현재 가격에 내재된 실제 기대수익률을 이용하여 측정한 포트폴리오 K의 기대수익률은 서로 일치해야 한다. 먼저 두 주식의 균형 기대수익률로 측정한 포트폴리오 K의 기대수익률과 현재 실제 기대수익률을 이용하여 측정한 포트폴리오 K의 기대수익률을 구하면 각각 다음 식과 같다.

- 균형 기대수익률에 의한 포트폴리오 K의 기대수익률

$$E(R_K) = w_C(0.244) + (1 - w_C)(0.176) = 0.068w_C + 0.176$$

- 실제 기대수익률에 의한 포트폴리오 K의 기대수익률

$$E(R_K) = w_C(0.2) + (1 - w_C)(0.18) = 0.02w_C + 0.18$$

따라서 위의 두 기대수익률을 일치시키는 주식 C와 주식 D의 투자비율을 구하면 다음 식과 같이 각각 8.33%와 91.67%이다.

- $0.068w_C + 0.176 = 0.02w_C + 0.18$

  $\rightarrow w_C = 0.0833\,(8.33\%),\ w_D = 0.9167\,(91.67\%)$

(물음 4) 옳다. 무위험자산이 존재하지 않는다고 가정할 경우, 아래 <그림>에서와 같이, 체계적 위험인 베타는 0이지만 위험자산인 제로베타포트폴리오 Z와 시장포트폴리오 M을 결합하여 새로운 효율적 프론티어 ZM을 만들 수 있다. 이 새로운 효율적 프론티어에서 최소분산포트폴리오 S와 같이 제로베타포트폴리오 Z보다 기대수익률이 높고 표준편차도 작은 더 효율적인 포트폴리오를 구성할 수 있다. 그러므로 제로베타 포트폴리오가 비효율적인 포트폴리오라는 주장은 옳다.

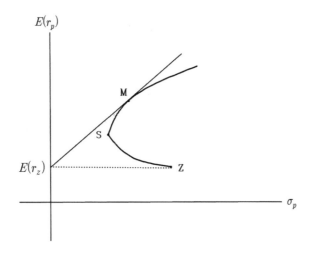

<그림> 제로베타 포트폴리오의 비효율성

문제 19 무위험이자율 대비 ㈜대한 주식 및 ㈜민국 주식의 초과수익률(종속변수 Y)과 시장초과수익률(독립변수 X) 간의 선형회귀분석 결과는 아래와 같다. ㈜대한 주식 및 ㈜민국 주식 수익률의 표준편차는 시장수익률 표준편차의 각각 3배, 2배이다. 분석기간 중 무위험이자율은 일정하다고 가정한다.   (2020년 문제 4)

주식	Y절편	결정계수
㈜대한	0.4%	0.49
㈜민국	0.3%	0.36

(물음 1) ㈜대한 주식과 ㈜민국 주식의 베타계수를 구하시오.

(물음 2) 정보비율(information ratio) 고려 시 성과가 더 우수한 주식이 어느 것인지 풀이 과정을 보여 설명하시오. 단, 정보비율은 '젠센의 알파/잔차의 표준편차'이다.

(물음 3) ㈜대한의 현재 총부채비율(부채/총자산)은 20%이다. ㈜대한의 총부채비율이 30%로 상승하는 경우 ㈜대한 주식의 베타계수를 구하시오. 단, ㈜대한의 법인세율은 20%이다.

(물음 4) ㈜대한 주식과 ㈜민국 주식을 편입한 펀드가 있다. 펀드매니저의 성과를 측정하기 위해 펀드의 다기간수익률을 산출하고자 한다. 다기간수익률 측정방법 중 시간가중수익률법(기하평균수익률)과 금액가중수익률법(내부수익률)에 대해 설명하고 두 수익률 간 차이가 발생하는 이유에 대해 4줄 이내로 기술하시오.

이 문제는 포트폴리오 투자성과와 하마다모형 및 펀드의 다기간수익률 측정 방법에 관해 묻는 문제이다.

(물음 1) ㈜대한 주식 및 ㈜민국 주식의 초과수익률(종속변수 Y)과 시장초과 수익률(독립변수 X) 간의 회귀분석식은 ㈜대한과 ㈜민국 주식의 증권특성선이다. 문제에서 주어진 각 주식 증권특성선의 결정계수(ρ^2)는 시장수익률의 변동이 각 주식의 수익률 변동을 증권특성선에 의해서 얼마나 잘 설명하고 있는지를 나타내는 척도이다. 이러한 결정계수는 각 주식의 수익률과 시장포트폴리오의 수익률 간의 상관계수(ρ)의 제곱이다. 결정계수의 특성과 베타의 정의를 이용하여 ㈜대한 주식과 ㈜민국 주식의 베타계수를 구하면 다음과 같이 각각 ±2.1과 ±1.2이다. 아래 식에서 ρ_{dm}과 ρ_{km}은 각각 ㈜대한과 ㈜민국 주식 수익률과 시장포트폴리오 수익률 간의 상관계수를, β_d와 β_k는 ㈜대한과 ㈜민국 주식의 베타를 각각 의미한다.

- $\beta_d = \dfrac{\rho_{dm}\sigma_d}{\sigma_m} = (\pm \sqrt{0.49}\,)\dfrac{\sigma_d}{\sigma_m} = (\pm 0.7)(3) = \pm 2.1$

- $\beta_k = \dfrac{\rho_{km}\sigma_d}{\sigma_m} = (\pm \sqrt{0.36}\,)\dfrac{\sigma_k}{\sigma_m} = (\pm 0.6)(2) = \pm 1.2$

위의 식에서 ㈜대한 주식과 ㈜민국 주식의 베타계수를 추정한 결과 각각 ±2.1과 ±1.2로 나타났다. 이 문제에서 출제자가 특별히 베타가 양(+)이어야 한다는 조건을 제시하지 않았기 때문에 양과 음의 베타가 모두 수학적으로 가능하다.

(물음 2) 먼저 ㈜대한과 ㈜민국 주식의 잔차의 표준편차($\sigma(\epsilon)$)를 분산의 분해를 이용하여 다음과 같이 각각 추정한다.

- $\sigma^2(\epsilon_d) = \sigma_d^2 - \beta_d^2\sigma_m^2 = \sigma_d^2 - (2.1)^2\sigma_m^2 = (3\sigma_m)^2 - (2.1)^2\sigma_m^2$

    $\rightarrow \sigma(\epsilon_d) = \sigma_m \sqrt{(9 - 2.1^2)} = 2.1424\sigma_m$

- $\sigma^2(\epsilon_k) = \sigma_k^2 - \beta_k^2\sigma_m^2 = \sigma_k^2 - (1.2)^2\sigma_m^2 = (2\sigma_m)^2 - (1.2)^2\sigma_m^2$

  $\rightarrow \sigma(\epsilon_k) = \sigma_m\sqrt{(4-1.2^2)} = 1.6\sigma_m$

위에서 추정한 ㈜대한 주식과 ㈜민국 주식의 잔차의 표준편차와 각 주식의 젠센의 알파를 의미하는 회귀분석식의 Y절편을 이용하여 정보비율을 계산하면 다음과 같이 각각 $0.001867/\sigma_m$ 과 $0.001875/\sigma_m$ 이다. 따라서 정보비율 고려 시 정보비율이 상대적으로 더 큰 ㈜민국 주식의 성과가 더 우수하다.

- 정보비율$(d) = \dfrac{\text{젠슨의 } \alpha_d}{\sigma(\epsilon_d)} = \dfrac{0.004}{2.1424\sigma_m} = \dfrac{0.001867}{\sigma_m}$

- 정보비율$(k) = \dfrac{\text{젠슨의 } \alpha_k}{\sigma(\epsilon_k)} = \dfrac{0.003}{1.6\sigma_m} = \dfrac{0.001875}{\sigma_m}$

(물음 3) 하마다모형을 이용하여 무부채기업의 베타(β_U)를 먼저 추정하면 다음과 같이 1.75이다(베타가 양(+)일 경우만을 가정한다).

- $\dfrac{B_d}{V_d} = 0.2 = \dfrac{1}{5} \rightarrow B_d : S_d : V_d = 1 : 4 : 5 \rightarrow \dfrac{B_d}{S_d} = \dfrac{1}{4} = 0.25$

- $\beta_d = 2.1 = \beta_U[1 + (1-T_C)\dfrac{B_d}{S_d}] = \beta_U[1 + (1-0.2)(0.25)]$

  $\rightarrow \beta_U = 1.75$

㈜대한의 총부채비율이 30%로 상승하는 경우 하마다모형을 이용하여 ㈜대한 주식의 베타계수(β_d)를 구하면 다음과 같이 2.35이다.

- $\dfrac{B_d}{V_d} = 0.3 = \dfrac{3}{10} \rightarrow B_d : S_d : V_d = 3 : 7 : 10 \rightarrow \dfrac{B_d}{S_d} = \dfrac{3}{7}$

- $\beta_d = \beta_U[1 + (1-T_C)\dfrac{B_d}{S_d}] = (1.75)[1 + (1-0.2)\dfrac{3}{7}] = 2.35$

(물음 4) 펀드매니저의 성과를 측정하는 다기간수익률 측정방법에는 크게 시간가중수익률법과 금액가중수익률법으로 구분할 수 있다. 먼저 시간가중수익률법(TWRR: time weighted rate of return)은 펀드매니저가 통제할 수 없는 요소인 펀드의 현금흐름 유출입이 펀드의 투자성과에 미치는 영향을 제거하기 위해 총 투자기간을 여러 개의 단위기간으로 구분한 후에 다음 식과 같이 각 기간별 수익률(r_t)을 기하평균(the geometric mean)한 수익률이다.

- $TWRR = \sqrt[n]{(1+r_1)(1+r_2)\cdots(1+r_n)} - 1$

이에 반해 금액가중수익률법(MWRR: money weighted rate of return)은 투자자가 투자한 금액에 대한 내부수익률(IRR)로 다음 식과 같이 모든 현금유출입의 현재가치의 합을 0으로 만드는 할인율을 의미한다. 아래 식에서 AUT_0는 최초 투자금액을, NCF_t는 평가 기간(t) 중의 순투자액을, AUT_T는 평가기간 말(T)의 펀드 평가액을 각각 의미한다.

- $0 = -AUT_0 - \sum_{t=1}^{T} \dfrac{NCF_t}{(1+MWRR)^t} + \dfrac{AUT_T}{(1+MWRR)^T}$

시간가중수익률과 금액가중수익률 간에 차이가 발행하는 이유는 시간가중수익률은 펀드매니저가 통제할 수 없는 요소인 펀드의 현금흐름 유출입이 펀드의 투자성과에 미치는 영향을 제거한 수익률인데 반해 금액가중수익률은 투자자가 투자한 금액에 대한 내부수익률(IRR)로 펀드의 현금흐름 유출입의 규모와 타이밍에 의해 민감한 영향을 받기 때문이다.

참고로 다기간수익률 측정방법인 시간가중수익률법(기하평균수익률)과 금액가중수익률법(내부수익률)의 특성과 이들 간의 차이점에 대한 상세한 설명 및 숫자 예는 아래 <Solution Note>를 참고하기 바란다.

※ Solution Note: 시간가중수익률과 금액가중수익률

펀드매니저의 과거 성과를 측정할 때, 단일 기간의 투자성과를 추정하는 방법과 다기간 투자성과를 추정하는 방법으로 구분할 수 있다. 그리고 다기간 투자성과 측정방법에는 다시 시간가중수익률법(기하평균수익률)과 금액가중수익률법(내부수익률)으로 구분한다. 먼저 시간가중수익률(TWRR: time weighted rate of return)은 펀드매니저가 통제할 수 없는 요소인 펀드의 현금흐름 유출입이 펀드의 투자성과에 미치는 영향을 제거한 수익률 측정치로, 총 투자기간을 여러 개의 단위 기간으로 구분한 후에 다음 식과 같이 각 기간별 수익률(r_t)을 기하평균(the geometric mean)한 수익률이다. 아래 식에서 r_t는 평가기간 t의 기간수익률을, AUT_t는 t기간 말의 펀드 자산평가액(assets under management)을 각각 의미한다.

- $r_t = \dfrac{AUT_t}{AUT_{t-1}} - 1$

- $TWRR = \sqrt[n]{(1+r_1)(1+r_2)\cdots(1+r_n)} - 1$

다음 표는 2019년부터 2021년까지 과거 3년간 펀드 현금유출입과 평가 손익 및 시점별 평가액, 기간수익률 등을 나타낸 것이다. 이 사례를 활용하여 실제로 시간가중수익률을 계산해 보자. 표에서 제시한 바와 같이 과거 3년간 연단위로 기간수익률을 계산했으며 이것을 기하평균하는 방법으로 시간가중수익률(기하평균수익률)을 계산하면 다음과 같이 2.98%이다.

	입금	출금	손익	평가액	기간수익률	순현금흐름
01/01/2019	100	0	0	100		−100
12/31/2019	0	0	20	120	20%	
01/01/2020	200	0	0	320		−200
12/31/2020	0	0	−40	280	−12.5%	
01/01/2021	120	0	0	400		−120
12/31/2021	0	0	16	416	4%	+416

$$\bullet\ TWRR = \sqrt[3]{(1+r_1)(1+r_2)(1+r_3)} - 1$$

$$= \sqrt[3]{(1+0.2)(1-0.125)(1+0.04)} - 1 = 0.0298\ (2.98\%)$$

투자자가 입금한 투자원금은 총 420만원이지만 펀드 투자기간 말의 평가액은 416만원에 불과해 투자자는 이 펀드 투자로 실제로 4만원의 투자 손실을 보았지만 시간가중수익률법(기하평균수익률)에 의해 수익률을 계산하면 3년간 평균 2.98%로 양의 수익률을 실현한 것으로 추정한다. 이처럼 시간가중수익률은 펀드매니저가 통제할 수 없는 요소인 현금흐름 유출입의 타이밍과 규모가 펀드의 투자성과에 미치는 영향을 제거하기 위해 기간별 수익률을 기하평균한 수익률 측정치이다. 이러한 특성으로 인해 시간가중수익률을 일명 "펀드매니저의 수익률"이라고 부르기도 한다.

이에 반해 금액가중수익률(MWRR: money weighted rate of return)은 투자자가 투자한 금액에 대한 내부수익률(IRR)로 다음 식과 같이 모든 현금유출입의 현재가치의 합을 0으로 만드는 할인율을 의미한다. 아래 식에서 AUT_0는 최초 투자금액을, NCF_t는 평가 기간 중의 순투자액을, AUT_T는 평가기간 말의 펀드 평가액을 각각 의미한다.

$$\bullet\ 0 = -AUT_0 - \sum_{t=1}^{T} \frac{NCF_t}{(1+MWRR)^t} + \frac{AUT_T}{(1+MWRR)^T}$$

위에서 제시한 사례를 활용하여 이번에는 금액가중수익률(MWRR)을 계산해 보자. 금액가중수익률은 투자자가 투자한 금액에 대한 내부수익률(IRR)이므로 금액가중수익률은 다음 식을 만족해야 한다.

$$\bullet\ 0 = -AUT_0 - \sum_{t=1}^{T} \frac{NCF_t}{(1+MWRR)^t} + \frac{AUT_T}{(1+MWRR)^T}$$

$$= -100 - \frac{200}{(1+MWRR)^1} - \frac{120}{(1+MWRR)^2} + \frac{416}{(1+MWRR)^3}$$

$$\rightarrow MWRR = -0.0049\ (-0.49\%)$$

위의 모형식을 만족시키는 금액가중수익률(MWRR)은 엑셀의 IRR 혹은 XIRR 함수를 이용하면 어렵지 않게 계산할 수 있다. 엑셀의 IRR을 이용하여 추정한 결과 과거 3년간 연평균 투자수익률인 금액가중수익률(MWRR)은 -0.49%로 나타났다. 앞서 추정한 시간가중수익률과는 달리 금액가중수익률은 음의 수익률이므로 이것은 펀드 투자로 손실을 본 투자자의 입장에서는 시간가중수익률보다는 합리적인 수익률 측정치로 볼 수 있다. 이러한 이유로 금액가중수익률은 "투자자 수익률"이라고 불리기도 한다.

시간가중수익률과 금액가중수익률 간에 차이가 발행하는 이유는 시간가중수익률은 펀드의 현금흐름 유출입의 규모와 타이밍에 의한 영향을 배제하기 위해 단위기간별로 기간수익률을 계산하여 이들 기간수익률의 기하평균한 수익률인데 반해 금액가중수익률은 펀드의 현금흐름 유출입의 규모와 타이밍에 의해 민감한 반응을 보일 수밖에 없는 펀드 투자금액의 내부수익률이기 때문이다.

문제 20 다음은 특정한 기간 동안 주식 A와 주식 B의 초과수익률을 시장포트폴리오의 초과수익률에 대해 회귀분석한 결과이다. 이 기간 동안의 무위험이자율(R_f)은 6%로 일정하며, 시장포트폴리오 수익률(R_M)의 평균과 표준편차는 각각 14%와 15%이다. 아래 표의 결과를 이용하여 주식 A와 주식 B의 운용성과를 측정하고자 한다. 단, 각 주식의 초과수익률은 각 주식의 수익률에서 무위험이자율을 차감한 것이고, 시장포트폴리오의 초과수익률과 잔차(e_i)의 공분산($Cov(R_M - R_f, e_i)$)은 0이다. (2013년 문제 2)

	주식 A		주식 B	
	계수	표준오차	계수	표준오차
상수	2%	0.0086	4%	0.0163
시장포트폴리오 초과수익률	1.3	0.5078	0.6	0.1869
R^2	0.782		0.181	
잔차 표준편차 $\sigma(e_i)$	10.30%		19.10%	

(물음 1) 주어진 자료를 이용하여 다음 물음에 답하라.

① 주식 A와 주식 B에 대하여 평균 초과수익률과 표준편차를 각각 계산하라. 계산결과는 %로 표기하되 반올림하여 소수점 둘째 자리까지 표기하라.

② 주식 A, 주식 B 그리고 시장포트폴리오에 대하여 샤프지수와 트레이너지수를 각각 계산하라. 샤프지수와 트레이너지수는 반올림하여 소수점 넷째 자리까지 표기하라.

(물음 2) (물음 1)에서 계산된 주식 A와 시장포트폴리오의 성과를 비교하기 위해, 주식 A와 무위험자산이 결합된 새로운 포트폴리오 X를 구성하고자 한다. 이 포트폴리오 X의 표준편차를 시장포트폴리오의 표준편차와 일치시키고자 할 때, 포트폴리오 X를 구성하는데 필요한 주식 A의 투자비율은 얼마인가? 이렇게 구성한 포트폴리오 X의 수익률과 시장포트폴리오 수익률

의 차이는 얼마인가? 계산결과는 %단위로 표시하되 반올림하여 소수점 둘째 자리까지 표기하라.

(물음 3) 주식 A와 주식 B 중 하나를 잘 분산된 포트폴리오에 포함시키고자 한다. (물음 1)의 결과를 이용하여 어느 주식을 포함시키는 것이 더 유리한지 판단하라. 또한 그 이유에 대해 3줄 이내로 서술하라.

(물음 4) (물음 1)~(물음 3)의 결과와는 관계없이, 아래의 식을 이용하여 개별 주식의 평균 초과수익률을 개별 주식의 베타와 비체계적 위험에 대해 회귀분석 하고자 한다. 이 때 개별 주식의 베타와 비체계적 위험은 증권특성선을 이용하여 계산하였다. CAPM이 성립한다면, 아래 회귀분석에서 ψ_1과 ψ_2는 각각 어떤 값을 가져야 하는가? 그 이유를 3줄 이내로 설명하라.

$$\overline{R_i} - \overline{R_f} = \psi_1 \beta_i + \psi_2 \sigma^2(e_i) + \epsilon_i$$

여기서, $\overline{R_i} - \overline{R_f}$는 주식 i의 평균 초과수익률

β_i는 주식 i의 베타

$\sigma^2(e_i)$는 주식 i의 비체계적 위험인 잔차분산

상세 해설 및 정답

이 문제는 개별 주식의 증권특성선을 이용한 투자성과 측정과 CAPM의 특성에 관해 묻는 문제이다.

(물음 1) $R_f = 0.06$, $\overline{R_M} = 0.14$, $\sigma_M = 0.15$, $\sigma(e_A) = 0.1030$, $\sigma(e_B) = 0.1910$

① 주식 A와 주식 B의 평균 초과수익률과 표준편차

- $(\overline{R_A} - R_f) = \alpha_A + \beta_A(\overline{R_M} - R_f) = 0.02 + (1.3)(0.14 - 0.06) = 0.124$ (12.4%)
- $\sigma_A^2 = \beta_A^2 \sigma_M^2 + \sigma^2(e_A) = (1.3)^2(0.15)^2 + (0.1030)^2 = 0.048634$

  $\rightarrow \sigma_A = \sqrt{0.048634} = 0.2205$ (22.05%)

- $(\overline{R}_B - R_f) = \alpha_B + \beta_B(\overline{R}_M - R_f) = 0.04 + (0.6)(0.14 - 0.06) = 0.088 \ (8.8\%)$
- $\sigma_B^2 = \beta_B^2 \sigma_M^2 + \sigma^2(e_B) = (0.6)^2(0.15)^2 + (0.1910)^2 = 0.044581$

  $\rightarrow \sigma_B = \sqrt{0.044581} = 0.2111 \ (21.11\%)$

계산 결과를 정리하면, 주식 A의 평균 초과수익률과 표준편차는 각각 12.4%와 22.05%이며, 주식 B의 평균 초과수익률과 표준편차는 각각 8.8%와 21.11%이다.

② 주식 A, B 및 시장포트폴리오의 샤프지수와 트레이너지수

- 샤프지수 : $S_A = \dfrac{\overline{R}_A - R_f}{\sigma_A} = \dfrac{0.124}{0.2205} = 0.5624$

  $S_B = \dfrac{\overline{R}_B - R_f}{\sigma_B} = \dfrac{0.088}{0.2111} = 0.4169$

  $S_M = \dfrac{\overline{R}_M - R_f}{\sigma_M} = \dfrac{0.08}{0.15} = 0.5333$

- 트레이너지수 : $T_A = \dfrac{\overline{R}_A - R_f}{\beta_A} = \dfrac{0.124}{1.3} = 0.0954$

  $T_B = \dfrac{\overline{R}_B - R_f}{\beta_B} = \dfrac{0.088}{0.6} = 0.1467$

  $T_M = \dfrac{\overline{R}_M - R_f}{\beta_M} = \dfrac{0.08}{1} = 0.0800$

(물음 2) 포트폴리오 X와 시장포트폴리오의 표준편차와 일치시키는 포트폴리오 X 에서의 주식 A의 투자비율은 다음 식과 같이 68.03%이다.

- $\sigma_X = w_A \sigma_A = \sigma_M \rightarrow w_A \times 0.2205 = 0.15$

  $\therefore w_A = 0.6803 \ (68.03\%)$

포트폴리오 X의 수익률과 시장포트폴리오 수익률의 차이는 다음 식과 같

이 0.44%이다. 단 (물음 1)의 ①에서 주식 A의 평균 초과수익률이 0.124이었으므로 주식 A의 평균수익률($\overline{R}_A$)은 0.184이다.

$$
\begin{aligned}
\bullet\ (\overline{R}_X - \overline{R}_M) &= [w_A \overline{R}_A + (1 - w_A)R_f] - \overline{R}_M \\
&= [(0.6803)(0.184) + (1 - 0.6803)(0.06)] - 0.14 \\
&= 0.0044\ (0.44\%)
\end{aligned}
$$

(물음 3) 트레이너지수가 더 높은 주식 B를 선택하는 것이 유리하다. 왜냐하면 잘 분산된 포트폴리오에서는 비체계적 위험이 모두 제거되고 고려해야 할 위험은 체계적 위험이므로 추가적인 주식을 선택할 때 기준은 위험 프리미엄을 체계적 위험(베타)으로 나눈 트레이너지수가 더 적합하기 때문이다.

(물음 4) ψ_1과 ψ_2는 각각 0.08과 0이다. 증권시장선(SML)에 의하면 ψ_1은 체계적 위험인 β 단위당 위험보상률로 시장위험프리미엄($\overline{R}_M - R_f$)이므로 0.08이다. 그리고 비체계적 위험은 단순히 포트폴리오를 구성하는 자산 수를 늘림으로써 제거할 수 있는 위험으로 자본시장에서는 이를 보상해 줄 필요가 없으므로 ψ_2는 0이어야 한다.

문제 21 ※ (물음 1)~(물음 3)은 각각 독립적이다. (2018년 문제 5)

(물음 1) ㈜대한은 자산규모가 동일한 ㈜민국의 주식 전부를 현재 시장가격을 적용한 주식교환방식으로 흡수합병하는 것을 검토하고 있다. 무위험 이자율은 5%이고, 두 기업과 시장포트폴리오의 기대수익률, 표준편차, 시장과의 상관계수는 아래의 표와 같다.

	기대수익률	표준편차	시장과의 상관계수
㈜대한	0.13	0.4	0.4
㈜민국	0.10	0.2	0.4
시장포트폴리오	0.10	0.1	

① 시장모형을 이용하여 합병 후 ㈜대한의 기대수익률과 표준편차를 계산하시오. <u>%단위로, 소수점 아래 셋째 자리에서 반올림하여 둘째 자리까지 표시하시오.</u>

② CAPM이 성립하고, 합병 후 사업구조의 변경이 없다고 가정하자. 외부컨설턴트가 ㈜대한의 주주에게 흡수합병을 추진하는 것이 타당하다고 조언할 수 있겠는가? 그 이유를 간단히 쓰시오.

③ 합병 후 사업구조의 변경을 통해 ㈜대한의 주가가 추가로 상승하기 위해서는 합병기업과 시장포트폴리오와의 상관계수가 어떠한 범위에 있어야 하는가? 단, CAPM이 성립하고, 사업구조의 변경에도 불구하고 합병기업의 현금흐름은 일정하다고 가정한다. <u>소수점 아래 셋째 자리에서 반올림하여 둘째 자리까지 표시하시오.</u>

(물음 2) A씨의 효용함수가 $U(W) = \sqrt{W}$라고 가정하고 아래의 질문에 답하시오. 현재 10,000달러를 보유하고 있는 A씨는 5,000달러로 주택을 구입하고, 나머지를 연 10% 수익률을 주는 무위험자산에 투자할 계획이다. 주택에 화재가 날 확률은 1%이고, 그 경우 주택가치는 0이 된다. 화재가 일어나지 않으면 연말의 주택가치는 여전히 5,000달러이다.

① 만일 어떤 보험회사가 화재발생시 주택가치 전액을 보장해주는 보험 상품을 제시할 경우, A씨가 지급할 의향이 있는 최대의 보험료료는 얼마인가? 소수점 아래 셋째 자리에서 반올림하여 둘째 자리까지 표시하시오.

② A씨는 효용함수가 $U(W) = \ln W$ 인 투자자에 비해 더 위험회피적인지 또는 덜 위험회피적인지 답하고, 그 이유를 간단히 쓰시오. 아래 주어진 로그함수와 지수함수의 예시 표를 이용하시오.

X	$\ln X$	X	e^X
1,500	7.313	9.2510	10,414.98
2,500	7.824	9.2515	10,420.18
3,500	8.161	9.2520	10,425.40
4,500	8.412	9.2525	10,430.61
5,500	8.613	9.2530	10,435.83
6,500	8.780	9.2535	10,441.05
7,500	8.923	9.2540	10,446.27
8,500	9.048	9.2545	10,451.49
9,500	9.159	9.2550	10,456.72
10,500	9.259	9.2555	10,461.95

(물음 3) 다음은 CAPM이 실제 주식시장에서 성립하는가를 검정한 실증연구 방법에 대한 설명이다. 먼저, 1단계로 모든 개별기업별로 초과수익률과 동일기간의 종합주가지수 초과수익률을 이용한 시계열 회귀분석으로 시장모형($R_{i,t} = \alpha_i + \beta_i R_{m,t} + e_{i,t}$)을 추정하여 기업 i의 베타를 도출한다. 2단계로, 1단계에서 도출한 $\hat{\beta}_i$, $\widehat{\sigma_{e_i}^2}$와 각 개별기업의 평균 초과수익률($\overline{R_i}$)을 이용해 아래와 같은 횡단면 회귀분석을 실시한다. 수익률은 소문자 r로, 초과수익률은 대문자 R로 표시하였다. $\widehat{\sigma_{e_i}^2}$은 1단계 회귀분석의 잔차항의 분산이다.

$$\overline{R_i} = \gamma_0 + \gamma_1 \hat{\beta_i} + \gamma_2 \widehat{\sigma^2_{e_i}} + \epsilon_i$$

① 연구자들이 지난 10년간의 자료를 이용해 추정한 결과가 아래와 같다. 10년간의 평균 시장초과수익률($\overline{R_m}$)은 16.5%였다. 아래의 결과를 토대로 판단할 때, 이 시장에서 CAPM이 성립한다고 할 수 있는가? 그 이유를 간단히 설명하시오.

	γ_0	γ_1	γ_2
추정치	0.127	0.042	0.310
표준오차	0.006	0.006	0.026

② 위 검정방법이 몇 가지 문제점을 갖고 있기 때문에 위의 결과만으로는 CAPM 성립 여부를 판단하기 어렵다. 이 검정방법이 갖고 있는 문제점 3가지를 5줄 이내로 쓰시오.

상세 해설 및 정답

이 문제는 균형기대수익률과 합병, 투자자의 효용함수가 주어졌을 때 확실성등가부(CEW: certainty equivalent wealth)와 위험프리미엄의 추정 및 CAPM의 검정 등에 관한 문제이다.

(물음 1)

① 먼저 ㈜대한(A기업)이 자산규모가 동일한 ㈜민국(B기업)을 흡수합병 후 합병기업인 ㈜대한(C기업)의 기대수익률을 계산하면 다음 식과 같이 11.5%이다.

- $E(r_C) = w_A E(r_A) + w_B E(r_B)$

    $= (0.5)(0.13) + (0.5)(0.1) = 0.115\,(11.5\%)$

그리고 시장모형이 성립할 경우 ㈜대한(A기업)과 ㈜민국(B기업)의 수익률 간의 공분산(σ_{AB})은 $\beta_A \beta_B \sigma^2_m$으로 계산할 수 있다는 원리를 이용하여 합병기업(C기업)의 표준편차를 계산하면 다음과 같이 23.75%이다.

- $\beta_A = \dfrac{\rho_{Am}\sigma_A\sigma_m}{\sigma_m^2} = \dfrac{\rho_{Am}\sigma_A}{\sigma_m} = \dfrac{(0.4)(0.4)}{0.1} = 1.6$

  $\beta_B = \dfrac{\rho_{Bm}\sigma_B}{\sigma_m} = \dfrac{(0.4)(0.2)}{0.1} = 0.8$

- $\sigma_{AB} = \beta_A\beta_B\sigma_m^2 = (1.6)(0.8)(0.1)^2 = 0.0128$

- $\sigma_C^2 = w_A^2\sigma_A^2 + w_B^2\sigma_B^2 + 2w_Aw_B\sigma_{AB}$

  $= (0.5)^2(0.4)^2 + (0.5)^2(0.2)^2 + 2(0.5)(0.5)(0.128)$

  $= 0.0564$

  $\rightarrow \sigma_C = \sqrt{0.0564} = 0.2375\ (23.75\%)$

② CAPM이 성립할 경우 합병 후 합병기업(C기업)의 베타와 균형기대수익률은 다음 식과 같이 각각 1.2와 11%이다.

- $\beta_C = w_A\beta_A + w_B\beta_B = (0.5)(1.6) + (0.5)(0.8) = 1.2$
- $E(r_C) = r_f + [E(r_m) - r_f]\beta_C$

  $= 0.05 + (0.1 - 0.05)(1.2) = 0.11\ (11\%)$

이에 반해, ㈜대한(A기업)과 ㈜민국(B기업)의 현재 시장가격을 기초로 앞의 물음 ①에서 추정한 합병기업(C기업)의 실제 기대수익률은 11.5%로 위에서 구한 균형기대수익률 11%보다 크다. 이것은 곧 현재 시장가격에 의해 추정한 합병기업(C기업)의 주가는 과소평가되어 있음을 의미한다. 따라서 합병 이후 합병기업의 주가가 상승할 것이므로 외부컨설턴트는 ㈜대한의 주주에게 흡수합병을 추진하는 것이 타당하다고 조언할 수 있다.

③ 합병 후 사업구조를 변경하더라도 합병기업의 현금흐름은 일정하다고 가정하고 있으므로 합병 후 사업구조의 변경을 통해 ㈜대한(C

기업)의 주가가 추가로 상승하기 위해서는 자기자본의 자본비용 즉 주주의 요구수익률이 하락해야 한다. 이를 위해 사업구조의 변경 후 합병기업(C기업)의 베타(β_C')를 사업구조 변경 이전의 베타값 1.2 보다 낮춰야 한다. 따라서 합병기업(C기업)과 시장포트폴리오와의 상관계수는 다음 관계식을 만족해야 하며, 이때 이들 간의 상관계수는 아래와 같이 0.51보다 작아야 한다.

- $\beta_C' = \dfrac{\rho_{Cm}\sigma_C}{\sigma_m} = \dfrac{\rho_{Cm}(0.2375)}{0.1} < 1.2 \rightarrow \rho_{Cm} < 0.51$

(물음 2)

① 이 문제에서 보험가입자가 지불할 수 있는 최대의 보험료는 위험프리미엄으로 화재보험상품에 가입했을 때의 기대 부에서 보험상품에 가입하지 않았을 때의 확실성등가부를 차감한 값이다. 또한 보험에 가입하지 않았을 때의 확실성등가부의 효용은 정의에 의해 보험에 가입하지 않았을 때의 투자자의 부의 기대효용과 정확히 일치해야 한다. 이에 따라 먼저 보험상품에 가입하지 않았을 때의 확실성등가부는 다음과 같이 추정할 수 있다.

- $E[U(W)] = 0.99\sqrt{5{,}000 + 5{,}000(1+0.1)} + 0.01\sqrt{5{,}000(1+0.1)}$

  $= 0.99\sqrt{10{,}500} + 0.01\sqrt{5{,}500} = 102.1864$

- $U(CEW) = E[U(W)] = 102.1864$

  $\sqrt{CEW} = 102.1864 \rightarrow CEW = (102.1864)^2 = 10{,}442.06$

투자자가 보험에 가입할 경우 화재발생 여부에 관계없이 주택가치는 5,000달러를 유지할 수 있으므로 이 때 기대 부는 다음과 같이 10,500달러이다.

- $E(W) = 1.0 \times [5{,}000 + 5{,}000(1+0.1)] = 10{,}500$

그러므로 위험프리미엄, 즉 투자자가 보험에 가입하지 않았을 경우 예상되는 불확실성을 제거하기 위해 최대로 지불할 수 있는 보험료는 기대 부에서 확실성등가부를 차감한 값이며 다음 식과 같이 57.94달러로 추정된다.

- 최대 보험료 $= E(W) - CEW$

$$= 10,500 - 10,442.06 = 57.94 \text{ (달러)}$$

② A씨의 효용함수는 제곱근 함수인데 반해 효용함수가 자연로그함수
인 투자자 B씨를 가정한다. A씨가 B씨에 비해 더 위험회피적인지
또는 덜 위험회피적인지를 확인하기 위해서는 두 투자자의 최대 보험
료를 비교해야 한다. 이를 위해, 먼저 투자자 B씨의 확실성등가부를
앞의 물음 ①과 동일한 논리로 다음과 같이 계산한다.

- $E[U(W)] = 0.99 \times \ln(10,500) + 0.01 \times \ln(5,500)$

$$= 0.99 \times 9.259 + 0.01 \times 8.613 = 9.2525$$

- $U(CEW) = E[U(W)] = 9.2525$

$$\ln CEW = 9.2525 \rightarrow CEW = e^{9.2525} = 10,430.61$$

따라서 투자자 B씨가 보험에 가입하지 않았을 경우 예상되는 불확실성
을 제거하기 위해 최대로 지불할 수 있는 보험료는 다음과 같이 69.39
달러로 추정할 수 있다.

- 최대 보험료 $= E(W) - CEW$

$$= 10,500 - 10,430.61 = 69.39 \text{ (달러)}$$

따라서 투자자 A씨의 최대 보험료(57.94달러)가 자연로그 효용함수를
가진 새로운 투자자 B씨의 최대 보험료(69.39달러)보다 더 작으므로
투자자 A씨는 투자자 B씨에 비해 <u>덜 위험회피적</u>이라고 할 수 있다.

(물음 3)

① CAPM이 성립한다고 볼 수 없다. CAPM이 성립한다면 $\gamma_0 = 0$,
$\gamma_1 = \overline{R_m} = 0.165$, $\gamma_2 = 0$가 모두 만족되어야 한다. 그러나 아래 표에 제시
된 횡단면 회귀분석 결과에 의하면, γ_0는 0.127로 t값이 21.17로서 매
우 유의적이며 이는 γ_0가 0보다 크다고 볼 수 있다. 또한 γ_2도 0.310으

로 t값이 11.92로서 매우 유의적이며 이는 γ_2도 0보다 크다고 볼 수 있다. 그리고 γ_1은 t값이 7.00으로 매우 유의적이기는 하나 0.042로서 평균 시장초과수익률($\overline{R_m}$)인 0.165보다 훨씬 작은 것으로 나타났다. 그러므로 이러한 추정 결과는 $\gamma_0 = 0$, $\gamma_1 = \overline{R_m} = 0.165$, $\gamma_2 = 0$이라는 가설이 기각되었음을 의미하므로 CAPM이 성립한다고 볼 수 없다.

	γ_0	γ_1	γ_2
추정치	0.127	0.042	0.310
표준오차	0.006	0.006	0.026
t값	21.17	7.00	11.92

② 위 검정방법이 갖고 있는 문제점 3가지를 제시하면 다음과 같다.

⑴ 1단계 시장모형을 추정할 시에 시장포트폴리오의 대용치로서 종합주가지수를 사용하고 있으나 이것은 진정한 의미의 시장포트폴리오 즉 주식, 위험채권, 부동산, 귀금속, 예술품 등 시장에서 거래되는 모든 위험자산을 포함하는 시장포트폴리오가 아니다. 현실적으로 이러한 진정한 의미의 시장포트폴리오는 존재하지 않으므로 대용치로서 종합주가지수를 사용하여 CAPM을 실증 분석하는 데에는 한계가 있다(Roll's critique).

⑵ 1단계에서 개별기업의 $\hat{\beta_i}$를 추정할 때 사용한 종합주가지수가 진정한 의미의 시장포트폴리오가 아니기 때문에 이러한 측정오차 (measurement error)로 인해 개별기업의 추정 $\hat{\beta_i}$도 진정한 β_i (true beta)와는 차이가 있을 수 있다.

⑶ 개별기업의 추정 $\hat{\beta_i}$가 갖는 측정오차를 피하기 위해 개별기업의 추정 $\hat{\beta_i}$를 크기순으로 나열하여 10개 혹은 20개의 포트폴리오를 구성하고 이 포트폴리오의 베타($\hat{\beta_p}$)와 평균 초과수익률($\overline{R_p}$)을 이용해 2단계 횡단면 회귀분석을 실시해야 한다. 그러나 문제에서는 1단계에서 도출한 개별기업의 추정 $\hat{\beta_i}$와 각 개별기업의 평균 초과

수익률($\overline{R_i}$)을 그대로 이용해 2단계 횡단면 회귀분석을 실시함으로써 측정오차로 인한 횡단면 회귀분석 결과의 편의(bias)를 피할 수 없게 만들고 있다.

4.2 차익거래가격결정모형(APT)과 3-요인모형

문제 22 주식수익률이 다음 식과 같이 한 개의 공통요인(단일모형) 또는 세 개의 공통요인(다요인모형)에 의해 결정된다고 가정한다. (2012년 문제 4)

- 단일모형: $R_i = \alpha_i + \beta_{i1}F_1 + \epsilon_i$

- 다요인모형: $R_i = \alpha_i + \beta_{i1}F_1 + \beta_{i2}F_2 + \beta_{i3}F_3 + \epsilon_i$

단, R_i는 주식 i의 수익률이며 F_1, F_2, F_3는 공통요인의 수익률을, β_i는 공통요인 수익률에 대한 민감도를 나타낸다. 단일모형과 다요인모형의 F_1은 동일한 공통요인이다.

주식 X와 주식 Y의 과거 36개월 동안의 월 수익률에 대해 단일모형과 다요인모형을 이용해 추정한 회귀분석 결과는 다음 표와 같다.

	주식 X		주식 Y	
	단일	다요인	단일	다요인
조정 R^2	0.30	0.42	0.35	0.41
α_i	0.015	0.008	-0.013	-0.008
β_{i1}	0.9	1.3	0.9	1.1
β_{i2}	$-$	-0.2	$-$	0.1
β_{i3}	$-$	-1.1	$-$	-0.8

이 기간 동안 주식 X와 Y의 월 수익률, 공통요인 F_1, F_2, F_3의 월 수익률의 평균과 표준편차는 다음 표와 같으며 무위험수익률은 월 0.1%이다.

	평균(%)	표준편차(%)
주식 X 월 수익률	2.4	8.5
주식 Y 월 수익률	0.2	7.8
F_1 월 수익률	1.1	5.4
F_2 월 수익률	0.5	2.6
F_3 월 수익률	−0.3	3.3

(물음 1) 주식 X의 체계적 위험이 총위험에서 차지하는 비율을 단일모형과 다요인 모형에서 각각 구하시오. 계산결과는 <u>백분율 기준으로 반올림하여 소수 점 둘째 자리까지</u> 나타내시오.

(물음 2) 공통요인의 기대수익률 분포가 과거수익률 분포와 동일하다고 가정하는 경우 다요인모형을 이용하여 주식 X의 연간 기대수익률을 구하시오. 계산결과는 <u>%단위로 표시하되 반올림하여 소수점 둘째 자리까지</u> 나 타내시오.

(물음 3) 주식 X와 주식 Y를 결합하여 최소분산포트폴리오를 구성하는 경우 연간 표준편차를 구하시오. 공분산은 다요인모형을 이용하여 산출하시오. 계산결과는 <u>%단위로 표시하되 반올림하여 소수점 둘째 자리까지</u> 나 타내시오.

(물음 4) 회귀분석 결과와 위 물음의 답을 이용하여 다요인모형이 단일모형에 비 해 우수한 점을 <u>세 가지 이상</u> 기술하시오.

상세 해설 및 정답

이 문제는 자본시장 균형이론에서 차익거래가격결정모형(APT)의 단일요인모 형과 다요인모형의 특성에 관해 묻는 문제이다.

(물음 1) 주식 X의 체계적위험이 총위험에서 차지하는 비율을 단일모형과 다요인 모형에서 계산하면 각각 다음과 같이 32.69%와 86.82%이다. 아래

식에서 σ_i^2은 공통요인 F_i의 분산을, σ_X^2는 주식 X의 분산을 각각 의미한다.

- 단일 : $\dfrac{\beta_{X1}^2\,\sigma_1^2}{\sigma_X^2} = \dfrac{(0.9)^2(0.054)^2}{(0.085)^2} = 0.3269\ (32.69\%)$

- 다요인 : $\dfrac{\beta_{X1}^2\,\sigma_1^2 + \beta_{X2}^2\,\sigma_2^2 + \beta_{X3}^2\,\sigma_3^2}{\sigma_X^2}$

$$= \dfrac{(1.3)^2(0.054)^2 + (-0.2)^2(0.026)^2 + (-1.1)^2(0.033)^2}{(0.085)^2}$$

$$= 0.8682\ (86.82\%)$$

(물음 2) 이 문제에서 유의할 점은 주식 X의 기대수익률을 추정할 시에는 문제에서 주어진 다요인모형의 수익률 생성모형(return generating process)의 회귀분석식이 아니라 다요인 APT모형을 이용하여 추정해야 한다. 회귀분석식은 각 요인에 대한 베타를 추정하기 위한 것이지 기대수익률을 추정하기 위한 것은 아니다. 따라서 아래 식에서 제시한 3-요인 APT모형을 이용하여 주식 X의 연간 기대수익률을 구하면 21.12%이다. 아래 식에서 λ_i는 공통요인 i의 위험프리미엄을 의미한다.

- $E(r_X) = r_f + \lambda_1\beta_{X1} + \lambda_2\beta_{X2} + \lambda_3\beta_{X3}$ $(\lambda_i = E(F_i) - r_f)$

$$= 0.001 + (0.011 - 0.001)(1.3) + (0.005 - 0.001)(-0.2)$$

$$+ (-0.003 - 0.001)(-1.1)$$

$$= 0.0176\ (1.76\%)$$

- 연간 기대수익률 $\rightarrow E(r_X) = 0.0176 \times 12 = 0.2112\ (21.12\%)$

(물음 3) 주식 X와 주식 Y를 결합하여 최소분산포트폴리오를 구성하는 경우 공분산은 다요인모형을 이용하여 다음과 같이 산출한다.

- $\sigma_{XY} = Cov(\alpha_X + \beta_{X1}F_1 + \beta_{X2}F_2 + \beta_{X3}F_3 + \epsilon_X, \alpha_Y + \beta_{Y1}F_1 + \beta_{Y2}F_2 + \beta_{Y3}F_3 + \epsilon_Y)$

  $= \beta_{X1}\beta_{Y1}\sigma_1^2 + \beta_{X2}\beta_{Y2}\sigma_2^2 + \beta_{X3}\beta_{Y3}\sigma_3^2$

  $(\because Cov(F_i, F_j) = Cov(\epsilon_i, \epsilon_j) = Cov(F_i, \epsilon_j) = 0)$

  $= (1.3)(1.1)(0.054)^2 + (-0.2)(0.1)(0.026)^2 + (-1.1)(-0.8)(0.033)^2$

  $= 0.0051$

주식 X와 주식 Y로 구성된 최소분산포트폴리오의 연간 표준편차를 구하면 아래 식과 같이 26.40%이다. 아래 식에서 최소분산포트폴리오의 월간 표준편차를 연간 표준편차로 변환할 시에 분산의 크기는 시간에 비례하며, 표준편차는 시간의 제곱근에 비례한다는 원칙을 적용해야 한다.

- $w_A = \dfrac{\sigma_Y^2 - \sigma_{XY}}{\sigma_X^2 + \sigma_Y^2 - 2\sigma_{XY}} = \dfrac{(0.078)^2 - 0.0051}{(0.085)^2 + (0.078)^2 - 2(0.0051)} = 0.3165$

- $\sigma_{MVP}^2 = (0.3165)^2(0.085)^2 + (0.6835)^2(0.078)^2 + 2(0.3165)(0.6835)(0.0051)$

  $= 0.0058$

  $\rightarrow$ 월간 $\sigma_{MVP} = \sqrt{0.0058} = 0.0762$

  $\therefore$ 연간 $\sigma_{MVP} = 0.0762 \times \sqrt{12} = 0.2640 \, (26.40\%)$

(물음 4) 다요인모형이 단일모형에 비해 우수한 점을 회귀분석 결과와 위 물음의 답을 이용하여 다음 세 가지를 제시한다.

① 회귀분석 결과에서 알 수 있는 바와 같이, 주식수익률의 변동성을 독립변수인 공통요인에 의해 설명되어지는 정도를 나타내는 조정 결정계수(R^2)가 다요인모형이 단일모형에 비해 더 크다.

② (물음 1)의 결과에서 보여 주는 바와 같이, 총위험에서 체계적위험이 차지하는 비율을 비교할 때 단일모형에 비해 다요인모형의 비율이 더 크다. 이것은 곧 개별 주식수익률의 변동성을 체계적 위험을 나타내는 공통요인에 의해 설명되어지는 정도가 단일모형에 비해 다요인모형이 더 크다는 것을 의미한다.

③ 다요인모형이 단일모형에 비해 주식수익률의 변동 원인을 다양한 요인에 의해 보다 정확하게 설명할 수 있으므로 위험자산의 기대수익률의 예측이나 포트폴리오의 투자성과 평가에 있어서 더 유용하게 활용할 수 있다.

문제 23 포트폴리오 A의 수익률(r_A)과 B의 수익률(r_B)에 대한 수익생성과정을 나타내는 요인모형은 다음과 같다($i = A, B$). (2022년 문제 7)

$$r_i = E(r_i) + b_{i1}f_1 + b_{i2}f_2$$

포트폴리오	$E(r_i)$	b_{i1}	b_{i2}
A	3%	2	1
B	4%	2	3

공통요인 f_1과 f_2에 관한 통계 정보는 다음과 같다.

f_1과 f_2간 상관계수	0.8
f_1의 표준편차	0.05
f_2의 표준편차	0.08

체계적 위험이 없는 포트폴리오의 수익률은 0이고, 비체계적 위험은 항상 0이다. 차익거래가격결정모형(APT)이 성립한다. 다음 물음에 답하시오. <u>계산결과는 % 단위로 소수점 아래 셋째 자리에서 반올림하여 둘째 자리까지 표시하시오.</u>

(물음 1) A와 B를 이용하여 최소분산포트폴리오(MVP)의 A, B 비중을 구하시오. 단, 공매도는 허용하지 않는다.

(물음 2) 두 요인(f_1, f_2)의 위험프리미엄(factor risk premium)을 각각 구하시오.

(물음 3) 1년 후 현금흐름이 100원이고 공통요인에 대한 민감도는 50% 확률로 $b_{i1} = b_{i2} = (-)10$이고 50% 확률로 $b_{i1} = b_{i2} = 0$인 프로젝트의 현재가치를 구하시오.

(물음 4) 포트폴리오 C의 수익률 r_C는 이항모형을 따르고 1년 후 25%의 위험 중립확률로 x, 75%의 위험중립확률로 $(-)y$이다. $r_C = E(r_C) + f_1$이 성립할 때 기초자산이 r_C이고 행사가격이 0인 풋옵션과 콜옵션의 가치를 각각 구하시오.

상세 해설 및 정답

이 문제는 차익거래가격결정모형(APT)과 이항옵션가격결정모형에 관한 문제이다. 특히 마지막 문제인 (물음 4)는 이들 두 모형을 연계해서 콜과 풋옵션 가치를 추정하는 문제로 APT와 이항옵션가격결정모형을 충분히 이해하지 못할 경우 풀기가 상당히 까다로운 난이도가 높은 문제이다.

(물음 1) 최소분산포트폴리오(MVP)의 A, B 비중을 구하기 위해 우선 포트폴리오 A와 B의 분산과 공분산을 다음과 같이 산출한다. 아래에서 ρ_{12}와 σ_{12}는 각각 공통요인 f_1과 f_2간의 상관계수와 공분산을 의미한다.

- $\sigma_{12} = \rho_{12}\sigma_1\sigma_2 = (0.8)(0.05)(0.08) = 0.0032$

- $\sigma_A^2 = Var[E(r_A) + b_{A1}f_1 + b_{A2}f_2] = b_{A1}^2\sigma_1^2 + b_{A2}^2\sigma_2^2 + 2b_{A1}b_{A2}\sigma_{12}$

   $= (2)^2(0.05)^2 + (1)^2(0.08)^2 + 2(2)(1)(0.0032) = 0.0292$

- $\sigma_B^2 = Var[E(r_B) + b_{B1}f_1 + b_{B2}f_2] = b_{B1}^2\sigma_1^2 + b_{B2}^2\sigma_2^2 + 2b_{B1}b_{B2}\sigma_{12}$

   $= (2)^2(0.05)^2 + (3)^2(0.08)^2 + 2(2)(3)(0.0032) = 0.106$

- $\sigma_{AB} = Cov[E(r_A) + b_{A1}f_1 + b_{A2}f_2, E(r_B) + b_{B1}f_1 + b_{B2}f_2]$

   $= b_{A1}b_{B1}\sigma_1^2 + b_{A1}b_{B2}\sigma_{12} + b_{A2}b_{B1}\sigma_{12} + b_{A2}b_{B2}\sigma_2^2$

위에서 구한 A와 B의 분산과 공분산을 이용하여 최소분산포트폴리오(MVP)의 A, B 비중을 구하면 다음 식과 같이 각각 1과 0이다. 단, 공매도는 허용하지 않으므로 $0 \leq w_A \leq 1$, $0 \leq w_B \leq 1$이다.

$$\bullet \ w_A = \frac{\sigma_B^2 - \sigma_{AB}}{\sigma_A^2 + \sigma_B^2 - 2\sigma_{AB}} = \frac{0.106 - 0.0548}{0.0292 + 0.106 - 2(0.0548)} = 2$$

$$\rightarrow w_A = 1, \ w_B = 1 - w_A = 0 \quad (\because 0 \leq w_A, w_B \leq 1)$$

참고로 공매도가 허용되지 않는 환경에서 포트폴리오 A와 B 간의 상관계수가 1에 근접할 경우에는 두 포트폴리오 중 표준편차가 작은 포트폴리오가 최소분산포트폴리오가 된다. 이 문제에서도 포트폴리오 A와 B 간의 상관계수가 0.98로 1에 근접하므로 두 포트폴리오 중 표준편차가 작은 포트폴리오 A가 최소분산포트폴리오가 된다. 포트폴리오 A와 B 간의 상관계수가 최소분산포트폴리오를 구성하는 A와 B의 구성비율에 미치는 영향에 대해서는 정형찬(CPA 객관식 재무관리, 2022)의 pp. 199−201을 참고하기 바란다.

(물음 2) 아래 식은 APT 기대수익률 모형으로 $E(r_z)$는 제로베타포트폴리오의 기대수익률을, λ_1과 λ_2는 각각 공통요인 f_1과 f_2의 위험프리미엄(factor risk premium)을 의미한다.

$$\bullet \ E(r_i) = E(r_z) + \lambda_1 b_{i1} + \lambda_2 b_{i2}$$

포트폴리오 A와 B의 기대수익률은 위의 2−요인 APT모형을 만족시켜야 한다. 여기서 공통요인 f_1과 f_2의 위험프리미엄인 λ_1과 λ_2를 구하면 다음과 같이 각각 1.25%와 0.5%이다.

$$\bullet \ E(r_A) = 0.03 = 0 + \lambda_1 \times 2 + \lambda_2 \times 1$$

$$E(r_B) = 0.04 = 0 + \lambda_1 \times 2 + \lambda_2 \times 3$$

$$\rightarrow \lambda_1 = 0.0125\,(1.25\%), \ \lambda_2 = 0.005\,(0.5\%)$$

(물음 3) 프로젝트의 현재가치는 1년 후 기대 현금흐름을 적정할인율로 할인하여 구한다. 먼저 프로젝트의 적정할인율을 구하기 위해 프로젝트의 두 공통요인에 대한 민감도 즉 베타 b_{i1}과 b_{i2}를 구하면 다음과 같이 모두 −5이다.

- $b_{i1} = b_{i2} = 0.5 \times (-10) + 0.5 \times 0 = -5$

위에서 구한 프로젝트의 베타를 이용하여 프로젝트의 적정할인율과 현재가치를 구하면 다음과 같이 각각 -8.75%와 109.59원이다.

- $E(r_i) = E(r_z) + \lambda_1 b_{i1} + \lambda_2 b_{i2} = 0 + (0.0125)(-5) + (0.005)(-5)$

$$= -0.0875\ (-8.75\%)$$

- $PV_i = \dfrac{E(CF_1)}{1 + E(r_i)} = \dfrac{100}{1 - 0.0875} = 109.59\ (원)$

참고로 이 문제는 기본적으로 APT를 이용하여 기대수익률 즉 적정 할인율을 추정하는 문제이지만 또 다른 측면에서는 음(−)의 할인율 (negative discount rate)이 프로젝트의 현재가치에 미치는 영향에 관한 문제이기도 하다. 문제에서 1년 후 기대 현금흐름이 100원인데 이 현금흐름의 현재가치가 109.59원으로 "현재의 1원이 미래의 1원보다 더 가치가 있다."는 일반적인 화폐의 시간적 가치 원칙에 위배되는 결과를 보여 주고 있다. 이러한 결과를 가져오게 된 근본적인 이유는 적정할인율이 음(−)이라는 사실이다. 실제로 이자율이 음(−)인 금융 환경에서는 현금을 보유할 때 금융기관으로부터 이자수입을 얻게 되는 것이 아니라 오히려 금융기관에 현금 보관비용을 지불해야 한다. 이로 인해 미래가치가 현재가치보다 더 작은 결과를 가져오게 된다.

(물음 4) 포트폴리오 C의 수익률 r_C는 다음 그림과 같이 이항모형을 따르고 1년 후 x로 상승할 확률은 q이며, (−)y로 하락할 확률은 $1-q$로 가정한다.

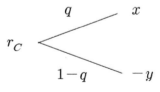

또한 문제에서 x로 상승할 위험중립확률(p)은 25%, (−)y로 하락할 위

험중립확률($1-p$)은 75%로 주어져 있다. 먼저 문제에서 위험중립확률(p)이 주어져 있으므로 확실성등가법과 이항옵션가격결정모형을 이용하여 기초자산 r_C의 현재가치(S)와 콜옵션(W) 및 풋옵션(P)의 가치를 구하면 각각 다음과 같다. 단 콜옵션의 가치를 관례적으로 사용하는 C가 아닌 W로 표시한 것은 포트폴리오 C와 구분하기 위함이다.

- $S = \dfrac{pr_{Cu} + (1-p)r_{Cd}}{[1+E(r_z)]} = \dfrac{(0.25)(x) + (0.75)(-y)}{1+0} = 0.25x - 0.75y$

- $W_u = Max[0, x-0] = x :\ W_d = Max[0, -y-0] = 0$

    $\rightarrow W = \dfrac{pW_u + (1-p)W_d}{[1+E(r_z)]} = \dfrac{(0.25)(x) + (0.75)(0)}{1+0} = 0.25x$

- $P_u = Max[0, 0-x] = 0 :\ W_d = Max[0, 0-(-y)] = y$

    $\rightarrow P = \dfrac{pP_u + (1-p)P_d}{[1+E(r_z)]} = \dfrac{(0.25)(0) + (0.75)(y)}{1+0} = 0.75y$

출제자가 x와 y의 범위에 대해 명확히 언급하지는 않았지만 위 식의 결과를 가지고 유추한다면 x와 y는 0이나 양(+)의 값을 가지는 것으로 볼 수 있다. 그리고 이 문제에서 수험생들이 놓치지 말아야 할 핵심 가정은 옵션의 행사가격(K)이 0이라는 사실이다. 옵션의 행사가격(K)이 0이라면 콜과 풋옵션의 가격 범위에 관한 이론에서 다음과 같은 결론을 이끌어 낼 수 있다.

① 풋옵션은 행사가격으로 기초자산을 팔 수 있는 권리이므로 그 가치는 항상 행사가격보다 작아야 한다. 따라서 풋옵션 가치의 상한선은 행사가격이며 행사가격이 0일 경우 풋옵션의 가치(P)도 0이 된다. 또한 위에서 추정한 풋옵션(P)의 가치가 0이라면 다음 식과 같이 1년 후 기초자산 r_C의 수익률 $-y$도 0이 된다.

- $P = 0.75y = 0 \rightarrow y = 0 \rightarrow r_{Cd} = -y = 0$

② 콜옵션의 가치(W)는 기초자산의 현재가치(S)보다는 작지만, 기초

자산의 현재가치(S)에서 행사가격의 현재가치($PV(K)$)를 차감한 값보다는 커야 한다. 즉 $W \geq Max[0, S - PV(K)]$이 성립한다. 그런데 행사가격이 0일 경우 콜옵션의 가치는 기초자산의 가치와 일치하므로 콜옵션(W)과 기초자산 r_C의 현재가치(S)는 모두 $0.25x$로 동일하다.

- $W \geq Max[0, S - PV(K)]$

    $\rightarrow W = S = 0.25x \ (\because K = 0, y = 0)$

그리고 문제에서 기초자산인 포트폴리오 C의 수익률 r_C가 단일요인 APT의 수익률생성과정 $r_C = E(r_C) + f_1$을 따른다고 가정하고 있다. 이것은 수익률 r_C의 공통요인 f_1에 대한 민감도 즉 베타 b_{C1}이 1이라는 것을 의미한다. 이에 따라 단일요인 APT를 이용하여 기초자산 r_C의 기대수익률($E(r_C)$)을 계산하면 다음 식과 같이 1.25%이다. 또한 이것은 아래 식 (1)과 같이 기초자산 r_C가 1년 후 상승할 확률 q와 수익률 x의 함수로 나타낼 수 있다.

- $E(r_C) = E(r_z) + \lambda_1 b_{C1} = 0 + 0.0125 \times 1 = 0.0125 \ (1.25\%)$
- $E(r_C) = q r_{Cu} + (1-q) r_{Cd} = qx + (1-q)(-y) = qx \ (\because y = 0)$

    $\rightarrow E(r_C) = 0.0125 = qx$ \hfill (1)

한편 콜옵션의 베타(b_{w1})는 다음 식과 같이 기초자산 r_C의 베타(b_{C1})와 동일한 1이다(콜옵션의 베타와 기초자산의 베타 간의 관련성에 대해서는 아래 <Solution Note>를 참고하기 바람). 이에 따라 콜옵션의 기대수익률($E(r_w)$)도 기초자산 r_C의 기대수익률($E(r_C)$)과 동일한 1.25%이다. 아래 식에서 Δ_w는 콜옵션의 델타를 의미한다.

- $\Delta_w = \dfrac{W_u - W_d}{r_{Cu} - r_{Cd}} = \dfrac{x - 0}{x - (-y)} = \dfrac{x}{x + y} = 1 \ (\because y = 0)$
- $b_{w1} = (\dfrac{S}{W} \times \Delta_w) b_{C1} = (1 \times 1) \times 1 = 1 \ (\because W = S)$

    $\rightarrow E(r_w) = E(r_C) = 0.0125 \ (1.25\%)$

위에서 콜옵션의 기대수익률($E(r_w)$)을 산출하였으므로 이를 활용하여 다음 식과 같이 1년 후 기초자산 r_C가 상승할 확률 q를 구할 수 있다. 아래 식에서 r_{wu}와 r_{wd}는 1년 후 기초자산 r_C가 상승 혹은 하락할 경우 이에 대응하는 콜옵션 수익률을 각각 의미한다.

- $E(r_w) = qr_{wu} + (1-q)r_{wd} = q(\frac{x}{0.25x} - 1) + (1-q)(\frac{0}{0.25x} - 1)$

$$= 3q + (1-q)(-1) = 4q - 1$$

- $E(r_w) = 4q - 1 = 0.0125 \rightarrow q = 0.2531$

기초자산 r_C가 상승할 확률 q의 값을 앞의 식 (1)에 대입하여 기초자산 r_C가 상승할 경우의 수익률 x를 구하면 다음과 같이 4.94%이다.

- $E(r_C) = 0.0125 = qx = 0.2531 \times x$

$$\rightarrow x = \frac{0.0125}{0.2531} = 0.0494\,(4.94\%)$$

그러므로 최종적으로 콜옵션(W)과 풋옵션(P)의 가치를 계산하면 다음 식과 같이 각각 1.24%와 0이다.

- $W = 0.25x = 0.25 \times 0.0494 = 0.0124\,(1.24\%)$

- $P = 0.75y = 0$

※ Solution Note: 콜옵션의 베타(b_w)와 기초자산의 베타(b_s) 간의 관련성

콜옵션의 가치(W)를 결정하는 요인들 중 기초자산의 가치(S)를 제외한 나머지 요인들, 즉 만기까지의 기간($T-t$), 무위험이자율(r_f), 기초자산 수익률의 분산(σ_s^2), 행사가격(K) 등은 모두 일정하다고 가정한다. 이에 따라 콜옵션의 가치는 다음과 같이 오직 기초자산의 가치에 의해 결정된다: $W = W(S)$. 만약 기초자산의 가치가 아주 작은 금액으로 변화할 때, 기초자산의 가치 변화액($\triangle S$)에 대한 콜옵션의 가치 변화액($\triangle W$)의 비율은 다음 식과 같이 기초자산 가치(S)에 대한 콜옵션 함수의 1차 편미분(W_1)으로 나타낼 수 있다.

- $\dfrac{\triangle W}{\triangle S} = \dfrac{\partial W}{\partial S} = W_1 \rightarrow \triangle W = (\dfrac{\partial W}{\partial S})\triangle S = W_1 \triangle S$

따라서 만약 기초자산의 가치가 $\triangle S$만큼 변화한다면 콜옵션의 가치는 위 식에서와 같이 $W_1 \triangle S$만큼 변화할 것이다. 위의 식에서 W_1과 $\partial W/\partial S$는 모두 기초자산(S)에 대한 콜옵션 함수의 1차 편미분을, $\triangle$는 콜옵션의 델타가 아닌 단순 가치 변화액 즉 가치 증가액을 각각 의미한다. 그리고 위에서 정의한 기초자산의 가치 변화에 따른 콜옵션의 가치 변화의 관계를 이용하여, CAPM에 의해 콜옵션의 베타(b_w)를 정의하면 다음 식과 같이 기초자산의 가치(S)와 콜옵션 함수의 1차 편미분(W_1), 콜옵션의 가치(W) 및 기초자산의 베타(b_s) 등의 함수 관계로 나타낼 수 있다(앞의 (물음 4)에서 APT모형의 공통요인이 f_1 단일요인으로 가정하고 있으므로 만약 단일요인 f_1이 시장요인이라면 APT는 CAPM과 일치한다).

- $b_w = \dfrac{Cov(r_w, r_m)}{Var(r_m)} = \dfrac{Cov(\dfrac{\triangle W}{W}, r_m)}{Var(r_m)}$

  $= \dfrac{Cov(\dfrac{W_1 \triangle S}{W}, r_m)}{Var(r_m)} \quad (\because \triangle W = W_1 \triangle S)$

  $= \dfrac{\dfrac{SW_1}{W} Cov(\dfrac{\triangle S}{S}, r_m)}{Var(r_m)} = \dfrac{SW_1}{W} \times \dfrac{Cov(r_s, r_m)}{Var(r_m)}$

  $= (\dfrac{SW_1}{W})b_s \qquad\qquad (1)$

한편 콜옵션 함수의 기초자산(S)에 대한 1차 편미분(W_1)은 관례적으로 그리스 문자인 델타($\triangle_w$)로 표시하므로 위의 식 (1)을 다음 식 (2)로 나타내기도 한다.

- $\Delta_w = W_1 = \dfrac{\partial W}{\partial S}$

- $b_w = (\dfrac{SW_1}{W})b_s = (\dfrac{S}{W} \times \Delta_w)b_s$ (2)

옵션의 베타에 관해 더 상세한 설명을 원하는 수험생들은 Black and Scholes (1973)의 논문 pp. 641-642, 645를 참고하기 바란다.

문제 24 정보통신 관련 주식에 많은 부분을 투자하고 있는 펀드 '제이'의 자본비용과 펀드성과 등을 측정하기 위하여 Fama와 French의 3요인모형에 모멘텀(momentum) 요인을 추가한 다중회귀모형을 다음과 같이 추정하였다. 표본기간은 2008년 1월부터 2014년 12월까지이며 월별 자료를 이용하여 분석하였다. (2015년 문제 5)

$$R_j = 0.82 + 1.21R_m + 0.57SMB - 0.25HML + 0.12MTM + \epsilon_j$$
$$\quad (0.32) \quad (0.24) \quad\quad (0.21) \quad\quad\quad (0.45) \quad\quad\quad (0.06)$$
$$\overline{R^2} = 0.21$$

단, R_j는 펀드 '제이'의 수익률에서 무위험수익률을 차감한 펀드 '제이'의 초과수익률, R_m은 시장포트폴리오 수익률에서 무위험수익률을 차감한 시장초과수익률(시장요인), SMB는 Fama와 French의 기업규모요인, HML은 Fama와 French의 가치주요인, MTM은 승자포트폴리오 수익률에서 패자포트폴리오 수익률을 차감한 모멘텀요인, ϵ_j는 펀드 '제이' 초과수익률의 잔차, $\overline{R^2}$는 조정 R^2를 각각 의미하며, 추정된 회귀계수 아래 괄호안의 숫자는 표준오차(standard error)를 나타낸다.

(물음 1) 추정된 다중회귀모형의 절편 0.82가 의미하는 바를 표준오차를 고려하여 5줄 이내로 설명하시오.

(물음 2) 추정된 시장 베타는 1.21이다. 추정모형에는 펀드 '제이'의 베타가 2008년 1월부터 2014년 12월까지 동일하다는 가정이 내포되어 있다. 이 가정이 합리적인지 또는 비합리적인지 기술하고 그 근거를 3줄 이내로 설명하시오.

(물음 3) 추정된 다중회귀모형의 결과를 이용하여 펀드 '제이'가 시장요인위험, 기업규모요인위험, 가치주요인위험 및 모멘텀요인위험에 노출되어 있는지 파악하시오.

(물음 4) CAPM과 APT의 실증분석 한계점을 비교하여 5줄 이내로 설명하시오.

이 문제는 Fama와 French(1993)의 3요인모형에 모멘텀(momentum) 요인을 추가한 Carhart(1997)의 4요인모형(four-factor model)의 특성과 CAPM과 APT의 실증분석 한계점 비교 등에 관한 문제이다.

(물음 1) 절편 0.82는 4요인모형(four-factor model)의 투자성과를 평가하는 척도인 4요인 알파(four-factor alpha)이며, 펀드 '제이'의 비정상수익률의 존재를 확인하는 척도로 사용된다(CAPM에서 'Jensen의 알파'와 동일한 개념임). 절편 0.82의 검정통계량 t값을 계산하면 다음 식과 같이 2.56이다.

$$\bullet \ t_{82} = \frac{0.82 - 0}{0.32} = 2.56$$

위에서 계산한 절편 0.82의 검정통계량 t값은 5% 유의수준 하의 검정통계량 t의 임계치인 약 2.0보다 크므로 통계적으로 0과는 유의하게 다른 수치로 볼 수 있다(참고로 자유도($= n - p - 1$: p는 독립변수의 수)가 79이므로 수표에 의한 정확한 t의 임계치는 1.9905임). 이것은 곧 펀드 '제이'가 월평균 0.82의 비정상수익률(초과수익률)을 실현하였음을 의미한다.

(물음 2) 펀드 '제이'는 정보통신 관련 주식이 차지하는 구성비율이 매우 높은 펀드이다. 정보통신 산업의 특성상 시간 경과에 따라 개별 주식의 영업위험과 재무위험이 매우 변동성이 크다고 볼 수 있으므로 펀드 제이의 베타가 7년 동안 불변이라는 가정은 비합리적이라고 판단된다.

(물음 3) 추정된 각 요인의 회귀계수와 표준오차를 이용하여 검정통계량 t값을 구하면 다음 표와 같다.

	시장요인	기업규모요인	가치주요인	모멘텀요인
회귀계수	1.21	0.57	−0.25	0.12
표준오차	0.24	0.21	0.45	0.06
t값	5.04	2.71	−0.56	2.00

표에서 가치주요인을 제외한 시장요인과 기업규모요인 및 모멘텀요인의 검정통계량 t값의 절대치가 5% 유의수준 하의 양측 검정 시 검정통계량 t의 임계치인 약 2.0(자유도가 79이므로 수표에 의한 정확한 t의 임계치는 1.9905)보다 크므로 통계적으로 유의하다. 따라서 펀드 '제이'는 가치주요인위험을 제외한 시장요인위험과 기업규모요인위험 및 모멘텀요인위험 등에 노출되어 있다고 판단된다.

（물음 4） CAPM의 단일 공통요인인 시장포트폴리오는 주식, 위험채권, 부동산, 귀금속, 미술품 등 시장에서 거래되는 모든 위험자산을 포함하는 포트폴리오를 의미한다. 그러나 현실적으로 이러한 진정한 의미의 시장포트폴리오는 존재하지 않으므로 CAPM을 실증 분석하는 데에는 한계가 있다(Roll's critique). 반면에 APT의 경우 공통요인의 수가 몇 개인지, 그 요인들의 경제적 의미가 무엇인지를 정확히 파악하는 것이 어렵다.

문제 25 평균 순자산가치가 80억원 이상이고 주식 편입비중이 85% 이상이며 최근 6년 이상 생존해온 주식형 펀드 '아이'의 운용스타일과 운용성과를 사후적으로 측정하기 위하여 Fama와 French의 3요인모형을 다음과 같이 추정하였다. (2016년 문제 6)

$$R_i = 0.12 + 1.32\,MKT + 0.48\,SMB - 0.24\,HML + \epsilon_i$$
$$\quad (0.15)\ (0.05) \qquad (0.24) \qquad (0.11)$$
$$\overline{R^2} = 0.32$$

표본으로 2011년 1월부터 2015년 12월까지 월별 자료를 이용하였다. R_i는 펀드 '아이'의 수익률에서 무위험이자율을 차감한 펀드 '아이'의 초과수익률, MKT는 시장포트폴리오 수익률에서 무위험이자율을 차감한 시장초과수익률(시장요인), SMB는 Fama와 French의 기업규모요인, HML은 Fama와 French의 가치요인, ϵ_i는 펀드 '아이'의 잔차, $\overline{R^2}$는 조정 R^2를 의미한다. 추정 회귀계수 아래 괄호안의 숫자는 표준오차를 나타낸다.

(물음 1) Fama와 French의 3요인모형 추정결과를 이용하여 펀드 '아이'의 운용스타일이 ① 소형주/대형주인지를 밝히고, ② 가치주/성장주인지를 판별한 다음 그 근거를 제시하시오.

(물음 2) Fama와 French의 3요인모형 추정결과를 이용하여 펀드 '아이'의 운용실적을 판별하시오.

(물음 3) 이머징마켓에 공격적으로 투자하는 헷지펀드의 운용성과를 Fama와 French의 3요인모형을 이용하여 측정할 경우 나타날 수 있는 문제점을 3줄 이내로 설명하시오.

이 문제는 Fama와 French의 3요인모형에 의해 주식형 펀드의 운용스타일과 운용성과를 사후적으로 측정하는 데 관련된 문제이다.

(물음 1) 추정된 기업규모요인과 가치요인의 회귀계수와 표준오차를 이용하여 각 요인의 검정통계량의 t값을 구하면 다음 표와 같다.

	기업규모요인	가치주요인
회귀계수	0.48	-0.24
표준오차	0.24	0.11
t값	2.00	-2.18

위의 표에서 기업규모요인과 가치요인의 회귀계수의 검정통계량 t값의 절대치가 5% 유의수준 하의 양측 검정 시 임계치인 약 2.00보다 크거나 같으므로 두 회귀계수 모두 통계적으로 유의하다(참고로 자유도가 56(=60개월$-3-1$)이므로 수표에 의한 정확한 t의 임계치는 2.0032임). 이에 따라 먼저 기업규모요인은 소형주의 기대수익률에서 대형주 기대수익률을 차감한 값이므로 이 요인의 회귀계수가 유의한 양(+)이라는 것은 펀드 '아이'의 운용스타일이 소형주임을 의미한다. 그리고 장부가치/시장가치비율이 높은 가치주의 기대수익률에서 장부가치/시장가치비율이 낮은 성장주의 기대수익률을 차감한 가치요인의 회귀계수가 유의한 음(−)이라는 것은 펀드 '아이'의 운용스타일이 성장주임을 의미한다. 즉 펀드 '아이'의 운용스타일은 소형주와 성장주의 성격을 띠고 있다.

(물음 2) 절편 0.12는 3요인모형의 투자성과를 평가하는 척도인 3요인 알파(three-factor alpha)이며, 펀드 '아이'의 비정상수익률의 존재를 확인하는 측정치로 사용된다(CAPM에서 'Jensen의 알파'와 유사한 개념임). 절편 0.12의 검정통계량 t값을 계산하면 다음 식과 같이 0.8이다.

- $t_{82} = \dfrac{0.12 - 0}{0.15} = 0.8$

위에서 계산한 절편 0.12의 검정통계량 t값은 0.8로 5% 유의수준 하의 검정통계량 t의 임계치인 2.00보다 작으므로 통계적으로 유의하지 않다. 이것은 곧 펀드 '아이'가 0과는 다른 유의한 비정상수익률을 실현하지 못하고 있음을 의미한다.

(물음 3) 이머징마켓에서 투자 대상이 되는 주식은 대부분 소형주와 성장주이다. 반면에 선진국 시장에 비해 대형주와 가치주의 비중이 상대적으로 매우 낮다. 이로 인해 Fama와 French의 3요인 중 기업규모요인, 가치주요인의 위험프리미엄을 정확히 측정할 수 없다. 따라서 Fama와 French의 3요인모형을 이용하여 이머징마켓에 투자하는 헷지펀드의 운용성과를 측정할 경우 성과측정 편의(biases in performance measurement)를 피할 수 없다.

문제 26 사회적 책임활동이 활발한 기업에 주로 투자하는 주식형 펀드 '케이'의 시장타이밍(market timing) 능력과 운용성과를 사후적으로 측정하기 위하여 다음과 같은 회귀모형을 추정하였다. (2019년 문제 5)

$$R_k = 0.09 + 0.92R_m + 0.12R_m^2 - 0.16SMB + 0.08HML + \epsilon_k$$
$$\quad\ (0.03)\ (0.25)\qquad (0.03)\qquad (0.05)\qquad (0.12)$$
$$\overline{R^2} = 0.21$$

표본으로 2010년 1월부터 2018년 12월까지 월별 자료를 이용하였다. R_k는 펀드 '케이'의 수익률에서 무위험이자율을 차감한 펀드 '케이'의 초과수익률, R_m은 시장포트폴리오 수익률에서 무위험이자율을 차감한 시장초과수익률, SMB는 Fama와 French의 기업규모요인, HML은 Fama와 French의 가치요인, ϵ_k는 펀드 '케이'의 잔차, $\overline{R^2}$는 조정 R^2를 의미한다. 추정 회귀계수 아래 괄호 안의 숫자는 표준오차를 나타낸다.

(물음 1) 회귀모형 추정결과를 이용하여 ① 기업규모요인과 가치요인의 유의성을 판별한 다음 그 의미를 설명하고 ② 시장타이밍 능력 판별모형에 Fama와 French의 기업규모요인과 가치요인을 추가하는 이유는 무엇인지 설명하시오.

(물음 2) 회귀모형 추정결과를 이용하여 ① 상수항 추정계수 0.09가 의미하는 바를 설명하고 ② 젠센의 알파(Jensen's alpha)와 어떻게 다른지 설명하시오.

(물음 3) 시장타이밍 능력이란 펀드매니저가 미래 시장 상황에 맞추어 보유 주식에 대한 투자비중을 적절하게 변화시켜 포트폴리오의 베타를 조정할 수 있음을 의미한다. 위의 회귀모형 추정결과를 이용하여 펀드 '케이' 매니저의 시장타이밍 능력을 판별하시오.

(물음 4) 제시된 회귀모형이 펀드 '케이' 매니저의 시장타이밍 능력을 판별할 수 있는 모형임을 보일 수 있는 근거를 적절한 수식을 사용하여 제시하시오.

이 문제는 펀드매니저의 시장타이밍 능력 판별모형에 관한 문제이다. 대학원 과정의 투자론에서 다룰 수 있는 주제로 학부에서 투자론을 공부한 수험생들은 풀기 어려운 난해한 문제이다. 실제로 시장타이밍 능력 판별모형에 관한 주요 논문들, 예를 들어 Treynor and Mazuy(1966), Ferson and Schadt(1996), Goetzmann et al.(2000) 등의 논문을 직접 읽어보지 않은 수험생으로서는 출제자가 요구하는 문제의 기본 논리조차 이해하기 어려운 문제이다. 이런 수험생들을 위해 아래 <Solution Note>에서 시장타이밍 능력 판별모형에 관한 기초 이론을 간단히 요약해 제시하였으니 참고하기 바란다.

(물음 1)

① 추정된 기업규모요인과 가치요인의 회귀계수와 표준오차를 이용하여 검정통계량의 t값을 구하면 다음 표와 같다.

	기업규모요인	가치주요인
회귀계수	−0.16	0.08
표준오차	0.05	0.12
t값	−3.20	0.67

먼저 위의 표에서 기업규모요인 회귀계수의 검정통계량 t값은 −3.20으로 5% 유의수준 하의 양측 검정 시 임계치인 약 2.00 이상이므로 기업규모요인의 회귀계수는 통계적으로 유의하다(참고로 자유도가 103(=108개월−4−1)이므로 수표에 의한 정확한 t의 임계치는 1.98임). 기업규모요인은 소형주의 기대수익률에서 대형주 기대수익률을 차감한 값이므로 이 요인의 회귀계수가 유의한 음(−)이라는 것은 펀드 '케이'의 운용스타일이 대형주임을 의미한다. 반면에, 가치요인 회귀계수의 검정통계량 t값은 0.67로 임계치인 2.00보다 작으므로 가치요인의 회귀계수는 통계적으로 유의하다고 볼 수 없다. 이것은 펀드 '케이'의 운용스타일이 특별히 가치주 혹은 성장주 어느 한쪽으로 치우친 것이 아니고 이들이 혼합된 형태로 균형을 이루고 있는 펀드임을 의미한다. 따라서 펀드 '케이'의 운용스타일은 대형주이다.

② 문제에서 주식형 펀드 '케이'의 시장타이밍 능력을 사후적으로 측정하

기 위하여 제시된 회귀모형에서 기업규모요인과 가치요인을 제외할 경우 아래 회귀모형과 같이 기본적으로 자산가격결정모형으로 CAPM만을 사용하여 펀드매니저의 시장타이밍 능력을 판별하는 모형인 Treynor and Mazuy(1966)의 2차 회귀모형(quadratic regression)이 된다.

$$R_k = 0.09 + 0.92 R_m + 0.12 R_m^2 + \epsilon_k$$

위의 Treynor and Mazuy(1966) 모형에 Fama와 French의 기업규모요인과 가치요인을 추가한 이유는 펀드 초과수익률에 미치는 기업규모효과와 가치효과를 통제할 수 있게 됨으로써 시장타이밍 판별모형의 성과측정 편의(biases in performance measurement)를 감소시킬 수 있을 뿐만 아니라 판별모형의 설명력도 증가시킬 수 있기 때문이다.

(물음 2)

① 상수항 추정계수 0.09는 문제에서 제시된 회귀모형의 알파(α)이며, 이것은 펀드 '케이' 펀드매니저의 종목선택능력(stock selection ability)을 판별하는 측정치이다. 상수항 추정계수의 표준오차가 0.03이므로 추정계수의 검정통계량 t값을 계산하면 다음 식과 같이 3이다.

$$\bullet \ t = \frac{0.09}{0.03} = 3$$

위에서 계산한 상수항 추정계수의 검정통계량 t값은 5% 유의수준 하의 검정통계량 t의 임계치인 2.00보다 크므로 통계적으로 유의하다. 이러한 분석 결과는 펀드 '케이'의 운용성과가 0과는 다른 유의한 비정상수익률을 실현하고 있으며, 이것은 또한 펀드 '케이'가 성공적인 종목선택능력을 가지고 있음을 의미한다.

② 젠슨의 알파(Jensen's alpha)는 펀드의 평균 초과수익률과 CAPM에서 예측한 펀드의 기대 초과수익률과의 차이를 나타내는 펀드의 투자성과 측정치, 즉 종목선택능력 측정치이다. 이에 반해 문제에서 주어진 회귀모형의 상수항 추정계수는 펀드의 평균 초과수익률과 CAPM의 시장요인뿐만 아니라 Fama와 French의 기업규모요인과 가치요인을 추가한 모형에서 추정한 펀드의 기대 초과수익률과의 차이를 나타내는 펀드의 투자성과 측정치

라는 점에서 젠슨의 알파(Jensen's alpha)와는 차이가 있다.

(물음 3) 문제에서 제시한 회귀모형은 Treynor and Mazuy(1966)의 시장타이밍 능력 판별모형에 Fama와 French의 기업규모요인과 가치요인을 추가한 TM-FF3 모형으로 볼 수 있다. 이러한 시장타이밍 판별모형에서 시장타이밍 능력을 나타내는 것은 회귀모형에서 시장 초과수익률의 제곱항(R_m^2) 추정계수 0.12이다. 제곱항(R_m^2) 추정계수의 표준오차가 0.03이므로 추정계수의 검정통계량 t값을 계산하면 다음 식과 같이 4이다.

$$\bullet \; t = \frac{0.12}{0.03} = 4$$

위에서 계산한 제곱항(R_m^2) 추정계수의 검정통계량 t값은 5% 유의수준 하의 임계치인 2.00보다 크므로 통계적으로 유의하다. 이러한 분석 결과는 펀드 '케이'가 성공적인 시장타이밍 능력을 가지고 있다는 것을 의미한다.

(물음 4) Treynor and Mazuy(1966)에 의하면, 만약 펀드매니저가 시장타이밍 능력을 가지고 있다면 앞으로 주가가 상승하는 강세장이 올 것이라고 예측할 경우에는 베타가 큰 주식 위주로 펀드를 구성하고, 반대로 약세장이 올 것이라고 예측할 경우에는 베타가 작은 주식 위주로 펀드를 조정할 것이다. 이것은 곧 펀드매니저가 시장포트폴리오 수익률의 변화를 미리 예측하고 거기에 따라 펀드의 베타를 조절할 수 있다는 의미이다. 따라서 펀드매니저가 이러한 시장타이밍 능력을 충분히 발휘한다면 펀드의 베타(β_k^T)는 아래 식 (1)과 같이 시장포트폴리오 수익률과 선형관계를 나타낼 것이다. 아래 식에서 β_k^T은 펀드매니저가 시장타이밍 능력을 가지고 있을 경우 펀드의 베타를, β_k은 펀드매니저가 시장타이밍 능력을 가지고 있지 않을 경우 펀드의 베타를, γ_k은 펀드 k의 시장타이밍 능력을, R_m은 시장포트폴리오의 초과수익률을 각각 의미한다.

$$\bullet \; \beta_k^T = \beta_k + \gamma_k R_{mt} \qquad\qquad (1)$$

위의 식 (1)을 CAPM 모형에 대입하면, 아래 식 (2)와 같이 개별 펀드의 초과수익률은 시장포트폴리오 초과수익률과 이의 제곱항 (quadratic term)을 포함한 비선형관계를 가지는 것을 알 수 있다.

$$\bullet\ R_{kt} = \alpha_k + \beta_k^T R_{mt} + \epsilon_k$$

$$= \alpha_k + (\beta_k + \gamma_k R_{mt}) R_{mt} + \epsilon_k$$

$$= \alpha_k + \beta_k R_{mt} + \gamma_k R_{mt}^2 + \epsilon_k \qquad (2)$$

위의 식 (2)는 문제에서 제시된 회귀모형과 정확히 일치하며, 시장포트폴리오 초과수익률의 제곱항 계수인 γ_k가 양수이며 통계적으로 유의한 값을 가지면 펀드 k가 성공적인 시장타이밍 능력을 보유하고 있는 것으로 판단할 수 있다. 이러한 점을 고려할 경우 문제에서 제시된 회귀모형이 펀드 '케이' 매니저의 시장타이밍 능력을 판별할 수 있는 모형으로 볼 수 있다.

※ Solution Note: 펀드매니저의 시장타이밍 능력 판별모형

1. Treynor and Mazuy(1966) 2차 회귀모형(quadratic regression)

Treynor and Mazuy(1966)에 의하면, 만약 펀드매니저가 시장타이밍 능력을 가지고 있다면 앞으로 주가가 상승하는 강세장이 올 것이라고 예측할 경우에는 베타가 큰 주식 위주로 펀드를 구성하고, 반대로 약세장이 올 것이라고 예측할 경우에는 베타가 작은 주식 위주로 펀드를 조정할 수 있을 것이다. 이것은 곧 펀드매니저가 시장포트폴리오 수익률의 변화를 미리 예측하고 거기에 따라 펀드의 베타를 조절할 수 있다는 의미이다. 그런데 만약 펀드매니저가 이러한 시장타이밍 능력을 가지고 있지 않을 경우에는 해당 펀드의 베타는 시장포트폴리오의 수익률 변화에 관계없이 언제나 일정한 수준을 유지할 것이므로 해당 펀드의 증권특성선(characteristic line)은 아래 <그림 1>과 같이 직선 형태를 나타낼 것이다.

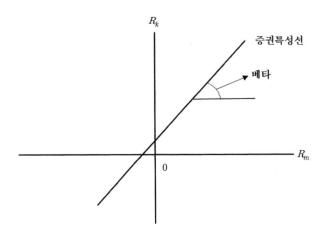

반대로 만약 펀드매니저가 시장타이밍 능력을 가지고 있을 경우에는 펀드의 베타는 (물음 4)의 식 (1)과 같이 시장포트폴리오 수익률과 선형관계를 나타낼 것이다. 이것은 곧 펀드매니저가 미래 시장 상황을 적시에 예측하고 시장포트폴리오 수익률의 변화에 따라 펀드의 베타를 조정함으로써 조정 시점 이후 펀드 증권특성선의 기울기가 달라진다는 것을 의미한다. 아래 <그림 2>와 같이 미래 시장수익률이 하락할 것이라고 예상한다면 펀드의 베타를 줄여 증권특성선의 기울기가 낮아지게 될 것이며 반면에 시장수익률이 상승할 것이라고 예상한다면 펀드의 베타를 증가시켜 증권특성선의 기울기가 커지게 될 것이다.

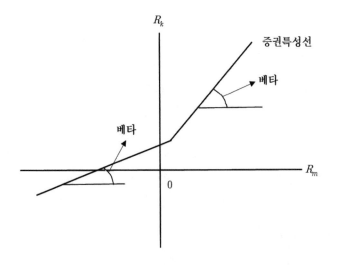

그러므로 만약 펀드매니저가 이러한 시장타이밍 능력을 보유하고 있고 미래 시장 상황에 따라 이를 지속적으로 발휘한다면 펀드의 베타는 미래 시장수익률의 변화에 따라 변화하게 되며 결국에는 펀드의 증권특성선이 아래 <그림 3>과 같이 직선이 아닌 곡선 형태로 나타나게 될 가능성이 높다.

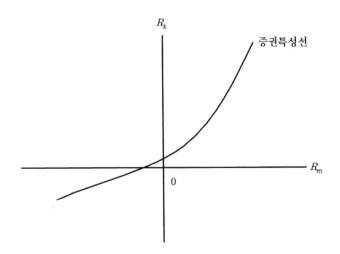

(물음 4)의 식 (2)와 문제에서 제시된 회귀모형에서 개별 펀드의 초과수익률이 시장포트폴리오의 초과수익률과 이의 제곱항을 포함한 곡선 형태 즉 비선형관계를 가지는 것은 바로 Treynor and Mazuy(1966)의 이론에 기반한 것이다.

2. TM-FF3 모형

문제에서 제시된 회귀모형은 앞에서 설명한 Treynor and Mazuy(1966)의 2차 회귀모형과는 달리 자산가격결정모형으로 CAPM만을 사용한 것이 아니라 Fama and French(1993)의 기업규모요인과 가치요인을 함께 포함하고 있는 TM-FF3 모형이라고 볼 수 있다. Treynor and Mazuy(1966) 모형은 기본적으로 자산가격결정모형으로 CAPM만을 사용하고 있어 펀드의 초과수익률이 펀드매니저의 시장타이밍 능력에서 발생한 것인지 혹은 소기업 주식이나 가치주 위주로 운용하고 있는 펀드 운용스타일에 기인한 것인지를 구분할 수 없게 된다. 이로 인해 시장타이밍 능력 판별모형의 성과측정에 있어서 편의(biases)를 증가하게 하고 모형의 검정력을 떨어뜨리는 원인이 될 수 있다. 이러한 문제점을 해결하기 위한 방법으로 Treynor and Mazuy(1966) 모형에 Fama와 French의 기업규모요인과 가치요인을 추가한 TM-FF3 모형은 펀드 초과수익률에 미치는 기업규모효과와 가치효과를 통제할 수 있어 시장타이밍 판별모형의 성과측정 편의(biases in performance measurement)를 감소시킬 수 있을 뿐만 아니라 판별모형의 설명력을 증가시킬 수 있는 이점이 있다.

5

자본예산

5.1 현금흐름 추정과 투자 평가

문제 1 ㈜무기전자는 중요한 거래처인 ㈜임계통신으로부터 생산이 중단된 제품인 음성인식 스피커를 매년 100,000개씩 4년간 공급해 달라는 요청을 받았다. ㈜무기전자는 음성인식 스피커에 대한 다른 수요처는 없지만 ㈜임계통신과의 관계를 돈독하게 유지하기 위하여 회사의 가치를 훼손하지 않는 선에서 가장 낮은 가격에 공급하기로 결정하였다. 음성인식 스피커 생산을 위해서 내용연수가 4년인 생산설비를 250억원에 구입해야한다. 이 설비는 잔존가치 없이 정액법으로 감가상각되며 사업 종료 시 30억원에 매각할 수 있다. 순운전자본은 시작시점($t=0$)에 5억원이 소요되며, 4년 후 사업 종료시점($t=4$)에 전액 회수된다. 매년 발생하는 고정비는 50억원(감가상각비 미포함)이며, 변동비는 개당 150만원이 소요된다. 법인세율은 40%이고, 요구수익률은 13%이다. 이자율이 13%일 때의 현가이자요소(PVIF)와 연금의 현가이자요소(PVIFA)는 아래 표와 같다. (2021년 문제 1)

구분	1년	2년	3년	4년
PVIF	0.8850	0.7831	0.6931	0.6133
PVIFA	0.8850	1.6681	2.3612	2.9745

주어진 정보 하에 다음 물음에 답하시오. <u>계산결과는 소수점 아래 첫째 자리에서 반올림하여 원 단위까지 표시하시오.</u>

(물음 1) 사업 시작시점($t=0$)에 초기투자비용으로 유출되는 현금흐름을 계산하시오.

(물음 2) 사업 종료시점($t=4$)에 생산설비의 매각을 통해 유입되는 현금흐름을 계산하시오.

(물음 3) 사업의 NPV를 0으로 만드는 연간 영업현금흐름을 계산하시오.

(물음 4) ㈜무기전자가 ㈜임계통신에게 공급할 수 있는 음성인식 스피커의 개당 최저가격을 계산하시오.

상세 해설 및 정답

이 문제는 자본예산에서 투자안의 현금흐름과 순현가(NPV)를 추정하는 문제이다.

(물음 1) 사업 시작시점($t=0$)의 현금흐름은 생산설비 구입비용과 순운전자본 지출로 구성되며, 순현금유출은 다음과 같이 255억원이다. 아래 식에서 $CapEx$와 WC는 각각 자본적 지출과 순운전자본을 의미한다.

- $\Delta CF_0 = -\Delta CapEx_0 - \Delta WC_0 = -250 - 5 = -255\ (억원)$

(물음 2) 사업 종료시점($t=4$)에 생산설비의 매각을 통해 유입되는 현금흐름은 다음 식과 같이 18억원이다. 아래 식에서 FS는 생산설비의 세후 매각액을, S와 B는 각각 생산설비의 매각가치와 장부가치를 의미한다.

- 사업 종료시점($t=4$)의 설비 매각액

$\Delta FS = \Delta S - (\Delta S - \Delta B) \times T_C = 30 - (30 - 0) \times 0.4 = 18\ (억원)$

(물음 3) 사업의 NPV를 0으로 만드는 연간 영업현금흐름(ΔOCF)은 다음과 같이 8,098,641,789원이다. 아래 식에서 RWC는 사업 종료시점에서의 순운전자본 회수액을 의미한다.

- $NPV = \Delta CF_0 + \Delta OCF \times PVIFA_{13\%, 4} + (\Delta FS + \Delta RWC) \times PVIF_{13\%, 4}$

  $= -255억원 + \Delta OCF \times 2.9745 + (18+5)억원 \times 0.6133 = 0$

  $\rightarrow \Delta OCF = 8,098,641,789$ (원)

(물음 4) 음성인식 스피커의 개당 최저가격은 앞의 (물음 3)에서 추정한 NPV가 0일 때의 연간 영업현금흐름(ΔOCF)과의 다음 관계식을 만족해야 한다. 아래 식에서 v와 F는 각각 단위당 변동비와 총고정비를, Dep는 감가상각비를 의미한다.

- $\Delta OCF = [(p-v) \times N - F](1-T_C) + T_C \Delta Dep$

  $= [(p-1,500,000)원 \times 100,000개 - 50억원](1-0.4) + (0.4)(\frac{250}{4})억원$

  $= 8,098,641,789$ (원)

  $\rightarrow p = 1,643,311$ (원)

위에서 추정한 바와 같이 개당 최저가격(p)은 1,643,311원이다.

문제 2 가나기업은 기존의 기계설비를 새로운 기계설비로 교체할 것을 고려하고 있다. 기존의 기계설비는 3년 전 3,000만원에 취득했으며 구입 시 내용연수는 5년이고, 내용연수 종료 시점에서의 잔존가치와 매각가치는 없으며 현재 매각 시 1,000만원을 받을 수 있는 것으로 추정된다. 내용연수가 2년인 새 기계설비의 구입비용은 2,000만원이며 내용연수 종료시점에서의 잔존가치는 없는 것으로 가정하고 감가상각을 할 예정이나 실제로는 내용연수 종료시점에서 500만원의 매각가치를 가질 것으로 예상하고 있다. 기존의 기계설비를 사용하는 경우에 기계설비 관련 연간 매출액은 1,500만원, 영업비용은 700만원이고, 새로운 기계설비를 사용하는 경우 향후 2년간 기계설비 관련 연간 매출액은 1,900만원, 영업비용은 600만원일 것으로 추정된다. 새 기계설비를 사용하게 될 경우 교체 시점에서 1,000만원의 순운전자본이 추가되며 내용연수 종료시점에서 전액 회수된다.

가나기업은 감가상각방법으로 정액법을 사용하고 있으며 타인자본비용은 무위험이자율과 동일한 8%이다. 무부채기업이면서 같은 제품을 생산하는 경쟁업체의 자기자본비용은 12%이다. 가나기업의 법인세율은 30%이다. 가나기업은 만기가 2년이고 표면이자율이 8%인 사채를 발행하여 새 기계설비 구입비용의 50%와 사채발행비를 조달할 예정이다. 사채를 발행하면 발행액의 2%에 해당하는 금액을 사채발행비로 지출해야 하는데 이는 사채의 만기까지 정액법으로 상각할 예정이다. 기계설비 매각대금 및 이에 관련된 처분손익의 법인세 효과는 매각시점에서 즉시 실현된다고 가정한다. 그리고 감가상각비의 절세효과는 항상 이용할 수 있다고 가정한다. <u>비율은 반올림하여 소수점 넷째 자리까지 표시하고 금액은 만원 단위로 소수점 둘째 자리까지 표시하시오.</u>
(2015년 문제 1)

(물음 1) 새로운 기계설비를 도입할 경우 매년의 증분잉여현금흐름은 얼마인가?

(물음 2) 자기자본만 사용한다고 가정하는 경우, 새로운 기계설비로 교체하는 투자안의 NPV는 얼마인가?

(물음 3) 부채사용에 따른 기업가치 변화는 얼마인지 계산하시오.

상 세 해 설 및 정 답

이 문제는 부채를 사용하는 기업에 있어서 투자안의 순현가를 추정하는 조정현가법(APV: adjusted present value rule)에 관한 문제이다.

(물음 1) 매년의 증분잉여현금흐름은 투자의 시작 시점, 정상적인 영업활동 시기 및 투자 종료 시점 등 3개의 기간으로 구분하여 추정한다. 단, $CapEx$와 WC는 각각 자본적 지출과 순운전자본을 의미하며, S와 B는 각각 기계설비의 매각가치와 장부가치를 뜻한다.

- 투자 개시($t=0$) 시점의 현금흐름

$$\Delta CF_0 = -\Delta CapEx_0 - \Delta WC_0 + [S_0 - (S_0 - B_0)T_C]$$

$$= -2,000 - 1,000 + [1,000 - (1,000 - 1,200)(0.3)] = -1,940$$

  ◦ $B_0 = 3,000 - (\frac{3,000 - 0}{5}) \times 3 = 1,200$

- 정상적 영업 기간($t=1$)의 현금흐름

$$\Delta OCF_1 = (\Delta R_1 - \Delta OC_1)(1 - T_C) + T_C \Delta Dep$$

$$= [(1,900 - 1,500) - (600 - 700)](1 - 0.3) + (0.3)(\frac{2,000}{2} - \frac{3,000}{5})$$
$$= 350 + 120 = 470$$

- 투자종료 시점($t=2$)의 현금흐름

$$\Delta CF_2 = \Delta OCF_2 + \Delta RWC + [\Delta S_2 - (\Delta S_2 - \Delta B_2)T_C]$$

$$= (350 + 120) + 1,000 + [500 - (500 - 0)(0.3)] = 1,820$$

투자기간별로 추정한 매년의 증분잉여현금흐름을 정리하면 다음 표와 같다.

t	0	1	2
ΔCF	−1,940	470	1,820

(물음 2) 자기자본만 사용한다고 가정하는 경우, 위에서 추정한 기간별 현금 흐름을 이용하여 NPV를 계산한다. 여기서 유의할 점은 문제에서 감가상각비의 절세효과는 항상 이용할 수 있다고 가정하고 있어 감가상각비의 세금절감액은 확실한 현금흐름이므로 다른 현금흐름과는 달리 무위험이자율로 할인해야 한다.

$$NPV = -1,940 + (\frac{350}{1.12} + \frac{120}{1.08}) + (\frac{1,700}{1.12^2} + \frac{120}{1.08^2}) = -58.28 < 0$$

교체투자안의 NPV가 음수이므로 교체투자의 경제성은 없는 것으로 나타났다. 따라서 현재 사용하고 있는 기계설비를 그대로 사용하는 것이 새 기계설비로 대체하는 것보다 경제적이다.

(물음 3) 이 문제에서 부채사용에 따른 기업가치 변화를 추정하기 위해서는 2가지 부수적 효과인 이자비용의 법인세 절감효과와 부채 발행비용을 산출해야 한다. 먼저 발행해야 할 부채규모(D)는 다음과 같이 추정한다.

- $D(1-0.02) = (2,000 \times 0.5) = 1,000$

  $\rightarrow D = \frac{1,000}{0.98} = 1,020.41$ (만원)

1,020.41만원의 부채를 발행할 경우 이자비용의 법인세 절감효과와 세후 순발행비용은 다음과 같이 추정할 수 있다. 여기서 유의해야 할 점은 부채사용에 따른 부수적 효과와 관련된 현금흐름은 부채로 인해 발생하는 것이므로 이것을 현재가치로 할인할 때는 부채의 이자율, 즉 무위험이자율을 적용해야 한다.

- 연간 이자비용의 법인세 절감액 $= 1,020.41 \times 0.08 \times 0.3 = 24.49$

  $\rightarrow$ 법인세 절감액의 현가 $= \frac{24.49}{1.08} + \frac{24.49}{1.08^2} = 43.67$

- 사채발행비용 $= 1,020.41 \times 0.02 = 20.41$

    → 연간 사채발행비 상각액의 절세액 $= \dfrac{20.41}{2} \times 0.3 = 3.06$

    → 세후 순발행비용 $= 20.41 - (\dfrac{3.06}{1.08} + \dfrac{3.06}{1.08^2}) = 14.95$

따라서 부채사용에 따른 기업가치 변화(ΔV)는 다음과 같이 28.72만원으로 추정할 수 있다.

- $\Delta V =$ 이자비용의 법인세 절감액의 현가 $-$ 세후 순발행비용

    $= 43.67 - 14.95 = 28.72$

문제 3 자본자산가격결정모형(CAPM)이 성립한다고 가정한다. ㈜대한은 불확실성 하에서 상호배타적인 투자안 A와 투자안 B 중에서 자본예산 의사결정을 하고자 한다. 투자안 A의 초기투자액은 1,000원, 기대현금흐름 $E(CF_A)$는 1,300원, 현금흐름과 시장수익률의 공분산 $Cov(CF_A, R_M)$은 2이다. 투자안 B의 초기투자액은 1,100원, 기대현금흐름 $E(CF_B)$는 1,350원, 현금흐름과 시장수익률의 공분산 $Cov(CF_B, R_M)$은 6이다. 기대시장수익률 $E(R_M)$은 12%이고 무위험이자율 R_F는 5%이다. (2020년 문제 1)

투자안 A와 투자안 B의 투자기간은 1년이다. 초기투자액은 투자기간 초에 지출되고 현금흐름은 투자기간 말에 발생한다. 기대시장수익률 $E(R_M)$은 양(+)의 무위험이자율 R_F보다 크다고 가정한다 (즉, $E(R_M) > R_F > 0$). 주어진 정보 하에 확실성등가법을 활용하여 다음 물음에 답하시오. <u>계산결과는 소수점 아래 다섯째 자리에서 반올림하여 넷째 자리까지 표시하시오.</u>

(물음 1) 투자안 A와 투자안 B의 확실성등가액이 동일할 경우 시장위험 $VAR(R_M)$ 1단위에 대한 위험프리미엄(λ)과 $VAR(R_M)$을 구하시오.

※ (물음 2)와 (물음 3)은 (물음 1)과는 독립적으로 시장수익률의 분산 $VAR(R_M)$을 0.03으로 가정한다.

(물음 2) 투자안 A와 투자안 B의 CAPM 베타 β_A, β_B와 자본비용 $E(R_A)$, $E(R_B)$를 각각 구하시오.

(물음 3) 투자안 A와 투자안 B 중 어느 것을 선택해야 하는지 풀이 과정을 보여 설명하시오.

(물음 4) 불확실성 하의 자본예산 의사결정에 있어서 확실성등가법과 위험조정할인율법의 공통점 및 차이점을 4줄 이내로 기술하시오.

이 문제는 CAPM을 이용한 확실성등가의 측정과 자본예산 의사결정에 있어서 확실성등가법과 위험조정할인율법의 비교 등에 관한 문제이다.

(물음 1) 투자안 A와 투자안 B의 확실성등가액(CEQ)이 동일할 경우 시장위험 $VAR(R_M)$ 1단위에 대한 위험프리미엄(λ)과 $VAR(R_M)$은 다음과 같이 각각 12.5와 0.0056이다.

- $CEQ_A = E(CF_A) - \lambda Cov(CF_A, R_M)$ (단, $\lambda = \dfrac{E(R_M) - R_F}{Var(R_M)}$)

$$= 1,300 - 2\lambda$$

- $CEQ_B = E(CF_B) - \lambda Cov(CF_B, R_M) = 1,350 - 6\lambda$

- $CEQ_A = CEQ_B \rightarrow 1,300 - 2\lambda = 1,350 - 6\lambda$

$$\therefore \lambda = 12.5$$

- $\lambda = 12.5 = \dfrac{E(R_M) - R_F}{Var(R_M)} = \dfrac{0.12 - 0.05}{Var(R_M)} \rightarrow Var(R_M) = 0.0056$

(물음 2) 먼저 β_A, β_B를 구하기 위해 아래 식에서 R_A와 R_B에 대한 정의와 투자안 A와 투자안 B의 미래 현금유입액의 현재가치인 PV_A와 PV_B를 구하면 다음 식과 같다.

- $R_A = \dfrac{E(CF_A) - PV_A}{PV_A} = \dfrac{E(CF_A)}{PV_A} - 1$

- $R_B = \dfrac{E(CF_B)}{PV_B} - 1$

$$\bullet \ PV_A = \frac{CEQ_A}{(1+R_F)} = \frac{E(CF_A) - \lambda Cov(CF_A, R_M)}{(1+R_F)}$$

$$= \frac{1,300 - (\frac{0.12-0.05}{0.03}) \times 2}{(1+0.05)} = 1,233.6508$$

$$\bullet \ PV_B = \frac{1,350 - (\frac{0.12-0.05}{0.03}) \times 6}{(1+0.05)} = 1,272.3810$$

위에서 구한 PV_A와 PV_B를 이용하여 β_A와 β_B를 계산하면 다음 식과 같이 각각 0.0540과 0.1572이다.

$$\bullet \ \beta_A = \frac{Cov(R_A, R_M)}{Var(R_M)} = \frac{Cov(\frac{CF_A}{PV_A}-1, R_M)}{Var(R_M)} = \frac{\frac{1}{PV_A}Cov(CF_A, R_M)}{Var(R_M)}$$

$$= \frac{1}{PV_A} \times \frac{Cov(CF_A, R_M)}{Var(R_M)} = \frac{1}{1,233.6508} \times \frac{2}{0.03} = 0.0540$$

$$\bullet \ \beta_B = \frac{1}{PV_B} \times \frac{Cov(CF_B, R_M)}{Var(R_M)} = \frac{1}{1,272.3810} \times \frac{6}{0.03} = 0.1572$$

그리고 위에서 구한 β_A와 β_B를 이용하여 자본비용 $E(R_A)$, $E(R_B)$를 계산하면 다음 식과 같이 각각 5.38%와 6.10%이다.

$$\bullet \ E(R_A) = R_F + [E(R_M) - R_F]\beta_A = 0.05 + (0.12 - 0.05) \times 0.0540$$

$$= 0.0538 \ (5.38\%)$$

$$\bullet \ E(R_B) = 0.05 + (0.12 - 0.05) \times 0.1572 = 0.0610 \ (6.10\%)$$

(물음 3) 투자안 A와 투자안 B의 NPV를 계산하면 다음과 같다.

$$\bullet \ NPV_A = PV_A - CI_A = 1,233.6508 - 1,000 = 233.6508$$

$$\bullet \ NPV_B = 1,272.3810 - 1,100 = 172.3810$$

투자안 A와 투자안 B가 상호배타적이며 투자안 A의 NPV가 투자안 B의 NPV보다 더 크므로 투자안 A를 최적 투자안으로 채택한다.

(물음 4) 불확실성 하의 자본예산 의사결정에 있어서 확실성등가법과 위험조정할인율법의 공통점 및 차이점을 정리하면 다음과 같다.

1. 공통점: 두 방법 모두 투자안의 미래 기대현금흐름의 현재가치에서 초기투자액을 차감하여 NPV를 계산하는 현금흐름할인법에 속하며, 두 방법에 의해 구한 NPV는 항상 일치한다.

2. 차이점: 확실성등가법은 투자안의 위험을 기대현금흐름에 직접 반영하여 확실성등가로 전환한 다음 무위험이자율로 할인하는 데 반해 위험조정할인율법은 할인율에 위험을 반영한 위험조정할인율로 미래 기대현금흐름을 할인한다.

문제 4 (2016년 문제 1)

(물음 1) 갑부보험이 출시한 연금1은 매년 말 1,000만원씩 25년 동안 지급하는 상품이고 연금2는 매년 말 750만원씩 영원히 지급하는 상품이다. 이 두 상품의 현재가치가 동일하다면 여기에 적용된 할인율은 얼마인가? 아래 주어진 자연로그 함수와 지수 함수의 예시 표를 이용하여 <u>실수로 반올림하여 소수점 셋째 자리까지 계산하시오.</u>

x	Ln(x)	x	Exp(x)
1.5	0.405	0.015	1.015
2.0	0.693	0.020	1.020
2.5	0.916	0.025	1.025
3.0	1.099	0.030	1.030
3.5	1.253	0.035	1.036
4.0	1.386	0.040	1.041
4.5	1.504	0.045	1.046
5.0	1.609	0.050	1.051
5.5	1.705	0.055	1.057

(물음 2) 을지쇼핑은 부채비율(부채/자기자본)을 25%로 유지하고 내부유보율(유보이익/순이익)을 40%로 유지하는 재무정책을 시행하고 있다. 올해 초 자기자본은 80억원이고 올해 순이익은 30억원이다. 다음 질문에 대하여 <u>%기준으로 반올림하여 소수점 첫째 자리까지 계산하시오.</u>

① 올해의 ROA(총자산순이익률)와 ROE(자기자본순이익률)는 얼마인가? 단, <u>수익률 계산에서 총자산과 자기자본은 기초와 기말의 평균값을 사용해야 한다.</u>

② 을지쇼핑은 내년 순이익이 올해보다 20% 성장할 것으로 예측하였다. 을지쇼핑이 차입이나 유상증자를 이용하지 않고 내부자금만으로 성장하기로 재무정책을 바꾼다면, 내년에 도달할 수 있는 최대의 총자산성장률은 얼마인가?

③ 을지쇼핑은 내년 순이익이 올해보다 50% 성장할 것으로 예측을 바꾸었다. 을지쇼핑이 유상증자는 이용하지 않고 부채비율을 유지하는 기존의 재무정책을 시행한다면, 내년에 도달할 수 있는 최대의 자기자본성장률은 얼마인가?

(물음 3) 오닭축산은 축산폐기물의 정화처리를 위하여 현재 K1 시스템을 가동하고 있는데, 최근 연구팀이 수명은 짧지만 설치비와 운영비가 보다 저렴한 K2 시스템을 개발하였다. 이사회는 K2 시스템을 도입하고 수명이 다 되면 영원히 반복 투자하기로 결정하였다. 재무이사는 K2 시스템으로 교체하는 시점에 대하여 ① 지금 당장 교체하는 방안과 ② 2년 후에 교체하는 방안을 검토하고 있다. 두 시스템에 대한 재무자료의 현재 값은 다음과 같으며 미래에도 동일하다. 오닭축산의 기대수익률은 12%이다. 다음 질문에 대하여 억원 단위로 반올림하여 소수점 첫째 자리까지 계산하시오.

(단위 : 억원)

구 분	K1 시스템	K2 시스템
설치비	−100	−60
운영비	−16	−8
철거비	−35	−18
수명(년)	10	4

① 새로 설치되는 K2 시스템의 EAC(equivalent annual cost; 균등연간비용)는 얼마인가? 단, 연금현가요소 PVIFA(0.12, 4)는 3.04이다.

② 질문 (1)에서 계산된 결과와 무관하게 K2 시스템의 EAC는 30억원이라고 가정한다. 주어진 EAC를 이용해서 방안 ①과 방안 ②의 NPV(net present value; 순현가)를 계산하고 어느 방안이 유리한지 판단하라.

③ 투자수명이 서로 다른 투자안을 평가할 때 사용할 수 있는 3가지 방법은 무엇인가?

이 문제는 화폐의 시간적 가치, 재무정책의 변화에 따른 재무비율의 추정, 투자수명이 서로 다른 투자안 평가 시 사용할 수 있는 평가기법과 균등연간비용 (EAC: equivalent annual cost), 생산설비의 교체 시기 결정 등에 관한 문제이다.

(물음 1) 이 문제는 화폐의 시간적 가치 중 일반연금(ordinary annuity)과 영구연금의 현재가치를 계산하는 공식을 이해하고 암기하고 있는지를 테스트하는 단순한 문제이다. 먼저 두 연금에 적용된 할인율을 r이라고 할 때 두 연금의 현재가치는 다음과 같이 계산할 수 있다.

- 연금1의 $PV = 1,000 [\dfrac{1}{r} - \dfrac{1}{r(1+r)^{25}}]$

- 연금2의 $PV = \dfrac{750}{r}$

이 두 연금의 현재가치가 동일하다면 할인율(r)은 다음 식을 만족시킨다.

- $1,000 [\dfrac{1}{r} - \dfrac{1}{r(1+r)^{25}}] = \dfrac{750}{r} \rightarrow (1+r)^{25} = 4$

위의 지수함수에서 우선 양변에 자연로그($\ln$)를 취하고 자연로그 함수표를 활용해 다음과 같이 할인율을 e를 밑으로 하는 지수함수로 변환한다. 그리고 이 값을 지수함수표를 이용해 계산하고 여기서 할인율(r)을 구하면 5.7%이다.

- $(1+r)^{25} = 4$

  $\rightarrow 25\ln(1+r) = \ln 4 = 1.386$ (로그함수표 참고)

  $\ln(1+r) = 1.386/25 = 0.055$

  $(1+r) = e^{0.055} = 1.057$ (지수함수표 참고)

  $\therefore r = 1.057 - 1 = 0.057$ (5.7%)

(물음 2)

① 올해의 ROA(총자산순이익률)와 ROE(자기자본순이익률)를 계산하기 위해서는 올해 말($t=1$)의 자기자본(S_1)과 총자산(A_1)을 다음과 같이 추정한다. 다음 식에서 S_0는 올해 초 자기자본을, B_1과 RE_1, NI_1은 각각 올해 말의 부채와 유보이익, 당기순이익 등을 의미한다.

- $S_1 = S_0 + RE_1 = S_0 + NI_1 \times 0.4 = 80 + 30 \times 0.4 = 92$
- $B_1 = S_1 \times$ 부채비율 $= 92 \times 0.25 = 23$

  → $A_1 = S_1 + B_1 = 92 + 23 = 115$

위에서 구한 올해 말의 총자산(A_1)과 자기자본(S_1)을 이용하여 올해의 ROA와 ROE를 추정하면 다음과 같이 각각 27.9%와 34.9%이다.

- 올해 평균 총자산$(AA) = \dfrac{A_0 + A_1}{2} = \dfrac{100 + 115}{2} = 107.5$

  → $ROA = \dfrac{NI}{AA} = \dfrac{30}{107.5} = 0.279\,(27.9\%)$

- 올해 평균 자기자본$(AS) = \dfrac{S_0 + S_1}{2} = \dfrac{80 + 92}{2} = 86$

  → $ROE = \dfrac{NI}{AS} = \dfrac{30}{86} = 0.349\,(34.9\%)$

② 내년에 차입이나 유상증자를 이용하지 않고 내부자금만으로 성장하기로 재무정책을 변경했을 때 내년 말 최대의 총자산성장률을 달성하는 유일한 방안은 배당을 지급하지 않고 내부유보율을 100%까지 높여 자기자본과 총자산을 최대로 증가시키는 것이다. 이 경우 내년에 도달할 수 있는 최대의 총자산성장률은 다음과 같이 31.3%이다.

- $NI_2 = NI_1(1 + 0.2) = 30(1 + 0.2) = 36$

  → $RE_2 = NI_2 = 36\,(\because$ 유보율 $= 100\%)$

- $S_2 = S_1 + RE_2 = 92 + 36 = 128$

- $A_2 = S_2 + B_2 = S_2 + B_1 = 128 + 23 = 151$ ($\because$ 무차입 $\rightarrow B_2 = B_1$)

$$\therefore \text{총자산성장률} = \frac{A_2}{A_1} - 1 = \frac{151}{115} - 1 = 0.313\,(31.3\%)$$

③ 내년에 유상증자를 이용하지 않고 부채비율을 25%로 유지하는 기존의 재무정책을 유지할 때 내년 말 최대의 자기자본성장률을 달성하는 유일한 방안은 앞의 문제 (2)에서와 같이 배당을 지급하지 않고 내부유보율을 100%까지 높여 자기자본을 최대로 증가시키는 것이다. 이 경우 내년에 도달할 수 있는 최대의 자기자본성장률은 다음과 같이 48.9%이다.

- $NI_2 = 30(1 + 0.5) = 45 \rightarrow RE_2 = NI_2 = 45$ ($\because$ 유보율 = 100%)

- $S_2 = S_1 + RE_2 = 92 + 45 = 137$

$$\therefore \text{총자기자본성장률} = \frac{S_2}{S_1} - 1 = \frac{137}{92} - 1 = 0.489\,(48.9\%)$$

(물음 3)

① K2 시스템의 균등연간비용(EAC)은 다음과 같이 31.5억원이다.

- 총비용의 $PV = 60 + 8 \times PVIFA(12\%, 4) + \dfrac{18}{(1 + 0.12)^4}$

$$= 60 + 8 \times 3.04 + 18 \times 0.6355 = 95.76$$

$$\rightarrow EAC = \frac{\text{총비용의 } PV}{PVIFA(12\%, 4)} = \frac{95.76}{3.04} = 31.5\,(억원)$$

② 이론적으로 교체투자안의 NPV 계산을 위해서는 교체투자안의 세후 증분현금흐름(after-tax incremental cash flows)을 추정해야 한다. 즉 새로운 시스템인 K2 시스템을 채택할 경우(with project)와 그렇지 않고 현재 K1 시스템을 그대로 사용할 경우(without project)의 현금흐름의 차이를 세후 기준으로 추정해야 한다. 그런데 이 문제에서 세금의 존재 여부에 대해서는 전혀 언급이 없기 때문에 세금 계산과 관련이 있는 감가상각비, 구기계 매각이익 등은 고려할 필요가 없다. 그러나 문제에서 현재 사용 중인 K1 시스템의 잔존 내용연수에 대한 정보

가 없어 현재 K1 시스템을 그대로 사용할 경우(without project)의 현금흐름을 추정할 수 없으므로 설비교체 방안 ①과 ②의 증분현금흐름과 NPV를 추정하는 것은 사실상 불가능하다.

그럼에도 불구하고 이 문제를 최대한 출제자의 의도에 맞게 풀기 위해 문제에서 제시한 2년 후 교체방안을 감안하여 현재 사용 중인 K1 시스템의 잔존 내용연수를 2년으로 가정한다. 그리고 설비를 교체하지 않고 현재의 K1 시스템을 계속 사용했을 때의 현금흐름을 추정하기 위해서는 K1 시스템의 EAC에 대한 정보도 필요하다. 그러나 이를 추정하는 데 필요한 연금현가요소 PVIFA(12%, 10)에 대한 정보도 주어져 있지 않으므로 여기서 연금현가요소 PVIFA(12%, 10)는 5.6502로 가정하고 K1 시스템의 EAC를 우선 계산해 보자.

- 총비용의 $PV = 100 + 16 \times PVIFA(12\%, 10) + \dfrac{35}{(1+0.12)^{10}}$

$$= 100 + 16 \times 5.6502 + 35 \times 0.3220 = 201.6732$$

$$\rightarrow EAC = \frac{총비용의\ PV}{PVIFA(12\%, 4)} = \frac{201.6732}{5.6502} = 35.7$$

위에서 추정한 K1 시스템의 EAC가 35.7억원으로 새로운 설비인 K2의 30억원에 비해 높으므로 새로운 시스템인 K2가 비용 측면에서 더욱 효율적이라는 것을 알 수 있다. 이러한 추가 정보가 주어져 있다고 가정하고 먼저 ① 지금 당장 교체하는 방안의 NPV를 추정해 보자. 방안 ①의 증분현금흐름(ΔCF)과 NPV는 다음과 같이 추정할 수 있다. 새로운 설비인 K2로 교체할 경우 현재 시점(t=0)에서 고려해야 할 비용으로는 현 시스템의 철거비와 새 설비의 설치비를 들 수 있다. 그러나 새로운 설비와 관련된 모든 비용은 표에서와 같이 내년도 이후의 EAC로 계산한다.

현금흐름	t=0	1	2	3~∞
CF (K2)	−35	−30	−30	−30
CF (K1)	0	−16	−(16+35)	−35.7
ΔCF	−35	−14	21	5.7

- $NPV(1) = -35 - \dfrac{14}{1.12} + \dfrac{21}{(1.12)^2} + (\dfrac{5.7}{0.12}) \times \dfrac{1}{(1.12)^2} = 7.1$

그리고 ②번째 교체방안인 2년 후 교체 시의 증분현금흐름(△CF)과 NPV는 다음과 같이 추정할 수 있다.

증분현금흐름	t=0	1	2	3~∞
CF (K2)	0	-16	-(16+35)	-30
CF (K1)	0	-16	-(16+35)	-35.7
△CF	0	0	0	5.7

- $NPV(2) = (\dfrac{5.7}{0.12}) \times \dfrac{1}{(1.12)^2} = 37.9$

두 교체방안의 NPV가 모두 0보다 크므로 현재의 K1 시스템보다는 새로운 설비인 K2 시스템으로 교체하는 것이 더 경제성이 있는 것으로 나타났다. 그런데 교체시기에 관한 두 방안의 NPV를 비교했을 때 ② 2년 후 교체방안의 것이 더 크므로 적정 교체시기로는 2년 후 교체방안이 지금 당장 교체하는 방안보다 더 유리한 것으로 판단된다.

참고로 만약 교체투자안의 NPV가 양(+)이라면 현재 시스템인 K1을 새로운 시스템인 K2로 교체하는 것이 더 경제적이라는 것을 의미한다. 반면에 교체투자안의 NPV가 음(-)이라면 새로운 시스템인 K2로 교체하는 것보다 현재 시스템인 K1을 그대로 사용하는 것이 더 경제적이라는 것을 뜻한다.

③ 투자수명이 서로 다른 투자안을 평가할 때 사용할 수 있는 평가방법으로 여러 가지가 있으나 반복투자가 가능할 경우 다음 3가지 방법을 들 수 있다.

(a) 균등연간비용법(EAC): 투자수명이 서로 다르나 반복투자가 가능하며 미래 현금유입은 모든 투자안에서 동일하다는 가정 하에 균등연간비용이 최소인 투자안을 최적 투자안으로 채택하는 평가기법이다.

(b) 최소공배수법: 내용연수가 서로 다른 투자안들의 내용연수의 최소 공배수를 추정하고 이 기간 동안 반복 투자한다는 가정 하에 각 투자안의 NPV를 계산한다. 이 중 NPV가 최대인 투자안을 최적 투자안으로 채택하는 평가기법이다.

(c) 무한반복투자법: 반복투자로 처음 투자안과 동일한 순현가를 추가적으로 반복해서 얻을 수 있다는 가정 하에 내용연수 기간 중에 추정한 NPV(n)을 이용하여 무한히 반복투자하는 경우의 NPV(n, ∞)을 추정하고 이것이 최대인 투자안을 최적 투자안으로 채택하는 평가기법이다.

문제 5　ABC기업의 재무이사는 신규사업팀에서 제안한 투자수명 3년의 프로젝트 X를 검토하고 있다. 신규사업팀은 아래의 가정을 이용해서 프로젝트 X에 대한 추정손익계산서를 작성하였다. 각 물음에 대하여 금액은 억원 단위로 표기하고 수익률은 퍼센트 단위로 표기하되, 반올림하여 소수점 두 자리까지 계산하시오. (2011년 문제 1)

<가정>

1. 프로젝트 X에는 400억원의 고정자산 투자가 필요하다. 고정자산은 투자가 시작되는 시점(1차년 초)에 모두 구입하며 이후 고정자산에 대한 추가적인 투자는 없다. 고정자산의 수명은 3년이고 잔존가치는 투자액의 10%이며 정액법으로 감가상각한다. 고정자산의 잔존가치는 투자가 종료되는 시점(3차년 말)에 장부가액으로 회수된다.

2. 순운전자본에 대한 투자는 다음 해 매출액의 30% 수준을 유지해야 한다. 투자가 종료되는 3차년에는 순운전자본에 대한 추가투자가 필요하지 않으며, 3차년 말의 순운전자본은 장부가액으로 회수된다.

3. 매출액은 1차년에 1,200억원이 되고 매년 8%씩 성장할 것으로 예상된다.

4. 변동영업비가 매출액에서 차지하는 비중은 64%이다. 감가상각비 이외에 추가로 소요되는 고정영업비는 매년 200억원이다.

5. ABC기업은 현재 부채비율(타인자본/총자본) 50%를 유지하고 있다. 프로젝트 X의 자본조달에도 부채비율 50%를 적용하며 순이익은 모두 배당한다.

6. ABC기업의 타인자본비용은 6.4%, 자기자본비용은 13.6%, 법인세율은 25%이다.

<추정손익계산서>

(단위: 억원)

구 분	1차년	2차년	3차년
매출액	1,200.00	1,296.00	1,399.68
변동영업비	768.00	829.44	895.80
고정영업비	200.00	200.00	200.00
감가상각비	120.00	120.00	120.00
영업이익	112.00	146.56	183.88
이자비용	24.32	24.32	24.32
세전이익	87.68	122.24	159.56
세금	21.92	30.56	39.89
순이익	65.76	91.68	119.67

(물음 1) 신규사업팀장은 순이익을 할인해서 프로젝트 가치를 계산하려고 한다. 그러나 재무이사는 이러한 프로젝트의 가치는 순이익이 아니라 현금흐름을 할인해야 하며, 자본조달의 효과를 배제하고 순수하게 영업의 효과만을 측정해야 한다고 지적하였다. 재무이사가 원하는 가치를 계산하기 위해서는 프로젝트에서 얻게 되는 잉여현금흐름(free cash flow)을 알아야 한다. 프로젝트 X에 대한 매년의 잉여현금흐름은 얼마인가?

(물음 2) 신규사업팀장은 (물음 1)에서 계산한 잉여현금흐름에 대한 NPV(순현재가치)를 계산하기 위하여 가중평균자본비용을 할인율로 사용하려고 한다. 재무이사는 잉여현금흐름은 프로젝트를 자기자본만으로 수행한다고 가정할 때의 기대수익률을 이용해서 할인해야 한다고 지적하였다. MM의 자본구조이론에 의하면 재무이사가 원하는 할인율은 얼마이며 그 때의 NPV는 얼마인가?

(물음 3) 재무이사는 프로젝트 X에서 매년 얼마의 매출액이 발생해야 영업활동에서 손익분기가 되는가를 알고 싶어 한다. 이를 위해서 신규사업팀장은 세후영업이익이 손익분기를 이루기 위한 매출액을 계산하였다. 신규사업팀장이 계산한 매출액은 얼마인가?

(물음 4) 재무이사는 (물음 3)에서 신규사업팀장이 계산한 것은 회계적 손익분기점(accounting BEP)이며, 이 매출액만 달성해서는 고정자산 투자에 대한 기회비용을 충족시키지 못한다고 지적하였다. 영업현금흐름이 고정자산 투자에 대한 균등연간비용(equivalent annual cost; EAC)과 같아질 때를 재무적 손익분기점(financial BEP)이라고 한다. 프로젝트 X가 재무적 손익분기점에 도달하려면 매출액은 얼마가 되어야 하는가?

상세 해설 및 정답

이 문제는 투자안 평가 시 잉여현금흐름 추정과 손익분기점 분석에 관한 문제이다.

(물음 1) 프로젝트 X에 대한 매년도 잉여현금흐름은 다음과 추정한다. 아래식에서 RWC와 S는 각각 투자 종료 시점의 순운전자본 회수액과 고정자산 처분가치를 의미한다.

- 투자 개시 시점$(t=0)$의 현금흐름

$$\Delta CF_0 = -\Delta CapEx_0 - \Delta WC_0 = -400 - (1,200 \times 0.3) = -760$$

- 정상적 영업 기간$(t=1,2)$의 현금흐름

  ◦ $\Delta CF_1 = \Delta OCF_1 - \Delta WC_1 = [\Delta EBIT_1(1-T_C) + \Delta Dep] - \Delta WC_1$

  $$= [112(1-0.25) + 120] - (1,296 \times 0.3 - 1,200 \times 0.3) = 175.2$$

  ◦ $\Delta CF_2 = \Delta OCF_2 - \Delta WC_2 = [\Delta EBIT_2(1-T_C) + \Delta Dep] - \Delta WC_2$

  $$= [146.56(1-0.25) + 120] - (1,399.68 \times 0.3 - 1,296 \times 0.3) = 198.82$$

- 투자 종료 시점의 현금흐름

$$\Delta CF_3 = \Delta OCF_3 + \Delta RWC + \Delta S$$

$$= [183.88(1-0.25) + 120] + 1,399.68 \times 0.3 + 40 = 717.81$$

(물음 2) 신규사업팀장은 가중평균자본비용을 할인율로 사용하려고 했으나 재무이사는 자기자본만으로 수행한다고 가정할 때의 기대수익률, 즉 영업위험만 있는 무부채기업의 자기자본비용(r_U)을 이용해서 할인해야 한다

고 지적하였다. ABC기업의 현재 부채비율과 자기자본비용(r_S)을 이용해 무부채기업의 자기자본비용(r_U)을 다음과 같이 추정한다.

- $r_S = 0.136 = r_U + (r_U - 0.064)(1 - 0.25)\dfrac{0.5}{0.5}$

  $\rightarrow r_U = 0.1051 \, (10.51\%)$

위에서 추정한 바와 같이 재무이사가 원하는 할인율인 무부채기업의 자기자본비용(r_U)은 10.51%이며 이를 이용해 NPV를 추정하면 다음과 같이 93.21억원이다.

- $NPV = -760 + \dfrac{175.2}{(1.1051)} + \dfrac{198.82}{(1.1051)^2} + \dfrac{717.81}{(1.1051)^3} = 93.21$

(물음 3) 세후영업이익이 손익분기를 이루기 위한 매출액은 회계적 손익분기점의 매출액(TR_A) 산정 공식을 이용하여 계산하면 다음과 같이 888.89억원이다. 참고로 세후영업이익의 손익분기점과 세전영업이익의 손익분기점은 동일하다. 왜냐하면 세후영업이익이 0이 되기 위해서는 세전영업이익이 반드시 0이 되어야 하기 때문이다. 따라서 이들의 손익분기점을 구하는 데에는 동일한 공식을 사용한다.

- 고정영업비용(F) = 고정영업비 + 감가상각비

  $= 200 + 120 = 320$

- $EBIT(1 - T_C) = [TR_A(1 - \dfrac{v}{p}) - F](1 - T_C) = 0$

  $\rightarrow TR_A = \dfrac{F}{1 - \dfrac{v}{p}} = \dfrac{320}{1 - 0.64} = 888.89$

(물음 4) 재무적 손익분기점(financial BEP)에서의 매출액(TR_F)을 산출하기 위해 먼저 재무적 손익분기점에서의 영업현금흐름(OCF)과 균등연간비용(EAC)은 각각 다음과 같이 계산한다. 특히 고정자산 투자비용의 현재가치(PV)를 계산할 시에 초기 투자액에서 종료시점의 처분가치의

현재가치를 차감해 주어야 한다는 점과 할인율은 (물음 2)에서 추정한 무부채기업의 자기자본비용(r_U)인 10.51%를 적용해야 한다는 점에 유의해야 한다.

- $OCF = EBIT(1 - T_C) + Dep = [TR_F(1 - \dfrac{v}{p}) - F](1 - T_C) + Dep$

  $= [TR_F(1 - 0.64) - 320](1 - 0.25) + 120$

  $= 0.27\,TR_F - 120$

- $EAC = \dfrac{\text{고정자산 투자비용의 } PV}{PVIFA(10.51\%,\,3)}$

  $= \dfrac{400 - \dfrac{40}{1.1051^3}}{[\dfrac{1}{0.1051} - \dfrac{1}{0.1051(1.1051)^3}]} = \dfrac{370.36}{2.4647} = 150.27$

따라서 영업현금흐름(OCF)이 고정자산 투자에 대한 균등연간비용(EAC)과 일치하는 재무적 손익분기점에서의 매출액(TR_F)을 계산하면 다음과 같이 1,001억원이다.

- $OCF = EAC \rightarrow 0.27\,TR_F - 120 = 150.27$

  $\therefore\ TR_F = 1,001$

5.2 투자 평가와 인플레이션

문제 6 ㈜대한은 새로운 기계(A)를 도입하는 신규 투자 사업을 통해 생산능력을 향상시키고자 한다. A의 가격은 18억원이다. ㈜대한은 A의 도입 여부에 대한 연구조사를 시행하였으며, 비용은 5천만원 발생하였다. 연구조사 결과는 아래와 같다. (2022년 문제 2)

> (1) 투자시점($t=0$)에 A의 설치에 따른 생산 차질로 발생하는 매출 손실은 10억원이다. 매출은 1년차($t=1$)부터 매년 30억원씩 발생한다.
>
> (2) 제조원가는 매출액의 60%로 이전과 동일하다. 재고자산은 투자시점에 1억원이 증가하고 1년차부터는 매출액의 3%이다.
>
> (3) 인건비는 판매 인력의 증가로 매년 3천만원이 발생한다.
>
> (4) A는 정액법으로 감가상각되며 내용연수는 3년이다. A의 잔존가치는 없다.
>
> (5) 투자시점부터 외상매출금은 매출액의 7%, 미지급금은 제조원가의 10%이다.
>
> (6) 사업종료시점($t=3$)에 A를 1억원에 매각한다.
>
> (7) ㈜대한의 법인세율은 30%이다.

모든 현금흐름은 증분현금흐름이다. <u>계산결과는 소수점 아래 첫째 자리에서 반올림하여 원 단위까지 표시하시오.</u>

(물음 1) 투자시점부터 사업종료시점까지 A로 인하여 발생하는 현금흐름과 영업현금흐름(OCF)을 매 시점별로 합산하여 구하시오.

(물음 2) 투자시점부터 사업종료시점까지 순운전자본 변동으로 발생하는 현금흐름을 구하시오. 단, 순운전자본은 사업 종료시점에 전액 회수된다.

(물음 3) 신규 사업의 증분잉여현금흐름을 계산하고 순현가(NPV)를 구하시오. 이 사업에 적용되는 할인율은 10%이다. <u>계산결과는 십만원 단위</u>

에서 반올림하여 백만원 단위까지 표시하시오.

(물음 4) (물음 3)의 할인율에는 5%의 기대 인플레이션율이 반영되어 있다. 신규 사업의 실질 잉여현금흐름을 계산하고 순현가를 구하시오. 계산 과정상 산출되는 수치는 % 단위로 소수점 아래 넷째 자리에서 반올림하여 이용하고, 계산결과는 십만원 단위에서 반올림하여 백만원 단위까지 표시하시오.

상세 해설 및 정답

이 문제는 자본예산에서 투자안의 현금흐름과 순현가(NPV)를 추정하는 문제이다. 또한 인플레이션하의 투자평가 방법에 관해서도 묻고 있다. 특히 이 문제에서 ㈜대한이 새로운 기계 A의 도입 여부에 대한 연구조사를 위해 투자안평가 이전에 지출한 연구조사비용 5천만원은 매몰비용(sunk cost)으로 현금유출에 포함시키지 않아야 한다는 점에 유의해야 한다.

(물음 1) 먼저 A로 인하여 발생하는 현금흐름($\Delta CF(A)$)을 시점별로 계산하면 다음과 같다. 아래 식에서 $CapEx$는 기계 구입비용을, $Sales$는 매출액을, S는 기계 매각대금을, B는 기계의 장부가치를 각각 의미한다.

- $\Delta CF_0(A) = -\Delta CapEx_0 - \Delta Sales_0(1 - T_C)$

$$= -18 - 10(1 - 0.3) = -25 \text{ (억원)}$$

- $\Delta CF_3(A) = \Delta S_3 - (\Delta S_3 - \Delta B_3)T_C = 1 - (1 - 0)(0.3) = 0.7 \text{ (억원)}$

그리고 $t = 1 \sim 3$ 기간 동안 매 시점별 영업현금흐름(OCF)은 다음과 같이 추정한다. 아래 식에서 R은 매출액을, VC는 변동비(제조원가)를, FC는 고정비(인건비)를 각각 의미한다.

- $\Delta OCF_t = (\Delta R - \Delta VC - \Delta FC)(1 - T_C) + T_C \Delta Dep$

$$= (30 - 30 \times 0.6 - 0.3)(1 - 0.3) + (0.3)(\frac{18 - 0}{3})$$

$$= 9.99 \text{ (억원)}$$

따라서 A로 인하여 발생하는 현금흐름과 영업현금흐름을 매 시점별로 합산하면 다음 표와 같다.

(단위: 억원)

현금흐름	$t=0$	$t=1$	$t=2$	$t=3$
$\Delta CF(A)$	-25			0.7
ΔOCF		9.99	9.99	9.99
합 계	-25	9.99	9.99	10.69

(물음 2) 순운전자본(WC) 증감액은 유동자산(재고자산과 외상매출금)의 증감액에서 유동부채(미지급금)의 증감액을 차감하여 구한다. 투자시점부터 사업 종료시점까지 순운전자본 변동으로 발생하는 현금흐름을 구하면 다음과 같다. 아래 식에서 RWC는 사업 종료시점에서의 순운전자본 회수액을 의미한다.

- $\Delta CF_0(WC) = -1\,(억원)$

- $\Delta CF_t(WC) = -(30 \times 0.03 + 30 \times 0.07 - 30 \times 0.6 \times 0.1)$

$$= -1.2\,(억원) \quad (t=1 \sim 3)$$

- $\Delta RWC_3 = 1 + 1.2 \times 3 = 4.6\,(억원)$

순운전자본 변동으로 발생하는 현금흐름을 기간별로 구하면 다음과 같다.

(단위: 억원)

현금흐름	$t=0$	$t=1$	$t=2$	$t=3$
$\Delta CF(WC)$	-1	-1.2	-1.2	3.4

(물음 3) (물음 1)과 (물음 2)의 신규 사업의 잉여현금흐름을 모두 합하여 매 시점별 증분 잉여현금흐름을 계산하면 다음 표와 같다.

(단위: 억원)

현금흐름	$t=0$	$t=1$	$t=2$	$t=3$
$\Delta CF(A)$	-25			0.7
ΔOCF		9.99	9.99	9.99
$\Delta CF(WC)$	-1	-1.2	-1.2	3.4
합 계	-26	8.79	8.79	14.09

위의 표에서 제시한 기간별 증분 잉여현금흐름을 이용하여 신규 투자사업의 NPV를 계산하면 다음과 같이 -16백만원이다.

$$\bullet \ NPV = -26 + \frac{8.79}{(1+0.1)} + \frac{8.79}{(1+0.1)^2} + \frac{14.09}{(1+0.1)^3}$$

$$= -0.159 \, (억원) \approx -16 \, (백만원)$$

(물음 4) 실질 잉여현금흐름(RCF)은 명목 잉여현금흐름(CF)을 다음과 같이 기대 인플레이션율(i)로 디플레이트(deflate)하여 구한다.

$$\bullet \ RCF_t = \frac{CF_t}{(1+i)^t}$$

위의 식을 이용하여 (물음 3)에서 추정한 명목 잉여현금흐름(CF)을 실질 잉여현금흐름(RCF)으로 디플레이트하면 다음 표와 같다.

(단위: 억원)

현금흐름	$t=0$	$t=1$	$t=2$	$t=3$
ΔCF	-26	8.79	8.79	14.09
ΔRCF	-26	8.371	7.973	12.171

그리고 위의 표에서 산출한 실질 잉여현금흐름을 이용하여 신규 투자사업의 NPV를 구하기 위해서는 이를 할인하는 데 사용할 실질이자율을 구해야 한다. 다음 식을 이용하여 실질이자율(R)을 구하면

4.762%이다. 아래 식에서 r은 명목이자율을 의미한다.

$$\bullet \quad R = \frac{(1+r)}{(1+i)} - 1 = \frac{(1+0.1)}{(1+0.05)} - 1 = 0.04762 \, (4.762\%)$$

따라서 실질 잉여현금흐름(RCF)과 실질이자율(R)을 이용하여 신규 투자안의 NPV를 구하면 다음과 같이 −16백만원이다.

$$\bullet \quad NPV = -26 + \frac{8.371}{(1+0.04762)} + \frac{7.973}{(1+0.04762)^2} + \frac{12.171}{(1+0.04762)^3}$$

$$= -0.159 \, (억원) \approx -16 \, (백만원)$$

이처럼 실질 잉여현금흐름과 실질이자율을 이용하여 추정한 신규 투자안의 NPV가 앞의 (물음 3)에서 명목 잉여현금흐름과 명목이자율을 이용하여 추정한 신규 투자안의 NPV와 정확히 일치한다. 이러한 결과는 투자안을 평가할 때 인플레이션을 현금흐름과 할인율 양쪽 모두에 일관성 있게 반영해야 함을 의미한다.

6

자본구조와 배당정책

6.1 MM이론과 하마다모형

문제 1 무부채기업인 ㈜서울의 자기자본비용은 10%이고 ㈜한강은 6% 이자율로 1억원의 부채를 사용하고 있다. 두 기업은 모두 매년 3,000만원의 일정한 영업이익을 영구적으로 기대하고 있다. 법인세율은 40%이고, MM(1963)이론이 성립한다는 가정 하에서 다음의 물음에 답하시오. (2017년 문제 1)

(물음 1) ㈜서울과 ㈜한강의 기업가치를 각각 구하시오.

(물음 2) 현재 ㈜한강의 시장가치가 2.5억원일 때 다음 물음에 답하시오.

① ㈜한강의 주식 10%를 보유한 투자자의 차익거래 전략과 과정을 설명하고, 차익거래이익을 구하시오.

② 위 ①에서의 차익거래 행위는 언제까지 지속되겠는가?

(물음 3) ㈜서울의 발행주식수는 3,000주이며, ㈜한강의 발행주식수는 1,500주이다. 두 기업의 EPS(주당순이익)를 각각 구하시오.

(물음 4) (물음 3)에서 두 기업의 EPS를 동일하게 하는 영업이익은 얼마인가?

그 영업이익에서 EPS는 얼마인가?

(물음 5) MM(1963)이론과 파산비용이론(또는 상충이론) 이외에 최적 자본구 조의 존재를 주장하는 이론을 두 가지 제시하고 각 이론들의 최적 자본구조 요건을 설명하시오.

상세 해설 및 정답

이 문제는 MM(1963)의 수정명제 I과 차익거래, 최적 자본구조이론 등에 관한 문제이다.

(물음 1) ㈜서울(U기업)과 ㈜한강(L기업)의 기업가치는 다음과 같이 각각 1.8억원과 2.2억원이다. 아래 식에서 $\overline{X}$는 기대 영업이익(EBIT)을 의미한다.

$$\bullet \ V_U = \frac{\overline{X}(1-T_c)}{r_U} = \frac{0.3(1-0.4)}{0.1} = 1.8 \ (억원)$$

$$\bullet \ V_L = V_U + T_c B = 1.8 + 0.4 \times 1 = 2.2 \ (억원)$$

(물음 2) 현재 $V_U = 1.8$, $V_L = 2.5$, $B = 1$, $S_L = 1.5$일 때

① 아래 표에서 포트폴리오 I은 "㈜한강의 주식 10% 매입", 포트폴리오 II 는 "(a)개인계좌(자가부채)로 600만원 차입과 (b)㈜서울의 주식 10% 매입"으로 각각 구성되어 있다. 이때 두 포트폴리오의 연간 수익은 144만원으로 동일하지만 투자액은 포트폴리오 I이 1,500만원, 포트폴리오 II가 1,200만원으로 전자가 후자보다 300만원 더 많다. 따라서 과대평가된 포트폴리오 I을 소유한 투자자가 있다면, 그는 이 포트폴리오를 매도하고 과소평가된 포트폴리오 II를 매입하는 차익거래를 시도할 것이다. 즉 포트폴리오 I을 1,500만원에 매도하고 동시에 ㈜한강의 부채 1억원의 10%에다 0.6(=1-T_C)을 곱한 금액인 600만원을 개인계좌로 차입하여 얻은 총자금 2,100만원 중에서 1,800만원으로 ㈜서울의 주식 10%를 매입하는 차익거래를 할 것이다. 결과적으로 이 투자자는 연간

수익은 변함없이 144만원을 얻으면서 현재가치 기준으로 두 포트폴리오의 투자액 차이인 300만원(=1,500-1,200)을 차익거래이익으로 얻을 수 있게 된다.

포트폴리오	거래 내용	투자액	연간 수익
I	한강 주식 10% 매입	$0.1S_L = 1,500$	$0.1(3,000-600)(1-0.4) = 144$
II	(a) 개인계좌(자가부채)로 600만원을 차입	$0.1(1-T_C)B = -600$	$-600 \times 0.06 = -36$
	(b) 서울 주식 10% 매입	$0.1S_U = 1,800$	$0.1(3,000)(1-0.4) = 180$
	(a)+(b)	$-600+1,800 = 1,200$	$-36+180 = 144$

② 위 ①에서의 차익거래 행위는 과대평가된 ㈜한강의 자기자본가치(S_L)와 기업가치(V_L)가 하락하고 과소평가된 ㈜서울의 자기자본가치(S_U)와 기업가치(V_U)가 상승함으로써 차익거래이익이 0이 될 때까지 지속될 것이다. 차익거래이익이 0이 되어 시장이 균형상태에 도달하는 시점은 ㈜서울과 ㈜한강의 시장가치가 MM(1963)의 수정명제 I인 다음 관계식을 충족할 때이다: $V_L = V_U + T_c B$.

(물음 3) ㈜서울과 ㈜한강의 EPS를 구하면 각각 6,000원과 9,600원이다.

- 서울(U기업) : $NI = 3,000(1-0.4) = 1,800$

$$\rightarrow EPS = \frac{1,800\,(만원)}{3,000\,(주)} = 6,000\,(원)$$

- 한강(L기업) : $NI = (3,000-600)(1-0.4) = 1,440$

$$\rightarrow EPS = \frac{1,440\,(만원)}{1,500\,(주)} = 9,600\,(원)$$

(물음 4) 두 기업의 EPS를 동일하게 하는 기대영업이익을 $\overline{X}$라고 할 때, 기대영업이익과 EPS는 다음과 같이 추정할 수 있다.

- $EPS = \dfrac{\overline{X}(1-0.4)}{3,000} = \dfrac{(\overline{X}-600)(1-0.4)}{1,500} \rightarrow \overline{X} = 1,200\,(만원)$

$$\therefore EPS = \frac{1,200(1-0.4)(만원)}{3,000\,(주)} = 2,400\,(원)$$

(물음 5) MM(1963)이론과 파산비용이론(또는 상충이론) 이외에 최적 자본구조의 존재를 주장하는 이론으로는 대리인비용이론과 신호이론, DeAngelo and Masulis(1980)의 비부채성 세금절감효과(non-debt tax shield)를 고려한 최적 자본구조이론 등을 들 수 있다. 여기서는 대리인이론과 신호이론에 있어서 최적 자본구조 요건을 설명한다.

⑴ 대리이론(agency theory): Jensen and Meckling(1976)의 대리이론에 의하면, 부채의 대리인비용과 자기자본의 대리인비용의 합인 총대리인비용이 최소가 되는 점에서 최적 자본구조가 존재한다.

⑵ 신호이론(signaling theory): Ross(1977)의 신호이론에 의하면, 부채증가에 대한 시장의 긍정적 인식에 의한 기업가치 증가분과 파산위험의 증가와 자본비용 상승에 따른 기업가치 감소분이 일치하는 수준에서 최적 자본구조가 결정된다.

문제 2　다라㈜는 매년 기대영업이익이 3억원으로 영구적으로 일정할 것으로 예상된다. 이 회사는 40만주의 보통주로만 자본을 조달하고 있고 현재 주가는 3,000원이다. 다라㈜는 현재 이자율 10%로 회사채 10억원을 발행하여 주식의 일부를 재매입하려고 한다. 만기 후 부채는 동일한 조건으로 재조달할 수 있으며 법인세율은 40%이다. 그 외에 자본시장은 완전하다고 가정하고 다음에 답하시오. (2011년 문제 3)

(물음 1) 회사채 발행 후 다라㈜의 자기자본비용을 구하시오. 계산결과는 <u>%단위로 표시하되 반올림하여 소수점 둘째 자리까지 표기</u>하시오.

(물음 2) 회사채 발행 후 다라㈜의 가중평균자본비용을 구하시오. 계산결과는 <u>%단위로 표시하되 반올림하여 소수점 둘째 자리까지 표기</u>하시오.

(물음 3) 부채를 조달할 수 있는 조건이 회사채의 발행 금액에 관계없이 이자율 10%로 동일하다고 가정하자. 다라㈜의 목표부채비율, 즉 자기자본 대비 부채비율($\frac{B}{S}$)을 100%로 유지하려고 한다면 지문에서 제시된 10억원 대신 얼마의 회사채를 발행하여 주식의 일부를 재매입해야 하는지 계산하시오.

이 문제는 MM(1963)의 수정명제와 자본비용 및 부채재조정 등에 관한 문제이다.

(물음 1) 먼저 회사채를 발행하지 않았을 때의 기업가치(V_U)와 자기자본비용(r_U), 회사채 10억원을 발행했을 때의 기업가치(V_L)와 자기자본가치(S_L) 등을 추정하면 각각 다음과 같다.

- $V_U = 0.3(만원) \times 40(만주) = 12\,(억원)$

$$= \frac{\overline{X}(1-T_c)}{r_U} = \frac{3(1-0.4)}{r_U} = 12 \rightarrow r_U = 0.15$$

- $V_L = V_U + T_c B = 12 + 0.4 \times 10 = 16 \rightarrow S_L = 16 - 10 = 6$

따라서 회사채를 발행 후 자기자본비용(r_S)을 MM(1963)의 수정명제 II에 의해 추정하면 다음과 같이 20%이다.

- $r_S = r_U + (r_U - r_B)(1-T_C)\dfrac{B}{S_L}$

$$= 0.15 + (0.15 - 0.1)(1-0.4)\frac{10}{6} = 0.2\,(20\%)$$

(물음 2) 회사채 발행 후 가중평균자본비용은 11.25%이다.

- $WACC = r_U(1 - T_C\dfrac{B}{V_L}) = 0.15(1 - 0.4 \times \dfrac{10}{16}) = 0.1125\,(11.25\%)$

(물음 3) 목표부채비율을 100%로 유지하려고 할 경우 발행해야 할 회사채는 다음과 같이 7.5억원이다.

- $\dfrac{B}{S_L} = 1 \rightarrow B : S_L : V_L = 1 : 1 : 2 \rightarrow V_L = 2B$

- $V_L = 2B = V_U + T_C B = 12 + 0.4B \rightarrow B = 7.5\,(억원)$

문제 3　전액 자기자본으로 조달된 ABC 기업의 자본비용은 25%이다. 연간 5억원의 세전영업이익(EBIT)이 영구히 발생할 것으로 기대된다. 최근 새로운 프로젝트에 대한 투자를 고려하여 총 액면가 4억원, 액면이자율 8%, 만기수익률 10%의 영구채로 부채를 조달할 계획이다. 무위험이자율은 10%, 시장포트폴리오의 기대수익률은 20%, 법인세율은 30%이다. MM자본구조이론과 CAPM에 근거하여 다음에 답하시오. (2012년 문제 2)

(물음 1) 자본구조 변경 후 부채의 시장가치를 구하시오. 계산결과는 <u>억원 단위로 소수점 첫째 자리까지 표기</u>하시오.

(물음 2) 자본구조 변경 전·후의 기업가치를 각각 구하시오. 계산결과는 <u>억원 단위로 소수점 둘째 자리까지 표기</u>하시오.

(물음 3) 새로운 자본구조 하에서 자기자본비용과 가중평균자본비용을 MM자본구조이론을 적용하여 각각 구하시오. 계산결과는 <u>%단위로 표시하되 반올림하여 소수점 둘째 자리까지 표기</u>하시오.

(물음 4) 기업은 현재의 시가기준 부채비율(부채/자기자본)을 60%로 조정하려고 한다. 변화된 자본구조에 따라 다음을 계산 과정과 함께 제시하시오. 아래 질문 ㉠과 ㉡의 계산결과는 <u>%단위로 표시하되 반올림하여 소수점 둘째 자리까지 표기</u>하고, ㉢의 계산결과는 <u>억원 단위로 반올림하여 소수점 둘째 자리까지 표기</u>하시오.

　　㉠ CAPM으로 계산한 자기자본비용
　　㉡ 원천별 자본비용으로 계산한 가중평균자본비용
　　㉢ 기업가치

이 문제는 MM(1963)의 자본구조이론과 CAPM 및 하마다모형의 적용에 관한 문제이다.

(물음 1) 부채의 시장가치는 다음과 같이 3.2억원이다.

- $B = \dfrac{\text{액면이자액}}{\text{만기수익률}(y)} = \dfrac{4 \times 0.08}{0.1} = 3.2 \ (\text{억원})$

(물음 2) 자본구조 변경 전(U기업)과 후(L기업)의 기업가치는 다음과 같이 각각 14억원과 14.96억원이다.

- $V_U = \dfrac{\overline{X}(1 - T_c)}{r_U} = \dfrac{5(1 - 0.3)}{0.25} = 14 \ (\text{억원})$

- $V_L = V_U + T_c B = 14 + 0.3 \times 3.2 = 14.96 \ (\text{억원})$

(물음 3) 새로운 자본구조 하에서 자기자본비용(r_S)과 WACC를 추정하면 다음과 같이 각각 27.86%와 23.40%이다.

- $B = 3.2, \ S_L = V_L - B = 14.96 - 3.2 = 11.76$

- $r_S = r_U + (r_U - r_B)(1 - T_c)\dfrac{B}{S_L}$

$= 0.25 + (0.25 - 0.1)(1 - 0.3)\dfrac{3.2}{11.76} = 0.2786 \ (27.86\%)$

- $WACC = r_U[1 - T_c(\dfrac{B}{V_L})] = 0.25[1 - 0.3(\dfrac{3.2}{14.96})] = 0.2340 \ (23.40\%)$

(물음 4) 현재의 부채비율(부채/자기자본)을 60%로 조정한 이후

㉠ CAPM으로 계산한 자기자본비용: 만기수익률(y)이 10%로 무위험이자율과 동일하므로 이 영구사채는 무위험 부채, 즉 β_B는 0이 된다. 따라서 Hamada 모형의 적용이 가능하다. 먼저, CAPM을 이용하여 부채를 사용하기 이전 기업의 베타(β_U)를 추정한 다음, Hamada 모형을 이용하여 부

채비율을 조정한 새로운 자본구조하의 주식 베타(β_S)를 계산하면 다음과 같다.

- $r_U = 0.25 = r_f + [E(r_m) - r_f)]\beta_U$

  $= 0.1 + (0.2 - 0.1)\beta_U \rightarrow \beta_U = 1.5$

- $\beta_S = \beta_U[1 + (1 - T_c)\dfrac{B}{S_L}] = 1.5[1 + (1 - 0.3)(0.6)] = 2.13$

따라서 위에서 추정한 새로운 자기자본의 베타(β_S)를 이용하여 CAPM으로 계산한 자기자본비용은 다음과 같이 31.3%이다.

- $r_S = r_f + [E(r_m) - r_f]\beta_S = 0.1 + (0.2 - 0.1) \times 2.13 = 0.313 \ (31.3\%)$

ⓛ 원천별 자본비용으로 계산한 가중평균자본비용:

- $\dfrac{B}{S_L} = 0.6 = \dfrac{3}{5} \rightarrow B : S_L : V_L = 3 : 5 : 8$

- $WACC = (\dfrac{S_L}{V_L})r_S + (\dfrac{B}{V_L})r_B(1 - T_C)$

  $= (\dfrac{5}{8})(0.313) + (\dfrac{3}{8})(0.1)(1 - 0.3) = 0.2219 \,(22.19\%)$

ⓒ 기업가치: 위의 ⓛ에서 구한 WACC을 이용하여 기업가치를 계산하면 다음과 같이 15.77억원이다.

- $V_L = \dfrac{\overline{X}(1 - T_c)}{WACC} = \dfrac{5(1 - 0.3)}{0.2219} = 15.77 \,(억원)$

문제 4 ㈜서울은 자기자본만으로 자금을 조달한 기업으로 자본비용은 20%이며, 연간 10억원의 영업이익이 영구히 발생할 것으로 기대된다. ㈜경기는 총 액면가 15억원, 액면이자율 10%, 만기수익률 10%의 영구채와 총 10,000주의 주식으로 구성되어 있으며, 영업이익과 영업위험은 ㈜서울과 동일하다. 법인세율은 40%이다. (물음 1)과 (물음 2)는 MM의 명제가 성립한다고 가정한다. (2014년 문제 3)

(물음 1) ㈜서울과 ㈜경기의 시장가치는 각각 얼마인가?

(물음 2) ㈜경기의 자기자본비용과 가중평균자본비용 WACC는 얼마인가? <u>계산결과는 %로 표시하되 반올림하여 소수점 둘째 자리까지 표기</u>하라.

(물음 3) 현재 시장에서는 부채가치의 수준에 따라 파산할 확률이 아래와 같이 예상되고 있으며 파산 시 발생하게 되는 비용의 현재가치가 20억원으로 추산된다.

부채 가치	파산 확률
3억원	10%
6억원	13%
9억원	18%
12억원	25%
15억원	40%

① 기대파산비용을 고려할 때 ㈜경기의 기업가치는 얼마인가?

② 세금절감효과와 기대파산비용을 고려할 때 ㈜경기의 기업가치를 극대화시킬 수 있는 최적 부채수준을 구하라.

(물음 4) 자본구조 관련 이론 중 자본조달순위이론(Pecking Order Theory)을 5줄 이내로 설명하라.

상세 해설 및 정답

이 문제는 MM(1963)의 자본구조이론과 파산비용이론 및 자본조달순위이론 등에 관한 문제이다.

(물음 1) ㈜서울(U기업)과 ㈜경기(L기업)의 시장가치는 각각 30억원과 36억원이다.

- $V_U = \dfrac{\overline{X}(1-T_c)}{r_U} = \dfrac{10(1-0.4)}{0.2} = 30$

- $B = F = 15$ (∵ 액면이자율 = 만기수익률)

  → $V_L = V_U + T_c B = 30 + 0.4 \times 15 = 36$

(물음 2) ㈜경기(L기업)의 자기자본비용과 WACC은 다음과 같이 각각 24.29%와 16.67%이다.

- $B = 15, \ S_L = V_L - B = 36 - 15 = 21$

- $r_S = r_U + (r_U - r_B)(1 - T_c)\dfrac{B}{S_L}$

  $= 0.2 + (0.2 - 0.1)(1 - 0.4)\dfrac{15}{21} = 0.2429 \ (24.29\%)$

- $WACC = r_U(1 - T_c\dfrac{B}{V_L}) = 0.2(1 - 0.4 \times \dfrac{15}{36}) = 0.1667 \ (16.67\%)$

(물음 3) ㈜경기(L기업)의 부채가치는 15억원이며, 파산 시 발생하게 되는 비용의 현재가치가 20억원이다.

① 기대파산비용을 고려할 때 ㈜경기의 기업가치는 28억원이다.

- $V_L = V_U + T_c B -$ 기대파산비용의 현재가치

  $= 30 + 0.4 \times 15 - 0.4 \times 20 = 28$

② 세금절감효과와 기대파산비용을 고려할 때 부채규모에 따른 ㈜경기의 기업가

치를 계산한 아래 결과를 바탕으로 판단할 때, 기업가치를 극대화시킬 수 있는 최적 부채수준은 9억원이다.

- $V_L = V_U + T_c B -$ 기대파산비용의 현재가치
- $B = 3 \rightarrow V_L = 30 + 0.4 \times 3 - 0.1 \times 20 = 29.2$
- $B = 6 \rightarrow V_L = 30 + 0.4 \times 6 - 0.13 \times 20 = 29.8$
- $B^* = 9 \rightarrow V_L = 30 + 0.4 \times 9 - 0.18 \times 20 = 30$
- $B = 12 \rightarrow V_L = 30 + 0.4 \times 12 - 0.25 \times 20 = 29.8$
- $B = 15 \rightarrow V_L = 30 + 0.4 \times 15 - 0.4 \times 20 = 28$

(물음 4) Myers & Majluf(1984)의 자본조달순위이론은 기업내부 경영자는 외부투자자에 비해 더 많은 기업의 내부정보를 알고 있다는 정보비대칭(information asymmetry)을 가정한다. 자본조달순위이론에 따르면 경영자는 수익성이 높은 투자안이 있을 경우 외부금융보다는 내부금융을 선호하며, 외부 자금이 필요할 경우에도 신주발행이 가져다주는 부정적인 정보효과로 인해 신주발행보다 부채발행을 선호한다. 즉 자본조달의 우선순위는 내부자금, 부채, 신주발행의 순서이다. 또한 자본조달순위이론은 최적 자본구조의 존재를 인정하지 않으며, 기업들이 여유자금(financial slack)을 보유하려는 동기를 설명하기도 한다.

문제 5 김씨는 ㈜갑을의 소유경영자이며 현재 100% 지분을 보유하고 있다. 사업 확장에 따른 2억원의 신규 투자자금을 조달하기 위해 투자자 박씨와 협의 중이다. 김씨에 따르면 현재 고려중인 상호배타적 두 투자안의 투자수익 분포는 다음과 같다고 한다. (2018년 문제 3)

상황	확률	1년 후 투자수익(억원)	
		투자안 X	투자안 Y
호황	1/3	5	8
보통	1/3	4	4
불황	1/3	3	1

두 투자안의 수명은 1년이고, 투자안의 가치는 수익에 의해서만 결정되며, 김씨는 위험중립형으로 가정한다. 다음 물음에 답하고 <u>구체적 근거를 제시하시오.</u>

(물음 1) 박씨로부터 2억원을 5% 이자율로 차입할 경우, 김씨가 선호하는 투자안은 무엇인가?

(물음 2) 파산비용에 따른 사업가치의 하락을 주주가 부담한다면, 김씨는 어떠한 투자안을 선호할 것인가? 단, 기대파산비용의 현재가치는 1억원이며 파산 여부는 위 신규 투자안만을 고려하여 판단한다.

(물음 3) 투자안 X를 선택한 김씨는 박씨에게 대출 대신 지분참여를 제의하였다고 하자. 박씨가 2억원을 투자하는 대가로 이 사업에 대해 최소 몇 퍼센트의 지분율을 요구해야 하는지를 보이시오. 단, 박씨는 지분참여 시 0.5억원의 위험프리미엄을 요구한다.

(물음 4) 기업 내부정보에 접근이 가능한 김씨는 박씨에게 설명한 것보다 영업상황이 호황, 보통, 또는 불황인지에 대해 더 구체적인 정보를 가지고 있다고 가정한다. 만약 김씨가 박씨에게 대출 대신 (물음 3)과 같은 최소지분율로 투자안 X에 대한 지분투자를 권유한다면, 이는 박씨에게 어떠한 정보를 전달하는 것인가? 또한 박씨가 요구하는 지분

율은 어떻게 변경될 것인가?

(물음 5) (물음 4)의 결과를 토대로 정보비대칭 하에서 기업의 유상증자가 시장에 어떠한 신호를 주는지를 설명하시오. 그리고 시장의 투자자들은 기업의 유상증자에 대하여 어떻게 반응하는지를 설명하시오.

상세 해설 및 정답

이 문제는 파산비용이론 및 정보비대칭을 가정한 자본조달순위이론 등의 기본적 개념을 사례를 통해 어떻게 적용할 것인지에 관한 문제이다.

(물음 1) 박씨로부터 2억원을 5% 이자율로 차입할 경우, 1년 후 영업상황에 따른 김씨의 예상 투자수익을 투자안별로 계산하면 다음 표와 같다.

상황	확률	1년 후 김씨의 투자수익	
		투자안 X	투자안 Y
호황	1/3	5−2(1+0.05)=2.9	8−2(1+0.05)=5.9
보통	1/3	4−2(1+0.05)=1.9	4−2(1+0.05)=1.9
불황	1/3	3−2(1+0.05)=0.9	0

위 표에서 계산한 투자안별 김씨의 투자수익 분포를 바탕으로 투자안 X와 Y의 기대 투자수익을 계산하면 다음과 같이 각각 1.9억원과 2.6억원이다. 따라서 위험중립형 투자자인 김씨는 기대 투자수익이 상대적으로 큰 투자안 Y를 선택할 것이다.

- $E(CF_X) = \dfrac{1}{3}(2.9 + 1.9 + 0.9) = 1.9$

- $E(CF_Y) = \dfrac{1}{3}(5.9 + 1.9 + 0) = 2.6$

(물음 2) 투자안 X는 어떤 영업상황이 오더라도 파산의 위험이 없으나, 투자안 Y는 불황 시 파산 가능성이 존재한다. 기대파산비용의 현재가치가 1억원으로 주어져 있으므로 이를 고려하여 각 투자안의 기대수익의 현재가치를 계산하면 다음과 같다. 아래 식에서 r_f는 무위험이자율을, $PV(BC)$는 기대파산비용의 현재가치를 각각 의미한다.

- $PV_X = \dfrac{E(CF_X)}{(1+r_f)} = \dfrac{1.9}{(1+r_f)}$

- $PV_Y = \dfrac{E(CF_Y)}{(1+r_f)} - PV(BC) = \dfrac{2.6}{(1+r_f)} - 1$

  $= \dfrac{1.6 - r_f}{(1+r_f)} < \dfrac{1.9}{(1+r_f)} \rightarrow PV_X > PV_Y$

위의 식에서처럼 기대파산비용의 현재가치를 고려하면, 투자안 Y의 현재가치는 투자안 X의 현재가치보다 작다. 따라서 위험중립형 투자자인 김씨는 투자안 X를 선택할 것이다.

(물음 3) 박씨가 투자안 X에 대출 대신 지분참여 시 기대 투자수익은 최소한 대출 시의 기대수익인 원금(2억원)과 이자(0.1(억원)$= 2 \times 0.05$)에다 지분참여 시 위험프리미엄(0.5억원)의 합인 2.6억원이 되어야 한다. 따라서 지분참여 시 기대 투자수익은 최소한 2.6억원이 되어야 한다는 조건을 충족하는 박씨의 최소 지분율 α는 다음과 같이 65%이다.

- $E(CF_X) \times \alpha = \dfrac{1}{3}(5 + 4 + 3) \times \alpha \geq 2.6$

  $\rightarrow \alpha \geq 0.65 \, (65\%)$

(물음 4) 김씨가 박씨에게 투자안 X에 대한 대출 대신 지분참여를 권유하는 경제적 동기를 파악하면 김씨가 박씨에게 제공하지 않은 기업의 내부정보가 무엇인지를 알 수 있다. 이를 위해 먼저 김씨가 부채 차입과 지분 매각으로 투자자금을 조달했을 경우 각각의 자금조달 방식에 따른 김씨의 예상 투자수익을 상황별로 추정하여 이를 비교하면 다음 표와 같다. 단 (물음 3)에서 박씨가 투자안 X에 지분참여 시 최소 지분율이 65%로 추

정되었으므로 김씨의 지분율은 35%로 가정한다.

상황	확률	1년 후 김씨의 투자수익	
		부채 차입	지분 매각
호황	1/3	5−2(1+0.05)=2.9	5×0.35=1.75
보통	1/3	4−2(1+0.05)=1.9	4×0.35=1.4
불황	1/3	3−2(1+0.05)=0.9	3×0.35=1.05

위의 표에서 제시된 바와 같이, 영업상황이 호황이거나 보통일 때에는 지분 매각보다 부채 차입으로 자금을 조달할 시에 김씨의 예상 투자수익이 더 크다. 반대로 불황일 때에는 부채 차입보다 지분 매각으로 자금을 조달할 시에 김씨의 투자수익이 더 크다. 이러한 분석 결과를 바탕으로 판단해 볼 때, 김씨가 박씨에게 대출 대신 지분투자를 권유한다면 이것은 곧 박씨에게 앞으로의 영업상황이 호황이나 보통일 확률보다 불황일 확률이 더 크다는 내부정보를 전달하는 것으로 볼 수 있다.

또한 이때 박씨가 요구하는 최소 지분율은 지분참여 시 영업상황이 불황일 때 예상되는 배당액이 최소한 대출 시의 기대수익인 원금과 이자에다 지분참여 시 위험프리미엄의 합인 2.6억원이 되어야 한다는 조건을 충족해야 한다. 이 조건을 충족하는 박씨의 새로운 최소 지분율은 다음 식과 같이 86.67%이다.

- $CF_{불황} \times \alpha = 3 \times \alpha \geq 2.6 \rightarrow \alpha \geq 0.8667\,(86.67\%)$

(물음 5) 정보비대칭 하에서 기업의 유상증자 발행 공시는 현재 기업이 유상증자를 통해 자금을 조달하고자 하는 투자안의 NPV가 크지 않은 좋지 못한 투자안이라는 부정적인 신호(signal)를 시장에 전달한다. 왜냐하면, 위의 (물음 4)에서와 같이 기업 내부정보를 알 수 있는 소유경영자는 경제 상황이 좋아 투자수익이 높을 것으로 기대될 때는 유상증자(지분참여)보다는 부채발행(대출)을 통해 자금을 조달하고, 반대로 경제 상황이 좋지 못해 투자수익이 낮을 것으로 기대될 때는 부채발행보다는 유상증자를 통해 자금을 조달하고자 할 것이기 때문이다. 따라서

기업의 내부정보를 접할 수 없는 시장의 외부투자자들은 기업의 유상증자 공시에 대해 부정적으로 반응함에 따라 해당 기업의 주가는 하락하게 된다.

문제 6 ㈜우리는 부채비율(타인자본가치/기업가치) 40%를 목표부채비율로 설정하여 유지하고 있으며, 채권 베타는 0.2이고 주식 베타는 1.4이다. 회사는 매년 영업활동에서 세전현금흐름 405억원을 창출하고 있으며 이러한 상태가 영원히 지속될 것으로 전망된다. 채권에 지급하는 이자율은 채권에 대한 기대수익률과 동일하다. 법인세율 25%, 무위험수익률 4%, 시장기대수익률 9%이다. 이외에는 CAPM과 MM자본구조이론이 성립한다고 가정한다. 다음 질문에 대하여 계산과정을 제시하고 답하라. (2013년 문제 1)

(물음 1) 가중평균자본비용을 이용해서 계산한 ㈜우리의 기업가치는 얼마인가?

(물음 2) ㈜우리가 부채를 이용하지 않고 자기자본만으로 사업한다면 기업가치는 얼마가 되는가?

(물음 3) 가치평가에서는 부채를 이용하는 효과를 할인율에 반영하지 않고 현금흐름에 반영할 수도 있다. 이러한 접근법을 ㈜우리에 적용하면 현금흐름, 할인율, 기업가치는 얼마가 되는가?

(물음 4) ㈜우리의 세전현금흐름 405억원은 다음과 같은 두 가지 상황의 기대치이다.

경기상황	확률	세전현금흐름
호황	50%	650억원
불황	50%	160억원

이러한 현금흐름의 확실성등가를 계산하고 이를 이용해서 기업가치를 계산하라.

이 문제는 MM(1963)의 자본구조이론과 CAPM, 확실성 등가 등에 관한 문제이다.

(물음 1) 가중평균자본비용과 기업가치는 다음과 같이 추정하며, 추정 결과 기업가치는 3,750억원이다.

- $r_B = 0.04 + (0.09 - 0.04)(0.2) = 0.05\,(5\%)$

- $r_S = 0.04 + (0.09 - 0.04)(1.4) = 0.11\,(11\%)$

- $WACC = (0.6)(0.11) + (0.4)(0.05)(1 - 0.25) = 0.081\,(8.1\%)$

- $V_L = \dfrac{\overline{X}(1 - T_c)}{WACC} = \dfrac{405(1 - 0.25)}{0.081} = 3{,}750$

(물음 2) 부채를 사용하지 않았을 때의 기업가치는 다음과 같이 추정하며, 추정 결과 기업가치는 3,375억원이다.

- $B = V_L \times 0.4 = 3{,}750 \times 0.4 = 1{,}500$

- $V_L = V_U + T_C B = V_U + (0.25)(1{,}500) = 3{,}750 \rightarrow V_U = 3{,}375$

(물음 3) 부채의 감세효과를 할인율에 반영하지 않고 현금흐름에 반영하기 위해서는 현금흐름은 세후 영업이익에다 이자비용의 법인세 절감액을 더한 값으로 추정한다. 반면에 할인율을 계산할 때는 감세효과를 반영하지 않기 위해 세후 이자율$[r_B(1 - T_C)]$ 대신에 세전 이자율(r_B)을 사용하여 가중평균자본비용을 추정한다. 먼저 부채 규모와 부채의 감세효과를 반영한 매년 현금흐름(CF_t)은 다음과 같다.

- $B = V_L \times 0.4 = 3{,}750 \times 0.4 = 1{,}500$

- $CF_t = $ 세후 영업이익 + 이자비용의 법인세 절감액

  $= 405 \times (1 - 0.25) + (1{,}500 \times 0.05) \times 0.25 = 322.5$

그리고 할인율로 사용할 가중평균자본비용$(WACC')$과 기업가치를

추정하면 다음 식과 같다.

$$\bullet\ WACC' = \frac{S_L}{V_L} \times r_S + \frac{B}{V_L} \times r_B$$

$$= (0.6)(0.11) + (0.4)(0.05) = 0.086\ (8.6\%)$$

$$\bullet\ V_L = \frac{CF_t}{WACC'} = \frac{322.5}{0.086} = 3,750$$

위의 결과에 의하면 부채의 감세효과를 할인율에 반영하지 않고 현금흐름에 반영한 추정 방식을 사용하더라도 기업가치는 3,750억원으로 감세효과를 할인율에 반영하여 추정한 (물음 1)에서의 기업가치와 정확히 일치한다.

(물음 4) 먼저 세전 기대(영업)현금흐름 405억원의 확실성등가(CEQ_1)를 계산하면 다음과 같이 389.64억원이다. 아래 식에서 α_1은 1차 연도의 확실성 등가계수이다.

$$\bullet\ \frac{\overline{X}}{1 + WACC} = \frac{CEQ_1}{1 + r_f} \rightarrow CEQ_1 = \overline{X} \times \left(\frac{1 + r_f}{1 + WACC}\right) = \overline{X} \times \alpha_1$$

$$\bullet\ \alpha_1 = \frac{1 + 0.04}{1 + 0.081} = 0.962072 \rightarrow CEQ_1 = 405 \times 0.962072 = 389.64$$

이 문제에서 위험조정할인율인 WACC과 세전 기대(영업)현금흐름($\overline{X}$)이 매년 일정하므로 연도별 확실성등가(CEQ_t)는 다음 식과 같이 확실성등가계수(α_t)의 성장률(g)만큼 매년 일정한 속도로 감소하는 일정성장 영구연금의 형태를 갖는다. 따라서 기업가치는 다음과 같이 할인율은 r_f, 성장률이 g인 일정성장 영구연금의 현재가치 공식을 적용하여 구하면 3,750억원이다.

- $CEQ_t = \overline{X} \times \alpha_t = \overline{X} \times (\alpha_1)^t$

- $g = \dfrac{CEQ_t}{CEQ_{t-1}} - 1 = \dfrac{\overline{X} \times (\alpha_1)^t}{\overline{X} \times (\alpha_1)^{t-1}} - 1 = \alpha_1 - 1$

  $= 0.962072 - 1 = -0.037928$

- $V_L = \displaystyle\sum_{t=1}^{\infty} \dfrac{CEQ_t(1-T_C)}{1+r_f} = \dfrac{CEQ_1(1-T_C)}{r_f - g}$

  $= \dfrac{389.64(1-0.25)}{0.04 - (-0.037928)} = 3,750$

문제 7 자동차부품을 생산하는 다라기업은 4,000만원이 소요되는 통신분야 투자를 검토 중이다. 통신분야의 비교기업인 마바기업은 보통주 베타가 2.0이며 부채구성비율$\left(\dfrac{D}{D+S}\right)$은 50%이다. 이 투자안이 시행되면 매년 5,000만원의 매출과 4,000만원의 영업비용이 영구적으로 발생할 것으로 예상된다. 다라기업의 목표 부채구성비율$\left(\dfrac{D}{D+S}\right)$은 20%이다. 차입이자율은 무위험이자율과 동일한 10%이고 시장포트폴리오의 기대수익률은 14%이며 법인세율은 30%이다. MM의 자본구조이론과 CAPM 환경 하에서 답하시오. 계산결과는, 비율과 베타는 반올림하여 소수점 넷째 자리까지 표시하고 금액은 만원 단위로 소수점 둘째 자리까지 표시하시오. (2015년 문제 2)

<참고사항>

※ 다음의 약자를 사용하시오.

D: 부채, S: 자기자본, A: 자산, T_C: 법인세율

k_U: 무부채기업의 자기자본비용

k_S: 자기자본비용, k_D: 부채비용

V_U: 무부채기업의 자산가치

V_L: 부채기업의 자산가치

β_A: 자산베타, β_U: 무부채기업의 주식베타

β_L: 부채기업의 주식베타

EBIT: earnings before interest and taxes

EAT: earnings after taxes

(물음 1) 이 투자안의 베타(β_L)는 얼마인가?

(물음 2) (물음 1)의 베타를 구하기 위해 사용한 공식을 도출하시오.

(물음 3) MM의 수정이론(63년) 중 자본구조와 자기자본비용에 관한 제2명제의 식을 도출하시오.

(물음 4) 이 투자안의 조정현가(APV)를 구하시오.

상세 해설 및 정답

이 문제는 MM(1963)의 자본구조이론과 하마다모형(1972)에 관한 문제이다. 이 문제 중 하마다모형을 직접 증명하라는 (물음 2)는 대학원 과정을 이수한 수험생들에게도 난이도가 높은 문제이다. 우리나라뿐만 아니라 미국과 유럽에서 잘 알려진 기업재무론 교과서에서도 1972년 *Journal of Finance*에 발표된 Hamada(1972)의 원 논문에 기초한 하마다모형의 증명은 찾아보기 힘들기 때문에 대부분의 수험생들에게는 극히 어려운 문제일 수밖에 없다.

(물음 1) 먼저 비교기업인 마바기업의 보통주 베타와 부채구성비율을 이용하여 하마다모형에 의해 무부채기업의 베타(β_U)를 다음과 같이 추정한다.

- 마바 : $\dfrac{B}{V_L} = 0.5 = \dfrac{1}{2} \rightarrow B : V_L : S_L = 1 : 2 : 1 \rightarrow \dfrac{B}{S_L} = 1$

$$\beta_L = 2 = \beta_U \left[1 + (1 - T_C)\dfrac{B}{S_L}\right] = \beta_U \left[1 + (1 - 0.3) \times 1\right]$$

$$\rightarrow \beta_U = 1.1765$$

따라서 무부채기업의 베타와 다라기업의 목표 부채구성비율을 이용하여 투자안의 베타(β_L)를 추정하면 다음과 같이 1.3824이다.

- 다라 : $\dfrac{B}{V_L} = 0.2 = \dfrac{1}{5} \rightarrow B : V_L : S_L = 1 : 5 : 4 \rightarrow \dfrac{B}{S_L} = \dfrac{1}{4} = 0.25$

$$\beta_L = \beta_U \left[1 + (1 - T_C)\dfrac{B}{S_L}\right] = 1.1765\left[1 + (1 - 0.3)(0.25)\right] = 1.3824$$

(물음 2) (물음 1)의 베타를 구하기 위해 사용한 공식은 곧 하마다모형을 의미하므로 이 문제는 아래 하마다모형(1972)을 직접 도출하는 문제이다: $\beta_L = \beta_U \left[1 + (1 - T_C)\dfrac{B}{S_L}\right]$. 여기서는 Hamada(1972)의 원 논문을 바탕으로 하마다모형을 증명하도록 한다. 먼저 시장포트폴리오의 기대수익률은 r_m, 이자비용은 I로 표시하며, 무부채기업과 부채기업의 자기자본비용 k_U와 k_S를 각각 다음과 같이 정의한다.

$$\bullet\ k_U = \frac{EBIT(1 - T_c)}{S_U}$$

$$\bullet\ k_S = \frac{(EBIT - I)(1 - T_c)}{S_L} = \frac{EBIT(1 - T_c) - I(1 - T_c)}{S_L}$$

무부채기업과 부채기업의 자기자본비용 k_U와 k_S를 이용하여 이들 기업의 베타인 β_U와 β_L을 각각 다음 식 (1)과 (2)와 같이 정의한다. 부채기업의 베타 β_L을 도출하기에 앞서, 문제에서 차입이자율은 무위험이자율과 동일하다고 가정하고 있기 때문에 부채의 베타와 이자비용의 베타 (β_I)는 0이 된다는 점을 고려해야 한다.

$$\bullet\ \beta_U = \frac{Cov(k_U, r_m)}{\sigma_m^2} = \frac{Cov(\dfrac{EBIT(1 - T_c)}{S_U}, r_m)}{\sigma_m^2}$$

$$= \frac{\dfrac{1}{S_U} Cov(EBIT(1 - T_c), r_m)}{\sigma_m^2}$$

$$\rightarrow \beta_U S_U = \frac{Cov(EBIT(1 - T_c), r_m)}{\sigma_m^2} \qquad (1)$$

$$\bullet\ \beta_L = \frac{Cov(k_S, r_m)}{\sigma_m^2} = \frac{Cov(\dfrac{(EBIT - I)(1 - T_c)}{S_L}, r_m)}{\sigma_m^2}$$

$$= \frac{Cov(\dfrac{EBIT(1 - T_c) - I(1 - T_c)}{S_L}, r_m)}{\sigma_m^2}$$

$$= \frac{Cov(\dfrac{EBIT(1 - T_c)}{S_L}, r_m)}{\sigma_m^2} \qquad (\because \beta_I = Cov(I(1 - T_c), r_m) = 0)$$

$$= \frac{\dfrac{1}{S_L} Cov(EBIT(1 - T_c), r_m)}{\sigma_m^2}$$

$$\rightarrow \beta_L S_L = \frac{Cov(EBIT(1 - T_c), r_m)}{\sigma_m^2} \qquad (2)$$

위에서 도출한 식 (1)과 식 (2)의 우변 항이 동일하므로 좌변 항도 동일해야 한다. 이때 다음 식 (3)이 성립한다.

$$\bullet \ \beta_U S_U = \beta_L S_L \rightarrow \beta_L = \beta_U \frac{S_U}{S_L} \tag{3}$$

위의 식 (3)을 이용하여 하마다모형인 다음 식 (4)를 최종 도출한다.

$$\bullet \ \beta_L = \beta_U \frac{S_U}{S_L} = \beta_U \left(\frac{V_L - T_C D}{S_L} \right) \quad (\because S_U = V_U = V_L - T_C D)$$

$$= \beta_U \left[\frac{(S_L + D) - T_C D}{S_L} \right] \quad (\because V_L = S_L + D)$$

$$= \beta_U \left[1 + (1 - T_C) \frac{D}{S_L} \right] \tag{4}$$

Q.E.D

(물음 3) MM의 수정이론(1963년)의 제2명제를 도출하기 위해 우선 부채를 사용하는 기업의 자기자본비용 k_S를 다음과 같이 정의한다.

$$\bullet \ k_S = \frac{(EBIT - I)(1 - T_c)}{S_L} = \frac{EBIT(1 - T_c) - I(1 - T_c)}{S_L}$$

$$= \frac{EBIT(1 - T_c) - k_D D(1 - T_c)}{S_L} \tag{1}$$

위의 식 (1)의 우변 분자의 첫 항인 $EBIT(1 - T_C)$를 다음과 같이 무부채기업의 자기자본비용인 k_U로 변환한다.

$$\bullet \ k_U = \frac{EBIT(1 - T_c)}{S_U}$$

$$\rightarrow EBIT(1 - T_c) = k_U S_U = k_U V_U = k_U (V_L - T_C D)$$

$$= k_U (S_L + D - T_C D) \tag{2}$$

위의 식 (2)를 식 (1)에 대입하면 아래 식 (3)에서와 같이 부채를 사용하는 기업의 자기자본비용 k_S에 관한 MM의 수정이론(1963년)의 제2명제를 도출할 수 있다.

$$\bullet\ k_S = \frac{EBIT(1 - T_c) - k_D D(1 - T_c)}{S_L}$$

$$= \frac{k_U(S_L + D - T_C D) - k_D D(1 - T_c)}{S_L}$$

$$= \frac{k_U S_L + k_U D(1 - T_C) - k_D D(1 - T_c)}{S_L}$$

$$= k_U + \frac{(k_U - k_D)D(1 - T_c)}{S_L}$$

$$= k_U + (k_U - k_D)(1 - T_c)\frac{D}{S_L} \qquad (3)$$

Q.E.D

(물음 4) 조정현가(APV)는 정의상 기본 NPV(base-case NPV)와 부채사용으로 인해 얻을 수 있는 법인세 절감액의 현재가치의 합으로 구한다. 먼저 기본 NPV를 구하기 위해 투자안의 현금흐름과 무부채기업의 할인율(k_U)을 추정한다. 단 기계설비의 내용연수가 무한하므로 감가상각비는 0이다.

- 투자 개시($t = 0$)시점의 현금흐름

  $\Delta CF_0 = -\Delta CapEx_0 = -4{,}000$

- 정상적 영업 기간($t = 1 \sim \infty$)의 현금흐름

  $\Delta OCF_t = (\Delta R_t - \Delta OC_t)(1 - T_C) + T_C \Delta Dep$

  $\qquad = (5{,}000 - 4{,}000)(1 - 0.3) + 0 = 700$

- $k_U = 0.1 + (0.14 - 0.1) \times 1.1765 = 0.1471$

위에서 추정한 투자안의 현금흐름과 할인율을 이용하여 기본 NPV를 추정하면 다음과 같다.

- 기본 $NPV = -4,000 + \dfrac{700}{0.1471} = 758.67$

그리고 부채사용으로 인해 얻을 수 있는 법인세 절감액의 현재가치를 구하기 위해서는 부채 규모(D)를 결정해야 한다. 다라기업의 목표 부채구성비율이 20%이므로 부채 규모는 투자안의 총가치, 즉 초기 투자액과 조정현가(APV)의 합의 20%이어야 한다. 따라서 법인세 절감액의 현재가치와 APV는 다음 관계를 가지므로 여기서 APV를 구하면 다음과 같이 1,062.41만원이다.

- $D = (4,000 + APV) \times 0.2$
- 법인세 절감액의 $PV = T_C D = 0.3[(4,000 + APV) \times 0.2]$
- $APV = $ 기본 $NPV + $ 법인세 절감액의 PV

$\qquad = 758.67 + 0.3 \times (4,000 + APV) \times 0.2$

$\quad \to APV = 1,062.41\ (만원)$

6.2 MM 이후의 자본구조이론

문제 8 자본시장에는 다음과 같은 4명의 투자자만 존재한다고 가정하자.
(2019년 문제 1)

투자자	이자소득에 대한 한계세율	개인의 부
갑	42%	1,000억원
을	30%	500억원
병	10%	100억원
정	0%	50억원

한편, 모든 투자자들은 국외투자를 통해서 8%의 면세수익률을 얻을 수 있다. 주식투자 시 기대수익률도 8%이며, 주식투자소득에 대한 개인소득세는 부과되지 않는다. 법인세율은 모든 기업들에게 35%로 동일하게 적용된다. 기업 전체의 영업이익은 매년 200억원씩 영구적으로 발생할 것으로 기대되며, 감가상각은 없다. 모든 투자자는 위험중립형이고 밀러(1977)의 균형부채이론이 성립한다고 가정한다. <u>수익률과 부채비율은 %단위로 소수점 아래 셋째 자리에서 반올림하여 둘째 자리까지 표시하시오.</u>

(물음 1) 개별 투자자의 입장에서 회사채투자와 주식투자를 무차별하게 하는 회사채의 세전 요구수익률은 투자자별로 얼마인가?

(물음 2) 사채시장의 균형상태에서 세전 회사채수익률과 경제 전체의 회사채발행량은 각각 얼마인가?

(물음 3) 사채시장의 균형상태에서 기업 전체의 부채비율(B/S)은 얼마인가?

(물음 4) 법인세율이 30%라면, 사채시장의 균형상태에서 기업 전체의 부채비율(B/S)은 얼마인가? 단, 법인세율을 제외한 모든 조건은 동일하다고 가정한다.

상세 해설 및 정답

이 문제는 개인소득세가 존재할 경우 경제전체와 개별기업의 자본구조를 다룬 Miller(1977)의 균형부채이론에 관한 문제이다.

(물음 1) 회사채투자와 주식투자를 무차별하게 하는 회사채의 세전 요구수익률은 투자자별로 다음 요건을 만족해야 한다. 아래 식에서 r_S는 주식 투자 시 주식수익률을, r_B는 회사채의 세전 요구수익률을, T_{pB}^i는 투자자 i의 이자소득에 대한 한계세율을 각각 의미한다.

- $r_S = 0.08 = r_B(1 - T_{pB}^i) \rightarrow r_B = \dfrac{0.08}{1 - T_{pB}^i}$

- 갑 : $r_B = \dfrac{0.08}{1 - T_{pB}^{갑}} = \dfrac{0.08}{1 - 0.42} = 0.1379 \,(13.79\%)$

- 을 : $r_B = \dfrac{0.08}{1 - T_{pB}^{을}} = \dfrac{0.08}{1 - 0.3} = 0.1143 \,(11.43\%)$

- 병 : $r_B = \dfrac{0.08}{1 - T_{pB}^{병}} = \dfrac{0.08}{1 - 0.1} = 0.0889 \,(8.89\%)$

- 정 : $r_B = \dfrac{0.08}{1 - T_{pB}^{정}} = \dfrac{0.08}{1 - 0} = 0.08 \,(8.00\%)$

(물음 2) 먼저 회사채를 발행하는 기업의 입장에서는 회사채 이자비용의 법인세 절감효과를 얻을 수 있으므로 기업은 세후 회사채 이자율이 면세수익률(r_e)과 동일한 수준에서 세전 회사채수익률을 결정할 것이다. 따라서 세전 회사채수익률(r_B)은 다음과 같이 12.31%이다.

- $r_B = \dfrac{r_e}{1 - T_C} = \dfrac{0.08}{1 - 0.35} = 0.1231 \,(12.31\%)$

그리고 기업이 지급할 수 있는 세전 회사채수익률(r_B)이 12.31%일 경우 개별 투자자 중 갑을 제외한 을, 병, 정 등 모든 투자자들은 세전 회사채수익률(r_B)이 본인들의 세전 요구수익률보다 크므로 회사채에 투자할 수 있다. 따라서 균형상태에서 경제 전체의 회사채 발행량(B)은 다음과 같이 650억원이 될 것이다.

- $B = W_정 + W_병 + W_을 = 50 + 100 + 500 = 650 \,(억원)$

(물음 3) 사채시장의 균형상태에서 기업 전체의 자기자본가치는 다음 식과 같이 추정할 수 있다. 아래 식에서 S는 자기자본가치를, $\overline{X}$는 기대 영업이익을, I는 이자비용을, B는 사채시장 균형상태에서 회사채 발행량을, T_{pS}는 주식투자소득에 대한 개인소득세를, r_S는 자기자본의 자본비용을 각각 의미한다.

- $S = \dfrac{(\overline{X} - I)(1 - T_C)(1 - T_{pS})}{r_S} = \dfrac{(\overline{X} - r_B B)(1 - T_C)}{r_S} \quad (\because T_{pS} = 0)$

  $= \dfrac{(200 - 650 \times 0.1231)(1 - 0.35)}{0.08} = 974.88$

따라서 기업 전체의 부채비율은 다음과 같이 66.67%이다.

- $\dfrac{B}{S} = \dfrac{650}{974.88} = 0.6667 \,(66.67\%)$

(물음 4) 법인세율이 30%라면, 기업이 채권자에게 지급할 수 있는 세전 회사채수익률(r_B)은 다음과 같이 11.43%이다.

- $r_B = \dfrac{r_e}{1 - T_C} = \dfrac{0.08}{1 - 0.3} = 0.1143 \,(11.43\%)$

기업이 지급할 수 있는 세전 회사채수익률(r_B)이 11.43%일 경우 개별 투자자 중 병과 정은 본인들의 세전 요구수익률보다 크므로 회사채에 투자할 수 있으나 투자자 갑의 경우는 세전 요구수익률보다 낮아 회사채에 투자하지 않을 것이다. 그런데 투자자 을의 경우에는 세전 요구수익률이 기업이 지급하는 세전 회사채수익률과 동일하므로 회사채 투자와 주식, 국외투자에 대해 무차별하다. 따라서 회사채시장의 균형상태에서 경제 전체의 회사채 발행량은 다음에서 설명하는 바와 같이 투자자 을이 회사채 투자에 참여하는지에 따라 달라진다.

첫째, 투자자 을이 회사채 투자에 투자하지 않고 투자자 병과 정만이 회사채에 투자할 경우 경제 전체의 회사채 발행량과 자기자본가치는 다음과 같이 추정한다. 이때 기업 전체의 부채비율은 9.38%이다.

- $B = W_{정} + W_{병} = 50 + 100 = 150$

- $S = \dfrac{(\overline{X} - r_B B)(1 - T_C)}{r_S}$ $(\because T_{pS} = 0)$

  $= \dfrac{(200 - 150 \times 0.1143)(1 - 0.3)}{0.08} = 1,599.98$

- $\dfrac{B}{S} = \dfrac{150}{1,599.98} = 0.0938 \, (9.38\%)$

둘째, 투자자 을이 보유 재산을 모두 회사채 투자에 투자할 경우 경제 전체의 회사채 발행량과 자기자본가치는 다음과 같이 추정할 수 있으며, 이때 기업전체의 부채비율은 59.10%이다.

- $B = W_{정} + W_{병} + W_{을} = 50 + 100 + 500 = 650$

- $S = \dfrac{(\overline{X} - r_B B)(1 - T_C)}{r_S}$ $(\because T_{pS} = 0)$

  $= \dfrac{(200 - 650 \times 0.1143)(1 - 0.3)}{0.08} = 1,099.92$

- $\dfrac{B}{S} = \dfrac{650}{1,099.92} = 0.5910 \, (59.10\%)$

따라서 기업 전체의 부채비율은 투자자 을의 회사채 투자 참여 여부에 의해 달라지며 다음과 같이 9.38%와 59.10%의 범위 내에 존재하게 될 것이다.

- $9.38\% \leq$ 기업 전체의 부채비율$\left(\dfrac{B}{S}\right) \leq 59.10\%$

문제 9 2021년 6월 1일 현재, 자기자본으로만 구성된 ㈜병정의 기업가치는 투자가 이루어져 이미 운용중인 자산의 가치와 아직 투자가 이루어지지 않은 투자안의 순현재가치로 이루어져 있다. ㈜병정의 기업가치는 비즈니스 상황(상황1 또는 상황2)에 따라 아래와 같이 변동한다. 상황1과 상황2가 발생할 확률은 각각 50%이고 상호배타적이다. 위험중립성을 가정한다. 시장가치로 평가한 기업가치는 아래와 같다. (2021년 문제 2)

구 분	상황1	상황2
운용중인 자산의 가치	190억원	80억원
투자안의 순현재가치	20억원	10억원
기업가치	210억원	90억원

이 투자안은 이번에 투자하지 않으면 기회가 사라지며, 투자 실행을 위해서는 100억원의 초기투자비용이 요구된다. ㈜병정은 현금성 자산을 갖고 있지 않기 때문에 이 투자안을 실행하기 위해서는 100억원의 유상증자를 해야 한다. 이 유상증자에서 기존주주는 배제되며, 부채는 차입할 수 없다. 기존주주와 경영진 사이의 대리인문제는 없으며, 경영진은 기존주주의 이익을 위하여 최선을 다한다. 이 모두는 공공정보이다.

(물음 1) 경영진이 투자자들과 동일하게 어떤 비즈니스 상황인지 알지 못하고 증자 및 투자 결정을 내린다고 가정하자. 새로운 비즈니스 상황이 발생하기 전인 현재, 투자자들이 평가하는 ㈜병정의 기업가치는 다음과 같이 계산된다.

$$210억원 \times 0.5 + 90억원 \times 0.5 = 150억원$$

① 유상증자를 통해 100억원을 조달하여 투자한 후, 기존주주의 기업가치 배분비율을 계산하고, 각 비즈니스 상황에서 기존주주가 차지하게 되는 기업가치를 계산하시오.

② 비즈니스 상황에 따라 증자 및 투자 결정을 내릴 수 있다면, 기존주주의 입장에서는 각 상황에서 증자 및 투자를 하는 것과 하지 않는 것 중 합리적인 의사결정은 무엇인지 설명하시오.

(물음 2) 경영진은 투자자들이 알지 못하는 비즈니스 상황을 먼저 알고 증자 및 투자 결정을 내리며, 이 사실을 투자자들이 안다고 가정하자. 현재 투자자들이 평가하는 ㈜병정의 기업가치를 계산하시오. 단, 유상증자를 통한 자본조달은 언제나 가능하다.

(물음 3) ㈜병정이 현금성 자산을 다음과 같이 보유하고 있어 투자안에 사용할 수 있다고 가정하자. 시장가치로 평가한 기업가치는 아래와 같다.

구분	상황1	상황2
현금성 자산	100억원	100억원
운용중인 자산의 가치	190억원	80억원
투자안의 순현재가치	20억원	10억원
기업가치	310억원	190억원

경영진이 투자자들보다 비즈니스 상황을 먼저 알고 의사결정을 내리는 경우의 현재 기업가치와, 경영진이 투자자들과 동일하게 비즈니스상황을 알지 못하고 결정을 내리는 경우의 현재 기업가치의 차이를 계산하시오.

(물음 4) (물음 1)에서 (물음 3)까지의 결과를 바탕으로 정보비대칭 하에서 기업가치 극대화를 위한 기업의 재무관련 행동에 대해 <u>세 줄 이내로 기술하시오.</u>

이 문제는 Myers and Majluf(1984)의 자본조달순위이론(pecking order theory)에 관한 문제이다. Myers and Majluf(1984)가 그들의 논문 *"Corporate Financing and Investment Decisions When Firms Have Information that Investors Do Not Have"*의 제2장에서 숫자 예를 활용하여 독자들이 자본조달순위이론의 기본 개념 즉 정보비대칭 하에서 수익성이 높은 투자안이 있을 경우 내부금융이 유상증자(신주 발행)와 같은 외부금융보다 우선한다는 기본 개념을 쉽게 이해할 수 있도록 설명하고 있는 부분을 발췌해 출제자가 문제로 만들어 출제한 것이다. 그래서 이 문제에서는 기업이 유상증자를 통해 신주를 발행할 경우 이 신주발행 공시가 왜 시장 투자자들에게 악재(bad news)가 되어 주가를 하락하게 만드는지를 묻고 있다. 또한 기업이 내부자금으로 현금성 자산을 충분히 보유하고 있고 이를 투자자금으로 활용할 수 있을 경우에는 유상증자일 때와는 달리 NPV가 양(+)인 좋은 투자안을 포기하지 않아도 되는 근거 등에 대해 묻고 있다. 이런 유형의 문제는 대학원 재무관리전공 박사과정에서 이 논문을 직접 읽고 강의를 들은 수강생들을 대상으로 중간고사나 기말고사에 출제하면 적합한 문제이다. 따라서 이 논문을 직접 읽어보지 못한 학부생이 풀기에는 난이도가 높은 문제이다.

(물음 1) 경영진이 투자자들과 동일하게 어떤 비즈니스 상황인지 알지 못하고 증자 및 투자 결정을 내린다고 가정하고 있으므로 이 문제에서는 경영진과 투자자들 간에 정보비대칭(information asymmetry)이 존재하지 않는다. 그리고 이 문제에서 상황1은 ㈜병정의 미래 현금흐름의 기대치가 양호한 경영 상황을, 반면에 상황2는 미래 현금흐름의 기대치가 낮은 불리한 경영 상황을 각각 의미한다.

① 현재 유상증자를 통해 100억원을 조달하여 투자한 후, ㈜병정의 기존 주주가 소유하고 있는 주식(old shares)의 시장가치(P')는 문제의 지문에서 제시한 150(=210×0.5+90×0.5)억원이며, 유상증자로 통해 신주주들이 소유한 신주(old shares)의 시장가치(E)는 100억원이다. 따라서 기존주주의 기업가치 배분비율(α)은 기존주주가 보유하고 있는 주식의 시장가치(market value)를 기업의 시장가치로 나눈 비율로 다음과 같이 0.6이다.

- $\alpha = \dfrac{P^{'}}{P^{'}+E} = \dfrac{150}{150+100} = 0.6$

위에서 구한 기존주주의 기업가치 배분비율(α)을 이용하여 각 비즈니스 상황에서 기존주주가 차지하게 되는 기업의 내재가치(intrinsic value) V_{old}와 신주주가 차지하게 되는 기업의 내재가치 V_{new}를 각각 계산하면 다음 식과 같다. 아래 식에서 $V(i)$는 비즈니스 상황 i에서의 ㈜병정의 기업 내재가치를 의미한다.

- 상황 1 : $V(1) = 210 + 100 = 310 \equiv V_{old} + V_{new}$

  $\rightarrow V_{old} = \alpha \times V(1) = 0.6 \times 310 = 186$

  $V_{new} = (1-\alpha) \times V(1) = 0.4 \times 310 = 124$

- 상황 2 : $V(2) = 90 + 100 = 190 \equiv V_{old} + V_{new}$

  $\rightarrow V_{old} = \alpha \times V(2) = 0.6 \times 190 = 114$

  $V_{new} = (1-\alpha) \times V(2) = 0.4 \times 190 = 76$

따라서 각 비즈니스 상황에서 기존주주가 차지하게 되는 기업가치는 상황1에서는 186억원, 상황2에서는 114억원이다.

② 상황에 따라 증자 및 투자(issue and invest) 결정을 내릴 수 있다면, 각 상황에서 증자 및 투자를 하는 경우와 하지 않는 경우에 예상되는 기존주주가 차지하게 되는 기업가치(V_{old})는 다음 표와 같다.

기존주주의 기업가치	증자 및 투자 (Issue & invest)	행동 않음 (Do nothing)
상황1에서의 V_{old}	186	190
상황2에서의 V_{old}	114	80

위의 표에서 증자 및 투자를 하는 경우 각 상황에서 기존주주의 기업가치(V_{old})는 앞의 문제 ①에서 이미 추정한 값이다. 그리고 증자 및 투자를 하지 않는 경우 각 상황에서 기존주주의 기업가치(V_{old})는 문제에서 제시

된 "운용중인 자산의 가치(asset-in-place)"에 의해서만 결정된다. 따라서 위의 표에 의하면 상황2에서만 증자 및 투자 결정을 하고, 상황1에서는 증자 및 투자를 하지 않는 것이 합리적인 의사결정이다. 왜냐하면 상황1에서는 NPV가 양(+)인 좋은 투자안일지라고 유상증자에 의해 자금조달을 할 경우 기존주주의 입장에서는 신주를 과소평가된 가격으로 발행하는 비용이 투자안의 NPV보다 더 크기 때문에 좋은 투자안일지라도 이를 포기하는 것이 기존주주의 이익을 극대화하는 결정이기 때문이다. (참고로 이러한 주장의 근거는 문제 ①에서 계산한 바와 같이 유상증자로 신주를 발행할 경우 신주 발행가는 100억원인데 반해 상황1에서 신주주가 차지하게 되는 기업가치(V_{new})는 124억원이므로 결과적으로 상황1에서는 과소평가된 가격으로 신주를 발행하게 된다. 이때 과소평가된 가격으로 신주를 발행함으로써 기존주주가 부담해야 하는 비용은 24억원인데 반해 투자안의 NPV는 20억원에 불과하므로 상황1에서는 투자안을 포기하는 것이 기존주주의 이익을 극대화하는 것이다.)

(물음 2) 이 문제에서 경영진이 투자자들에 비해 우월한 정보를 가지고 있는 정보비대칭을 가정하고 있다. 이러한 정보비대칭 하에서는 경영진이 유상증자를 통한 투자 결정 뉴스가 시장 투자자들에게 비즈니스 상황이 기업에게 불리한 상황임을 신호(signal)하는 것이 된다. 왜냐하면 앞의 (물음 1)의 ②에서 설명한 바와 같이 경영진은 상황1에서는 유상증자로 투자안을 실행하지 않는 데 반해 상황2에서만 증자 및 투자 결정을 할 것이기 때문이다. 이에 따라 유상증자를 통한 투자 결정이 시장 투자자들에게 비즈니스 상황이 상황2임을 신호하게 되므로 이것이 악재로 작용해 상황2에서 기존주주가 보유하고 있는 주식의 시장가치(P')는 아래 표에서와 같이 90억원으로 하락할 것이다.

기존주주의 기업가치	증자 및 투자 (Issue & invest)	행동 않음 (Do nothing)
상황1에서의 V_{old}	–	190
상황2에서의 V_{old}	90	–

위의 표에서처럼 상황1에서는 유상증자를 통한 투자 결정을 하지 않을 것이므로 기존주주의 주식 시장가치(P)는 "운용중인 자산의 가치"인 190억

원으로 결정될 것이며, 상황 2에서는 증자 및 투자 결정을 할 것이므로 기존주주의 주식 시장가치(P')는 90억원으로 하락할 것이다. 따라서 현재 시장 투자자들이 평가하는 ㈜병정의 기업가치(V)는 다음과 같이 이들의 평균값인 140억원이 될 것이다.

- $V = 0.5P + 0.5P' = 0.5 \times 190 + 0.5 \times 90 = 140$

단, 위의 식에서 P는 유상증자가 이루어지지 않았을 경우의 기업의 시장가치를, P'은 유상증자가 이루어졌을 경우의 시장가치를 각각 의미한다.

(물음 3) ㈜병정이 내부의 여유자금(financial slack)으로 현금성 자산을 100억원을 보유하고 있으며 이 현금성 자산을 투자안에 즉시 사용할 수 있을 경우, 각 상황에서 투자를 하는 경우와 하지 않는 경우에 예상되는 기존주주의 기업가치(V_{old})는 다음 표와 같이 나타낼 수 있다.

기존주주의 기업가치	투자 (Invest)	투자 않음 (Do nothing)
상황1에서의 V_{old}	310	290
상황2에서의 V_{old}	190	180

㈜병정이 내부의 여유자금으로 보유하고 있는 현금성 자산을 투자안에 사용할 경우, 어떠한 비즈니스 상황에서도 투자하는 것이 투자하지 않는 것보다 기존주주의 기업가치에 유리하므로 경영진은 어떤 비즈니스 상황에서도 투자 결정을 선택할 것이다. 이러한 경우에는 경영진의 투자 결정이 시장 투자자들에게 특정 비즈니스 상황에 대한 신호(signal)가 될 수 없다. 따라서 경영진이 투자자들보다 비즈니스 상황에 대해 우월한 정보(superior information)를 가지고 의사결정을 내리는 경우나, 그렇지 않고 경영진이 투자자들과 동일하게 비즈니스 상황을 알지 못하고 결정을 내리는 경우나 관계없이 현재 ㈜병정의 시장가치(V)는 다음과 같이 250억원으로 동일할 것이다. 즉 이들 간의 현재 기업가치의 차이는 0이다.

- $V = 0.5 \times 310 + 0.5 \times 190 = 250$

참고로 앞의 (물음 2)에서 ㈜병정이 투자에 필요한 자본조달을 유상증자에만 의존할 경우 현재 투자자들이 평가하는 기업의 시장가치는 140억원이었으나, 이 문제에서와 같이 기업이 유상증자 대신에 내부자금으로 보유하고 있는 현금성 자산을 투자안에 사용할 경우 기업의 시장가치는 150억원(비교를 위해 현금성 자산 100억원을 제외하고 운용중인 자산의 가치와 NPV만을 고려할 경우)으로 10억원이 더 크다. 이러한 현상은 유상증자(신주 발행)가 아닌 내부자금인 현금성 자산으로 자본조달을 할 경우에는 앞의 (물음 2)에서와는 달리 상황1에서도 NPV가 +20억원인 좋은 투자안을 포기할 필요가 없으므로 이로 인한 기업가치 하락을 피할 수 있기 때문이다.

(물음 4) 정보비대칭 하에서 (물음 2)에서와 같이 외부자금인 유상증자(신주 발행)를 통해서만 자본조달이 가능한 경우, 경영진은 유리한 경영 상황(상황1)에서 NPV가 양(+)인 좋은 투자안을 어쩔 수 없이 포기해야 하는 경우가 발생한다. 이에 반해 (물음 3)에서와 같이 내부자금으로 현금성 자산을 보유하고 있는 경우에는 경영진이 유상증자와 같은 외부자금에 의존할 필요가 없다. 이에 따라 상황1과 같은 유리한 경영 상황에서도 NPV가 양(+)인 좋은 투자안을 포기해야 할 필요가 없으므로 이로 인한 기업가치의 하락을 피할 수 있다. 따라서 정보비대칭 하에서 기업가치 극대화를 위해서는 기업의 재무관리자는 유상증자와 같은 외부자금에 의존하지 않고 NPV가 양(+)인 좋은 투자안을 즉시에 수행할 수 있는 충분한 현금성 자산(예를 들어 현금, 시장성 유가증권 및 무위험 회사채 발행 능력 등)을 내부의 여유자금(financial slack)으로 확보해 둘 필요가 있다.

문제 10 ㈜우리의 영업이익은 1년 후 100만원이 예상되고 이후 매년 3%씩 증가할 것으로 예상된다. 자본지출과 감가상각비는 항상 같으며 순운전자본의 변화도 일어나지 않는다. 법인세율은 30%이며, 현재 200만원의 부채를 가지고 있다. 이 회사는 항상 부채비율을 일정하게 유지할 계획이어서 부채도 평균적으로 매년 3%씩 증가할 것으로 예상된다. 무위험수익률과 세전부채비용이 5%이고 시장포트폴리오의 기대수익률은 11%이다. ㈜우리의 영업위험만 반영되어 있는 베타는 1.2이며 부채의 크기는 계속 변동하므로 이자비용의 절세액도 베타는 1.2이다. CAPM 모형이 성립한다고 가정한다. <u>자본비용은 반올림하여 소수점 넷째 자리까지 표시하고 금액은 반올림하여 만원 단위로 소수점 둘째 자리까지 표시하시오.</u> (2016년 문제 2)

(물음 1) ㈜우리가 무부채기업이라면 기업가치는 얼마인가?

(물음 2) 조정현재가치(APV)는 얼마인가?

(물음 3) 가중평균자본비용(WACC)은 얼마인가?

(물음 4) 자기자본비용은 얼마인가?

(물음 5) 주주현금흐름법(FTE)으로 계산한 자기자본의 가치는 얼마인가?

(물음 6) ㈜우리는 연속적으로 부채비율을 일정하게 유지시키지 않고 1년에 한 번 연초에 부채의 크기를 조정하여 목표부채비율을 유지하기로 하였다. 부채사용효과는 얼마인가? (힌트: t시점에서의 이자지급액 크기는 $t-1$시점에서 확정됨.)

이 문제는 기업가치 평가모형인 잉여현금흐름모형(기업잉여현금흐름법과 주주잉여현금흐름법)과 조정현가법에 관한 문제이다. 이 문제는 기본적으로 자본구조이론에 관한 것이지만 MM(1963)이론이 성립하지 않는다는 점에 유의해야한다. 특히 (물음 2)와 (물음 6)은 이자비용의 절세효과의 현재가치(VTS: value of tax shield)를 어떻게 추정할 것인지에 관한 이론을 충분히 이해하고 있는지를 묻는 문제로 난이도가 높은 문제이다. 이자비용의 절세효과의 가치 추정에 관한 다양한 관련 학술적 논문을 읽지 않고 이 문제를 완벽하게 이해하고 푸는 것은 사실상 어렵다. 그래서 이 문제는 학부 과정만을 이수한 수험생들이 풀기에는 난이도가 높은 문제이다.

(물음 1) 이 문제에서는 기업잉여현금흐름모형을 이용하여 기업가치를 구한다. 기업잉여현금흐름(FCFF)을 계산하는 공식에는 여러 형태가 있으나 여기서는 영업이익(EBIT)을 활용하는 공식을 사용한다(이에 대한 구체적 설명은 제3장 문제 3(2022년 문제 1)의 (물음 2)에 대한 해설과 해당 문제의 <Solution Note>를 참고하기 바람). 기업잉여현금흐름모형과 일정성장배당평가모형(Gordon 성장모형)을 이용하여 무부채기업의 기업가치를 구한다. 이를 위해 먼저 첫째 연도 말 $(t=1)$의 기업잉여현금흐름$(FCFF_1)$과 할인율(r_U)을 다음과 같이 추정한다.

- $FCFF_1 = EBIT_1(1 - T_C) + Dep_1 - (CapEx_1 + \Delta WC_1)$

$$= EBIT_1(1 - T_C) \quad (\because Dep_1 = CapEx_1, \Delta WC_1 = 0)$$

$$= 100(1 - 0.3) = 70$$

- $r_U = r_f + [E(r_m) - r_f]\beta_U$

$$= 0.05 + (0.11 - 0.05)(1.2) = 0.122 \ (12.2\%)$$

영업이익$(EBIT)$과 기업잉여현금흐름$(FCFF_1)$이 매년 3%씩 증가할 것으로 예상되므로 일정성장배당평가모형(Gordon 성장모형)을 활용하여 무부채기업의 기업가치를 구하면 다음과 같이 760.87만원이다.

$$\bullet \ V_U = \frac{FCFF_1}{r_U - g} = \frac{70}{0.122 - 0.03} = 760.87$$

(물음 2) 조정현재가치는 무부채기업의 가치(V_U)에 이자비용의 절세효과의 현재가치를 더하여 추정한다. 이론적으로 이자비용의 절세효과의 현재가치를 계산할 때 적용하는 적정할인율은 기업의 자본구조 정책에 따라 달라진다(이에 대한 구체적 논의는 아래의 <Solution Note: 이자비용 절세액의 현재가치 추정 방법>을 참고하기 바람). MM(1963)에서처럼 기업의 부채 규모가 영구적으로 일정할 경우에는 이자비용의 절세효과의 현재가치(VTS)를 계산할 때 적정할인율은 부채의 이자율(r_B)이 된다. 그런데 이 물음에서처럼 부채 규모가 아닌 시장가치 기준 부채비율을 항상 연속적(continuous)으로 일정하게 유지할 경우에는 이자비용(I)의 절세액의 베타는 무부채기업의 베타(β_U)와 동일하며, VTS를 추정할 때 적용하는 적정할인율은 무부채기업의 자기자본비용(r_U)이 되어야 한다(Harris and Pringle, 1985; Ruback, 2002). 이에 따라 이자비용의 절세효과의 현재가치(VTS)와 조정현재가치(APV)는 다음과 같이 추정하며, 추정 결과 조정현가(APV)는 793.48만원이다.

$$\bullet \ VTS = \frac{I_1 \times T_C}{r_U - g} = \frac{(B_1 \times r_B) \times T_C}{r_U - g} = \frac{200 \times 0.05 \times 0.3}{0.122 - 0.03} = 32.61$$

$$\bullet \ APV(V_L) = V_U + VTS = 760.87 + 32.61 = 793.48 \ (만원)$$

(물음 3) 위에서 구한 조정현재가치(APV) 즉 부채를 사용하는 기업가치(V_L)를 이용하여 가중평균자본비용(WACC)을 계산하면 다음과 같이 11.82%이다.

$$\bullet \ APV(V_L) = 793.48 = \frac{FEFF_1}{WACC - g} = \frac{70}{WACC - 0.03}$$

$$\rightarrow WACC = 0.1182 \ (11.82\%)$$

(물음 4) 위에서 구한 WACC을 이용하여 부채를 사용하는 기업의 자기자본비용(r_S)을 산출하면 다음과 같이 14.62%이다.

- $B = 200,\ S_L = V_L - B = 793.48 - 200 = 593.48$

- $WACC = (\dfrac{S_L}{V_L})r_S + (\dfrac{B}{V_L})r_B(1 - T_C)$

$$= (\frac{593.48}{793.48})r_S + (\frac{200}{793.48})(0.05)(1 - 0.3) = 0.1182$$

$$\rightarrow r_S = 0.1462\ (14.62\%)$$

(물음 5) 앞의 (물음 1)에서 기업잉여현금흐름(FCFF)을 이미 추정해 놓았으므로 이를 활용해 주주관점의 잉여현금흐름(FCFE: free cash flow to equity)을 추정한다(이에 대한 구체적 설명은 제3장 문제 3(2022년 문제 1)의 (물음 2)에 대한 해설과 해당 문제의 <Solution Note>를 참고하기 바람). 주주잉여현금흐름법으로 자기자본의 가치를 산출하기 위해 먼저 첫째 연도 말($t = 1$)의 주주잉여현금흐름($FCFE_1$)을 아래와 같이 추정한다.

- $FCFE_1 = FCFF_1 - I_1(1 - T_C) + Net\ Borrowing_1$

$$= 70 - (200 \times 0.05)(1 - 0.3) + [(200)(1.03) - 200]$$

$$= 69\ (억원)$$

위에서 구한 주주잉여현금흐름($FCFE_1$)과 앞의 (물음 4)에서 구한 자기자본비용(r_S)을 이용하여 자기자본가치(S_L)을 구하면 다음과 같이 593.80만원이다

- $S_L = \dfrac{FEFE_1}{r_S - g} = \dfrac{69}{0.1462 - 0.03} = 593.80$

(이 값은 (물음 4)에서 계산한 자기자본가치(S_L) 593.48만원과는 차이가 있지만 이것은 단수 처리과정에서 발생한 것에 불과하다.)

(물음 6) 이 물음에서는 앞의 (물음 2)에서와는 달리 자본구조를 연속적으로 부채비율을 일정하게 유지하지 않고 1년에 한 번 연초에 불연속적 (discrete)으로 부채의 크기를 조정하여 목표부채비율을 유지하기로 자본구조 정책이 변경되었다. 이럴 경우에는 Miles and Ezzell(1985)의 논리에 의해 아래 식에서와 같이 이자비용 절세액의 현재가치(VTS)를 계산할 때 첫째 연도 말($t=1$)의 이자비용 절세액은 현재 시점에서 확정되므로 무위험이자율(=세전 이자율)로 할인하고, 그 이후의 절세액은 이자비용의 변동성을 감안해서 무부채기업의 자기자본비용(r_U)으로 할인한다. Miles and Ezzell(1985)의 이러한 논리에 의해 이자비용 절세액의 현재가치(VTS)를 추정하는 다음 식 (1)을 이용하여 부채사용효과(VTS)를 산정하면 34.84만원이다. 아래 식에서 B_0는 현재 시점($t=0$)의 부채 크기를 의미한다.

$$
\begin{aligned}
\bullet \ VTS &= \frac{I_1 \times T_C}{(1+r_B)} + \left(\frac{I_2 \times T_C}{r_U - g}\right) \times \frac{1}{(1+r_B)} \\[2mm]
&= \frac{B_0 r_B T_C}{(1+r_B)} + \left(\frac{B_0(1+g)r_B T_C}{r_U - g}\right) \times \frac{1}{(1+r_B)} \\[2mm]
&= \frac{B_0 r_B T_C}{(r_U - g)} \times \frac{(1+r_U)}{(1+r_B)} \qquad\qquad (1) \\[2mm]
&= \frac{200 \times 0.05 \times 0.3}{(0.122 - 0.03)} \times \frac{(1+0.122)}{(1+0.05)} = 34.84
\end{aligned}
$$

※ Solution Note: 이자비용 절세액의 현재가치(VTS) 추정 방법

이자비용 절세효과의 현재가치를 계산할 때 적용하는 적정할인율은 기업의 자본구조 정책에 따라 달라진다. 자본구조 정책의 유형에 따른 VTS 추정 방법을 간단히 정리하면 다음과 같다.

1. 자본구조에서 기업의 부채 규모가 영구적으로 일정할 경우

MM(1963), Myers(1974), Brealey and Myers(2000), Damodaran (2006) 등은 기업의 부채 규모가 영구적으로 일정하다고 가정할 경우에

는 이자비용 절세효과의 현재가치(VTS)를 계산할 때 적정할인율로 부채의 이자율(r_B)을 사용하는 것이 타당하다고 주장한다.

2. 자본구조에서 부채비율을 연속적으로 일정하게 유지할 경우

Harris and Pringle(1985)과 Ruback(2002) 등은 시장가치 기준 부채비율을 항상 연속적(continuous)으로 일정하게 유지할 경우에는 이자비용의 절세액의 베타는 무부채기업의 베타(β_U)와 동일하며, VTS를 추정할 때 적용하는 적정할인율은 무부채기업의 자기자본비용(r_U)이 되어야 한다고 주장한다.

3. 자본구조에서 1년에 한 번 연초에 불연속적(discrete)으로 부채의 크기를 조정하여 시장가치 기준 부채비율을 일정하게 유지할 경우

Miles and Ezzell(1985)은 시장가치 기준 부채비율을 항상 연속적(continuous)으로 일정하게 유지하지 않고 1년에 한 번 연초에 불연속적(discrete)으로 부채의 크기를 조정하여 목표부채비율을 유지할 경우에는 VTS 추정 시 적정할인율로는 먼저 첫째 연도 말($t=1$)의 이자비용 절세액에 대해서는 부채의 이자율(r_B)을, 그 이후($t>1$)에는 무부채기업의 자기자본비용(r_U)을 적용해야 한다고 주장한다.

문제 11 ㈜가나는 기존 사업과 동일한 위험을 가지고 있는 신규사업 A(투자수명 2년)를 시작하려고 하며 부채비율(부채/자기자본)은 기존의 부채비율인 1을 항상 유지할 계획이다. 신규사업 A를 위해 구입해야 하는 내용연수가 2년인 새 기계는 10억원이고, 정액법으로 감가상각되며 잔존가치는 없다. 신규사업 A로 인해, 향후 2년간 연간 매출액은 60억원, 감가상각비를 제외한 연간 영업비용은 25억원 증가할 것으로 추정된다. 마케팅 비용은 시작 시점(t=0)에서 한 번 10억원이 발생하며 신규사업과 관련된 순운전자본의 증감은 없다. ㈜가나의 세전 타인자본비용은 6%, 자기자본비용은 10%, 법인세율은 20%이다. 영업위험만 반영된 베타는 1이고 시장포트폴리오의 기대수익률은 8%이며, CAPM이 성립한다. <u>금액의 단위는 억원이며, 소수점 아래 셋째 자리에서 반올림하여 둘째 자리까지 표시하시오.</u> (2018년 문제 1)

(물음 1) 가중평균자본비용(WACC)법을 이용하여 신규사업 A의 순현재가치(NPV)를 구하시오.

(물음 2) $t=0$에서 증분 기준으로 자산, 부채, 자기자본의 크기는 얼마인가?

(물음 3) $t=0$에서 증분 기준 자기자본의 크기가 신규사업 A의 NPV와 같지 않은 이유는 무엇인가?

(물음 4) $t=1$과 $t=2$에서 이자지급 후 남아 있는 증분 기준 부채 잔액은 얼마인가?

(물음 5) 조정현재가치(APV) 계산에 필요한 이자비용 절세효과의 현재가치는 얼마인가? 단, <u>금액의 단위는 억원이며, 소수점 아래 다섯째 자리에서 반올림하여 넷째 자리까지 표시하시오.</u>

이 문제는 기본적으로 조정현재가치(APV)에 관한 문제이며, 부채비율을 기존의 부채비율인 1을 항상 유지할 계획이라고 가정하고 있으므로 MM(1963)이론이 성립하지 않는다는 점에 유의해야 한다. 또한 (물음 5)는 앞의 문제 10(2016년 문제 2의 (물음 2))에서와 마찬가지로 부채비율을 항상 연속적으로 일정하게 유지할 경우에 이자비용의 절세효과의 현재가치(VTS: value of tax shield)를 어떻게 추정할 것인지에 관해 묻고 있다.

(물음 1) 가중평균자본비용(WACC)법을 이용하여 신규사업 A의 순현재가치(NPV)를 구하기 위해서는 신규사업 A의 현금흐름과 WACC을 추정해야 한다. 일반적으로 투자안의 현금흐름은 투자의 시작 시점과 정상적인 영업활동 시기 및 투자 종료 시점 등 3개의 기간으로 구분하나 이 문제에서는 새 기계의 잔존가치가 없다고 가정하고 있으므로 투자 종료 시점과 정상적 영업활동 시기를 구분할 필요는 없다. 또한 WACC을 계산할 때 자산가치(V_L)와 자기자본가치(S_L), 부채(B) 등을 직접 추정할 필요 없이 목표부채비율인 1을 항상 유지할 계획이라는 가정을 활용해야 한다. 아래 식에서 $CapEx$는 새 기계 구입비용을, MC는 마케팅 비용을 각각 의미한다.

- 투자 개시 시점$(t=0)$의 현금흐름

$$\Delta CF_0 = -\Delta CapEx_0 - \Delta MC(1-T_C)$$
$$= -10 - 10(1-0.2) = -18$$

- 정상적 영업 기간$(t=1,2)$의 영업현금흐름

$$\Delta OCF_t = (\Delta R_t - \Delta OC_t)(1-T_C) + T_C \Delta Dep_t$$
$$= (60-25)(1-0.2) + (0.2)(\frac{10-0}{2}) = 29$$

- $WACC = \frac{S_L}{V_L} \times r_S + \frac{B}{V_L} \times r_B \times (1-T_C)$

$$= \frac{1}{2} \times 0.1 + \frac{1}{2} \times 0.06 \times (1-0.2) = 0.074 \, (7.4\%)$$

위에서 추정한 기간별 현금흐름과 WACC를 이용하여 NPV를 계산하면 다음과 같이 34.14억원이다.

$$NPV = -18 + \frac{29}{(1+0.074)} + \frac{29}{(1+0.074)^2} = 34.14$$

(물음 2) 증분 기준으로 자산가치(V_L)는 새 기계가 창출하는 미래 현재흐름의 현재가치로 추정한다. 또한 자기자본가치(S_L)와 부채(B) 등은 직접 추정할 필요 없이 부채비율을 기존의 부채비율인 1을 항상 유지할 계획이라는 가정을 활용하면 아래와 같이 쉽게 구할 수 있다.

- $V_L = \dfrac{29}{(1+0.074)} + \dfrac{29}{(1+0.074)^2} = 52.14$

- $B = S_L = 0.5 \times V_L = 0.5 \times 52.14 = 26.07$

(물음 3) $t=0$에서 증분 기준 자기자본의 크기(26.07억원)가 신규사업 A의 NPV(34.14억원)와 같지 않은 이유는 아래 재무상태표(시장가치 기준)에서 제시한 바와 같이 주주가 신규사업의 NPV를 독점하지 않고 채권자와 공유하기 때문이다.

재무상태표 (시장가치 기준)

고정자산	기계	10	26.07	부채
	NPV	34.14		
이연자산	마케팅비용	8	26.07	자기자본
자산 총계		52.14	52.14	부채 및 자본 총계

즉 신규사업 A의 NPV가 양(+)의 값을 가질 경우 자기자본의 가치뿐만 아니라 부채의 가치도 동시에 증가한다. 왜냐하면 NPV가 양(+)의 값을 가질 경우 채권의 담보가 되는 자산의 가치가 증가함에 따라 채무불이행(default) 위험이 줄어들게 되고, 극단적으로 파산하더라도 채권자에게 돌아갈 수 있는 잔여재산의 크기도 증가하기 때문이다.

(물음 4) $t=1$과 $t=2$에서 증분 기준 부채 잔액을 구하기 위해서는 우선 각 시점에서의 자산의 가치(V_L)를 추정해야 한다. 그런 다음 부채비율을 기존의 부채비율인 1을 항상 유지할 계획이라는 가정을 활용하면 시점별 부채 잔액을 쉽게 구할 수 있다. 각 시점에서의 자산의 가치는 앞서 (물음 2)에서 정의한 바와 같이 새 기계가 창출하는 미래 현재흐름의 현재가치로 추정한다. 따라서 $t=1$과 $t=2$에서 부채 잔액은 다음과 같이 각각 13.5억원과 0원이다.

- $t=1:$ $V_L = \dfrac{29}{(1+0.074)} = 27 \rightarrow B_1 = 0.5 \times V_L = 13.5$

- $t=2:$ $V_L = 0 \rightarrow B_2 = 0.5 \times V_L = 0$

(물음 5) 이 문제에서 자본구조를 기존의 부채비율인 1을 항상 유지할 계획이라는 가정을 하고 있으므로 이자비용 절세효과의 현재가치(VTS)를 계산할 때 적용해야 할 적정할인율은 무부채기업의 자기자본비용(r_U)이 되어야 한다(Harris and Pringle, 1985; Ruback, 2002). (이에 대한 구체적 논의는 앞의 문제 10(2016년 문제 2)의 (물음 2)의 해설과 해당 문제의 <Solution Note>를 참고하기 바람). 이러한 논리에 의해 (물음 2)와 (물음 4)에서 각각 구한 부채 잔액인 B_0와 B_1을 기초로 이자비용 절세효과의 현재가치(VTS)를 추정하면 다음과 같이 0.4286억원이다.

- $\beta_U = 1 \rightarrow r_U = E(r_m) = 0.08$

- $VTS = \dfrac{I_1 \times T_C}{(1+r_U)} + \dfrac{I_2 \times T_C}{(1+r_U)^2} = \dfrac{B_0 r_B T_C}{(1+r_U)} + \dfrac{B_1 r_B T_C}{(1+r_U)^2}$

$\quad = \dfrac{26.07 \times 0.06 \times 0.2}{(1+0.08)} + \dfrac{13.5 \times 0.06 \times 0.2}{(1+0.08)^2} = 0.4286 \ (\text{억 원})$

6.3 배당정책

문제 12 ㈜대한의 2019년과 2020년의 세전영업이익(EBIT)은 각각 100억원으로 동일하다. ㈜대한은 회사채 발행을 통한 자사주 매입을 계획 중이다. 2020년 초 ㈜대한의 현재 주가는 250,000원이며, 발행주식수는 100만주이다. ㈜대한은 연 이자지급 방식인 회사채(3년 만기, 액면가 100,000원)를 액면이자율 연 5%로 100만좌 발행 예정이다. 만기수익률은 연 4%이며, ㈜대한의 법인세율은 20%이다. 단, 자사주는 현재 주가로 매입 가능하다. (2020년 문제 3)

(물음 1) 자사주 매입 시 최대로 매입 가능한 ㈜대한의 주식수를 구하시오. <u>계산 결과는 소수점 첫째 자리에서 반올림하여 표시하시오.</u>

(물음 2) 자사주 매입 이후 ㈜대한의 주당순이익(EPS)을 구하시오. <u>이자비용은 액면이자로 계산하고, 계산결과는 반올림하여 원 단위로 표시하시오.</u>

(물음 3) ㈜대한의 2021년 세전영업이익(EBIT)이 전년 대비 50% 감소될 것으로 가정할 경우, 2021년 주당순이익(EPS)의 감소율(%)을 구하시오. <u>이자비용은 액면이자로 계산하시오.</u>

(물음 4) 자본시장이 완전자본시장이라는 가정 하에 자사주 매입과 현금배당의 공통점 및 차이점을 4줄 이내로 기술하시오.

이 문제는 배당정책으로서의 자사주 매입의 특성과 현금배당과의 관련성 등에 관한 문제이다.

(물음 1) 자사주 매입 시 최대로 매입 가능한 ㈜대한의 주식수는 먼저 채권 1좌 당 가격과 전체 발행액을 계산한 다음 이를 현재 주가로 나누어 계산한다. 계산 결과 매입 가능한 최대 주식수는 다음과 같이 411,100주이다. 아래 식에서 P_B는 채권 1좌당 가격을, N_B는 회사채 의 발행 좌수를, P_S는 주가를, n_S는 매입 가능한 최대 주식수를 각각 의미한다.

$$\bullet\ P_B = \frac{5{,}000}{(1+0.04)} + \frac{5{,}000}{(1+0.04)^2} + \frac{105{,}000}{(1+0.04)^3} = 102{,}775\ (원)$$

$$\bullet\ n_S = \frac{P_B \times N_B}{P_S} = \frac{102{,}775\,(원) \times 100\,(만좌)}{250{,}000\,(원)} = 411{,}100\ (주)$$

(물음 2) 회사채 발행을 통한 자사주 매입 이후 2020년의 주당순이익(EPS)을 구하면 다음과 같이 6,792원이다. 아래 식에서 I는 발행된 채권의 이자 비용을 의미한다.

$$\bullet\ I = 100{,}000\,(원) \times 0.05 \times 100\,(만좌) = 50\ (억원)$$

$$\bullet\ EPS = \frac{NI}{N} = \frac{(100-50)(1-0.2)\,(억원)}{1{,}000{,}000 - 411{,}100\,(주)} = 6{,}792\ (원)$$

(물음 3) 재무레버리지도(DFL)를 이용하여 ㈜대한의 2021년도 주당순이익의 감소율을 구하면 다음과 같이 -100%이다.

$$\bullet\ DFL = \frac{\Delta EPS / EPS}{\Delta EBIT / EBIT} = \frac{EBIT}{EBIT - I} = \frac{100}{100 - 50} = 2$$

$$\rightarrow \frac{\Delta EPS}{EPS} = \frac{\Delta EBIT}{EBIT} \times 2 = (-0.5) \times 2 = -1\,(-100\%)$$

(재무레버리지도(DFL)의 정의와 이에 대한 구체적인 추정 공식에 대한 설명은 <정형찬, CPA 객관식 재무관리, 2022> p. 39의 <Solution Note>를 참고하기 바란다.)

(물음 4) 자본시장이 완전자본시장일 경우 자사주 매입과 현금배당의 공통점 및 차이점은 다음과 같이 요약할 수 있다.

1. 공통점: 두 정책의 시행 후 둘 다 기존 주주의 부는 변함이 없으며, 주가수익비율(PER)은 동일하게 감소한다.

2. 차이점: 두 정책의 시행 후 발행주식수와 주가 및 주당순이익 등에 미치는 효과는 다르게 나타난다. 즉 발행주식수의 경우 현금배당은 변함이 없으나 자사주 매입은 감소한다. 주가의 경우는 현금배당은 배당락가격으로 하락하지만 자사주 매입은 배당부주가로 변하지 않는다. 또한 주당순이익의 경우는 현금배당은 변함이 없으나 자사주 매입은 발행주식수가 감소함에 따라 증가한다.

(자사주 매입과 현금배당의 공통점 및 차이점에 대한 자세한 설명과 숫자 예는 <정형찬, CPA 객관식 재무관리, 2022> pp. 427−429를 참고하기 바란다.)

기업의 인수합병

7.1 인수합병의 경제성 평가

문제 1 아래의 표는 합병 논의가 있기 전, ㈜동해와 ㈜백두에 대한 정보를 정리한 것이다. ㈜동해는 ㈜백두를 주식교환방식으로 흡수합병하고자 한다. 합병의 시너지효과는 없다고 가정하여 아래의 질문에 답하시오. (2010년 문제 1)

	㈜동해	㈜백두
주 가	40,000원	10,000원
발행주식수	250주	100주
당기순이익	5,000,000원	500,000원

(물음 1) ㈜동해와 ㈜백두의 PER은 각각 얼마인가?

(물음 2) 인수기업인 ㈜동해가 피인수기업인 ㈜백두 주가에 대해 20%의 프리미엄을 인정하여 주식을 발행한다고 하면, 합병 시 ㈜백두의 주식 1주에 대한 교환비율은 얼마인가? 또 합병기업의 EPS는 얼마인가? EPS는 소수점 첫째 자리에서 반올림하여 답하시오.

(물음 3) ㈜동해의 입장에서 합병 전후의 EPS를 동일하게 유지하기 위해서는 몇 퍼센트의 프리미엄을 인정해 주어야 하는가? 또 이때의 주식교환비율은 얼마인가?

이 문제는 기본적으로 보통주 지불방식(주식교환)의 M&A에서 합병 전후의 EPS와 주식교환비율 등에 관해 묻는 문제이다. 관례상 합병기업인 ㈜동해는 A기업으로, 합병대상기업인 ㈜백두는 B기업으로, 인수 후 합병기업은 AB기업으로 표시한다.

(물음 1) ㈜동해와 ㈜백두의 PER는 다음과 같이 모두 2이다.

- 동해 : $PER_A = \dfrac{P_A}{EPS_A} = \dfrac{40,000}{(5,000,000/250)} = 2$

- 백두 : $PER_B = \dfrac{P_B}{EPS_B} = \dfrac{10,000}{(500,000/100)} = 2$

(물음 2) 이 문제는 주식교환을 통한 합병 시 교환비율(ER: exchange rate)과 합병기업(AB기업)의 EPS를 추정하는 문제이다. 합병 시 ㈜백두의 프리미엄부 주가를 CP_B라고 할 때 합병 시 교환비율(ER)과 합병기업의 EPS는 다음과 같이 각각 0.3과 19,643원이다.

- $ER = \dfrac{CP_B}{P_A} = \dfrac{10,000(1+0.2)}{40,000} = 0.3$

- $N_{AB} = 250 + 100 \times 0.3 = 280$

- $EPS_{AB} = \dfrac{NI_{AB}}{N_{AB}} = \dfrac{(5,000,000+500,000)}{280} = 19,643\ (원)$

(물음 3) ㈜동해가 ㈜백두 주가에 대해 지불할 프리미엄을 θ라고 할 때 합병 후 발행주식수와 EPS를 추정하면 다음과 같다.

- $ER = \dfrac{CP_B}{P_A} = \dfrac{10,000(1+\theta)}{40,000} = 0.25(1+\theta)$

- $N_{AB} = 250 + 100 \times 0.25(1+\theta) = 275 + 25\theta$

- $EPS_{AB} = \dfrac{(5,000,000+500,000)}{275+25\theta}$

따라서 위에서 구한 합병 후 EPS가 합병 전 EPS와 동일한 값을 가지기 위한 프리미엄과 주식교환비율은 다음과 같이 각각 0과 0.25이다.

- $EPS_{AB} = EPS_A$

$$\rightarrow \frac{(5,000,000 + 500,000)}{275 + 25\theta} = \frac{5,000,000}{250} = 20,000$$

$$\therefore \ \theta = 0, \ ER = 0.25(1 + \theta) = 0.25$$

문제 2 ABC기업은 XYZ기업을 흡수합병하려고 한다. ABC기업과 XYZ기업은 모두 부채 없이 자기자본만 사용하고 있으며, 이외의 재무정보는 다음과 같다. (2013년 문제 6)

	ABC기업	XYZ기업
주가수익비율(PER)	15	10
발행주식수	1,000,000	500,000
당기순이익	30억원	6억원
배당총액	10억원	2억원

시장에서 XYZ기업의 배당은 매년 5% 증가될 것으로 예상하고 있다. 그러나 ABC기업이 인수하게 되면, ABC기업은 XYZ기업의 배당이 매년 7% 성장할 수 있을 것으로 분석하고 있다.

(물음 1) ABC기업이 XYZ기업을 인수하는 경우 XYZ기업의 가치는 얼마인가? <u>억원 단위로 반올림하여 소수점 첫째 자리까지 표기</u>하라.

(물음 2) ABC기업이 XYZ기업을 인수하는 경우, ABC기업이 XYZ기업의 주주들에게 제시할 수 있는 주당 가격은 최대 얼마인가? <u>반올림하여 소수점 둘째 자리까지 표기</u>하라.

(물음 3) ABC기업은 XYZ기업 주주들에게 다음과 같이 현금매수방식 혹은 주식제공방식을 고려하고 있다. <u>억원 단위로 반올림하여 소수점 첫째 자리까지 표기</u>하라.

① XYZ기업에 대한 현금매수금액은 주당 14,000원으로 제시할 계획이며, 주식을 제공하는 경우는 XYZ기업 주주들에게 기존에 발행된 XYZ기업주식 전량을 회수하는 대신 자사 주식 150,000주를 제공할 계획이다. 각각의 NPV를 추정하여 ABC기업 입장에서 어느 방식이 더 유리한지 추정하라.

② 외부 기업분석가들은 흡수합병 후 XYZ기업의 성장률을 7%로 설정하는 것은 너무 높다는 의견을 제시하고 있다. 따라서 ABC기업은 XYZ기업의

성장률을 6%로 하향하여 수정하려고 한다. ①의 결과와 어떤 차이를 보이는가?

(물음 4) 위 질문들과 관계없이 흡수합병 후 시너지효과가 반영된 기업의 PER은 15가 될 것으로 예상된다. 다음의 물음에 답하라.

① 인수기업인 ABC기업이 제시할 수 있는 최대 주식교환비율은 얼마인가?

② 인수대상기업인 XYZ기업이 원하는 최소 주식교환비율은 얼마인가?

상세 해설 및 정답

이 문제는 기본적으로 M&A의 경제성과 주식교환비율에 관한 문제이다. 특히 M&A의 지불방식의 대표적인 유형인 보통주 지불방식(주식교환)과 현금 지불방식에 있어서 합병의 NPV가 어떻게 달라지는지 그리고 인수기업 주주들이 허용할 수 있는 최대 교환비율과 인수대상기업 주주들이 받아들일 수 있는 최소 교환비율 등에 대해 묻는 문제이다. 관례상 인수기업은 A기업, 인수대상기업은 B기업, 인수 후 인수기업은 AB기업으로 표시한다.

(물음 1) 인수대상기업인 XYZ기업(B기업)의 인수 이후의 가치($V_B^{'}$)를 구하기 위해 우선 인수 이전의 XYZ기업의 가치(V_B)와 요구수익률(r)을 PER모형과 일정성장 배당평가모형(Gordon 성장모형)을 이용하여 다음과 같이 계산하면 각각 60억원과 8.5%이다.

- $V_B = PER \times NI = 10 \times 6 = 60 \, (억원)$

- $V_B = 60 = \dfrac{D_0(1+g)}{r-g} = \dfrac{2(1+0.05)}{r-0.05} \rightarrow r = 0.085 \, (8.5\%)$

위에서 구한 XYZ기업의 요구수익률(r)을 바탕으로 인수 이후 XYZ기업의 가치($V_B^{'}$)를 Gordon 성장모형을 이용하여 구하면 다음과 같이 142.7억원이다.

$$\bullet \ V_B^{'} = \frac{D_0(1+g)}{r-g} = \frac{2(1+0.07)}{0.085-0.07} = 142.7 \ (억원)$$

(물음 2) ABC기업이 XYZ기업을 인수하는 경우, ABC기업이 XYZ기업의 주주들에게 제시할 수 있는 최대 주당 가격은 ABC기업의 인수 NPV가 0인 되는 조건을 충족해야 한다. 그런데 이 문제에서 인수 시너지는 인수대상기업인 XYZ기업의 성장률이 5%에서 7%로 증가함에 따른 가치 상승분이다. 그러므로 NPV가 0인 최대 주당 가격은 다음과 같이 인수 시너지가 모두 포함된 인수 이후의 XYZ기업의 가치($V_B^{'}$)를 발행주식수로 나눈 주가($P_B^{'}$)인 28,540원이다.

$$\bullet \ P_B^{'} = \frac{V_B^{'}}{N_B} = \frac{142.7 \ (억원)}{50 \ (만주)} = 28,540 \ (원)$$

(물음 3) 이 문제는 인수 지불방식인 현금과 주식 제공방식에 따른 NPV를 추정하는 문제이다.

① 이 문제에서 인수 시너지는 인수로 인한 XYZ기업의 가치 증가에서 발생하므로 인수 시너지는 다음 식에서와 같이 82.7억원이다.

$$\bullet \ 시너지 = V_B^{'} - V_B = 142.7 - 60 = 82.7 \ (억원)$$

먼저 XYZ기업 주식을 1주당 14,000원에 현금(cash)으로 인수하는 경우 인수 프리미엄과 NPV$_C$는 다음과 같다.

$$\bullet \ 프리미엄 = C_B - V_B = (14,000원 \times 50만주 - 60억원) = 10 \ (억원)$$

$$\bullet \ NPV_C = 시너지 - 프리미엄 = 82.7 - 10 = 72.7 \ (억원)$$

반면에 XYZ기업 주주들에게 자사 주식 150,000주를 제공하는 주식교환방식의 경우 인수 후 XYZ기업 주주들의 지분율(α_B)과 인수기업인 ABC기업의 가치(V_{AB})는 각각 다음과 같이 추정한다.

- 지분율 : $\alpha_B = \dfrac{15(만주)}{100(만주)+15(만주)} = 0.1304$

- $V_{AB} = V_A + V_B' = PER_A \times NI_A + V_B'$

  $= 15 \times 30 + 142.7 = 592.7\ (억원)$

인수 후 XYZ기업 주주들의 지분율과 인수기업인 ABC기업의 가치를 이용하여 주식교환(stock swap)의 경우 인수프리미엄과 NPV_S 등을 추정하면 다음과 같다.

- 프리미엄 $= V_{AB} \times \alpha_B - V_B = 592.7 \times 0.1304 - 60 = 17.3\ (억원)$

- $NPV_S = 시너지 - 프리미엄 = 82.7 - 17.3 = 65.4\ (억원)$

따라서 현금지불 방식의 NPV_C(=72.7억원)가 주식교환 방식의 NPV_S(=65.4억원)보다 더 크므로 현금지불 방식이 더 유리하다.

② 흡수합병 후 XYZ기업의 성장률을 6%일 때 인수 후 XYZ기업의 가치 (V_B')와 합병 시너지는 각각 다음과 같이 추정한다.

- $V_B' = \dfrac{D_0(1+g)}{r-g} = \dfrac{2(1+0.06)}{0.085-0.06} = 84.8\ (억원)$

- 시너지 $= V_B' - V_B = 84.8 - 60 = 24.8\ (억원)$

먼저 현금지불 방식의 NPV_C는 다음과 같이 추정할 수 있다.

- 프리미엄 $= C_B - V_B = (14{,}000원 \times 50만주 - 60억원) = 10\ (억원)$

- $NPV_C = 시너지 - 프리미엄 = 24.8 - 10 = 14.8\ (억원)$

반면에 주식교환 방식에 있어서 인수 후 XYZ기업 주주들의 지분율(α_B)은 앞의 문제 ①에서 구한 것과 동일하므로 NPV_S는 다음과 같이 추정할 수 있다.

- 프리미엄 $= V_{AB} \times \alpha_B - V_B$

$$= (450 + 84.8) \times 0.1304 - 60 = 9.7$$

- $NPV_S = $ 시너지 $-$ 프리미엄 $= 24.8 - 9.7 = 15.1$

따라서 주식교환 방식의 $NPV_S (=15.1억원)$가 현금지불 방식의 $NPV_C (=14.8억원)$보다 더 크므로 주식교환 방식이 더 유리하다.

(물음 4) 시너지 효과가 반영된 인수기업의 PER가 15가 될 경우

① 인수기업인 ABC기업의 주주들이 제시할 수 있는 최대 주식교환비율 (ER_{max})은 NPV가 최소한 0보다 커야 한다는 조건 즉 인수 후 ABC기업의 주가(P_{AB})가 인수 전 주가(P_A)보다 커야 한다는 아래 조건을 충족해야 한다.

- $P_A = \dfrac{V_A}{N_A} = \dfrac{450억원}{100만주} = 45,000 \ (원)$

- $V_{AB} = PER_{AB} \times (NI_A + NI_B) = 15 \times (30 + 6) = 540 \ (억원)$

- $P_{AB} = \dfrac{V_{AB}}{N_{AB}} = \dfrac{540억원}{100만주 + (50 \times ER) 만주} \geq P_A (= 4.5만원)$

$\rightarrow ER \leq 0.4, \ \therefore ER_{max} = 0.4$

따라서 ABC기업의 주주들이 제시할 수 있는 최대 주식교환비율 (ER_{max})은 0.4이다.

② 인수대상기업인 XYZ기업 주주들이 원하는 최소 주식교환비율(ER_{min})은 인수 프리미엄이 양(+)이어야 한다는 조건 즉 XYZ기업 주주들이 XYZ 주식 1주에 대해 인수 후 새로이 교부받게 될 합병기업 주식의 가치($ER \times P_{AB}$)가 인수 전 XYZ기업의 주가(P_B)보다 커야 한다는 아래 조건을 충족해야 한다.

- $ER \times P_{AB} \geq P_B$

$$ER \times [\frac{540억 원}{100만주 + (50 \times ER) 만주}] \geq \frac{60억 원}{50만주}(= 1.2만 원)$$

$$\rightarrow ER \geq 0.25, \quad \therefore ER_{\min} = 0.25$$

따라서 XYZ기업이 원하는 최소 주식교환비율은($ER_{\min}$)은 0.25이다.

문제 3 ㈜충무의 주가는 20,000원이고 주가수익비율(PER)은 10이며, 총발행주식수는 2백만주이다. ㈜남산은 보통주를 발행하여 주식교환방식으로 ㈜충무를 인수하려 한다. ㈜남산의 주가는 45,000원이고 PER는 15이며, 총발행주식수는 5백만주이다. 두 기업은 모두 무차입기업이며, 합병 후 PER는 15로 예상된다. 단, 합병 후에도 두 기업의 이익수준은 변하지 않는다고 가정한다. <u>주식교환비율은 %단위로 소수점 아래 셋째 자리에서 반올림하여 둘째 자리까지 표시하시오.</u> (2019년 문제 2)

(물음 1) ㈜남산이 자신의 합병 전 주가를 유지하기 위하여 제시할 수 있는 최대 주식교환비율은 얼마인가?

(물음 2) ㈜충무가 자신의 합병 전 주가를 유지하기 위하여 수용할 수 있는 최소 주식교환비율은 얼마인가?

(물음 3)~(물음 5)는 위의 물음과 독립적이다.

한편, ㈜충무는 자사의 지분 20%를 가지고 있는 ㈜헷지로부터 적대적 인수 시도를 받고 있다. ㈜충무는 포이즌 필(poison pill)이 도입되어 정관에 포함될 경우를 고려하고자 한다. 특정 주주의 지분이 20% 이상이면 포이즌 필의 시행이 가능하며, 인수자를 제외한 모든 주주는 자신들이 보유하고 있는 주식 수만큼 새로운 주식을 50% 할인된 가격으로 매입할 수 있다. 단, 주가는 포이즌 필이 발효되기 전까지는 20,000원으로 유지되며, 완전자본시장을 가정한다.

(물음 3) ㈜헷지를 제외한 ㈜충무의 모든 주주들이 ㈜헷지의 적대적 인수시도에 대해 반대하여 포이즌 필이 발효되고, ㈜헷지를 제외한 ㈜충무의 모든 주주들이 보유한 주식수 만큼 새로운 주식을 매입한다고 가정하자. 이 조항이 발효된 후 ㈜헷지의 지분율과 ㈜충무의 새로운 주가는 각각 얼마인가?

(물음 4) 포이즌 필이 발효될 경우 ㈜헷지와 ㈜헷지를 제외한 ㈜충무의 기존 주주들 간 부의 이전이 어떻게 발생되는지 설명하시오.

(물음 5) 적대적 인수시도에 대한 방어 장치 도입의 필요성에 관하여 찬성하는 견해와 반대하는 견해를 <u>각각 3줄 이내로 설명하시오.</u>

이 문제는 기본적으로 M&A의 경제성과 주식교환비율, 적대적 인수에 대한 방어 전략인 포이즌 필과 신주인수권 효과, 적대적 인수시도에 대한 방어 장치 (ATP: anti-takeover provision)의 도입 필요성 등에 관한 문제이다.

(물음 1) 합병기업인 ㈜남산(기업 A)의 주주들이 합병대상기업인 ㈜충무(기업 B)의 주주에게 제시할 수 있는 최대 주식교환비율(ER_{max})은 NPV가 최소한 0보다 커야 한다는 조건 즉 합병 후 ㈜남산의 주가(P_{AB})가 합병 전 주가(P_A)보다 커야 한다는 아래 조건을 충족해야 한다. 아래 식에서 NI는 당기순이익을 의미한다.

- $PER_A = 15 = \dfrac{P_A}{EPS_A} = \dfrac{45,000원}{EPS_A} \rightarrow EPS_A = 3,000 \ (원)$

- $PER_B = 10 = \dfrac{P_B}{EPS_B} = \dfrac{20,000원}{EPS_B} \rightarrow EPS_B = 2,000 \ (원)$

- $NI_{AB} = NI_A + NI_B = EPS_A \times N_A + EPS_B \times N_B$

$= 3,000원 \times 500만주 + 2,000원 \times 200만주 = 190 \ (억원)$

- $P_{AB} = PER_{AB} \times EPS_{AB}$

$= 15 \times \dfrac{190\,억원}{500만주 + (200 \times ER)만주} \geq P_A (= 4.5만원)$

$\rightarrow ER \leq 0.6667, \ \therefore \ ER_{max} = 0.6667 \, (66.67\%)$

따라서 합병기업인 ㈜남산의 주주들이 합병대상기업인 ㈜충무의 주주에게 제시할 수 있는 최대 주식교환비율(ER_{max})은 66.67%이다.

(물음 2) 합병대상기업인 ㈜충무(기업 B)의 주주들이 원하는 최소 주식교환비율은 인수 프리미엄이 양(+)이어야 한다는 조건 즉 ㈜충무의 주주들이 기존에 보유하고 있는 주식 1주에 대해 합병 후 새로이 교부받게 될 합병기업 주식의 가치($ER \times P_{AB}$)가 합병 전 ㈜충무의 주가(P_B)보다 커야 한다는 아래 조건을 충족해야 한다.

- $ER \times P_{AB} \geq P_B$

$$ER \times [15 \times \frac{190억 원}{500만주 + (200 \times ER)만주}] \geq 2만원$$

$$\rightarrow ER \geq 0.4082, \ ER_{\min} = 0.4082 \ (40.82\%)$$

따라서 ㈜충무의 주주들이 원하는 최소 주식교환비율($ER_{\min}$)은 40.82%이다.

(물음 3) 포이즌 필이 발효되고, ㈜헷지를 제외한 ㈜충무의 나머지 주주들이 보유한 주식수만큼 새로운 주식을 매입한다고 가정하였을 때 ㈜헷지의 지분율(α_H)과 ㈜충무의 새로운 주가(P_B')는 다음 식과 같이 각각 11.11%와 15,555.56원이다. 아래 식에서 N_B는 ㈜충무의 기존 발행주식수를, N_H는 ㈜헷지가 보유하고 있는 주식수를, N_R는 ㈜헷지 이외의 나머지 주주들이 보유하고 있는 주식수를, N_n는 신주 발행수를, P_n은 신주 발행가를 각각 의미한다.

- $N_H = 200 \times 0.2 = 40, \ N_R = 200 - 40 = 160 \rightarrow N_n = N_R = 160$

- $\alpha_H = \dfrac{N_H}{N_B + N_n} = \dfrac{40}{200 + 160} = 0.1111 \ (11.11\%)$

- $P_B' = \dfrac{P_B \times N_B + P_n \times N_n}{N_B + N_n}$

$$= \frac{2만원 \times 200만주 + 1만원 \times 160만주}{(200 + 160)만주} = 15,555.56 \ (원)$$

(물음 4) 포이즌 필이 발효될 경우 ㈜헷지의 부의 변화액($\triangle W_H$)과 나머지 기존 주주들의 부의 변화액($\triangle W_R$)은 각각 다음과 같이 추정할 수 있다.

- $\triangle W_H = (15,555.56원 - 20,000원) \times 40만주 = -17.78 \ (억원)$

- $\triangle W_R = (15,555.56원 \times 320만주)$
  $- (20,000원 \times 160만주 + 10,000원 \times 160만주) = 17.78 \ (억원)$

따라서 포이즌 필이 발효될 경우 ㈜헷지의 부는 17.78억원만큼 줄어든 반면에 나머지 기존 주주들의 부가 17.78억원 늘어나게 될 것이다. 이것은 포이즌 필이 발효될 경우 ㈜헷지에서 나머지 기존 주주들에게로 17.78억원만큼의 부가 이전된다는 것을 의미한다.

(물음 5) 적대적 인수시도에 대한 방어 장치(ATP: anti-takeover provision) 도입의 필요성에 관하여 찬성하는 견해와 반대하는 견해

① 찬성 의견

• ATP의 도입은 인수기업과의 협상 시에 인수대상기업 경영진의 협상력을 높여 인수 프리미엄을 올리는 데 기여할 수 있다(bargaining power hypothesis).
• ATP의 도입으로 경영권이 안정됨으로써 기업 경영자는 단기적 주가 부양을 위한 근시안적 경영에서 벗어나 장기적인 투자사업을 안정적으로 추진할 수 있게 되어 궁극적으로는 혁신과 장기성장을 추구할 수 있게 된다.

② 반대 의견

• ATP의 도입으로 경영자들이 기업인수의 위협으로부터 벗어나 안주하게 되어 무능한 경영자(non-productive managers)들이 계속 기업을 경영함으로써 기업의 성장을 멈추게 하고 결과적으로 기업가치를 떨어뜨린다(entrenchment hypothesis).
• 포이즌 필과 같은 방어 장치를 도입할 경우에는 인수기업을 제외한 나머지 주주들에게 할인된 가격으로 신주를 인수하게 함으로써 기업가치가 하락한다.

문제 4 ㈜비더는 ㈜타겟을 인수하려고 하며, 합병 전 두 기업에 대한 자료는 다음과 같다. 시장의 기대수익률은 15%, 무위험이자율은 5%이다. (2017년 문제 2)

	㈜비더	㈜타겟
주 가	5,000원	2,000원
발행주식수	6,000주	4,000주
당기순이익	8,000,000원	2,400,000원

(물음 1)~(물음 4)는 각각 독립적이다.

(물음 1) ㈜비더가 ㈜타겟의 주가에 대해 30% 프리미엄을 인정하여 현금으로 인수할 경우 다음 물음에 답하시오.

① 인수대가와 인수프리미엄을 구하시오.

② ㈜타겟은 배당평가모형을 사용하여 자사 주식의 내재가치를 구한다. 이 기업의 배당성향은 40%, 배당금의 성장률은 매년 12%로 일정하다. 주식 베타가 2일 때, ㈜타겟의 주주 입장에서 ㈜비더의 제안을 수용할 것인지를 판단하시오. 단, CAPM이 성립한다고 가정한다.

(물음 2) ㈜비더가 ㈜타겟의 주가에 대해 30% 프리미엄을 인정하여 신주 발행 후 교부할 경우 다음 물음에 답하시오.

① ㈜비더의 주식 1주에 대한 교환비율은 얼마인가? 계산결과는 반올림하여 소수점 셋째 자리까지 표시하시오.

② 위 ①의 주식교환비율로 신주가 교부되었을 경우 각 기업의 주주입장에서 합병 전과 합병 후 EPS 변화를 구하시오.

(물음 3) 인수 후 기업의 주가수익비율(PER)이 4.5가 될 것으로 예상될 때 다음 물음에 답하시오.

① ㈜비더가 현 주가를 유지하기 위하여 제시할 수 있는 최대 주식교환비율을 구하시오. <u>계산결과는 반올림하여 소수점 셋째 자리까지 표시하시오.</u>

② 위 ①의 주식교환비율로 신주가 교부되었을 경우 각 기업의 주주입장에서 합병 전과 합병 후 EPS 변화를 구하시오.

(물음 4) 인수기업 입장에서, 인수대가의 지급방식(현금 또는 주식 교부)의 선택에 영향을 미치는 요인을 설명하시오.

상세 해설 및 정답

이 문제는 기본적으로 M&A의 지불방식(method of payment)이 인수 비용에 미치는 영향과 인수기업의 지불방식의 선택에 영향을 미치는 요인 등에 관한 문제이다.

(물음 1) ㈜비더(Bidder)가 ㈜타겟(Target)의 주가에 대해 30% 프리미엄을 인정하여 현금으로 인수할 경우

① 인수대가와 인수프리미엄은 다음 식과 같이 각각 1,040만원과 240만원이다.

- 주당 인수가격$(CP_T) = P_T \times 1.3 = 2,000 \times 1.3 = 2,600$ (원)

    → 인수대금$(C_T) = CP_T \times N_T = 2,600$원$\times 4,000$주

    $$= 10,400,000 \ (원)$$

- 인수 프리미엄 $= C_T - V_T = (2,000 \times 1.3 - 2,000)$원$\times 4,000$주

    $$= 2,400,000 \ (원)$$

② 먼저 일정성장 배당평가모형(Gordon 성장모형)을 사용하여 ㈜타겟 주식의 내재가치를 추정하면 다음과 같이 약 2,068원이다.

- $r_T = 0.05 + (0.15 - 0.05) \times \beta_T = 0.05 + 0.1 \times 2 = 0.25$

- $D_0 = EPS_0 \times 배당성향 = \dfrac{2,400,000원}{4,000주} \times 0.4 = 240 \ (원)$

- 내재가치$(IP_T) = \dfrac{D_0(1+g)}{r_T - g} = \dfrac{240(1+0.12)}{0.25 - 0.12} = 2,068 \ (원)$

㈜비더가 제안한 주당 인수가격(CP_T)이 2,600원으로 ㈜타겟의 내재가치(IP_T)인 2,068원보다 크므로 ㈜타겟의 주주들은 인수 제안을 수용할 것이다.

(물음 2) ㈜비더가 ㈜타겟의 주가에 대해 30% 프리미엄을 인정하여 신주 발행 후 교부할 경우

① ㈜비더의 주식 1주에 대한 ㈜타겟 주식의 교환비율은 합병 전 주가를 기준으로 계산할 때 아래와 같이 1.923주이다. 즉 ㈜비더의 주식 1주를 배정받기 위해서 ㈜타겟 주식 1.923주를 제공해야 한다.

- $ER = \dfrac{P_B}{CP_T} = \dfrac{5,000}{2,000 \times 1.3} = 1.923$

② 각 기업의 합병 전과 합병 후 EPS는 다음과 같다. 단, ㈜타겟의 주식 1주에 대한 ㈜비더 주식의 교환비율(ER)은 0.52(=1/1.923)이다.

- $Bidder: EPS_B = \dfrac{NI_B}{N_B} = \dfrac{8,000,000}{6,000} = 1,333.33 \ (원)$

$$EPS_B' = \dfrac{NI_B + NI_T}{N_B + N_T \times ER} = \dfrac{8,000,000 + 2,400,000}{6,000 + 4,000 \times 0.52}$$

$$= \dfrac{10,400,000}{8,080} = 1,287.13 \ (원)$$

- $Target: EPS_T = \dfrac{NI_T}{N_T} = \dfrac{2,400,000}{4,000} = 600 \ (원)$

$$EPS_T' = EPS_B' \times ER = 1,287.13 \times 0.52 = 669.31 \ (원)$$

위의 추정 결과에 의하면, ㈜비더의 경우 합병 전의 EPS에 비해 합병 후 EPS가 감소한 반면, ㈜타겟의 경우는 합병 전의 EPS에 비해 합병 후 EPS가 증가한다.

(물음 3) 인수 후 기업의 주가수익비율(PER)이 4.5가 될 것으로 예상될 경우

① ㈜비더가 현 주가를 유지하기 위하여 제시할 수 있는 최대 주식교환비율($ER_{\max}$)은 인수 후 ㈜비더의 주가가 현 주가보다 최소한 같거나 커야 한다는 조건을 충족해야 한다. 따라서 최대 주식교환비율($ER_{\max}$)은 아래 식과 같이 0.84이다.

- $P_B' = PER_B' \times EPS_B' = 4.5 \times \dfrac{8{,}000{,}000 + 2{,}400{,}000}{6{,}000 + 4{,}000 \times ER}$

- $P_B' \geq P_B \rightarrow 4.5 \times \dfrac{10{,}400{,}000}{6{,}000 + 4{,}000 \times ER} \geq 5{,}000$

$$\rightarrow ER \leq 0.84 : ER_{\max} = 0.84$$

② 각 기업의 합병 전과 합병 후 EPS는 다음과 같다.

- $Bidder : EPS_B = 1{,}333.33$

$$EPS_B' = \frac{8{,}000{,}000 + 2{,}400{,}000}{6{,}000 + 4{,}000 \times 0.84} = \frac{10{,}400{,}000}{9{,}360} = 1{,}111.11$$

- $Target : EPS_T = 600$

$$EPS_T' = EPS_B' \times ER = 1{,}111.11 \times 0.84 = 933.33$$

위의 추정 결과에 의하면, ㈜비더의 경우 합병 전의 EPS에 비해 합병 후 EPS가 감소한 반면, ㈜타겟의 경우는 합병 전의 EPS에 비해 합병 후 EPS가 증가한다.

(물음 4) 인수기업 입장에서 인수대가의 지급방식(현금 또는 주식 교부)의 선택에 영향을 미치는 요인은 크게 다음 3가지 요인으로 설명할 수 있다.

첫째, 만약 인수기업(bidding firm)의 경영자가 인수 전 인수기업 주가가 과소평가되어 있다고 판단될 경우에는 인수대상기업(target firm)의 주주들에게 현금으로 지급하는 것이 유리한 반면, 인수기업 주가가 과대평가되어 있다고 판단될 경우에는 주식교부가 더 유리하다(Travlos, 1987).

둘째, 현금 인수의 경우에는 인수 시 발생하는 이득(시너지)의 크기가 인수비용(프리미엄)에 영향을 미치지 않는다. 반면에 주식교부의 경우에는 인수비용이 인수 시 이득(시너지)의 크기에 따라 달라진다. 왜냐하면 인수 시너지가 인수 후 인수기업의 주가에 나타나기 때문이다(Brealey, Myers and Allen, 2017). 따라서 인수 시너지가 클 것으로 예상되는 경우에는 현금 지불방식이 유리한 반면, 인수 시너지가 별로 크지 않거나 불확실할 것으로 예상되는 경우에는 주식교부 방식이 더 유리하다.

셋째, 현금 지불방식의 경우에는 인수대상기업의 주주들이 인수 프리미엄에 대해 세금을 즉시 납부해야 한다. 이에 반해 주식교부 방식의 경우에는 인수대상기업의 주주들이 신주를 교부받은 후 이를 매각하여 자본이득을 실현하지 않는 한 세금을 미룰 수 있다. 이러한 점 때문에 인수기업이 현금 지불방식을 채택할 경우에는 주식교부 방식에 비해 인수대상기업의 주주들에게 프리미엄을 더 많이 지불해야 하므로 주식교부 방식이 더 유리할 수 있다. 이와 반대로 현금 지불방식을 채택할 경우 인수대상기업의 자산을 상대적으로 더 높은 가격으로 인수하기 때문에 인수기업의 감가상각비가 더 높아지게 되며 이로부터 발생하는 법인세 절감효과를 더 많이 누릴 수 있으므로 현금 지불방식이 오히려 더 유리할 수 있다 (Travlos, 1987).

7.2 공개매수와 무임승차 문제

문제 5 ㈜대한은 모든 주주가 소액주주이며 발행주식 수가 100만주인 무부채 회사이다. ㈜대한의 주식은 주당 1만원에 거래되고 있다. 주당 2만원에 거래되는 ㈜민국은 ㈜대한의 최대주주가 되어 경영진을 교체하면 ㈜대한의 기업가치가 160억원이 될 것으로 추정하였다. 따라서 ㈜대한 발행주식 수의 절반을 주당 12,000원에 공개매수하는 것을 계획하고 있다. 50% 미만의 주식이 공개매수에 응하면 공개매수 자체는 취소된다. (2016년 문제 3)

(물음 1) 50%의 주식을 공개매수하게 된다면 ㈜민국이 얻는 이익은 얼마인가?

(물음 2) ㈜대한의 주주인 당신은 공개매수에 참여하겠는가? 근거를 제시하시오.

(물음 3) ㈜민국이 신주를 발행하여 ㈜대한의 주주에게 신주를 교부하는 방식으로 공개매수를 한다면 양의 NPV를 만들어 내면서 제안할 수 있는 최대교환비율은 얼마인가?

(물음 4) 차입매수(leveraged buyout; LBO) 전문회사인 ㈜만세는 ㈜대한의 경영권 확보를 위해 주당 12,000원에 공개매수를 고려하고 있다. 공개매수에 필요한 자금은 전액 차입할 예정이며 공개매수된 ㈜대한의 주식을 차입의 담보물로 제공할 예정이다. 이 차입금은 공개매수되는 ㈜대한의 부채가 된다. 50%의 주식이 공개매수에 응한다면 ㈜만세가 얻는 이익은 얼마인가?

(물음 5) ㈜대한의 주주인 당신은 ㈜만세의 공개매수에 참여하겠는가? 근거를 제시하시오.

이 문제는 기본적으로 M&A의 유형인 공개매수(tender offer)와 차입매수
(LBO: leveraged buyout)에 관한 문제이다. 공개매수의 NPV 추정과 무임승차
문제(free rider problem) 등을 묻는 난이도가 높은 문제이다. 특히 (물음 2)
와 (물음 5)에 대해 정확히 답하려면 공개매수 시 발생하는 무임승차문제를 상
세히 설명하고 있는 Grossman and Hart(1980)의 논문을 이해해야 한다.

(물음 1) M&A의 유형으로 크게 합병(merger)과 공개매수(tender offer)로
나눈다. 합병의 NPV를 계산할 때 주로 시너지에서 프리미엄을 차감
하는 공식을 주로 이용한다. 이론적으로 같은 논리지만 공개매수의
NPV를 계산할 때는 공개매수로 취득한 인수대상기업의 보통주의 기
대 시장가치(시너지가 반영됨)에서 인수대금을 차감하는 공식이 오
히려 이해하기 쉽고 계산도 간단하다. 이에 따라 ㈜대한의 주식 50%
를 공개매수할 경우 ㈜민국(A기업)의 이익 즉 NPV는 다음과 같이 20억원이
다. 단 아래 식에서 V'_B는 인수 후 ㈜대한(B기업)의 기업가치를 의미한다.

- 공개매수한 주식가치 $= V'_B \times$ 취득지분율 $= 160 \times 0.5 = 80$ (억원)

- 인수 대금 $= 12,000$원 $\times (100$만주 $\times 0.5) = 60$ (억원)

- $NPV =$ 공개매수한 주식가치 $-$ 인수대금 $= 80 - 60 = 20$ (억원)

(물음 2) 현재 당신이 ㈜대한의 주식 n주를 보유하고 있다고 가정한다. 만약
당신이 공개매수에 참여하지 않을 경우 당신의 기대보상액($Pay(No)$)
은 다음과 같이 정의할 수 있다. 아래 식에서 γ_1은 당신이 공개매수
에 참여하지 않을 시에 공개매수가 성공할 확률을 의미한다.

- $Pay(No) = n[\gamma_1 \times 16,000 + (1 - \gamma_1) \times 10,000]$
  $= n(10,000 + 6,000\gamma_1)$

이에 반해, 만약 당신이 공개매수에 참여할 경우 당신의 기대보상액
($Pay(Yes)$)은 다음과 같이 정의할 수 있다. 아래 식에서 γ_2는 당신
이 공개매수에 참여할 시에 공개매수가 성공할 확률을 의미한다.

$$\bullet \; Pay(Yes) = n[\gamma_2 \times 12{,}000 + (1 - \gamma_2) \times 10{,}000]$$

$$= n(10{,}000 + 2{,}000\gamma_2)$$

엄밀한 의미에서는 당신이 공개매수에 참여할 시에 공개매수가 성공할 확률인 γ_2가 당신이 참여하지 않을 시의 성공 확률인 γ_1보다 미세한 차이로 더 크다. 그러나 문제에서 ㈜대한의 모든 주주가 소액주주로 가정하고 있으므로 당신이 공개매수에 참여하는지의 여부가 공개매수의 성공 확률에 유의적인 차이를 가져오지 않는다. 따라서 γ_1과 γ_2는 거의 같은 값으로 볼 수 있다. 만약 γ_1과 γ_2가 동일하다고 가정할 경우($\gamma_1 \fallingdotseq \gamma_2 = \gamma$) 아래 식에서와 같이 공개매수에 참여하지 않았을 경우의 기대보상액($Pay(No)$)이 참여했을 경우의 기대보상액($Pay(Yes)$)보다 더 크다.

$$\bullet \; Pay(No) = n(10{,}000 + 6{,}000\gamma) > Pay(Yes) = n(10{,}000 + 2{,}000\gamma)$$

따라서 당신이 ㈜대한의 주식 n주를 보유하고 있다면 공개매수에 참여하지 않고 주식을 그대로 보유하고 있으면서 매수 제의를 받아들인 다른 주주들에 무임승차(free riding)하는 것이 더 유리하다.

(물음 3) ㈜민국이 인수 후 양의 NPV를 얻기 위해 ㈜민국(A기업)이 제시할 수 있는 최대 주식교환비율($ER_{\max}$)은 인수 후 ㈜민국의 주가(P_{AB})가 현 주가(P_A)인 2만원보다 최소한 같거나 커야 한다는 다음 조건을 충족해야 한다. 인수 후 ㈜민국은 AB기업으로 표시한다.

$$\bullet \; P_{AB} = \frac{V_A + V_B'}{N_A + N_B \times ER} = \frac{N_A \times 2\text{만원} + 160\text{억원}}{N_A + (100 \times ER)\text{만주}}$$

$$\bullet \; P_{AB} \geq P_A \;\rightarrow\; \frac{N_A \times 2\text{만원} + 160\text{억원}}{N_A + (100 \times ER)\text{만주}} \geq 2\text{만원}$$

$$\rightarrow ER \leq 0.8, \;\; \therefore ER_{\max} = 0.8$$

따라서 최대 주식교환비율($ER_{\max}$)은 위에서와 같이 0.8이다.

(물음 4) 공개매수 후 ㈜대한의 기업가치(V_B')는 160억원으로 주어져 있다. 또한 공개매수에 필요한 인수자금 전액을 차입으로 지급하고 이 차입금은 공개매수되는 ㈜대한의 부채로 전환될 경우 ㈜대한의 부채는 60억원이 되나 ㈜만세가 부담하는 인수대금은 0원이다. 이 경우 공개매수 후 ㈜대한은 부채 60억원을 보유하게 되므로 자기자본가치(S_B')는 100억원이며 공개매수로 취득한 ㈜대한의 주식 50%의 가치는 50억원이 된다. 따라서 ㈜만세가 얻는 이익 즉 NPV는 다음 식과 같이 50억원이다.

- 공개매수한 주식가치 $= S_B' \times$ 취득지분율
$$= (160 - 60) \times 0.5 = 50$$
- 인수대금 $= 0$
- $NPV =$ 공개매수한 주식가치 $-$ 인수대금 $= 50 - 0 = 50$

(물음 5) 현재 당신이 ㈜대한의 주식 n주를 보유하고 있다고 가정한다. 만약 당신이 공개매수에 참여하지 않았으나 공개매수가 성공할 경우의 주가는 자기자본가치(S_B') 100억원을 발행주식수 100만주로 나눈 10,000원이다. 따라서 당신의 기대보상액($Pay(No)$)은 다음과 같이 정의할 수 있다. 단 아래 식에서 γ_1은 당신이 공개매수에 참여하지 않더라도 공개매수가 성공할 확률을 의미한다.

- $Pay(No) = n[\gamma_1 \times 10,000 + (1 - \gamma_1) \times 10,000] = n \times 10,000$

위의 식이 의미하는 바는 만약 당신이 LBO의 공개매수에 참여하지 않을 경우에는 공개매수의 성공 여부와는 관계없이 ㈜대한의 주가는 10,000원이 된다는 것을 의미한다. 이에 반해, 만약 당신이 공개매수에 참여할 경우 당신의 기대보상액($Pay(Yes)$)은 (물음 2)에서와 마찬가지로 다음과 같이 정의할 수 있다. 단 아래 식에서 γ_2는 당신이 공개매수에 참여하여 공개매수가 성공할 확률을 의미한다.

$$\bullet\ Pay(Yes) = n\left[\gamma_2 \times 12,000 + (1 - \gamma_2) \times 10,000\right]$$

$$= n(10,000 + 2,000\gamma_2)$$

당신이 공개매수에 참여하여 공개매수가 성공할 확률인 γ_2가 0이 아닌 한 아래 식에서와 같이 LBO의 공개매수에 참여할 경우의 기대보상액($Pay(Yes)$)이 참여하지 않았을 경우의 기대보상액($Pay(No)$)보다 더 크다. 따라서 (물음 2)에서와는 달리 LBO의 공개매수에는 참여하는 것이 소액주주에게 더 유리하다.

$$\bullet\ Pay(No) = n \times 10,000 < Pay(Yes) = n(10,000 + 2,000\gamma_2)$$

이러한 예는 부채를 활용한 기업인수 방식인 차입매수(LBO)가 앞의 (물음 2)에서 볼 수 있는 공개매수 시에 발생할 수 있는 무임승차문제(free rider problem)를 해결하는 데 기여할 수 있음을 보여주고 있다.

8

옵션

8.1 옵션의 가치평가

문제 1 ㈜마바의 현재 주당 가격은 10,000원이다. 주가변동은 이항분포를 따르는데 1년 후 주가가 상승하여 12,000원이 될 확률은 60%, 주가가 하락하여 7,000원이 될 확률은 40%이다. 투자자는 위험 중립적이고 무위험이자율은 10%이며 ㈜마바 주식을 기초자산으로 하는 1년 만기 유럽형 콜옵션과 풋옵션의 행사가격은 10,000원으로 동일하다. (2013년 문제 4)

(물음 1) 헤지포트폴리오를 구성하여 현재의 콜옵션가치를 계산하라. <u>계산결과는 반올림하여 소수점 둘째 자리까지 표기</u>하라.

(물음 2) 무위험 헤지포트폴리오(riskless hedge portfolio)의 속성을 간략하게 설명하라.

(물음 3) 기초주식과 무위험채권을 이용하여 콜옵션을 보유한 것과 동일한 포트폴리오를 구성하고 현재 콜옵션 가격이 1,600원일 때 차익거래전략을 현재와 만기 두 시점별 현금흐름의 관점에서 제시하라. <u>계산결과는 반올림하여 소수점 둘째 자리까지 표기</u>하라.

(물음 4) 이항모형으로 복제포트폴리오를 구성하여 풋옵션의 가치를 구하고 현재 풋옵션가격이 600원일 때 차익거래전략을 현재와 만기 두 시점별 현금

흐름의 관점에서 제시하라. <u>계산결과는 반올림하여 소수점 둘째 자리까지 표기</u>하라.

상세 해설 및 정답

이 문제는 1기간 이항옵션가격결정모형과 차익거래 등에 관한 문제이다. 구체적으로 이항모형으로 헤지포트폴리오와 복제포트폴리오를 구성하여 콜옵션과 풋옵션의 가치를 추정하는 문제이다. 참고로 이 문제에서처럼 투자자가 위험중립적일 경우 주가가 상승할 확률 q와 위험중립확률 p는 반드시 일치해야 한다. 이에 대한 증명은 아래 <Solution Note 2>를 참고하기 바란다. 그러나 이 문제에서는 투자자가 위험중립적이라고 가정하고 있지만 다음 식과 같이 주가가 상승할 확률 q와 위험중립확률 p는 동일하지 않다.

$$\bullet \ q = 0.6, \quad p = \frac{r-d}{u-d} = \frac{1.1-0.7}{1.2-0.7} = 0.8 \rightarrow q \neq p$$

이것은 아마 출제자가 투자자가 위험중립적일 경우에서의 q와 p의 특수한 관계를 고려하지 않고 주가가 상승할 확률 q를 지정한 것으로 생각된다. 다행히 이러한 출제상의 오류가 이 문제를 푸는 데에는 직접적인 영향을 미치지 않는다.

(물음 1) 먼저 문제에서 주어진 정보를 활용하여 이항모형의 주요 변수의 값을 정리해 보자.

- $S = X = 10,000, \ T = 1, r_f = 0.1$

- $r = 1 + r_f = 1.1, \ u = \dfrac{12,000}{10,000} = 1.2, \ d = \dfrac{7,000}{10,000} = 0.7$

콜옵션의 현재가치(C)를 구하기 위해 ㈜마바의 주식을 Δ주 매입하고(long position) 이에 대한 콜옵션 1개를 매도하는(short position) 무위험 헤지포트폴리오(H)를 다음과 같이 구성한다. 여기서 Δ(delta)는 헤지비율(hedge ratio)을 의미한다.

$$H = \Delta S - C$$

만기일에서의 주가의 상승 또는 하락과 관계없이 만기일에서의 헤지포트폴리오의 순자산 가치(value of the equity) 즉 H_1은 일정해야 한다는 무위험 헤지포트폴리오의 특성을 이용하여 헤지비율 Δ를 구하면 아래 식과 같이 0.4이다.

- $C_u = Max\,[0,\,12,000 - 10,000] = 2,000$

  $C_d = Max\,[0,\,7,000 - 10,000] = 0$

- $H_1 = \Delta uS - C_u = \Delta dS - C_d$

  $$\rightarrow \Delta = \frac{C_u - C_d}{(u - d)S} = \frac{2,000 - 0}{(1.2 - 0.7) \times 10,000} = 0.4$$

또한 ㈜마바의 주식을 0.4주 매입하고 이에 대한 콜옵션 1개를 매도하는 무위험 헤지포트폴리오의 순자산 가치에 대한 기대수익률은 무위험이자율 r_f이어야 하므로 다음 관계식이 성립한다. 여기서 콜옵션가치(C)를 추정하면 1,454.55원이다.

- $(\Delta S - C) \times (1 + r_f) = \Delta uS - C_u = \Delta dS - C_d$

  $\rightarrow (0.4 \times 10,000 - C) \times (1 + 0.1) = 0.4 \times 12,000 - 2,000$

  $\therefore C = 1,454.55$

(물음 2) (물음 1)에서 언급한 바와 같이 무위험 헤지포트폴리오(riskless hedge portfolio)의 속성을 간략하게 설명하면 다음 두 가지로 요약할 수 있다.

① 만기일에서 주가의 상승 또는 하락과는 관계없이 만기일에서의 헤지포트폴리오의 순자산 가치는 항상 일정해야 한다.
② 헤지포트폴리오의 순자산 가치에 대한 기대수익률은 무위험이자율(r_f)이다.

(물음 3) 기초주식과 무위험채권을 이용하여 콜옵션을 보유한 것과 동일한 복제포트폴리오를 다음과 같이 구성한다(물음 2에서 설명한 헤지포트폴리오와 복제포트폴리오 간의 차이점에 대해서는 아래 <Solution Note 1>을 참고하기 바람).

$$C = \Delta S + B$$

Δ와 B는 다음 식에서와 같이 만기일에서 복제포트폴리오의 가치와 콜옵션의 가치가 일치한다는 복제포트폴리오의 특성을 활용하여 결정할 수 있다.

- $\Delta uS + rB = C_u \rightarrow \Delta \times 12,000 + 1.1B = 2,000$

  $\Delta dS + rB = C_d \rightarrow \Delta \times 7,000 + 1.1B = 0$

  $\rightarrow \Delta = \dfrac{2,000}{5,000} = 0.4, \ B = \dfrac{-2,800}{1.1} = -2,545.45$

위에서 구한 Δ와 B에 의하면, 기초주식 0.4주 매입과 무위험채권에 2,545.45원만큼 공매도(차입)함으로써 콜옵션을 보유한 것과 동일한 복제포트폴리오를 구성할 수 있다. 이를 이용하여 현재 시점에서의 콜옵션가치(C)를 계산하면 다음과 같이 1,454.55원이다.

- $C = \Delta S + B = 0.4 \times 10,000 - 2,545.45 = 1,454.55$

그런데 현재 시장에서의 콜옵션 가격이 1,600원이라면 현재 콜옵션 가격은 과대평가되어 있고 복제포트폴리오는 과소평가되어 있다. 따라서 콜옵션을 1개를 매도하고 복제포트폴리오를 매입할 경우, 즉 주식 0.4주를 매입하고 은행에서 2,545.45원을 차입할 경우 아래 표에서와 같이 145.45원의 차익거래이익을 얻을 수 있다. 아래 표에서 S_1은 만기일에서의 주가를 의미한다.

차익거래	현재($t=0$) 현금흐름	만기일($t=1$)에서의 현금흐름	
		$S_1 = 7,000$	$S_1 = 12,000$
콜옵션 1개 매도	1,600	0	$-2,000$
주식 0.4주 매입	$-4,000$	2,800	4,800
차 입	2,545.45	$-2,545.45 \times 1.1$	$-2,545.45 \times 1.1$
차익거래이익	145.45	0	0

(물음 4) 기초주식과 무위험채권을 이용하여 풋옵션을 보유한 것과 동일한 복제포트폴리오를 다음과 같이 구성한다.

$$P = \Delta S + B$$

Δ와 B는 다음 식에서와 같이 만기일에서 복제포트폴리오의 가치와 풋옵션의 가치가 일치한다는 복제포트폴리오의 특성을 활용하여 결정할 수 있다.

- $P_u = Max[0, 10,000 - 12,000] = 0$

  $P_d = Max[0, 10,000 - 7,000] = 3,000$

- $\Delta u S + rB = P_u \rightarrow \Delta \times 12,000 + 1.1B = 0$

  $\Delta d S + rB = P_d \rightarrow \Delta \times 7,000 + 1.1B = 3,000$

  $\rightarrow \Delta = \dfrac{-3,000}{5,000} = -0.6, \quad B = \dfrac{7,200}{1.1} = 6,545.45$

위에서 구한 Δ와 B에 의하면, 기초주식 0.6주를 공매도하고 무위험채권 6,545.45원을 매입(대출)함으로써 풋옵션을 보유한 것과 동일한 복제포트폴리오를 구성할 수 있다. 이를 이용하여 현재 시점에서의 풋옵션가치를 산정하면 다음과 같이 545.45원이다.

- $P = \Delta S + B = -0.6 \times 10,000 + 6,545.45 = 545.45$

그런데 현재 시장에서의 풋옵션 가격이 600원이라면 현재 풋옵션

가격은 과대평가되어 있고 복제포트폴리오는 과소평가되어 있다. 따라서 풋옵션을 1개를 매도하고 복제포트폴리오를 매입할 경우, 즉 주식 0.6주를 공매도하고 무위험채권 6,545.45원을 매입(대출)할 경우 아래 표에서와 같이 54.55원의 차익거래이익을 얻을 수 있다. 아래 표에서 S_1은 만기일에서의 주가를 의미한다.

차익거래	현재($t=0$) 현금흐름	만기일($t=1$)에서의 현금흐름	
		$S_1=7,000$	$S_1=12,000$
풋옵션 1개 매도	600	$-3,000$	0
주식 0.6주 공매도	6,000	$-4,200$	$-7,200$
무위험채권 매입	$-6,545.45$	$6,545.45 \times 1.1$	$6,545.45 \times 1.1$
차익거래이익	54.45	0	0

※ Solution Note 1: 헤지포트폴리오와 복제포트폴리오의 비교

옵션가격결정모형은 크게 Black and Scholes(1973)에 의해 개발된 블랙－숄즈 옵션가격결정모형(Black－Scholes OPM)과 Cox, Ross and Rubinstein(1979)에 의해 개발된 이항옵션가격결정모형(binomial OPM)으로 구분된다. 흥미로운 것은 이 두 옵션가격결정모형을 도출하는 과정에서 활용된 포트폴리오가 서로 다르다는 점이다. 먼저, Black and Scholes(1973)는 블랙－숄즈 옵션가격결정모형을 도출하는 과정에서 주식을 1주를 매입(long)하고 이에 대한 콜옵션 $1/\Delta$개를 매도(short)하는 헤지포트폴리오 혹은 헤지포지션을 이용하고 있다. Black and Scholes(1973)는 이러한 헤지포트폴리오의 다음 두 가지 속성과 물리학의 열전달 방정식(heat－transfer equation)을 활용하여 블랙－숄즈 옵션가격결정모형을 도출하였다.

① 만기일에서의 주가의 상승 또는 하락과 관계없이 만기일에서의 헤지포트폴리오의 순자산 가치는 항상 일정해야 한다.
② 헤지포트폴리오의 순자산 가치에 대한 기대수익률은 무위험이자율(r_f)이다.

반면에, Cox, Ross and Rubinstein(1979)은 주식과 무위험채권을 이용하여 콜옵션을 보유한 것과 동일한 복제포트폴리오(replicating portfolio)를 구성하여 콜옵션과 풋옵션의 가치를 결정하는 이항옵션가격결정모형을 개발하였다. 물론 Cox, Ross and Rubinstein(1979)은 그들의 논문에서 이 복제포트폴리오를 헤징포트폴리오(hedging portfolio)라고 부르고 있다. 복제포트폴리오는 앞서 설명한 헤지포트폴리오와는 달리 만기일에 주가가 상승 혹은 하락하는 경우에 각 상황별로 복제포트폴리오의 순자산 가치와 옵션의 가치가 일치하도록 주식과 채권의 구성이 결정된다. Cox, Ross and Rubinstein(1979)은 이러한 복제포트폴리오를 구성하는 주식과 채권의 가치 추정을 통해 콜과 풋옵션의 가치를 결정하는 이항옵션가격결정모형을 개발한 것이다.

복제포트폴리오는 헤지포트폴리오와는 달리 무위험 포트폴리오가 아니다. 헤지포트폴리오는 주식과 콜옵션이 각각 롱(long)과 숏(short) 포지션을 취하고 콜옵션의 숏 포지션을 연속적으로 조정함으로써 기초자산인 주가가 변화할 때 주식과 콜옵션의 가격 변동이 서로 상쇄되는 효과가 발생해 만기일에 어떤 상황이 오더라도 헤지포트폴리오의 순자산가치는 항상 동일하므로 헤지포트폴리오는 무위험자산으로 볼 수 있다. 하지만 복제포트폴리오를 구성하는 주식과 무위험채권 간에는 그런 완벽한 상쇄효과가 발생하지 않기 때문에 복제포트폴리오는 무위험 자산으로 볼 수 없다.

참고로 이 문제의 (물음 1)과 (물음 2)는 헤지포트폴리오에 관한 문제인 반면, (물음 3)과 (물음 4)는 복제포트폴리오에 관한 문제이다.

※ Solution Note 2: 이항옵션가격결정모형에서 q와 p의 관계

Cox, Ross and Rubinstein(1979)의 이항옵션가격결정모형(option pricing model)의 주요한 특징 중의 하나가 현재의 주가가 주어진 상황에서 옵션의 가치는 주가가 상승할 확률(q)이나 하락할 확률($1-q$)과는 관계없이 결정된다는 점이다. 그래서 대부분의 이항옵션가격결정모형과 관련된 문제에서 주가가 상승할 확률(q)이나 하락할 확률($1-q$)이 주어지지만 수험생들은 이를 무시하고 문제를 풀어야 한다. 그러나 이 문제에서처럼 투자자들의 위험성향이 위험중립적일 경우에는 아래에서 증명한 바와 같이 주가가 상승할 확률 q와 위험중립확률 p는 동일하다. 왜냐하면 만약 투자자들이 위험중립적일 경우 주식에 대한 기대수익률은 무위험이자율이 되기 때문에 다음 관계식이 성립하며 결과적으로 주가가 상승할 확률 q와 위험중립확률 p는 같아진다(Cox, Ross and Rubinstein, 1979, p. 235).

- $S(1 + r_f) = Sr = q(uS) + (1 - q)(dS)$

$$\rightarrow q = \frac{r - d}{u - d} = p$$

이것은 곧 투자자가 위험중립적일 경우 이항옵션가격결정을 이용하여 콜이나 풋옵션의 가치를 추정할 때 위의 관계식에 의해 위험중립확률 p를 계산할 필요 없이 바로 문제의 지문에서 주어진 주가가 상승할 확률 q를 p로 대용할 수 있다는 것을 의미한다. 따라서 이러한 속성을 잘 활용하면 아주 편리하게 옵션의 가치를 추정할 수 있다. 그러나 이 문제에서는 투자자가 위험중립적이라고 가정하고 있지만 다음 식과 같이 주가가 상승할 확률 q와 위험중립확률 p가 일치하지 않는다.

- $q = 0.6, \quad p = \frac{r - d}{u - d} = \frac{1.1 - 0.7}{1.2 - 0.7} = 0.8 \rightarrow q \neq p$

문제의 지문에서는 주가가 상승할 확률 q가 60%라고 주어졌지만 위험중립확률 p는 0.8로 추정되어 q와 p가 일치하지 않는다. 이것은 아마 출제자가 투자자가 위험중립적일 경우에서의 q와 p의 특수한 관계를 고려하지 않고 주가가 상승할 확률 q를 지정한 것으로 생각된다.

문제 2 ※ (물음 1)~(물음 3)은 독립적이다. (2021년 문제 7)

(물음 1) 무배당기업인 ㈜가나의 현재 주가는 18,000원이다. ㈜가나의 주가가
1년 후 상승하여 24,000원이 될 확률은 70%이고, 하락하여 16,000원이
될 확률은 30%라고 하자. 이 주식에 대한 유럽형 콜옵션의 행사가
격은 20,000원이고, 무위험이자율은 연 10%이다. 1기간은 1년이며,
1기간 이항모형이 성립한다고 가정한다. 옵션의 균형가격은 소수점 아
래 셋째 자리에서 반올림하여 둘째 자리까지 표시하고, 위험프리미엄은
% 단위로 소수점 아래 첫째 자리에서 반올림하시오.

① ㈜가나 주식의 위험프리미엄을 계산하시오.

② 위험중립가치평가법을 활용하여 콜옵션의 균형가격을 계산하시오.

③ 이 콜옵션과 모든 조건이 동일한 풋옵션의 균형가격을 주식과 무위험채
권을 이용한 복제포트폴리오접근법으로 계산하시오.

④ ③에서 계산한 풋옵션의 균형가격과 풋-콜 패러티를 활용하여 콜옵션의 균
형가격을 계산하시오.

(물음 2) 다음 그림은 ㈜다라의 주가(S) 변화를 나타낸 것이다. 무배당기업인
㈜다라의 주가는 현재 10,000원이고, 매년 10%씩 상승하거나 하락
한다. 2기간 이항모형을 이용하여 ㈜다라 주식에 대한 유럽형 콜옵션
의 가치를 평가하고자 한다. 단, 1기간은 1년이고, 무위험이자율은 연
5%이다.

① 그림에서 제시된 주가 변화를 이용하여 위험중립확률을 계산하시오. 계
산결과는 소수점 아래 셋째 자리에서 반올림하여 둘째 자리까지 표시하시
오.

② 이항과정 B와 이항과정 C에서 콜옵션의 델타가 각각 0.5와 0일 때,
이 콜옵션의 행사가격과 균형가격을 각각 계산하시오. 행사가격은 원
단위로 표시하고, 옵션의 균형가격은 소수점 아래 셋째 자리에서 반올
림하여 둘째 자리까지 표시하시오.

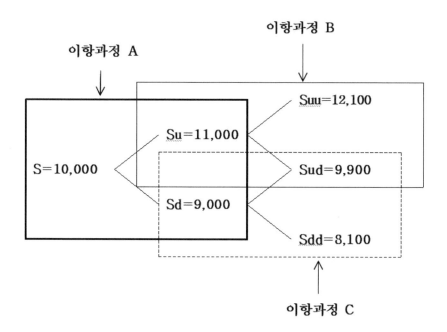

이항과정 A

이항과정 B

이항과정 C

Suu=12,100

Su=11,000

Sud=9,900

S=10,000

Sd=9,000

Sdd=8,100

(물음 3) 2기간 이항모형이 성립한다고 가정하자. ㈜마바의 현재 주가는 1,000원이고 이 기업의 주가는 매 기간 10% 상승하거나 10% 하락할 것으로 예상된다. 이 기업은 8개월 이후에 100원의 배당을 지급할 것이다. 만기는 1년 남아 있고, 행사가격이 1,000원인 유럽형 콜옵션의 균형가격을 위험중립가치평가법으로 계산하시오. 단, 1기간은 6개월이고, 무위험이자율은 연 12%이며, $\frac{1}{(1+0.06)^{4/3}}=0.9252$ 그리고 $\frac{1}{(1+0.06)^{1/3}}=0.9808$이다. 계산결과는 소수점 아래 셋째 자리에서 반올림하여 둘째 자리까지 표시하시오.

이 문제는 1기간 및 2기간 이항옵션가격결정모형과 풋-콜 패러티, 이항기간 중간에 배당이 지급되는 2기간 이항모형 등에 관한 문제이다.

(물음 1)

① ㈜가나 주식의 위험프리미엄(RP)은 다음 식과 같이 10%이다. 아래 식에서 S는 현재 주가를, $E(S_1)$는 1년 후 예상되는 기대 주가를, $E(r)$은 적정 할인율 즉 위험조정할인율을 각각 의미한다.

$$\bullet \ S = \frac{E(S_1)}{1 + E(r)} = \frac{q(uS) + (1-q)(dS)}{1 + E(r)}$$

$$\rightarrow S = 18,000 = \frac{(0.7)(24,000) + (0.3)(16,000)}{1 + E(r)}$$

$$\rightarrow E(r) = 0.2 = r_f + RP = 0.1 + RP$$

$$\therefore \ RP = 0.1 \ (10\%)$$

② 먼저 문제에서 주어진 정보를 활용하여 위험중립확률(p)을 계산한다.

$$\bullet \ S = 18,000, \ X = 20,000, \ T = 1, \ r_f = 0.1$$

$$\bullet \ r = 1 + r_f = 1.1, \ u = \frac{24,000}{18,000} = \frac{4}{3}, \ d = \frac{16,000}{18,000} = \frac{8}{9}$$

$$\rightarrow p = \frac{r-d}{u-d} = \frac{1.1 - 8/9}{4/3 - 8/9} = 0.475, \ 1 - p = 0.525$$

위에서 추정한 위험중립확률(p)을 이용하여 콜옵션의 균형가격을 계산하면 다음과 같이 1,727.27원이다.

$$\bullet \ C_u = Max[0, 24,000 - 20,000] = 4,000$$

$$C_d = Max[0, 16,000 - 20,000] = 0$$

$$\bullet \ C = \frac{pC_u + (1-p)C_d}{r} = \frac{(0.475)(4,000) + (0.525)(0)}{1.1}$$

$$= 1,727.27 \ (\text{원})$$

③ 주식과 무위험채권을 이용하여 풋옵션을 보유한 것과 동일한 복제포트폴리오를 다음과 같이 구성할 수 있다.

$$\bullet \ P = \Delta S + B$$

Δ와 B는 다음 식에서와 같이 만기일에서 복제포트폴리오의 가치와 풋옵션의 가치가 일치한다는 복제포트폴리오의 특성을 활용하여 결정할 수 있다.

$$\bullet \ P_u = Max[0, 20,000 - 24,000] = 0$$

$$P_d = Max[0, 20,000 - 16,000] = 4,000$$

$$\bullet \ \Delta uS + rB = P_u \rightarrow \Delta \times 24,000 + 1.1B = 0$$

$$\Delta dS + rB = P_d \rightarrow \Delta \times 16,000 + 1.1B = 4,000$$

$$\rightarrow \Delta = \frac{P_u - P_d}{uS - dS} = \frac{0 - 4,000}{24,000 - 16,000} = -0.5,$$

$$B = \frac{12,000}{1.1} = 10,909.09$$

위에서 구한 Δ와 B에 의하면, 기초주식 0.5주를 공매도하고 무위험채권 10,909.09원을 매입(대출)함으로써 풋옵션을 보유한 것과 동일한 복제포트폴리오를 구성할 수 있다. 이를 이용하여 현재 시점에서의 풋옵션가치를 산정하면 다음과 같이 1,909.09원이다.

$$\bullet \ P = \Delta S + B = -0.5 \times 18,000 + 10,909.09 = 1,909.09$$

④ ③에서 계산한 풋옵션의 균형가격과 풋-콜 패러티를 활용하여 콜옵션의 균형가격을 계산하면 다음과 같이 1,727.27원이다. 이것은 앞의 문제 ②에서 위험중립가치평가법으로 구한 콜옵션의 균형가격과 일치한다.

$$\bullet \ C = P + S - \frac{X}{(1+r_f)} = 1{,}909.09 + 18{,}000 - \frac{20{,}000}{(1+0.1)}$$

$$= 1{,}727.27$$

(물음 2)

① 먼저 문제에서 주어진 정보를 활용하여 위험중립확률(p)을 계산하면 다음과 같이 0.75이다.

- $S = 10{,}000, \ T = 2, \ r_f = 0.05$

- $r = 1 + r_f = 1.05, \ u = 1.1, \ d = 0.9$

$$\rightarrow p = \frac{r-d}{u-d} = \frac{1.05 - 0.9}{1.1 - 0.9} = 0.75$$

② 이항과정 B와 이항과정 C에서 콜옵션의 델타가 각각 0.5와 0일 때, 이 콜옵션의 행사가격은 다음 식과 같이 11,000원이다.

- $C_{uu} = Max\,[0, 12{,}100 - X]$

  $C_{ud} = Max\,[0, 9{,}900 - X]$

  $C_{ud} = Max\,[0, 8{,}100 - X]$

- $\Delta_C = \dfrac{C_{ud} - C_{dd}}{S_{ud} - S_{dd}} = \dfrac{C_{ud} - C_{dd}}{9{,}900 - 8{,}100} = 0 \rightarrow C_{ud} = C_{dd} = 0$

  $\Delta_B = \dfrac{C_{uu} - C_{ud}}{S_{uu} - S_{ud}} = \dfrac{(12{,}100 - X) - 0}{12{,}100 - 9{,}900} = 0.5$

  $$\rightarrow 12{,}100 - X = 2{,}200 \times 0.5 = 1{,}100$$

  $$\therefore \ X = 12{,}100 - 1{,}100 = 11{,}000 \ (원)$$

위에서 추정한 콜옵션의 행사가격(X) 11,000원을 이용하여 콜옵션의 균형가격을 2기간 이항모형의 일반식에 의해 계산하면 다음과 같이 561.22원이다(n기간 이항모형의 콜과 풋옵션 가치평가에 관한 일반식에 관해서는 아래 <Solution note 1>을 참고하기 바람).

- $C_{uu} = Max[0, 12,100 - 11,000] = 1,100$

  $C_{ud} = Max[0, 9,900 - 11,000] = 0$

  $C_{ud} = Max[0, 8,100 - 11,000] = 0$

- $C = \dfrac{p^2 C_{uu} + 2p(1-p)C_{ud} + (1-p)^2 C_{dd}}{r^2}$

  $= \dfrac{(0.75)^2(1,100)}{(1.05)^2} = 561.22$

(물음 3) 이 문제에서 1기간은 6개월인데 배당은 8개월($= \dfrac{4}{3}$기간) 이후에 지급 되므로 주가의 변동 시점과 배당의 지급 시점이 상이한 이항모형에 관한 문제 이다. 이러한 경우 2기간 이항모형에서 기간별 주가를 계산하는 방식은 배당을 지급하는 시점 이전과 이후에 따라 달라진다. 따라서 기간별 주 가 변동과정은 대개 2단계로 나누어 추정하는 게 일반적이다. 그러나 이 문제에서는 유럽형 콜옵션의 균형가격을 계산하는 문제이므로 배당 이후의 만기일에서의 주가 변동이 중요하다. 그래서 미국형 콜옵션과는 달리 유럽형 콜옵션은 조기행사(early exercise)가 불가능하므로 만기 일 이전의 주가 변동과정은 구태여 상세히 추정할 필요가 없다. 먼저 현재 시점의 주가를 다음 식과 같이 현재 주가(S)에서 배당의 현재가 치를 차감한 조정 주가(S^*)를 계산하면 907.48원이다. 이 조정 주가 를 기초로 2기간 이항모형의 기간별 주가(S_t^*) 변동 과정을 10%인 주 가의 상승률과 하락률을 이용하여 계산한다.

- $S^* = S - PV(D) = 1,000 - 100 \times \dfrac{1}{(1+0.06)^{4/3}}$

  $= 1,000 - 100 \times 0.9252$

  $= 907.48$

위에서 구한 조정 주가(S^*)를 기초로 2기간 이항모형의 기간별 주가 (S_t^*) 변동 과정을 그림으로 표시하면 다음 <그림 1>과 같다.

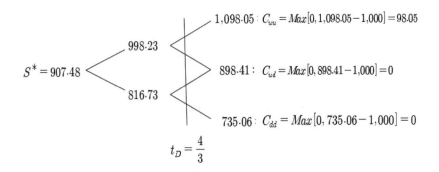

$$S^* = 907.48 \begin{cases} 998.23 \begin{cases} 1{,}098.05 : C_{uu} = Max[0, 1{,}098.05 - 1{,}000] = 98.05 \\ 898.41 : C_{ud} = Max[0, 898.41 - 1{,}000] = 0 \end{cases} \\ 816.73 \begin{cases} \\ 735.06 : C_{dd} = Max[0, 735.06 - 1{,}000] = 0 \end{cases} \end{cases}$$

$$t_D = \frac{4}{3}$$

<그림 1> 조정 주가를 이용한 기간별 주가 변동과정

위에서 제시한 2기간 이항모형의 기간별 주가(S_t^*)와 만기일에서의 콜옵션의 가치를 이용하여 유럽형 콜옵션의 균형주가를 위험중립가치 평가법으로 계산하면 다음과 같이 55.85원이다.

- $r_f = 0.06$, $r = 1 + r_f = 1.06$, $T = 2$, $u = 1.1$, $d = 0.9$

  $\rightarrow p = \dfrac{r-d}{u-d} = \dfrac{1.06 - 0.9}{1.1 - 0.9} = 0.8$

- $C = \dfrac{p^2 C_{uu} + 2p(1-p)C_{ud} + (1-p)^2 C_{dd}}{r^2}$

  $= \dfrac{(0.8)^2 (98.05)}{(1.06)^2} = 55.85 \quad (\because C_{ud} = C_{dd} = 0)$

참고로 이 문제에서 옵션이 유럽형 콜옵션이 아닌 미국형 콜옵션이라고 하면 위에서 제시한 방법으로는 미국형 콜옵션의 균형가격을 구할 수 없다. 미국형 콜옵션의 경우는 조기행사 가능성이 있는지를 살펴보기 위해 배당을 지급하기 이전 기간의 주가를 배당 효과를 반영하여 재조정하는 단계를 추가적으로 수행해야 한다. 이에 대한 상세한 설명은 아래 <Solution Note 2>를 참고하기 바란다.

※ Solution Note 1: n기간 이항옵션가격결정모형

Cox, Ross and Rubinstein(1979)의 이항옵션가격결정모형(option pricing model)에서 주가가 2기간 이상 변동할 경우의 콜옵션의 가치를 결정하는 n기간 이항옵션결정모형은 다음과 같이 나타낼 수 있다.

$$\bullet \; C = \frac{\sum_{j=0}^{n} (\frac{n!}{j!(n-j)!}) p^j (1-p)^{n-j} Max[0, u^j d^{n-j} S - X]}{r^n}$$

위에서 제시한 일반식에서 만약 2기간 이항모형일 경우($n=2$)에는 콜과 풋옵션의 가치는 각각 다음과 같이 나타낼 수 있다.

$$\bullet \; C = \frac{p^2 C_{uu} + 2p(1-p)C_{ud} + (1-p)^2 C_{dd}}{r^2}$$

$$\bullet \; P = \frac{p^2 P_{uu} + 2p(1-p)P_{ud} + (1-p)^2 P_{dd}}{r^2}$$

그리고 위에서 제시한 n기간 일반식에서 만약 3기간 이항모형일 경우($n=3$)에는 콜과 풋옵션의 가치는 각각 다음과 같이 나타낼 수 있다.

$$\bullet \; C = \frac{p^3 C_{uuu} + 3p^2(1-p)C_{uud} + 3p(1-p)^2 C_{ddu} + (1-p)^3 C_{ddd}}{r^3}$$

$$\bullet \; P = \frac{p^3 P_{uuu} + 3p^2(1-p)P_{uud} + 3p(1-p)^2 P_{ddu} + (1-p)^3 P_{ddd}}{r^3}$$

※ Solution Note 2: 미국형 콜옵션의 균형가격 추정

이 문제에서 1기간은 6개월인데 배당은 8개월($= \frac{4}{3}$기간) 이후에 지급되므로 주가의 변동 시점과 배당의 지급 시점이 상이한 이항모형에 관한 문제이다. 이러한 경우 2기간 이항모형에서 기간별 주가를 계산하는 방식은 배당을 지급하는 시점 이전과 이후에 따라 달라진다. 따라서 기간별 주가 변동과정은 다음 2단계로 나누어 추정한다.

먼저 <1단계>에서는 앞의 (물음 3)에서 추정한 바와 같이 현재 시점의 주가를 다음 식과 같이 현재 주가(S)에서 배당의 현재가치를 차감한 조정 주가(S^*)를 계산한 다음 이 조정 주가를 기초로 2기간 이항모형의 기간별 주가(S_t^*) 변동 과정을 주가의 상승률과 하락률을 이용하여 계산한다.

- $S^* = S - PV(D) = 1,000 - 100 \times \dfrac{1}{(1+0.06)^{4/3}} = 907.48$

그리고 <2단계>에서는 배당 지급($t_D = \dfrac{4}{3}$) 이전 기간인 현재 시점($t=0$)과 기간 1($t=1$)에서의 주가는 다음 식과 같이 <1단계>에서 계산한 조정 주가(S_t^*)에 배당의 현재가치를 더해준다. 반면에 배당지급 이후 기간인 만기일($t=2$)에는 앞의 <1단계>에서 계산한 조정 주가(S_t^*)를 그대로 사용한다. 즉 (물음 3)의 <그림 1>에서 제시한 만기일($t=2$)에서의 주가를 그대로 사용한다.

- $t < t_D : S_t^* = S_t^* + PV(D)$ for $t = 0, 1$

- $t > t_D : S_t^* = S_t^*$ for $t = 2$

위에서 제시한 방법으로 배당지급 시점($t_D = \dfrac{4}{3}$) 이전 기간($t=0,1$)의 주가를 배당효과를 감안해 재조정하면 다음 식과 같다.

- $t = 0 : S^* = S^* + PV(D) = 907.48 + 100 \times \dfrac{1}{(1+0.06)^{4/3}}$

$$= 907.48 + 100 \times 0.9252 = 1,000$$

- $t=1 : S_u^* = S_u^* + PV(D) = 998.23 + 100 \times \dfrac{1}{(1+0.06)^{1/3}}$

$$= 998.23 + 100 \times 0.9808 = 1,096.31$$

$$S_d^* = S_d^* + PV(D) = 816.73 + 100 \times \dfrac{1}{(1+0.06)^{1/3}}$$

$$= 816.73 + 100 \times 0.9808 = 914.81$$

위의 <2단계>에서 배당효과를 감안하여 재조정한 주가를 기초로 2기간 이항모형의 기간별 주가(S_t^*) 변동 과정을 그림으로 표시하면 다음 <그림 2>와 같다.

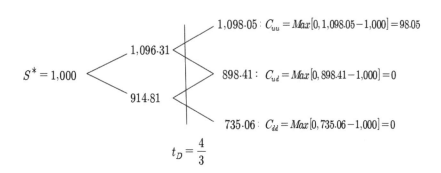

<그림 2> 배당효과를 재조정한 기간별 주가 변동과정

위에 제시된 2기간 이항모형의 기간별 주가(S_t^*)와 만기일에서의 콜옵션 가격을 이용하여 미국형 콜옵션의 균형가격을 계산하면 다음과 같이 72.69원이다.

- $C_u = Max\left[1,096.31 - 1,000, \dfrac{0.8 \times 98.05 + 0.2 \times 0}{(1+0.06)}\right]$

$$= Max[96.31, 74] = 96.31 \ (\text{조기 행사})$$

- $C_d = Max\left[914.81 - 1,000, \dfrac{0.8 \times 0 + 0.2 \times 0}{(1+0.06)}\right]$

$$= Max[-85.19, 0] = 0$$

- $C = Max[1,000 - 1,000, \dfrac{0.8 \times 96.31 + 0.2 \times 0}{(1 + 0.06)}]$

  $= Max[0, 72.69] = 72.69$

문제 3 ㈜대한과 ㈜민국의 현재 주가는 각각 1,100원이며 주식의 공매가 가능하다. 이 기업들은 향후 5년간 배당을 지급하지 않을 계획이다. 무위험 이자율은 연 10%로 향후 변동이 없으며 차입과 투자가 가능하다. 거래비용은 없으며, 시장에는 어떠한 차익거래의 기회도 없다고 가정한다. (2020년 문제 6)

※ (물음 1)과 (물음 2)는 독립적이다.

(물음 1) ㈜대한의 주식은 매년 가격이 20% 상승하거나 20% 하락하는 이항과정을 따른다. 이 주식을 기초자산으로 하고 행사가격이 1,100원으로 동일한 다음의 3가지 유형의 옵션들이 현재 시장에서 거래되고 있다.

옵션	구분	만기(년)	옵션프리미엄(원)
A	유럽형 풋	5	21
B	미국형 풋	5	63
C	미국형 콜	5	

옵션 C의 프리미엄을 구하시오. <u>계산결과는 반올림하여 원 단위로 표시하시오.</u>

(물음 2) ㈜민국의 주식을 기초자산으로 하고 잔존만기가 1년인 아래의 2가지 옵션이 시장에서 거래되고 있다.

옵션	구분	행사가격(원)	옵션프리미엄(원)
D	유럽형 콜	1,100	155
E	유럽형 콜	1,200	80

① ㈜민국의 주가 변화에 따라 아래와 같은 현금흐름을 제공하는 포트폴리오를 현재 구성하고자 한다. 앞서 제시된 무위험자산, 주식, 옵션들을 조합한 포트폴리오 구성 방법을 나타내시오.

1년 후 주가(S_1) 범위	1년 후 현금흐름
$S_1 \leq 1,100$	$1,100 - S_1$
$1,100 < S_1 \leq 1,200$	0
$1,200 < S_1$	$S_1 - 1,200$

② 위의 포트폴리오를 구성하는데 소요되는 현재 시점에서의 총 비용을 구하시오.

상세 해설 및 정답

이 문제는 유럽형 옵션의 풋-콜 패러티와 옵션 전략과 소요 비용에 관한 문제이다.

(물음 1) ㈜대한은 향후 5년간 배당을 지급하지 않을 계획이므로 이 주식을 기초자산으로 하는 콜옵션의 경우 유럽형 콜옵션과 미국형 콜옵션의 프리미엄은 동일하다. 문제에서 유럽형 풋옵션의 프리미엄이 제시되어 있으므로 풋-콜 패러티를 이용하여 유럽형 콜옵션의 프리미엄을 구할 수 있어 이를 통해 미국형 콜옵션인 옵션 C의 프리미엄을 구할 수 있다. 옵션 C의 프리미엄은 다음 식에서와 같이 438원이다.

- $S = X = 1,100$, $r_f = 0.1$, $T = 5$

- $C = P + S - \dfrac{X}{(1+r_f)^5} = 21 + 1,100 - \dfrac{1,100}{(1+0.1)^5} = 438$

(물음 2)

① ㈜민국의 주가 변화에 따라 문제에서 제시된 현금흐름을 제공하는 옵션 포트폴리오로는 스트랭글 매입(long strangle) 포지션을 들 수 있다. 스트랭글 매입 포지션은 기초자산과 만기일은 같으나 행사가격이 높은 콜옵션을 매입하고, 행사가격이 낮은 풋옵션을 매입하는 옵션 전략이다. 그러나 현재 행사가격이 낮은 즉 행사가격이 1,100원인 유럽형 풋옵션이 시장에서 거래되고 있지 않으므로 풋-콜 패러티를 이용하여 행사가격이 1,100원인 유럽형 풋옵

션의 복제포트폴리오(콜옵션 매입+주식 공매도+무위험자산 매입)를 매입하고, 동시에 행사가격이 1,200원인 유럽형 콜옵션을 매입하면 다음 표에서와 같이 문제에서 제시된 것과 동일한 현금흐름을 1년 후 옵션 만기일에 얻을 수 있게 된다. 아래 표에서 S_1은 만기일의 주가를 의미한다.

포트폴리오	현재 거래비용	만기일($t=1$)에서의 현금흐름		
		$S_1 \leq 1,100$	$1,100 < S_1 \leq 1,200$	$1,200 < S_1$
콜(1,100) 1개 매입	155	0	$S_1 - 1,100$	$S_1 - 1,100$
주식 1주 공매도	$-1,100$	$-S_1$	$-S_1$	$-S_1$
무위험자산 1,000원 매입	1,000	1,100	1,100	1,100
콜(1,200) 1개 매입	80	0	0	$S_1 - 1,200$
합 계	135	$1,100 - S_1$	0	$S_1 - 1,200$

② 위의 표에서 제시된 포트폴리오는 크게 행사가격이 1,100원인 유럽형 풋옵션의 복제포트폴리오(콜옵션 매입+주식 공매도+무위험자산 매입)의 매입과 행사가격이 1,200원인 유럽형 콜옵션의 매입 포지션으로 구성되어 있다. 따라서 이 포트폴리오를 구성하는 데 소요되는 현재 시점에서의 총 거래비용(TC)은 다음 식과 같이 135원이다.

- $TC = P(1,100) + C(1,200)$

$$= [C(1,100) - S + \frac{X}{(1 + r_f)}] + C(1,200)$$

$$= [155 - 1,100 + \frac{1,100}{(1 + 0.1)}] + 80 = 135$$

문제 4 ㈜태백의 무배당 주식의 현재가격은 2만원인데, 매년 주식가격이 10% 상승하거나 10% 하락하는 이항과정을 따른다고 가정한다. 또한 시장의 무위험이자율은 연 6%로 향후 변동이 없으며, 시장에는 어떠한 차익 거래의 기회도 없다고 가정한다. (2012년 문제 7)

(물음 1) ㈜태백의 주식을 100주 보유한 투자자가 이 주식을 기초자산으로 하고 행사가격이 19,000원이며, 잔존만기가 1년인 유럽식 표준형 풋옵션을 이용하여 무위험포트폴리오를 만들고자 한다. 풋옵션을 얼마나 매수 또는 매도해야 하는가?

(물음 2) 위의 (물음 1)에 제시된 풋옵션 1개의 적정 가치를 구하시오. 계산결과는 <u>반올림하여 소수점 둘째 자리까지</u> 나타내시오.

(물음 3) ㈜태백의 주식을 기초자산으로 하고 잔존만기가 3년이며 만기수익이 다음과 같이 나타나는 옵션의 적정 가치를 3기간 이항모형을 이용하여 구하시오. 계산결과는 <u>반올림하여 소수점 둘째 자리까지</u> 나타내시오.

$$\text{옵션의 만기수익(원)} = Max\left[0, \ \frac{S_T}{20,000} - 1\right] \times 8,000$$

단, S_T는 3년 후 주식의 가격을 나타낸다.

(물음 4) 주가가 만기일 행사시점까지 17,000원 이하로 한번이라도 하락하면 계약이 자동 소멸되는, 즉 KO(knock-out) 조항이 부여된 유럽형 풋옵션의 적정가격을 3기간 이항모형을 이용하여 구하시오. 이때 옵션의 잔존만기는 3년이고 행사가격은 22,000원이다. 계산결과는 <u>반올림하여 소수점 둘째 자리까지</u> 나타내시오.

상세 해설 및 정답

이 문제는 무위험 헤지포트폴리오의 특성을 이용하여 풋옵션 가치를 추정하는 방법과 3기간 이항옵션가격결정모형을 이용하여 콜과 풋옵션의 가치를 추정하는 방법에 관한 문제이다.

(물음 1) 먼저 문제에서 주어진 정보를 활용하여 이항옵션가격결정모형의 주요 변수의 값을 정리해 보자.

- $S = 20,000,\ X = 19,000,\ T = 1,\ r_f = 0.06$

- $r = 1 + r_f = 1.06,\ u = 1.1,\ d = 0.9$

㈜태백의 주식 1주를 보유하고(long position) 이에 대한 풋옵션 n개를 매입하여(long position) 무위험 헤지포트폴리오(H)를 다음과 같이 구성한다. 아래 식에서 n은 보유주식 1주의 가격 변화를 헤지하기 위해 매입해야 할 풋옵션의 개수를 의미한다.

$$H = S + nP$$

만기일($t = 1$)에서의 주가의 상승 또는 하락과 관계없이 만기일에서의 헤지포트폴리오의 순자산 가치(value of the equity) H_1은 일정해야 한다는 무위험 헤지포트폴리오의 특성을 이용하여 보유주식 1주의 가격 변화를 헤지하기 위해 매입해야 할 풋옵션의 개수(n) 구하면 다음과 같이 4개이다.

- $t = 1 : P_u = Max[0, 19,000 - 22,000] = 0$

    $P_d = Max[0, 19,000 - 18,000] = 1,000$

- $H_1 = uS + nP_u = dS + nP_d$

    $= (1.1)(20,000) + (n)(0) = (0.9)(20,000) + (n)(1,000)$

    $\rightarrow n = \dfrac{(1.1 - 0.9) \times 20,000}{1,000 - 0} = 4$

따라서 주식 100주를 보유한 투자자가 무위험 헤지포트폴리오를 만들기 위해서는 $400(=4\times100)$개의 풋옵션을 매입해야 한다.

(물음 2) ㈜태백의 주식을 1주 보유하고 이에 대한 풋옵션 4개를 매입하는 무위험 헤지포트폴리오의 순자산 가치에 대한 기대수익률은 무위험이자율 r_f이어야 하므로 다음 관계식이 성립한다. 여기서 풋옵션 가치(P)를 추정하면 아래와 같이 188.68원이다.

- $H_1 = (S+nP)\times(1+r_f) = uS+nP_u = dS+nP_d$

  $\rightarrow (20,000+4P)\times1.06 = (1.1)(20,000)+(4)(0)$

  $\therefore\ P = \dfrac{(1.1-1.06)(20,000)}{4\times1.06} = \dfrac{800}{4.24} = 188.68$

(물음 3) 문제에서 제시된 옵션은 일종의 콜옵션이며 현재 주가(S)가 20,000원이므로 분석의 편의를 위해 옵션의 만기수익을 다음과 같이 변형한다.

$$Max\left[0,\ \frac{S_T}{20,000}-1\right]\times8,000 = Max\left[0,\ \frac{S_T}{S}-1\right]\times8,000$$

이 옵션의 적정 가치를 3기간 이항모형을 이용하여 구하기 위해 우선 ㈜태백의 주가가 3기간에 걸쳐 어떻게 변동하는지를 파악하기 위해 다음 그림에서와 같이 각 연도별 주가를 현 주가(S)와 주가상승계수(u)와 하락계수(d)로 표시하였다.

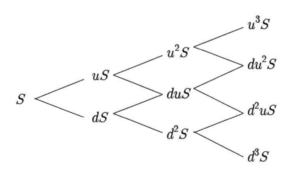

마찬가지로 3기간에 걸쳐 콜옵션의 가치가 어떻게 변화하는지는 다음 그림과 같이 나타낼 수 있다. 단 콜옵션의 기초자산이 무배당 주식이

므로 조기행사(early exercise) 가능성은 없다.

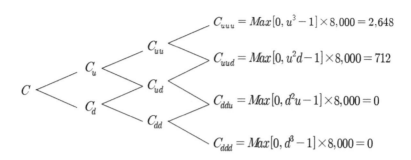

따라서 3기간 이항모형의 일반식을 사용하여 현재 시점의 콜옵션 가치를 구하면 다음과 같이 1,367.89원이다.

- $p = \dfrac{r-d}{u-d} = \dfrac{1.06-0.9}{1.1-0.9} = 0.8, \ 1-p = 0.2$

- $C = \dfrac{p^3\,C_{uuu} + 3p^2(1-p)\,C_{uud} + 3p(1-p)^2\,C_{ddu} + (1-p)^3\,C_{ddd}}{r^3}$

$$= \dfrac{(0.8)^3(2,648) + 3(0.8)^2(0.2)(712)}{1.06^3} = 1,367.89 \ \ (\because C_{ddu} = C_{ddd} = 0)$$

(물음 4) 다음 그림은 풋옵션의 가치 변동을 기간별로 나타낸 것이다.

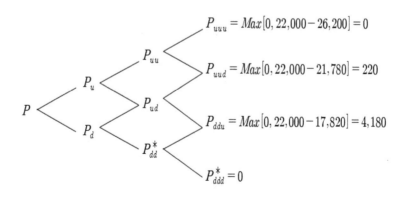

위의 그림에서 *로 표시된 것은 주가가 17,000원 이하로 하락해 계약이 자동 소멸되는, 즉 KO(knock-out) 조항이 적용된 경우를 의미하며 여기에 해당하는 풋옵션의 가치는 0이다. 이 문제에서는

KO(knock-out) 조항이 적용되기 때문에 앞의 (물음 3)에서 사용했던 이항모형의 일반식을 사용할 수 없으므로 반복절차법을 이용한다. 반복절차법의 첫 단계로 위의 그림에서 만기일($t=3$)의 풋옵션 가치를 먼저 추정하였다. 이를 이용하여 만기일 직전 연도($t=2$)에서의 풋옵션 가치를 이항모형에 의해 다음과 같이 추정한다. 위험중립확률 p는 (물음 3)에서 구한 0.8을 동일하게 적용한다.

- $P_{uu} = \dfrac{p\,P_{uuu} + (1-p)P_{uud}}{r} = \dfrac{0.8(0) + 0.2(220)}{1.06} = 41.51$

- $P_{ud} = \dfrac{p\,P_{uud} + (1-p)P_{ddu}}{r} = \dfrac{0.8(220) + 0.2(4,180)}{1.06} = 954.72$

- $P_{dd}^{*} = 0 \quad (\because knock-out\ \text{적용})$

동일한 방식으로 $t=1$ 시점에서의 풋옵션 가치를 이항모형을 이용하여 다음과 같이 추정한다.

- $P_{u} = \dfrac{p\,P_{uu} + (1-p)P_{ud}}{r} = \dfrac{0.8(41.51) + 0.2(954.72)}{1.06} = 211.46$

- $P_{d} = \dfrac{p\,P_{ud} + (1-p)P_{dd}}{r} = \dfrac{0.8(954.72) + 0.2(0)}{1.06} = 720.54$

마지막으로 현재 시점($t=0$)에서의 풋옵션 가치를 이항모형을 이용하여 추정하면 다음과 같이 295.54원이다.

- $P = \dfrac{p\,P_{u} + (1-p)P_{d}}{r} = \dfrac{0.8(211.46) + 0.2(720.54)}{1.06} = 295.54$

문제 5 한국과 미국의 무위험이자율은 각각 연간 6%와 4%이다. 한국의 금융시장에서 달러화의 현물환율은 1달러당 1,250원이다. 잔존만기가 1년이고 행사가격이 1,000원인 유럽형 콜옵션이 300원에 거래되고 있다. 국내 및 미국의 금융시장에는 어떠한 차익거래의 기회도 존재하지 않는다고 가정하시오. 소수점 첫째 자리에서 반올림하여 답하시오. (2010년 문제 2)

(물음 1) 미화 1달러에 대한 1년 만기 선물의 적정가격을 구하시오.

(물음 2) 한국의 대미 수출기업인 ㈜한텍은 환리스크를 헤지하고자 한국의 금융시장에서 달러화를 기초자산으로 하고 행사가격이 1,000원이며, 만기가 1년인 유럽형 풋옵션을 매입하고자 한다. 이 풋옵션의 적정 프리미엄은 얼마인가?

(물음 3) 미국에 본사를 둔 Detroit Hardware Inc.는 한국에 공구를 수출하는 기업이다. 이 기업은 수출대금으로 수취할 원화 100만원을 시카고옵션시장에서 1,000달러에 처분할 수 있는 풋옵션을 매입하고자 한다. 100만원에 대한 1년 만기 유럽형 풋옵션의 적정 프리미엄은 달러화로 얼마인가? 단, 미국의 금융시장에서 원화에 대한 현물환율은 1/1,250(USD/원)=0.0008(USD/원)이다.

이 문제는 통화선물과 옵션의 가치평가, 통화옵션의 풋-콜 패러티 등에 대해 묻는 문제이다.

(물음 1) 통화선물의 가격결정모형을 이용하여 미화 1달러에 대한 1년 만기 선물(F)의 적정가격을 추정하면 다음과 같이 1,274(원/$)이다. 단 아래 식에서 S는 현물환율, r_D는 국내(한국) 이자율, r_F는 외국(미국) 이자율을 각각 의미한다.

- $F = S \times (\dfrac{1+r_D}{1+r_F}) = 1,250 \times (\dfrac{1+0.06}{1+0.04}) = 1,274$ (원/$)

(물음 2) (물음 1)에서 유럽형 콜옵션의 가격이 이미 제시되어 있으므로 유럽형 통화옵션의 풋-콜 패러티를 이용하여 풋옵션의 가격 즉 적정 프리미엄을 계산하면 다음과 같이 41원이다.

- $P = C - \dfrac{S}{(1+r_F)^T} + \dfrac{X}{(1+r_D)^T}$

$\rightarrow P = 300 - \dfrac{1,250}{(1+0.04)} + \dfrac{1,000}{(1+0.06)} = 41$ (원)

(물음 3) 달러화의 현물환율이 1,250원/$인 상황에서 행사가격이 환율 1,000원/$로 원화 100만원을 팔고(sell), 미화 1,000달러를 매입하는(buy) 옵션 계약으로는 다음 두 유형의 옵션을 고려할 수 있다.

1. 시카고 옵션시장에서 행사가격이 환율 0.001$/원으로 원화 100만원을 팔고(sell), 미화 1,000달러를 매입하는(buy) 원-달러 풋옵션(KRWUSD put)을 매입하는 계약

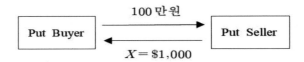

2. 한국 금융시장에서 행사가격이 환율 1,000원/$로 원화 100만원을 팔고(sell), 미화 1,000달러를 매입하는(buy) 달러-원 콜옵션(USDKRW call)을 매입하는 계약

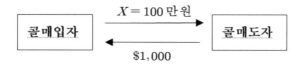

위에서 제시한 콜옵션과 풋옵션 계약은 매입자(buyer)의 입장에서는 옵션 만기일에서의 현금흐름이 동일하므로 한국 및 미국의 금융시장에서 차익거래 기회가 존재하지 않는다고 가정하면 당연히 두 옵션의 가치는 동일해야 한다. 따라서 한국 금융시장에서의 달러-원 콜옵션(C_K)의 가격과 시카고 옵션시장에서의 원-달러 풋옵션(P_C) 가격 간에는 아래의 관계식이 성립해야 한다. 또한 문제의 공통 지문에서 한국 금융시장에서 행사가격이 환율 1,000원/$로 원화 1,000원을 팔고, 미화 1달러를 매입하는 달러-원 콜옵션(C_K)의 가격이 300원으로 주어져 있다. 그러므로 차익거래 기회가 존재하지 않는다는 가정 하에서는 시카고 옵션시장에서 행사가격이 환율 0.001$/원으로 원화 1,000원을 팔고, 미화 1달러를 매입하는 원-달러 풋옵션(P_C)의 가격은 다음 식과 같이 $0.24이다. 아래 식에서 S는 한국 금융시장에서 달러화의 현물환율을 의미한다.

- $P_C = \dfrac{C_K}{S} = \dfrac{300\,(원)}{1,250\,(원/\$)} = \$0.24$

위에서 추정한 행사가격이 환율 0.001$/원으로 원화 1,000원을 팔고, 미화 1달러를 매입하는 원-달러 풋옵션(P_C)의 가격을 이용하여 시카고 옵션시장에서 행사가격으로 원화 100만원을 팔고, 미화 1,000달러를 매입하는 원-달러 풋옵션의 적정 프리미엄(P)은 다음과 같이 $240이다.

- $P = P_C \times 1,000개 = \$0.24 \times 1,000개 = \$240$

참고로 유럽형 통화옵션의 가치를 직접 추정할 수 있는 이론적 모형으로는 Garman and Kohlhagen(1983) 모형이 있지만 이 문제에서는 G-K 모형을 적용하는 데 필요한 정보가 충분히 제공되지 않고 있기 때문에 G-K 모형을 적용해서 풋옵션의 적정 프리미엄을 계산할 수 없다. Garman and Kohlhagen(1983) 통화옵션 가치평가모형에 관해서는 아래 <Solution Note>를 참고하기 바란다.

※ Solution Note: Garman & Kohlhagen(1983)의 통화옵션 가치평가모형

Garman and Kohlhagen(1983)은 Black-Scholes 옵션가격결정모형을 확장해 유럽형 통화옵션의 가치를 평가하는 이론적 모형을 개발하였다. 간단히 Garman and Kohlhagen(1983)의 콜과 풋옵션 가치평가모형을 제시하면 각각 다음 식과 같다. 아래 식에서 r_D는 국내 이자율, r_F는 외국 이자율, S는 현물환율, K는 행사가격, σ는 현물환율의 변동성, T는 만기까지의 기간, $N(x)$는 x에서의 누적표준정규분포 값 등을 각각 의미한다.

- $C = e^{-r_F T} S N(x + \sigma \sqrt{T}) - e^{-r_D T} K N(x)$

$$where \quad x = \frac{\ln(S/K) + r_D - r_F - (\sigma^2/2) T}{\sigma \sqrt{T}}$$

- $P = e^{-r_F T} S [N(x + \sigma \sqrt{T}) - 1] - e^{-r_D T} K [N(x) - 1]$

8.2 옵션투자전략

문제 6 AAA기업의 주식을 기초자산으로 하고 잔존만기가 1년으로 동일한 다음의 6가지 유럽형 옵션이 현재 시장에서 거래되고 있다. 단, 무위험이자율은 연 10%이다. (2015년 문제 6)

옵션 종류	행사가격	옵션프리미엄
콜옵션	1,000원	100원
	1,150원	40원
	1,300원	5원
풋옵션	1,000원	20원
	1,150원	60원
	1,300원	105원

(물음 1) 1년 후 옵션의 만기 시에 AAA기업의 주가의 변화에 따라 아래와 같은 만기손익을 동일하게 복제하는 옵션 포트폴리오를 만들고자 한다. 위에서 제시된 옵션들을 조합하여 만들 수 있는 거래전략을 두 가지 방법으로 나누어 제시하라. 단, 손익계산 시 옵션프리미엄은 고려하지 않는다.

주가	만기손익
$S_T \leq 1,000$	0
$1,000 < S_T \leq 1,150$	$S_T - 1,000$
$1,150 < S_T \leq 1,300$	$1,300 - S_T$
$1,300 < S_T$	0

* S_T: 만기 시 AAA기업의 주가

(물음 2) (물음 1)의 두 가지 거래 전략에 소요되는 현재 시점에서의 총 비용을 각각 <u>원단위로 계산하라.</u>

(물음 3) 앞의 6가지 유럽형 옵션들 사이에는 차익거래 기회가 존재한다. 6가지 옵션 모두를 이용하여 현재 시점에서는 비용이 소요되지 않는 차익거래 전략을 제시하고 만기일에서의 차익거래 이익을 <u>원단위로 계산하라.</u>

(물음 4) 옵션의 만기 시 AAA기업의 주가에 관계없이 150원이라는 확실한 현금흐름을 제공하는 옵션 포트폴리오를 만들고자 한다. 위에서 제시된 옵션들을 조합한 두 가지 거래 전략을 제시하고 각 거래 전략의 수익률을 계산하라. 계산결과는 %단위로 표시하되 반올림하여 소수점 첫째 자리까지 표시하라.

상세 해설 및 정답

이 문제는 옵션의 투자전략에 관한 문제이며, 구체적으로는 스프레드 전략 중 나비스프레드(butterfly spread)와 박스스프레드(box spread), 차익거래 등에 관해 묻는 문제이다. 이 문제에서는 손익계산 시 옵션프리미엄은 고려하지 않는 것으로 가정하고 있으므로 만기일에서의 현금흐름과 만기손익은 같은 값을 가진다는 점을 유의해야 한다.

(물음 1) 문제에서 제시된 만기손익을 동일하게 복제할 수 있는 옵션 포트폴리오로는 만기는 동일하나 행사가격이 상이한 세 가지 콜옵션 혹은 풋옵션을 결합한 나비스프레드의 매입 포지션(long butterfly spread)을 들 수 있다. 먼저 다음 <표 1>에서 3개의 서로 다른 행사가격을 갖는 콜옵션으로 구성된 나비스프레드 매입 포지션(long call butterfly spread)의 만기손익이 문제에서 주어진 만기손익을 정확히 복제할 수 있음을 알 수 있다.

<표 1> 콜옵션으로 구성된 나비스프레드 매입 포지션의 만기손익

포트폴리오	거래 비용	만기($t=1$) 손익			
		$S_T < 1,000$	$1,000 \leq S_T < 1,150$	$1,150 \leq S_T < 1,300$	$S_T \geq 1,300$
콜(1,000) 1개 매입	100	0	$S_T - 1,000$	$S_T - 1,000$	$S_T - 1,000$
콜(1,150) 2개 매도	-80	0	0	$-2(S_T - 1,150)$	$-2(S_T - 1,150)$
콜(1,300) 1개 매입	5	0	0	0	$S_T - 1,300$
합 계	25	0	$S_T - 1,000$	$1,300 - S_T$	0

그리고 다음 <표 2>에서 3개의 서로 다른 행사가격을 갖는 풋옵션으로 구성된 나비스프레드 매입 포지션(long put butterfly spread)의 만기손익도 문제에서 주어진 만기손익을 정확히 복제할 수 있음을 보여주고 있다.

<표 2> 풋옵션으로 구성된 나비스프레드 매입 포지션의 만기손익

포트폴리오	거래 비용	만기($t=1$) 손익			
		$S_T < 1,000$	$1,000 \leq S_T < 1,150$	$1,150 \leq S_T < 1,300$	$S_T \geq 1,300$
풋(1,000) 1개 매입	20	$1,000 - S_T$	0	0	0
풋(1,150) 2개 매도	-120	$-2(1,150 - S_T)$	$-2(1,150 - S_T)$	0	0
풋(1,300) 1개 매입	105	$1,300 - S_T$	$1,300 - S_T$	$1,300 - S_T$	0
합 계	5	0	$S_T - 1,000$	$1,300 - S_T$	0

(물음 2) (물음 1)의 <표 1>과 <표 2>에서 제시된 바와 같이, 콜과 풋옵션으로 구성된 나비스프레드 매입 포지션의 현재 시점에서의 총거래비용(TC) 즉 투자액을 계산하면 다음과 같이 각각 25원과 5원이다.

- *Call spread* : $TC = C(1,000) - 2 \times C(1,150) + C(1,300)$

$$= 100 - 2 \times 40 + 5 = 25$$

- *Put spread* : $TC = P(1,000) - 2 \times P(1,150) + P(1,300)$

$$= 20 - 2 \times 60 + 105 = 5$$

(물음 3) (물음 1)의 결과에 의하면, 콜과 풋옵션으로 구성된 나비스프레드 매입 포지션의 만기일에서의 만기수익은 두 포트폴리오 모두 동일하다. 그럼에도 불구하고 (물음 2)의 결과에 의하면, 이들 두 나비스프레드 매입 포지션의 현재 시점에서의 총거래비용(TC)은 각각 25원과 5원으로 상이하다. 즉 현재 시점에서 콜옵션 나비스프레드 매입 포지션은 25원으로 과대평가되어 있는 반면, 풋옵션 나비스프레드 매입 포지션은 5원으로 과소평가되어 있어 차익거래 기회가 존재한다. 따라서 과대평가되어 있는 콜옵션 나비스프레드를 매도하고 과소평가되어 있는 풋옵션 나비스프레드를 매입함으로써 차익거래 이익을 얻을 수 있다. 문제에서 현재 시점에서는 비용이 소요되지 않는 차익거래 전략을 제시하도록 요구하고 있으므로 옵션 매도에서 얻을 수 있는 수익 중 20원은 만기수익률 10%인 무위험채권을 매입(대출)하는 전략도 병행해야 한다. 따라서 6가지 옵션 모두를 이용한 이러한 차익거래 전략을 통해 다음 <표 3>에서와 같이 만기일에 AAA의 주가가 무엇이든 관계없이 만기일에서 확실한 22원의 차익거래 이익을 얻을 수 있다.

<표 3> 만기일($t=1$)에서의 차이거래 이익

포트폴리오	현재 현금흐름	만기($t=1$) 손익			
		$S_T < 1,000$	$1,000 \leq S_T < 1,150$	$1,150 \leq S_T < 1,300$	$S_T \geq 1,300$
콜(1,000) 1개 매도	100	0	$-(S_T-1,000)$	$-(S_T-1,000)$	$-(S_T-1,000)$
콜(1,150) 2개 매입	-80	0	0	$2(S_T-1,150)$	$2(S_T-1,150)$
콜(1,300) 1개 매도	5	0	0	0	$-(S_T-1,300)$
풋(1,000) 1개 매입	-20	$1,000-S_T$	0	0	0
풋(1,150) 2개 매도	120	$-2(1,150-S_T)$	$-2(1,150-S_T)$	0	0
풋(1,300) 1개 매입	-105	$1,300-S_T$	$1,300-S_T$	$1,300-S_T$	0
무위험채권 매입	-20	$20(1.1)=22$	$20(1.1)=22$	$20(1.1)=22$	$20(1.1)=22$
차익거래이익	0	22	22	22	22

(물음 4) 옵션 투자전략 중에서 만기 시 기초자산의 주가에 관계없이 확실한 만기수익을 제공하는 투자전략으로는 강세 콜 스프레드(bull call spread)와 약세 풋 스프레드(bear put spread)를 합성하여 만든 박스스프레드(box spread)를 들 수 있다. 구체적으로 박스스프레드의 매입 포지션(long box spread)은 행사가격이 낮은(X_L) 콜옵션을 매입하고 행사가격이 높은(X_H) 콜옵션을 매도하는 강세 콜 스프레드(bull call spread)와 행사가격이 높은 풋옵션을 매입하고 행사가격이 낮은 풋옵션을 매도하는 약세 풋 스프레드(bear put spread)를 합성하여 만기일에 위험이 없는 현금흐름, 즉 두 동일 옵션의 행사가격의 차이($X_H - X_L$)에 해당하는 확실한 이익을 얻을 수 있는 옵션 투자전략이다. 이것은 마치 무위험 순수할인채권(riskless zero-coupon bond)을 매입하는 것과 동일한 효과를 거둘 수 있는 옵션 전략이다.

이 문제에서 만기일에 AAA기업의 주가에 관계없이 150원이라는 확실한 현금흐름을 제공하는 옵션 포트폴리오 즉 박스스프레드를 만들기 위해서는 행사가격의 차이가 150원이 될 수 있는 강세 콜 스프레드와 약세 풋 스프레드를 합성해야 한다. 먼저 행사가격이 1,000원과 1,150원인 콜과 풋옵션을 활용하여 다음 <표 4>와 같이 만기일에 150원의 확실한 현금흐름을 제공하는 박스스프레드를 합성할 수 있다.

CPA 2차 재무관리

<표 4> 행사가격 1,000원과 1,150원인 콜과 풋옵션으로 구성된
박스스프레드 매입 포지션의 만기손익

포트폴리오	거래비용	만기($t=1$) 손익		
		$S_T < 1,000$	$1,000 \leq S_T < 1,150$	$S_T \geq 1,150$
콜(1,000) 1개 매입	100	0	$S_T - 1,000$	$S_T - 1,000$
콜(1,150) 1개 매도	-40	0	0	$-(S_T - 1,150)$
풋(1,000) 1개 매도	-20	$-(1,000 - S_T)$	0	0
풋(1,150) 1개 매입	60	$1,150 - S_T$	$1,150 - S_T$	0
합 계	100	150	150	150

위의 <표 4>에서 제시된 바와 같이, 행사가격이 1,000원과 1,150원인 콜과 풋옵션을 활용할 경우 현재 시점에서의 거래비용(투자액)은 100원이며 1년 후 만기일에는 150원의 확실한 현금흐름을 제공하므로 박스스프레드거래 전략의 수익률(r_{BS})은 다음과 같이 50%이다.

- $r_{BS} = \dfrac{150}{100} - 1 = 0.5 \ (50\%)$

그리고 행사가격이 1,150원과 1,300원인 콜과 풋옵션을 활용해서도 다음 <표 5>와 같이 만기일에 150원의 확실한 현금흐름을 제공하는 박스스프레드를 합성할 수 있다. 아래 <표 5>에서 제시된 바와 같이, 행사가격이 1,150원과 1,300원인 콜과 풋옵션을 활용할 경우 현재 시점에서의 거래비용(투자액)은 80원이며 1년 후 만기일에는 150원의 확실한 현금흐름을 제공하므로 박스스프레드 투자전략의 수익률(r_{BS})은 다음과 같이 87.5%이다.

- $r_{BS} = \dfrac{150}{80} - 1 = 0.875 \ (87.5\%)$

<표 5> 행사가격 1,150원과 1,300원인 콜과 풋옵션으로 구성된
박스스프레드 매입 포지션의 만기손익

포트폴리오	거래 비용	만기($t=1$) 손익		
		$S_T < 1,150$	$1,150 \leq S_T < 1,300$	$S_T \geq 1,300$
콜(1,150) 1개 매입	40	0	$S_T - 1,150$	$S_T - 1,150$
콜(1,300) 1개 매도	-5	0	0	$-(S_T - 1,300)$
풋(1,150) 1개 매도	-60	$-(1,150 - S_T)$	0	0
풋(1,300) 1개 매입	105	$1,300 - S_T$	$1,300 - S_T$	0
합 계	80	150	150	150

참고로 박스스프레드는 무위험 순수할인채권(riskless zero-coupon bond)을 매입하는 것과 동일한 효과를 가져 온다. 따라서 박스스프레드 투자전략의 수익률(r_{BS})은 무위험수익률에 가깝다. 그러나 이 문제에서는 박스스프레드 투자전략의 수익률(r_{BS})이 지나치게 높게 나와 현실성이 떨어진다. 박스스프레드 투자전략의 수익률(r_{BS})에 대한 상세한 설명은 아래 <Solution Note>를 참고하기 바란다.

※ Solution Note: 박스스프레드 거래전략의 수익성

(물음 4)에서 행사가격의 구성에 따른 2개의 박스스프레드 거래전략의 수익률(r_{BS})에 대한 계산 결과 각각 50%와 87.5%로 산출하였다. 이러한 수익률 풀이 과정에는 어떤 기술적 오류는 없다. 그러나 박스스프레드 매입 전략은 특성상 무위험 순수할인채권(riskless zero-coupon bond)을 매입하는 것과 유사하므로 자본시장이 효율적인 상황에서 박스스프레드의 기대수익률은 매우 낮은 (razor-thin) 무위험이자율에서 크게 벗어나지 않는 것이 합리적인 기대이다. 그런데 이 문제에서는 무위험이자율은 10%에 불과한데 비해 박스스프레드 매입 전략의 수익률이 50%와 87.5%라는 것은 현실적으로 실현 가능성이 거의 없다. 물론 시장이 비효율적인 상황에서 박스스프레드가 극히 저평가되어 있을 경우에는 이렇게 높은 수익률을 달성할 수도 있지만 이러한 가정은 극히 비현실적이다. 따라서 박스스프레드 투자 전략으로 무위험이자율의 5배 내지 8배 이상의 수익성을 달성할 수 있을 것이라고 생각하는 것은 이 투자전략의 특성을 잘못 이해하고 있는 것이라고 볼 수 있다.

박스스프레드 매입 전략은 순수할인채권을 매입하는 것과 유사한 투자 전략이긴 하지만 그렇다고 완전히 무위험한 것은 아니다. 때로는 박스스프레드의 매입비용이 행사가격의 차이보다 커 손실이 발생하기도 한다. 물론 이 경우에는 박스스프레드의 매입 포지션보다 매도 포지션(short box spread)을 선택하는 것이 더 유리하다.

문제 7 ㈜가나의 주식을 기초자산으로 하고 잔존만기가 1년인 다음의 4가지 유럽형 옵션이 현재 시장에서 거래되고 있으며 무위험이자율은 연 10%이다. (2016년 문제 7)

구 분	행사가격(원)	옵션프리미엄(원)
콜옵션	2,000	200
	2,300	20
풋옵션	2,000	40
	2,300	120

(물음 1) 옵션 만기일에 ㈜가나의 주가와 무관하게 항상 300원의 현금흐름을 가져오는 옵션 포트폴리오를 구성하려 한다. 위에서 제시한 4가지 유럽형 옵션을 모두 이용한 거래전략을 제시하시오.

(물음 2) (물음 1)의 거래전략에 소요되는 총비용을 현재 시점을 기준으로 <u>반올림하여 원단위로 계산하시오.</u>

(물음 3) 현재 거래되는 4가지 유럽형 옵션들 사이에는 차익거래 기회가 존재한다. 현재시점에서 비용이 들지 않는 차익거래 전략을 제시하고 차익거래 이익을 만기 시점을 기준으로 <u>반올림하여 원단위로 계산하시오.</u>

(물음 4) 현재 시장에는 ㈜가나의 주식을 기초자산으로 하고 행사가격이 2,600원, 옵션프리미엄이 10원, 잔존만기가 1년인 콜옵션도 거래되고 있다. 콜옵션을 이용한 나비스프레드(butterfly spread) 전략을 제시하고, 옵션 만기일에 ㈜가나의 주가가 2,400원인 경우의 수익률을 계산하시오. <u>계산결과는 %단위로 표시하되 반올림하여 소수점 첫째 자리까지 표시하시오.</u>

상세 해설 및 정답

이 문제는 옵션의 투자전략에 관한 문제이며 앞의 문제 6(2015년 문제 6)과 유사하다. 구체적으로는 스프레드 전략 중 나비스프레드(butterfly spread)와 박스스프레드(box spread), 차익거래 등에 관해 묻는 문제이다.

(물음 1) 주가와 무관하게 만기일에 항상 300원의 현금흐름을 제공하는 옵션 포트폴리오로는 박스스프레드의 매입 포지션(long box spread)을 들 수 있다. 이러한 박스스프레드를 만들기 위해서는 행사가격의 차이가 300원이 될 수 있는 강세 콜 스프레드(bull call spread)와 약세 풋 스프레드(bear put spread)를 합성해야 한다. 문제에서 주어진 4가지 유럽형 콜과 풋 옵션을 활용하여 다음 <표 1>과 같이 만기일에 300원의 확실한 현금흐름을 제공하는 박스스프레드를 합성할 수 있다.

<표 1> 행사가격 2,000원과 2,300원인 콜과 풋옵션으로 구성된
박스스프레드 매입 포지션의 만기일 현금흐름

포트폴리오	거래 비용	만기일($t=1$)의 현금흐름		
		$S_T < 2{,}000$	$2{,}000 \leq S_T < 2{,}300$	$S_T \geq 2{,}300$
콜(2,000) 1개 매입	200	0	$S_T - 2{,}000$	$S_T - 2{,}000$
콜(2,300) 1개 매도	-20	0	0	$-(S_T - 2{,}300)$
풋(2,000) 1개 매도	-40	$-(2{,}000 - S_T)$	0	0
풋(2,300) 1개 매입	120	$2{,}300 - S_T$	$2{,}300 - S_T$	0
합 계	260	300	300	300

(물음 2) (물음 1)의 <표 1>에서 제시된 바와 같이, 4가지 콜과 풋옵션으로 구성된 박스스프레드 매입 포지션의 현재 시점에서의 총거래비용(TC)을 계산하면 다음과 같이 260원이다.

- $TC = C(2{,}000) - C(2{,}300) - P(2{,}000) + P(2{,}300)$

  $= 200 - 20 - 40 + 120 = 260$

(물음 3) 주가와 무관하게 만기일에 항상 300원의 현금흐름을 제공하는 박스스프레드의 매입 포지션은 특성상 무위험 순수할인채권(riskless zero-coupon bond)을 매입하는 것과 유사하므로 박스스프레드는 무위험 순수할인채권의 복제포트폴리오로 볼 수 있다. 이 박스스프레드의 현재 시점에서의 내재가치($PV(BS)$)는 다음과 같이 272.73원이다.

$$\bullet \ PV(BS) = \frac{300}{(1+0.1)} = 272.73 > TC = 260$$

그런데 현재 박스스프레드의 현재 시점의 총거래비용(TC)은 260원으로 과소평가되어 있으므로 차익거래의 기회가 존재한다. 따라서 다음 <표 2>에서와 같이 과소평가된 박스스프레드를 260원에 매입하고 무위험 순수할인채권을 동일 금액으로 매도(혹은 차입)함으로써 만기 시점에 14원의 차익거래이익을 얻을 수 있다.

<표 2> 박스스프레드 매입과 무위험채권 매도(차입)에 의한 차익거래이익

포트폴리오	현재 현금흐름	만기일($t=1$)의 현금흐름		
		$S_T < 2{,}000$	$2{,}000 \le S_T < 2{,}300$	$S_T \ge 2{,}300$
콜($2{,}000$) 1개 매입	-200	0	$S_T - 2{,}000$	$S_T - 2{,}000$
콜($2{,}300$) 1개 매도	20	0	0	$-(S_T - 2{,}300)$
풋($2{,}000$) 1개 매도	40	$-(2{,}000 - S_T)$	0	0
풋($2{,}300$) 1개 매입	-120	$2{,}300 - S_T$	$2{,}300 - S_T$	0
무위험채권 매도(차입)	260	$-260(1.1) = -286$	$-260(1.1) = -286$	$-260(1.1) = -286$
차익거래이익	0	14	14	14

(물음 4) 만기는 동일하나 행사가격이 상이한 세 가지 콜옵션을 결합한 나비스프레드의 매입 포지션은 다음 <표 3>에서 제시한 바와 같이 ① 행사가격이 2,000원인 콜옵션 1개 매입, ② 행사가격이 2,300원인 콜옵션 2개 매도, ③ 행사가격이 2,600원인 콜옵션 1개 매입함으로써 구성할 수 있다.

<표 3> 콜옵션으로 구성된 나비스프레드 매입 포지션의 만기손익

포트폴리오	거래비용	만기일($t=1$)의 현금흐름
		$S_T = 2,400$
콜(2,000) 1개 매입	200	$2,400 - 2,000 = 400$
콜(2,300) 2개 매도	-40	$-2(2,400 - 2,300) = -200$
콜(2,600) 1개 매입	10	0
합 계	170	200

그리고 만기일에 ㈜가나의 주가가 2,400원인 경우 <표 3>에서 제시한 바와 같이 현재 시점의 거래비용(투자액)은 170원이며 만기일의 현금흐름은 200원이므로 나비스프레드 매입 포지션의 수익률을 계산하면 다음 식과 같이 17.6%이다.

- $r_{BS} = \dfrac{200}{170} - 1 = 0.176 \,(17.6\%)$

문제 8 다음 표는 북해산 브렌트 원유를 기초자산으로 하는 만기 1년의 유럽형 콜옵션과 풋옵션의 프리미엄을 정리한 것이다. 행사가격은 1리터 당 가격이고, 가격의 단위는 원이다. 다음 물음에 답하시오. (2018년 문제 7)

행사가격	콜 프리미엄	풋 프리미엄
1,500	104	70
1,600	60	125

(물음 1) 위의 옵션을 이용하여 매수 스트랭글(long strangle)을 취하는 두 가지 방법을 제시하고, 만기일의 현금흐름을 나타내는 그림을 각각 그리시오. 또한 현금흐름의 최소값을 각각 구하고, 그림에서 최소값을 표시하시오.

(물음 2) 앞의 (물음 1)의 두 방법 중에서 어느 것이 더 유리한가? 또한 그 이유가 무엇인지 근거를 제시하시오. 단, 무위험이자율은 연 3%라고 가정한다.

(물음 3) 위의 옵션을 이용하여 강세스프레드(bull spread)의 매수 포지션을 취하는 두 가지 방법을 제시하고, 만기일의 현금흐름을 나타내는 그림을 각각 그리시오. 또한 현금흐름의 최대값을 각각 구하고, 그림에서 최대값을 표시하시오.

(물음 4) 시장에 차익거래의 기회가 없기 위한 무위험이자율을 구하시오. <u>% 단위로, 소수점 아래 셋째 자리에서 반올림하여 둘째 자리까지 표시하시오.</u>

이 문제는 옵션의 투자전략에 관한 문제이다. 구체적으로는 매수 스트랭글 (long strangle)과 강세 스프레드의 매수 포지션(long bull spread) 등의 특성에 관해 묻는 문제이다.

(물음 1) 매수 스트랭글(long strangle)은 기초자산과 만기일은 같으나 행사 가격이 서로 다른 콜옵션과 풋옵션을 동시에 매입하는 옵션 투자전략이다. 이 문제에서 매수 스트랭글을 취하는 방법으로는 다음 두 가지 옵션 포트폴리오를 고려할 수 있다.

① 행사가격이 1,600원인 콜옵션을 매수하고, 행사가격이 1,500원 인 풋옵션을 매수하는 매수 스트랭글

② 행사가격이 1,500원인 콜옵션을 매수하고, 행사가격이 1,600원 인 풋옵션을 매수하는 매수 스트랭글

먼저 첫 번째 행사가격이 높은 콜옵션과 행사가격이 낮은 풋옵션의 매수 포지션으로 구성된 매수 스트랭글의 거래비용과 만기일의 현 금흐름은 다음 <표 1>과 같이 나타낼 수 있으며, 만기일의 현금흐 름을 도시한 것이 <그림 1>이다.

<표 1> 콜옵션(1,600)과 풋옵션(1,500)으로 구성된 매수 스트랭글의 총거래비용과 만기일의 현금흐름

포트폴리오	거래 비용	만기일($t=1$)의 현금흐름		
		$S_T < 1,500$	$1,500 \leq S_T < 1,600$	$S_T \geq 1,600$
콜(1,600) 1개 매입	60	0	0	$S_T - 1,600$
풋(1,500) 1개 매입	70	$1,500 - S_T$	0	0
합 계	130	$1,500 - S_T$	0	$S_T - 1,600$

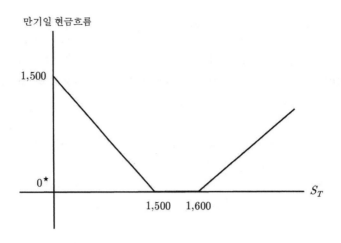

<그림 1> 콜(1,600)과 풋(1,500) 매수 스트랭글의 만기일 현금흐름

위의 <표 1>과 <그림 1>에 제시한 바와 같이 만기일의 현금흐름의 최소값은 그림에서 별표로 표시한 0원이다.

그리고 두 번째 행사가격이 낮은 콜옵션과 행사가격이 높은 풋옵션의 매수 포지션으로 구성된 매수 스트랭글의 총거래비용과 만기일 현금흐름은 다음 <표 2>와 같이 나타낼 수 있으며, 만기일 현금흐름을 그림으로 도시한 것이 <그림 2>이다.

<표 2> 콜옵션(1,500)과 풋옵션(1,600)으로 구성된 매수 스트랭글의 만기일 현금흐름

포트폴리오	거래 비용	만기일($t=1$)의 현금흐름		
		$S_T < 1,500$	$1,500 \leq S_T < 1,600$	$S_T \geq 1,600$
콜(1,500) 1개 매입	104	0	$S_T - 1,500$	$S_T - 1,500$
풋(1,600) 1개 매입	125	$1,600 - S_T$	$1,600 - S_T$	0
합 계	229	$1,600 - S_T$	100	$S_T - 1,500$

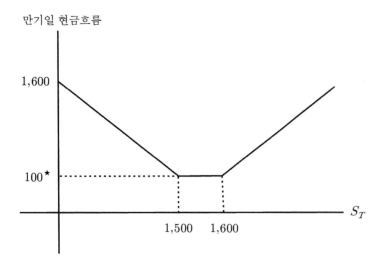

<그림 2> 콜(1,500)과 풋(1,600) 매수 스트랭글의 만기일 현금흐름

위의 <표 2>와 <그림 2>에 제시한 바와 같이 만기일의 현금흐름의 최소값은 그림에서 별표로 표시한 100원이다.

(물음 2) 앞의 (물음 1)의 <표 1, 2>와 <그림 1, 2>에서 제시된 바와 같이 만기일의 주가가 무엇이든 상관없이 항상 두 번째 방법이 첫 번째 방법에 비해 만기일의 현금흐름이 100원 더 많은 반면에, 현재 시점에서의 총거래비용도 99원(=229-130) 더 많다. 무위험이자율이 연 3%라고 가정할 때, 현재 시점에서의 총거래비용 초과액(②-①) 99원이 정당화 되려면 만기일의 미래가치의 차액이 다음 식에서와 같이 최소한 101.97원이 되어야 한다. 그러나 실제 만기일 현금흐름의 차액(②-①)은 100원으로 이보다 작다.

- $99 \times (1 + 0.03) = 101.97 > 100$

따라서 두 번째 방법보다는 비용이 적은 첫 번째 방법으로 구성한 매수 스트랭글이 더 유리하다. 일반적으로 매수 스트랭글을 정의할 때 첫 번째 방법인 행사가격이 높은(X_H) 콜옵션을 매수하고 행사가격이 낮은(X_L) 풋옵션을 매수하는 옵션 전략으로 설명하는 것은 바로 이러한 이유 때문이다.

(물음 3) 이 문제에서 강세스프레드(bull spread)의 매수 포지션을 취하는 방법으로는 다음 두 가지 옵션 포트폴리오를 고려할 수 있다.

① 행사가격이 낮은 콜옵션(1,500)을 매수하고, 행사가격이 높은 콜옵션(1,600)을 매도하는 강세 콜스프레드(bull call spread)

② 행사가격이 낮은 풋옵션(1,500)을 매수하고, 행사가격이 높은 풋옵션(1,600)을 매도하는 강세 풋스프레드(bull put spread)

먼저 첫 번째 강세 콜스프레드 매수 포지션의 총거래비용과 만기일의 현금흐름은 다음 <표 3>과 <그림 3>으로 나타낼 수 있다.

<표 3> 강세 콜스프레드의 총거래비용과 만기일 현금흐름

포트폴리오	거래 비용	만기일($t=1$)의 현금흐름		
		$S_T < 1,500$	$1,500 \leq S_T < 1,600$	$S_T \geq 1,600$
콜(1,500) 1개 매입	104	0	$S_T - 1,500$	$S_T - 1,500$
콜(1,600) 1개 매도	-60	0	0	$-(S_T - 1,600)$
합 계	44	0	$S_T - 1,500$	100

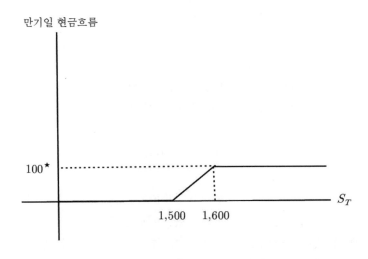

<그림 3> 강세 콜스프레드의 만기일 현금흐름

위의 <표 3>과 <그림 3>에 제시한 바와 같이, 첫 번째 방법인 강세 콜스프레드 매수 포지션의 만기일에서의 현금흐름의 최대값은 그림에서 별표로 표시한 100원이다.

그리고 두 번째 방법인 강세 풋스프레드 매수 포지션의 총거래비용과 만기일의 현금흐름은 각각 다음 <표 4>와 <그림 4>로 나타낼 수 있다.

<표 4> 강세 풋스프레드의 총거래비용과 만기일 현금흐름

포트폴리오	거래 비용	만기일($t=1$)의 현금흐름		
		$S_T < 1,500$	$1,500 \leq S_T < 1,600$	$S_T \geq 1,600$
풋(1,500) 1개 매입	70	$1,500 - S_T$	0	0
풋(1,600) 1개 매도	-125	$-(1,600 - S_T)$	$-(1,600 - S_T)$	0
합 계	-55	-100	$S_T - 1,600$	0

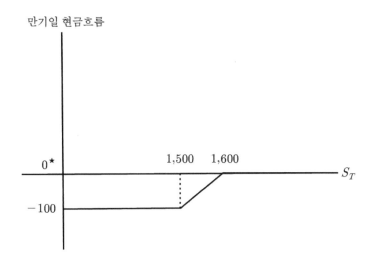

<그림 4> 강세 풋스프레드의 만기일 현금흐름

위의 <표 4>와 <그림 4>에 제시한 바와 같이 두 번째 방법인 강세 풋스프레드 매수 포지션의 만기일 현금흐름의 최대값은 그림에서 별표로 표시한 0원이다.

(물음 4) (물음 3)에서 첫 번째 강세 콜스프레드(bull call spread)의 매입 포지션과 두 번째 강세 풋스프레드의 매도 포지션 즉 약세 풋스프레드(bear put spread)의 합성으로 다음 <표 5>에 제시된 박스스프레드 매입 포지션(long box spread)을 만들 수 있다.

<표 5> 강세 콜스프레드와 약세 풋스프레드로 구성된 박스스프레드
매입 포지션의 총거래비용과 만기일 현금흐름

포트폴리오	거래 비용	만기일($t=1$)의 현금흐름		
		$S_T < 1,500$	$1,500 \leq S_T < 1,600$	$S_T \geq 1,600$
콜(1,500) 1개 매입	104	0	$S_T - 1,500$	$S_T - 1,500$
콜(1,600) 1개 매도	-60	0	0	$-(S_T - 1,600)$
풋(1,500) 1개 매도	-70	$-(1,500 - S_T)$	0	0
풋(1,600) 1개 매입	125	$1,600 - S_T$	$1,600 - S_T$	0
합 계	99	100	100	100

위의 <표 5>에서와 같이, 박스스프레드 매입 포지션은 만기일에 주가가 무엇이든 확실한 100원의 만기일 현금흐름을 가져다주는 무위험 순수할인채권(riskless zero-coupon bond)을 매입하는 것과 유사하다. 박스스프레드 매입 포지션의 현재 시점에서의 거래비용(TC)이 99원이며 1년 후 만기일에 100원의 확실한 만기일 현금흐름을 가져다주므로 박스스프레드 매입 포지션의 기대수익률은 무위험이자율(r_f)이어야 한다. 따라서 다음 식에서 무위험이자율을 구하면 1.01%이다.

- $TC = 99 = \dfrac{100}{(1 + r_f)} \rightarrow r_f = 0.0101\,(1.01\%)$

문제 9 JKM㈜의 주식은 현재 16,000원에 거래되고 있고 1년 후($t=1$) 주가가 50,000원으로 상승하거나 2,000원으로 하락할 것으로 예상된다. 투자자 A는 이 회사의 주식을 기초자산으로 하고 동일한 만기 및 행사가격을 갖는 한 개의 콜옵션(call option)과 한 개의 풋옵션(put option)을 동시에 매입하여 구성한 포트폴리오를 보유하고 있다. 두 옵션의 행사가격은 15,000원이며 만기는 1년이고, 무위험이자율은 8%이다. 계산결과는 <u>소수점 넷째 자리까지 표시</u>하고, <u>금액은 원 단위로 표기</u>하시오. (2011년 문제 6)

(물음 1) 이 포트폴리오에 포함된 콜옵션의 가치를 이항모형(binomial model)으로 복제포트폴리오(replicating portfolio)를 구성하여 구하시오.

(물음 2) 이 포트폴리오에 포함된 풋옵션의 가치를 (물음 1)과 동일한 방식을 이용하여 구하고, 이 포트폴리오의 총 가치를 구하시오.

(물음 3) 이 포트폴리오와 같은 포지션을 롱 스트래들(long straddle)이라 한다. 롱 스트래들의 손익구조(payoff diagram)를 그리고(콜옵션, 풋옵션, 스트래들 모두 도시), 그 의미를 <u>3줄 이내</u>로 논하시오.

상세 해설 및 정답

이 문제는 1기간 이항옵션가격결정모형과 헤지포트폴리오, 옵션 투자전략 등에 관한 문제이다. 구체적으로 이항모형으로 복제포트폴리오를 구성하여 콜 및 풋 옵션의 가치를 추정하는 문제와 옵션 투자전략으로서 롱 스트래들(long straddle)의 손익구조(payoff diagram)를 묻는 문제이다.

(물음 1) 먼저 문제에서 주어진 정보를 활용하여 이항옵션가격결정모형의 주요 변수의 값을 정리해 보자.

- $S = 16,000$, $X = 15,000$, $T = 1$, $r_f = 0.08$

- $r = 1 + r_f = 1.08$, $u = \dfrac{50,000}{16,000} = 3.125$, $d = \dfrac{2,000}{16,000} = 0.125$

기초주식과 무위험채권을 이용하여 콜옵션을 보유한 것과 동일한 복제포트폴리오를 다음과 같이 구성할 수 있다. 아래 식에서 Δ(델타)는 헤지비율을 의미한다.

- $C = \Delta S + B$

Δ와 B는 다음 식에서와 같이 만기일에서 복제포트폴리오의 가치와 콜옵션의 가치가 일치한다는 복제포트폴리오의 특성을 활용하여 결정할 수 있다.

- $C_u = Max[0, 50,000 - 15,000] = 35,000$

  $C_d = Max[0, 2,000 - 15,000] = 0$

- $\Delta uS + rB = C_u \rightarrow \Delta \times 50,000 + 1.08B = 35,000$

  $\Delta dS + rB = C_d \rightarrow \Delta \times 2,000 + 1.08B = 0$

  $\rightarrow \Delta = \dfrac{35,000}{48,000} = 0.7292$, $B = \dfrac{(-0.7292) \times 2,000}{1.08} = -1,350$

위에서 구한 Δ와 B에 의하면, 기초주식 0.7292주 매입과 무위험채권에 1,350원만큼 매도(차입)함으로써 콜옵션을 보유한 것과 동일한 복

CPA 2차 재무관리

제포트폴리오를 구성할 수 있다. 이를 이용하여 현재 시점에서의 콜옵션가치(C)를 계산하면 다음과 같이 10,317원이다.

- $C = \Delta S + B = 0.7292 \times 16,000 - 1,350 = 10,317$

(물음 2) 기초주식과 무위험채권을 이용하여 풋옵션을 보유한 것과 동일한 복제포트폴리오를 다음과 같이 구성할 수 있다.

- $P = \Delta S + B$

Δ와 B는 다음 식에서와 같이 만기일에서 복제포트폴리오의 가치와 풋옵션의 가치가 일치한다는 복제포트폴리오의 특성을 활용하여 결정할 수 있다.

- $P_u = Max[0, 15,000 - 50,000] = 0$

  $P_d = Max[0, 15,000 - 2,000] = 13,000$

- $\Delta uS + rB = P_u \rightarrow \Delta \times 50,000 + 1.08B = 0$

  $\Delta dS + rB = P_d \rightarrow \Delta \times 2,000 + 1.08B = 13,000$

  $\rightarrow \Delta = \dfrac{-13,000}{48,000} = -0.2708, \quad B = \dfrac{50,000 \times 0.2708}{1.08} = 12,537$

위에서 구한 Δ와 B에 의하면, 기초주식 0.2708주를 공매도하고 무위험채권 12,537원을 매입(대출)함으로써 풋옵션을 보유한 것과 동일한 복제포트폴리오를 구성할 수 있다. 이를 이용하여 현재 시점에서의 풋옵션가치와 포트폴리오의 총가치(H)를 산정하면 다음과 같이 각각 8,204원과 18,521원이다.

- $P = \Delta S + B = (-0.2708) \times 16,000 + 12,537 = 8,204$
- $H = C + P = 10,317 + 8,204 = 18,521$

(물음 3) 롱 스트래들(long straddle)은 기초자산과 만기일 및 행사가격 등이 모두 일치하는 콜옵션과 풋옵션을 매입하는 전략이다. 이러한 롱 스트래들의 거래비용과 만기일의 현금흐름 및 만기손익(옵션 프리미엄을 고려한 손익)은 다음 <표 1>과 같이 나타낼 수 있으며, <그림 1>은 만기손익을 도시한 것이다.

<표 1> 콜옵션(15,000)과 풋옵션(15,000)으로 구성된
롱 스트래들의 총거래비용과 만기손익

포트폴리오	거래비용	만기일($t=1$)의 현금흐름	
		$S_T \leq 15,000$	$S_T > 15,000$
콜(15,000) 1개 매입	10,317	0	$S_T - 15,000$
풋(15,000) 1개 매입	8,024	$15,000 - S_T$	0
합 계	18,521	$15,000 - S_T$	$S_T - 15,000$
만기손익		$-3,521 - S_T$	$S_T - 33,521$

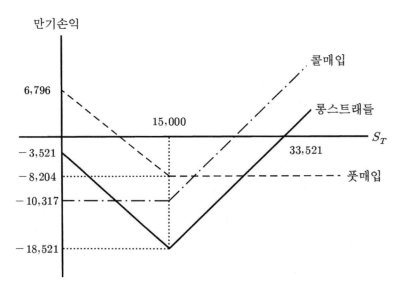

<그림 1> 콜옵션(15,000)과 풋옵션(15,000)으로 구성된
롱 스트래들의 만기손익

일반적으로 롱 스트래들(long straddle)은 만기일에 기초자산의 주가가 크게 변동할 것으로 예상되지만 주가가 상승할지 혹은 하락할지 그 변동의 방향이 불확실한 경우에 사용하는 옵션 전략이다. 그러나

<그림 1>이 제시한 바와 같이, 이 문제에서의 롱 스트래들은 특이하게 손익분기점이 행사가격을 중심으로 양쪽이 아닌 33,521원(=행사가격+콜프리미엄+풋프리미엄) 한 곳에만 존재하고 있어 만기일 주가가 33,521원 이상으로 상승할 경우에만 이익이 발생하는 손익구조로 설계되어 있다.

문제 10 ㈜다라의 현재 주당 가격은 10,000원이다. ㈜다라의 주식을 기초자산으로 하는 행사가격 10,000원, 1년 만기 유럽형 풋옵션의 가격은 500원이고 무위험이자율은 연 10%이다. (2014년 문제 7)

(물음 1) 현재 ㈜다라 주식 1,000주를 보유한 투자자 갑이 1년 후의 가격하락 위험을 제거하기 위하여 보호풋(protective put) 전략을 사용하려 할 때 필요한 풋옵션의 개수와 이 포트폴리오의 현재 시점 가치를 각각 구하라.

(물음 2) (물음 1)과 같이 구성한 다음 1년 후 ㈜다라의 주가가 5,000원이 된 경우와 15,000원이 된 경우의 투자성과를 비교하라.

(물음 3) 투자자 병은 현재 1,000만원을 보유하고 있다. 투자자 병이 ㈜다라 주식과 풋옵션 및 무위험대출을 이용하여 1년 후 최소한 1,000만원을 확보하기 위해 필요한 ㈜다라 주식의 개수, 풋옵션의 개수 및 대출액을 각각 계산하라. 계산결과는 반올림하여 소수점 둘째 자리까지 표기하라.

(물음 4) 포트폴리오 보험전략을 간략하게 설명하라.

이 문제는 보호풋과 포트폴리오보험 전략을 수행하기 위한 포트폴리오의 구성 및 특성 등에 관해 묻는 문제이다.

(물음 1) 보호풋(protective put)은 주식 1주를 매입하고 동시에 그 주식을 기초자산으로 하는 풋옵션 1개를 매입하는 옵션 투자전략이다. 주식 1,000주를 보유한 투자자 갑은 보유하고 있는 주식과 함께 이에 대한 풋옵션 1,000개를 매입하여 포트폴리오를 구성해야 한다. 이때 현재 시점($t=0$)에서 보호풋(protective put) 포트폴리오(H)의 가치는 다음 식과 같이 1,050만원이다.

- $H = 1,000S + 1,000P$

  $= 1,000주 \times 10,000원 + 1,000개 \times 500원 = 1,050\,(만원)$

(물음 2) 1년 후 옵션 만기일에 주가(S_T)가 5,000원이 된 경우와 15,000원이 된 경우 이 보호풋 포트폴리오의 만기일 투자성과(H_T)는 각각 다음 식과 같이 1,000만원과 1,500만원이다.

- $S_T = 5,000 : P_T = Max\,[0, 10,000 - 5,000] = 5,000\,(원)$

  $H_T = 1,000\,S_T + 1,000P_T$

  $= 1,000 \times 5,000원 + 1,000 \times 5,000원 = 1,000\,(만원)$

- $S_T = 15,000 : P_T = Max\,[0, 10,000 - 15,000] = 0\,(원)$

  $H_T = 1,000\,S_T + 1,000P_T$

  $= 1,000 \times 15,000원 + 1,000 \times 0원 = 1,500\,(만원)$

(물음 3) 이 문제는 기본적으로 포트폴리오보험 전략에서 달성하고자 하는 보유 포트폴리오의 목표 최소가치(the desired floor)를 달성하는 방법에 관해 묻는 문제이다. 이 문제에 답하기 위해서는 먼저 다음 2가지 핵심 사안에 대해 이해하고 있어야 한다.

① 투자자 병이 구성하려는 포트폴리오에는 보호풋 전략이 내포되어

있으므로 (물음 1)에서 답한 바와 같이 주식과 풋옵션의 개수는 동일해야 한다.

② 주식과 풋옵션 및 무위험대출로 구성된 보유 포트폴리오(H)의 목표 최소가치(the desired floor)는 만기일의 주가가 풋옵션의 행사가격(10,000원)보다 더 하락할 경우에 실현된다.

따라서 투자자 병이 구성하고자 하는 새로운 포트폴리오의 현재 시점의 가치(H)와 만기일에서의 가치(H_T)는 각각 다음 관계식을 만족해야 한다. 이들 관계식을 연립방정식으로 풀면 주식과 풋옵션의 개수(N)는 645.16개이며, 무위험대출 금액(B)은 3,225,820원이다.

- $t = 0 : H = N(S + P) + B = N(10,000 + 500) + B$

$$= N \times 10,500 + B = 10,000,000 \ (원)$$

- $t = 1 : S_T = X = 10,000 \rightarrow P_T = Max[0, 10,000 - 10,000] = 0$

$$H_T = N \times (10,000 + 0) + 1.1B = 10,000,000 \ (원)$$

$$\rightarrow N = \frac{1,000,000}{1,550} = 645.16 \ (개), \ B = 3,225,820 \ (원)$$

(물음 4) 포트폴리오 보험(portfolio insurance) 전략은 보유하고 있는 포트폴리오의 가치가 일정 수준(floor) 이하로 하락하는 것을 방지하면서 가치 상승 시에는 이익을 얻도록 하는 옵션 투자전략으로 다양한 방식으로 실행할 수 있다. 예를 들어 주식과 풋옵션으로 구성된 보호풋 전략이나 혹은 풋옵션 대신에 주식과 채권으로 복제된 합성 풋옵션을 이용하여 보호풋 전략을 실행할 수 있다. 또한 주식 포트폴리오에 대해 선물계약이 존재하는 경우에는 선물계약과 무위험 순수할인채권을 이용하여 실행할 수도 있다.

문제 11 현재 주가는 20,000원이고 매년 20%씩 상승하거나 또는 하락하는 이항분포를 따른다고 가정하자. 무위험이자율은 연간 5%이고 주식은 배당을 지급하지 않는다. 2기간 이항모형을 이용하여 답하시오. (2010년 문제 7)

(물음 1) 만기가 2년이고 행사가격이 20,000원인 유럽형 풋옵션의 가격을 구하시오. 가격은 소수점 셋째 자리에서 반올림하여 답하시오.

(물음 2) 주가가 20,000원일 때 풋옵션의 델타를 구하시오. 그리고 델타중립 포트폴리오를 구성하고 그 포트폴리오의 1년 후 가치를 계산하시오. 델타와 증권개수는 소수점 다섯째 자리에서 반올림하여 답하시오. 델타중립 포트폴리오는 주식 1주를 기준으로 구성하고, 개수와 매입/매도 여부를 기술하시오.

(물음 3) 주식 1주를 소유하고 있는 투자자가 포트폴리오보험(portfolio insurance) 전략을 취하고자 한다. 이 투자자가 현재 시점에서 포지션 조정 후 보유하게 될 주식과 무위험 채권의 규모는 각각 얼마인가?

(물음 4) 위와는 독립적으로, 시장에서 다음과 같이 옵션가격이 형성되어 있다. 옵션은 모두 1년 만기 유럽형이고 기초자산은 동일하다. 무위험이자율은 연간 7%이다. 단, 두 행사가격의 차이는 4,000원이다.

행사가격	콜옵션	풋옵션
K1	4,640원	2,950원
K2	2,470원	4,490원

주어진 조건에서 차익거래 기회가 있는지의 여부를 확인하고, 만약 있다면 차익거래 포지션을 구체적으로 기술하시오. 또한 차익(arbitrage profit)을 현재가치 기준으로 소수점 셋째 자리에서 반올림하여 답하시오.

상세 해설 및 정답

이 문제는 2기간 이항옵션가격결정모형에 의한 풋옵션 가격결정과 방어풋, 포트폴리오보험 전략, 델타중립포트폴리오의 구성, 박스스프레드 매입 포지션의 현금흐름과 차익거래 등에 관해 묻는 문제이다.

(물음 1) 먼저 문제에서 주어진 정보를 활용하여 이항옵션가격결정모형의 주요 변수의 값을 정리해 보자.

- $S = X = 20,000$, $T = 2$, $r_f = 0.05$

- $r = 1 + r_f = 1.05$, $u = 1.2$, $d = 0.8$

아래 그림은 만기일까지의 주가(S)와 만기일에서의 풋옵션의 가치를 각각 그림으로 표시한 것이다.

$$S = 20,000 \diagdown \begin{array}{l} 24,000 \\ 16,000 \end{array} \diagdown \begin{array}{l} 28,800 : P_{uu} = Max[0,\ 20,000 - 28,800] = 0 \\ 19,200 : P_{ud} = Max[0,\ 20,000 - 19,200] = 800 \\ 12,800 : P_{dd} = Max[0,\ 20,000 - 12,800] = 7,200 \end{array}$$

현재 시점($t = 0$)에서의 풋옵션 가치(P)를 2기간 이항모형의 일반식을 이용하여 추정하면 다음과 같이 1,258.50원이다. 아래 식에서 p는 위험중립확률을 의미한다.

- $p = \dfrac{r - d}{u - d} = \dfrac{1.05 - 0.8}{1.2 - 0.8} = 0.625$, $1 - p = 0.375$

- $P = \dfrac{p^2 P_{uu} + 2p(1-p)P_{ud} + (1-p)^2 P_{dd}}{r^2}$

$$= \frac{2(0.625)(0.375)(800) + (0.375)^2(7,200)}{1.05^2} = 1,258.50 \ (\because P_{uu} = 0)$$

(물음 2) 먼저 주가가 20,000원일 때 풋옵션의 델타를 구하면 다음 식과 같이 −0.3452이다.

$$\bullet \ P_u = \frac{pP_{uu} + (1-p)P_{ud}}{r} = \frac{(0.625)(0) + (0.375)(800)}{1.05} = 285.71$$

$$P_d = \frac{pP_{ud} + (1-p)P_{dd}}{r} = \frac{(0.625)(800) + (0.375)(7,200)}{1.05} = 3,047.62$$

$$\bullet \ \Delta_P = \frac{P_u - P_d}{(u-d)S} = \frac{285.71 - 3,047.62}{(1.2 - 0.8) \times 20,000} = -0.3452$$

그리고 현재 시점($t=0$)에서 주식 1주를 매입하고 이에 대한 풋옵션 n개를 매입하여 델타중립(delta-neutral) 포트폴리오(H)를 다음과 같이 구성한다.

$$H = S + nP$$

기초자산인 주식의 델타(Δ_S)는 1이며, 델타중립 포트폴리오(H)의 델타(Δ_H)는 정의에 의해 0이어야 하므로 풋옵션 개수 n은 다음 식과 같이 위에서 구한 풋옵션 델타(Δ_P)를 이용하여 구할 수 있다.

$$\bullet \ \Delta_H = \Delta_S + n\Delta_P = 1 + n\Delta_P = 0$$

$$\rightarrow n = -\frac{1}{\Delta_P} = -\frac{1}{(-0.3452)} = 2.8969$$

따라서 델타중립 포트폴리오(H)를 구성하기 위해 주식 1주와 풋옵션 2.8969개를 매입해야 한다. 또한 1년 후 시점($t=1$)에서 델타중립 포트폴리오의 가치는 다음 식과 같이 24,827.67원이다.

$$\bullet \ H_u = uS + nP_u (= H_d = dS + nP_d)$$

$$= 24,000 + 2.8969 \times 285.71 = 24,827.67$$

참고로 t=1 시점에서 주가가 상승할 때의 델타중립 포트폴리오의 가치(H_u)와 주가가 하락할 때의 포트폴리오(H_d)의 가치는 일치해야 한다. 그런데 실제로 계산해 보면 주가가 하락할 때의 포트폴리오(H_d)의 가치는 24,828.65원으로 위 식에서 추정한 주가가 상승할 때의 포트폴리오의 가치(H_u)와 약간의 차이가 나는 것처럼 보인다. 그러나 이것은 어디까지나 소수점 처리 과정에서 발생한 오류에 불과하며 이 둘은 동일한 값을 가져야 한다.

(물음 3) 포트폴리오보험 전략은 보유하고 있는 포트폴리오의 가치가 일정 수준 이하로 하락하는 것을 방지하면서 가치 상승 시에는 이익을 얻도록 하는 전략으로 다양한 방식으로 실행할 수 있다. 이 문제에서는 주식 1주와 풋옵션 1주를 매입하여 구성하는 방어풋 혹은 보호풋(protective put) 대신 기초자산인 주식과 무위험채권으로 복제된 합성 풋옵션과 동적헤지 전략을 이용하여 포트폴리오보험 전략을 시행하려고 한다. Δ(델타)개의 주식과 무위험채권의 투자 금액 B로 구성되는 포트폴리오는 방어풋의 가치와 일치해야 하므로 현재 시점에서 다음과 같은 관계식을 충족한다.

- $\Delta S + B = S + P$

그리고 1년 후($t=1$)에도 이들 두 포트폴리오의 등식 관계는 성립해야 하므로 주가가 상승할 때와 하락할 때의 관계식을 연립방정식으로 풀어 새로 구성될 포트폴리오의 주식 개수 Δ개와 주식 투자규모 및 무위험 채권에 대한 투자금액 B를 구할 수 있다.

- $\Delta u S + 1.05B = uS + P_u$

  $\rightarrow \Delta \times 24,000 + 1.05B = 24,000 + 285.71 = 24,285.71$

- $\Delta d S + 1.05B = dS + P_d$

  $\rightarrow \Delta \times 16,000 + 1.05B = 16,000 + 3,047.62 = 19,047.62$

  $\therefore \Delta = \dfrac{5,238.09}{8,000} = 0.6548 \rightarrow \Delta S = 0.6548 \times 20,000 = 13,096$

  $B = S + P - \Delta S = 20,000 + 1,258.50 - 13,096 = 8,162.50$

위의 결과에 의하면, 현재 시점에서 포트폴리오 보험전략을 위한 새로운 포트폴리오는 주식에 대한 투자규모 13,096원과 무위험채권에 대한 투자금액(대출) 8,162.50원으로 구성된다.

(물음 4) 문제에서 차익거래 기회가 있는지를 확인하는 가장 쉬운 방법은 다음 <표 1>에서와 같이 주어진 4개의 콜옵션과 풋옵션으로 만기일에 두 행사가격의 차이($K_2 - K_1$)만큼의 확실한 현금흐름을 가져다주는 박스스프레드의 매입 포지션(long box spread)을 취하는 것이다.

<표 1> 박스스프레드 매입 포지션의 총거래비용과 만기일의 현금흐름
($K_2 - K_1 = 4,000$)

차익거래	거래 비용	만기일($t=1$)의 현금흐름		
		$S_T < K_1$	$K_1 \leq S_T < K_2$	$S_T \geq K_2$
콜(K_1) 1개 매입	4,640	0	$S_T - K_1$	$S_T - K_1$
콜(K_2) 1개 매도	$-2,470$	0	0	$-(S_T - K_2)$
풋(K_1) 1개 매도	$-2,950$	$-(K_1 - S_T)$	0	0
풋(K_2) 1개 매입	4,490	$K_2 - S_T$	$K_2 - S_T$	0
합 계	3,710	$K_2 - K_1 = 4,000$	$K_2 - K_1 = 4,000$	$K_2 - K_1 = 4,000$

구체적으로 행사가격이 낮은(K_1) 콜옵션을 매입하고 행사가격이 높은 (K_2) 콜옵션을 매도하는 강세 콜스프레드(bull call spread)와 행사가격이 높은 풋옵션을 매입하고 행사가격이 낮은 풋옵션을 매도하는 약세 풋스프레드(bear put spread)를 합성하여 박스스프레드의 매입 포지션(long box spread)을 취하는 방법이다. 위의 <표 1>에서와 같이, 박스스프레드 매입 포지션의 현재 시점에서의 총거래비용(TC)은 3,710원인데 반해, 1년 후 만기일에 기초자산의 주가가 무엇이든 확실한 4,000원($=K_2 - K_1$)의 만기일 현금흐름을 가져다준다. 그런데 만기일의 확실한 현금흐름 4,000원을 현재가치로 환산하면 다음 식과 같이 3,738.32원으로 박스스프레드 매입 포지션의 현재 시점에서의 총거래비용(TC)인 3,710원보다 크다. 이것은 현재 박스스프레드의 매입 포지션이 과소평가되어 있다는 것을 의미한다.

- $\dfrac{4,000}{(1 + r_f)} = \dfrac{4,000}{(1 + 0.07)} = 3,738.32 > TC = 3,710$

만기일에 4,000원의 확실한 현금흐름을 제공하는 박스스프레드의 매입 포지션은 특성상 무위험 순수할인채권(riskless zero-coupon bond)을 매입하는 것과 유사하므로 무위험 순수할인채권의 복제포트폴리오로 볼 수 있다. 따라서 이 박스스프레드가 과소평가되어 있으므로 이 박스스프레드를 3,710원만큼 매입하고, 동일 금액의 무위험 순수할인채권을 매도(차입)할 경우 다음 <표 2>에서와 같이 현재 시점에 추가 비용이 들지 않고 만기일에 30.3원의 확실한 차익거래이익을 얻을 수 있다.

<표 2> 박스스프레드 매입 포지션을 이용한 차익거래 ($K_2 - K_1 = 4,000$)

차익거래	현재 현금흐름	만기일($t=1$)의 현금흐름		
		$S_T < K_1$	$K_1 \leq S_T < K_2$	$S_T \geq K_2$
콜(K_1) 1개 매입	$-4,640$	0	$S_T - K_1$	$S_T - K_1$
콜(K_2) 1개 매도	$2,470$	0	0	$-(S_T - K_2)$
풋(K_1) 1개 매도	$2,950$	$-(K_1 - S_T)$	0	0
풋(K_2) 1개 매입	$-4,490$	$K_2 - S_T$	$K_2 - S_T$	0
차 입	$3,710$	$-3,710(1.07) = -3,969.7$	$-3,969.7$	$-3,969.7$
합 계	0	30.3	30.3	30.3

만기일에 얻을 수 있는 30.3원의 확실한 차익거래이익을 현재가치로 환산하면 다음 식과 같이 28.32원이다. 즉 현재가치 기준으로 차익(arbitrage profit)은 28.32원이다.

- 현재 시점의 차익 $= \dfrac{30.3}{(1+0.07)} = 28.32$

문제 12 어떤 주식의 현재 주가는 10,000원이고 매년 20% 상승하거나 20% 하락하는 이항분포를 따른다고 가정한다. 이 주식은 배당을 지급하지 않으며, 무위험이자율은 연 5%이다. 2기간 이항모형을 이용하여 답하시오. 금액은 반올림하여 소수점 둘째 자리까지 표시하고, 확률, 델타, 주식 및 옵션의 개수는 반올림하여 소수점 넷째 자리까지 표시하시오. (2017년 문제 7)

(물음 1) 만기가 2년이고 행사가격이 10,000원인 유럽형 풋옵션을 포함하는 방어풋(protective put) 포트폴리오를 구성하는 데 들어가는 비용($t=0$)과 1년 후 시점($t=1$)에서 주가가 하락하였을 때 포트폴리오의 가치를 구하시오.

(물음 2) 방어풋 전략 대신 포트폴리오보험 전략을 시행하려고 한다. 다음 물음에 답하시오.

① 현재 시점($t=0$)에서의 주식의 개수와 무위험 채권의 금액을 구하시오.
② 1년 후 시점($t=1$)에서 주가가 하락하였을 때 새로 구성해야 할 주식의 개수와 무위험 채권의 금액을 구하시오.
③ 만기($t=2$)에서 주가가 6,400원이 되었을 때 포트폴리오의 가치를 구하시오.

(물음 3) 다음 물음에 답하시오.

① 현재 시점($t=0$)에서 주식 1주를 기준으로 델타중립 포트폴리오를 구성하시오.
② 1년 후 시점($t=1$)에서 델타중립 포트폴리오의 가치를 구하시오.
③ 만기($t=2$)에 주가가 하락하여 9,600원이 된 상황(A)과 주가가 상승하여 9,600원이 된 상황(B) 하에서 델타중립 포트폴리오의 가치를 각각 구하시오.

이 문제는 2기간 이항옵션가격결정모형과 방어풋, 포트폴리오보험 전략, 델타 중립포트폴리오의 구성 등에 관해 묻는 문제이다. 특히 이 문제는 앞의 문제 11(2010년 문제 7)과 유사한 문제이므로 풀이 과정 및 해설 등을 참고하기 바란다.

(물음 1) 방어풋(protective put)은 주식 1주를 매입하고 동시에 그 주식에 대한 풋옵션 1개를 매입하는 옵션 투자전략이다. 먼저 문제에서 주어진 정보를 활용하여 이항옵션가격결정모형의 주요 변수의 값을 정리해 보자.

- $S = X = 10,000,\ T = 2,\ r_f = 0.05$

- $r = 1 + r_f = 1.05,\ u = 1.2,\ d = 0.8$

아래 그림은 만기일까지의 주가(S) 변화와 만기일에서의 풋옵션의 가치(P)를 각각 그림으로 표시한 것이다.

$$S = 10,000 \begin{cases} 12,000 \begin{cases} 14,400 : P_{uu} = Max[0, 10,000 - 14,400] = 0 \\ 9,600 : P_{ud} = Max[0, 10,000 - 9,600] = 400 \end{cases} \\ 8,000 \begin{cases} 9,600 : P_{ud} = Max[0, 10,000 - 9,600] = 400 \\ 6,400 : P_{dd} = Max[0, 10,000 - 6,400] = 3,600 \end{cases} \end{cases}$$

현재 시점($t = 0$)에서의 풋옵션 가치를 2기간 이항모형의 일반식을 이용하여 추정하면 다음과 같이 629.25원이다. 아래 식에서 p는 위험중립확률을 의미한다.

- $p = \dfrac{r - d}{u - d} = \dfrac{1.05 - 0.8}{1.2 - 0.8} = 0.625,\ 1 - p = 0.375$

- $P = \dfrac{p^2 P_{uu} + 2p(1-p) P_{ud} + (1-p)^2 P_{dd}}{r^2}$

$\qquad = \dfrac{2(0.625)(0.375)(400) + (0.375)^2(3,600)}{1.05^2} = 629.25\ (\because P_{uu} = 0)$

따라서 현재 시점($t=0$)에서의 방어풋 포트폴리오를 구성하는 데 들어가는 비용과 1년 후 시점($t=1$)에서 주가가 하락하였을 때 방어풋 포트폴리오의 가치를 계산하면 각각 다음 식에서와 같이 10,629.25원과 9,523.81원이다.

- $t=0$: $S+P=10,000+629.25=10,629.25$

- $t=1$: $dS+P_d = 8,000 + \dfrac{p\,P_{ud}+(1-p)P_{dd}}{r}$

$$= 8,000 + \dfrac{(0.625)(400)+(0.375)(3,600)}{1.05}$$

$$= 8,000+1,523.81 = 9,523.81$$

(물음 2) 포트폴리오보험 전략은 보유하고 있는 포트폴리오의 가치가 일정 수준 이하로 하락하는 것을 방지하면서 가치 상승 시에는 이익을 얻도록 하는 전략으로 다양한 방식으로 실행할 수 있다. 이 문제에서는 (물음 1)에서 다룬 방어풋 대신 기초자산인 주식과 무위험채권으로 복제된 합성 풋옵션과 동적 헤지전략(dynamic hedging strategy)을 이용하여 포트폴리오보험 전략을 시행하려고 한다.

① Δ(델타)개의 주식과 무위험채권에 대한 투자 금액 B로 새로 구성될 포트폴리오는 방어풋의 가치와 일치하므로 현재 다음과 같은 관계식을 충족한다.

- $\Delta S + B = S + P$

그리고 1년 후 시점($t=1$)에서도 이들 두 포트폴리오의 등식 관계는 성립해야 하므로 주가가 상승할 때와 하락할 때의 관계식을 연립방정식으로 풀어 새로 구성될 포트폴리오의 주식 개수 Δ와 무위험 채권에 대한 투자금액 B를 구할 수 있다. 아래 결과에 의하면, 포트폴리오 보험 전략을 위한 새로운 포트폴리오는 주식 0.6548개와 무위험채권에 대한 4,081.20원의 투자(대출) 금액으로 구성된다.

$$\bullet \ P_u = \frac{p\,P_{uu} + (1-p)\,P_{ud}}{r} = \frac{(0.625)(0) + (0.375)(400)}{1.05} = 142.86$$

$$P_d = 1,523.81$$

$$\bullet \ \Delta uS + 1.05B = uS + P_u$$

$$\rightarrow \Delta \times 12,000 + 1.05B = 12,000 + 142.86 = 12,142.86$$

$$\bullet \ \Delta dS + 1.05B = dS + P_d$$

$$\rightarrow \Delta \times 8,000 + 1.05B = 8,000 + 1,523.81 = 9,523.81$$

$$\therefore \ \Delta = \frac{2,619.05}{4,000} = 0.6548, \ B = 4,081.20$$

② 1년 후 시점($t=1$)에서 주가가 하락하였을 때도 그 다음 1년 후인 $t=2$ 시점에서 이들 두 포트폴리오의 등식 관계는 성립해야 하므로 앞의 문제 ①과 동일한 방식으로 포트폴리오보험 전략을 위해 새로 구성될 포트폴리오의 주식 개수 Δ_d와 무위험 채권에 대한 투자금액 B_d를 구할 수 있다. 이러한 동적 헤지전략에 의해 1년 후 시점($t=1$)에서 주가가 하락하였을 때의 새로운 포트폴리오는 주식 0개와 무위험채권에 대한 투자금액(대출) 9,523.81원으로 구성된다.

$$\bullet \ \Delta_d(duS) + 1.05B_d = duS + P_{du}$$

$$\rightarrow \Delta_d \times 9,600 + 1.05B_d = 9,600 + 400 = 10,000$$

$$\bullet \ \Delta_d(ddS) + 1.05B_d = ddS + P_{dd}$$

$$\rightarrow \Delta_d \times 6,400 + 1.05B_d = 6,400 + 3,600 = 10,000$$

$$\therefore \ \Delta_d = \frac{0}{3,200} = 0, \ B_d = \frac{10,000}{1.05} = 9,523.81$$

③ 만기($t=2$)에서 주가가 6,400원이 되었다는 것은 곧 이전 시점인 $t=1$ 에서는 주가가 하락하였을 경우를 의미한다. 이전 시점인 $t=1$에서 주가가 하락하였을 때의 포트폴리오는 앞의 문제 ②에서 구한 바와 같이 주식 0개와 무위험채권에 대한 투자금액 9,523.81원으로 구성되어 있다. 따라서 1년 후인 만기($t=2$)에서 주가가 6,400원이 되었을 때 포

트폴리오의 가치는 다음 식과 같이 10,000원이 된다.

- 포트폴리오의 가치 $= 6,400 \times 0 + 9,523.81 \times 1.05 = 10,000$

(물음 3) 옵션 델타(Δ)는 기초자산인 주식의 가격변화에 대한 옵션가격의 변화를 나타내는 것이다. 주식의 델타는 1이며, 콜옵션의 델타는 0에서 1 사이에, 풋옵션은 -1에서 0 사이에 위치한다. 그리고 델타중립 포트폴리오는 포트폴리오를 구성하는 주식과 옵션의 구성비율을 포트폴리오 델타가 0이 되도록 조정하여 만든 포트폴리오이므로 기초자산인 주가가 어떻게 변화하더라도 포트폴리오의 순자산 가치는 변하지 않는 헤지포트폴리오와 동일한 특성을 갖는다.

① 현재 시점($t=0$)에서 주식 1주를 매입하고 이에 대한 풋옵션 n개를 매입하여 델타중립(delta-neutral) 포트폴리오(H)를 다음과 같이 구성한다.

$$H = S + nP$$

기초자산인 주식의 델타(Δ_S)는 1이며, 델타중립 포트폴리오(H)의 델타(Δ_H)는 정의에 의해 0이어야 하므로 풋옵션 개수 n은 다음 식과 같이 풋옵션 델타(Δ_P)를 이용하여 구할 수 있다.

- $\Delta_H = \Delta_S + n\Delta_P = 1 + n\Delta_P = 0 \rightarrow n = -\dfrac{1}{\Delta_P}$

- $\Delta_P = \dfrac{P_u - P_d}{(u-d)S} = \dfrac{142.86 - 1,523.81}{(1.2 - 0.8) \times 10,000} = -0.3452$

$\rightarrow n = -\dfrac{1}{\Delta_P} = -\dfrac{1}{(-0.3452)} = 2.8969$

따라서 델타중립 포트폴리오(H)를 구성하기 위해 주식 1주와 풋옵션 2.8969개를 매입해야 한다.

② 1년 후 시점(t=1)에서 델타중립 포트폴리오의 가치는 다음 식과 같이

12,413.85원이다.

$$\bullet \ H_u = uS + nP_u (= H_d = dS + nP_d)$$

$$= 12,000 + 2.8969 \times 142.86 = 12,413.85$$

참고로 $t=1$ 시점에서 주가가 상승할 때의 델타중립 포트폴리오의 가치(H_u)와 주가가 하락할 때의 포트폴리오(H_d)의 가치는 일치해야 한다. 그런데 실제로 계산해 보면 주가가 하락할 때의 포트폴리오(H_d)의 가치는 12,414.33원으로 위 식에서 추정한 주가가 상승할 때의 포트폴리오의 가치(H_u)와 약간의 차이가 나는 것처럼 보인다. 그러나 이것은 어디까지나 소수점 처리 과정에서 발생한 오류에 불과하며 이 둘은 동일한 값을 가져야 한다.

③ 만기($t=2$)에 주가가 하락하여 9,600원이 된 상황(A)의 경우는 1년 전인 $t=1$ 시점에서 주가가 12,000원이었다. 이때 델타중립 포트폴리오는 다음 식에서와 같이 주식 1주와 풋옵션 12주로 구성되었다.

$$\bullet \ t=1 : \Delta_P = \frac{P_{uu} - P_{ud}}{(u-d) \times uS} = \frac{0-400}{(1.2-0.8) \times 12,000} = -\frac{1}{12}$$

$$\rightarrow n = -\frac{1}{\Delta_P} = -\frac{1}{(-1/12)} = 12$$

따라서 만기($t=2$)에 주가가 하락하여 9,600원이 된 상황(A) 하에서 델타중립 포트폴리오의 가치(H_{ud})는 다음 식과 같이 14,400원이다.

$$\bullet \ 상황 A : H_{ud} = udS + nP_{ud} = 9,600 + 12 \times 400 = 14,400$$

한편, 만기($t=2$)에 주가가 상승하여 9,600원이 된 상황(B)의 경우는 1년 전인 $t=1$ 시점에서 주가가 8,000원이었다. 이때 델타중립 포트폴리오는 다음 식에서와 같이 주식 1주와 풋옵션 1주로 구성되었다.

- $t = 1 : \Delta_P = \dfrac{P_{du} - P_{dd}}{(u - d) \times dS} = \dfrac{400 - 3,600}{(1.2 - 0.8) \times 8,000} = -1$

$$\rightarrow n = -\frac{1}{\Delta_P} = -\frac{1}{(-1)} = 1$$

따라서 만기($t = 2$)에 주가가 상승하여 9,600원이 된 상황(B) 하에서 델타중립 포트폴리오의 가치(H_{du})는 다음 식과 같이 10,000원이다.

- 상황 B : $H_{du} = duS + nP_{du} = 9,600 + 1 \times 400 = 10,000$

8.3 옵션유사증권과 실물옵션

문제 13 다음은 ㈜부여(발행자)가 2021년 12월 31일(발행시점)에 발행한 전환사채에 관한 내용이다. (2022년 문제 6)

⑴ '전환사채의 만기'는 발행시점으로부터 2년임
⑵ 전환사채에 포함된 '전환권'은 만기가 발행시점으로부터 1년인 유럽식 옵션임
⑶ 전환권은 전환권 만기에 전환사채 당 주식 100주와 교환할 수 있는 권리임
⑷ 전환사채의 액면가는 100만원이며 무이표채임

기타 정보는 다음과 같다.

⑴ 무위험이자율은 항상 0%임
⑵ 발행시점에서 발행자의 1년 만기 채권에 대한 신용스프레드(credit spread)는 0%임

다음 표는 발행시점으로부터 1년 후 1년 만기 신용스프레드와 주가에 관한 시나리오이다.

발행시점으로부터 1년 후 시나리오	1년 만기 신용스프레드(%)	주가(원)
호황	0	25,000
불황	25	5,000

다음 물음에 답하시오.

(물음 1) '전환권이 없는 채권'(일반채권)의 발행시점의 현재가치는 95만원이다. 이를 이용하여 발행시점의 주가를 구하시오.

(물음 2) 발행시점에서 전환사채의 가치를 구하시오.

(물음 3) 다음 표는 발행시점으로부터 1년 후 위기 상황이 고려된 1년 만기 신용
스프레드와 주가에 관한 시나리오이다.

발행시점으로부터 1년 후 시나리오	1년 만기 신용스프레드(%)	주가(원)
호황	0	25,000
불황	25	5,000
위기	100	0

위기가 발생할 위험중립확률은 10%이고 일반채권의 발행시점의 현재
가치는 89만원이다. 행사가격이 1만원이고 발행자의 주식을 기초자산
으로 하는 콜옵션의 발행시점의 가치를 구하시오.

(물음 4) (물음 3)의 상황 하에서 발행자의 주식을 기초자산으로 하는 풋옵션
의 발행시점의 가치가 1,530원일 때 행사가격을 구하시오.

상세 해설 및 정답

이 문제는 2기간 이항모형과 삼항모형을 이용하여 전환사채와 콜 및 풋옵션의
가치를 평가하는 문제이다.

(물음 1) 우선 발행시점으로부터 1년 후 호황과 불황 시에 예상되는 1년 만기 신
용스프레드에 관한 정보를 이용하여 일반채권의 기대 가치를 계산하면
다음과 같다. 아래 식에서 r_{uc}는 1년 후 호황(u)일 때의 1년 만기 신용
스프레드를, r_{dc}는 1년 후 불황(d)일 때의 1년 만기 신용스프레드를, y_u
는 호황일 때의 만기수익률을, y_d는 불황일 때의 만기수익률을 각각 의
미한다.

- $y_u = r_f + r_{uc} = 0 + 0 = 0$

  $y_d = r_f + r_{dc} = 0 + 0.25 = 0.25$

- $B_u = \dfrac{F}{(1+y_u)} = \dfrac{100}{(1+0)} = 100 \,(만원)$

  $B_d = \dfrac{F}{(1+y_d)} = \dfrac{100}{(1+0.25)} = 80 \,(만원)$

위에서 구한 일반채권의 1년 후 호황과 불황일 경우의 기대 가치와 발행시점의 현재가치를 이용하여 발행시점으로부터 1년 후 호황이 올 위험중립확률(p)을 구하면 다음과 같이 75%이다.

- $B = \dfrac{pB_u + (1-p)B_d}{(1+r_f)} = \dfrac{p \times 100 + (1-p) \times 80}{(1+0)} = 95$

  $\rightarrow B = 100p + 80 - 80p = 95; \ p = 0.75, \ (1-p) = 0.25$

위에서 구한 발행시점으로부터 1년 후 호황이 올 위험중립확률(p)과 각 상황에서의 예상 주가를 이용하여 다음과 같이 발행시점의 주가를 구하면 20,000원이다.

- $S = \dfrac{pS_u + (1-p)S_d}{(1+r_f)} = \dfrac{0.75 \times 25,000 + 0.25 \times 5,000}{(1+0)}$

  $= 20,000 \,(원)$

(물음 2) 발행시점에서 전환사채의 가치를 구하기 위해 먼저 전환권의 만기일인 발행시점으로부터 1년 후 전환사채의 가치(CB)를 만기일의 주가에 따라 추정하면 다음과 같다.

- $CB_u = Max\,[100주 \times S_u, \ B_u]$

  $= Max\,[100주 \times 2.5만원, 100만원] = 250 \,(만원)$

- $CB_d = Max\,[100주 \times S_d, \ B_d]$

  $= Max\,[100주 \times 0.5만원, 80만원] = 80 \,(만원)$

위에서 추정한 1년 후 전환사채의 가치(CB)에 의하면, 1년 후 전환권 만기일의 주가가 25,000원일 때는 전환사채를 주식 100주로 전환하는 것이 유리하며 이때 전환가치는 250만원이다. 반면에 주가가 5,000원일 때는 주식으로 전환하지 않고 일반채권으로 그대로 보유하는 것이 유리하므로 이때 일반채권의 가치는 80만원이다. 따라서 발행시점에서 전환사채의 현재가치는 1기간 이항모형을 이용하여 추정하면 다음과 같이 207.5만원이다.

$$\bullet \; CB = \frac{p\,CB_u + (1-p)\,CB_d}{(1+r_f)} = \frac{0.75 \times 250 + 0.25 \times 80}{(1+0)}$$

$$= 207.5 \,(\text{만원})$$

(물음 3) 먼저 발행시점으로부터 1년 후 호황과 불황 및 위기 시에 예상되는 1년 만기 신용스프레드에 관한 정보를 이용하여 각 상황별 일반채권의 기대가치를 계산하면 다음과 같다. 아래 식에서 f는 위기(default) 상황을 의미한다.

$$\bullet \; y_u = r_f + r_{uc} = 0 + 0 = 0$$

$$y_d = r_f + r_{dc} = 0 + 0.25 = 0.25$$

$$y_f = r_f + r_{fc} = 0 + 1.0 = 1.0$$

$$\bullet \; B_u = \frac{F}{(1+y_u)} = \frac{100}{(1+0)} = 100 \,(\text{만원})$$

$$B_d = \frac{F}{(1+y_d)} = \frac{100}{(1+0.25)} = 80 \,(\text{만원})$$

$$B_f = \frac{F}{(1+y_f)} = \frac{100}{(1+1)} = 50 \,(\text{만원})$$

일반채권의 발행시점의 현재가치가 89만원이며 위기가 발생할 위험중립확률이 10%일 경우 발행시점으로부터 1년 후 호황이 올 위험중립확률(p)은 다음 식과 같이 구할 수 있다.

$$\bullet \ B = 89 = \frac{pB_u + (0.9 - p)B_d + 0.1B_f}{(1 + r_f)}$$

$$= \frac{p \times 100 + (0.9 - p) \times 80 + 0.1 \times 50}{(1 + 0)} = 89$$

$$\rightarrow B = 89 = 100p + 72 - 80p + 5 = 20p + 77$$

$$\therefore \ p = 0.6, \ (0.9 - p) = 0.3$$

따라서 행사가격이 1만원이고 발행자의 주식을 기초자산으로 하는 콜옵션의 발행시점의 가치를 위기를 고려한 1기간 삼항모형을 이용하여 구하면 다음 식과 같이 9,000원이다.

$$\bullet \ C_u = Max[0, 25,000 - 10,000] = 15,000$$

$$C_d = Max[0, 5,000 - 10,000] = 0$$

$$C_f = Max[0, 0 - 10,000] = 0$$

$$\bullet \ C = \frac{p\,C_u + (0.9 - p)C_d + 0.1C_f}{(1 + r_f)}$$

$$= \frac{(0.6)(15,000) + (0.3)(0) + (0.1)(0)}{(1 + 0)} = 9,000 \ (원)$$

(물음 4) 유럽형 옵션의 풋-콜 패러티를 이용하여 행사가격의 예상 범위를 추정하면 풋옵션의 행사가격(X)을 구하는 과정이 보다 간단해진다. 이를 위해 우선 확실성등가법을 이용하여 주가를 다음과 같이 추정한다.

$$\bullet \ S = \frac{p\,S_u + (0.9 - p)S_d + 0.1S_f}{(1 + r_f)}$$

$$= \frac{(0.6)(25,000) + (0.3)(5,000) + (0.1)(0)}{(1 + 0)} = 16,500 \ (원)$$

그리고 풋-콜 패러티를 이용하여 행사가격의 범위를 추정하면 다음 식과 같이 행사가격이 18,030원보다 같거나 작아야 한다.

- $P + S = 1,530 + 16,500 = 18,030 = C + X \ \ (\because r_f = 0)$

    $\rightarrow X \leq 18,030 \ \ (\because C \geq 0)$

만약 행사가격이 5,000원보다 크고 18,030원보다 같거나 작을 경우 풋옵션의 가격과 행사가격(X)은 다음 관계식을 만족시켜야 하며, 이 때 행사가격은 7,575원이다.

- $t = 1 : P_u = Max\,[0,\, X - 25,000] = 0$

    $P_d = Max\,[0,\, X - 5,000] = X - 5,000$

    $P_f = Max\,[0,\, X - 0] = X$

- $t = 0 : P = \dfrac{p\,P_u + (0.9 - p)P_d + 0.1P_f}{(1 + r_f)}$

    $= \dfrac{(0.6)(0) + (0.3)(X - 5,000) + (0.1)(X)}{(1 + 0)}$

    $= 0.4X - 1,500 = 1,530 \ \rightarrow X = 7,575 \ (\text{원})$

참고로 행사가격이 5,000원보다 작다고 가정할 경우 이 조건을 충족하는 행사가격을 구할 수 없으므로 행사가격은 위에서 설명한 경우와 같이 5,000원보다 크고 18,030원보다 작은 범위에서 추정해야 한다.

문제 14 ㈜한국은 자금조달을 위해 액면가 100,000원, 만기 2년, 표면이자율 2%의 회사채 10만좌를 발행하려고 한다. ㈜한국은 이 사채에 대해 신주인수권부 또는 전환사채 형태의 발행을 고려하고 있다. 신주인수권(warrants)은 사채 1좌당 신주 1주를 10,500원에 인수할 수 있는 권리를, 전환사채는 1좌당 5주의 보통주로 전환할 수 있는 권리를 부여할 예정이며 둘 다 만기 시에만 행사가 가능하다. 이 사채와 모든 조건이 동일한 일반사채의 만기수익률은 6%이며 무위험이자율은 5%이다. ㈜한국의 발행주식수는 100만주이며 주가는 현재 10,000원이다. 주가는 사채발행 직후에도 변화가 없을 것이며 매년 20% 상승하거나 10% 하락할 것으로 예상된다. ㈜한국은 향후 2년간 주식에 대한 배당을 실시하지 않을 계획이다. (2012년 문제 5)

(물음 1) 신주인수권 행사에 따른 희석효과가 존재하는 경우 신주인수권 1 단위당 가치를 계산하시오. 계산결과는 <u>반올림하여 소수점 둘째 자리까지</u> 나타내시오.

(물음 2) 전환권 행사에 따른 희석효과가 존재하는 경우 전환권 1 단위당 가치를 계산하시오. 계산결과는 <u>반올림하여 소수점 둘째 자리까지</u> 나타내시오.

(물음 3) ㈜한국은 신주인수권부사채나 전환사채를 각각 95억원에 발행하려고 한다. 이 경우 두 사채 발행가격의 과대평가 또는 과소평가 여부를 판단하시오.

(물음 4) 위 물음과는 독립적으로 ㈜한국이 현재 8,000원에 25만주를 유상증자하는 경우 신주인수권(pre-emptive rights)의 1 단위당 가치를 계산하시오.

이 문제는 신주인수권부사채와 전환사채의 가치평가에 관한 문제이다. 구체적으로는 회석효과가 존재하는 경우 콜옵션 성격을 갖는 신주인수권의 가치와 전환권의 가치 등에 관해 묻는 문제이다.

(물음 1) 다음 그림은 기간별 예상 주가와 회석효과를 고려하지 않은 콜옵션으로서의 신주인수권의 만기일 가치(W)를 표시한 것이다.

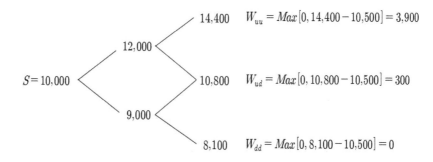

먼저 위의 그림에서 추정한 회석효과를 고려하지 않은 만기일의 신주인수권의 가치에 관한 정보와 콜옵션의 2기간 이항모형의 일반식을 이용하여 현재 시점에서 회석효과를 고려하지 않은 신주인수권 1단위당 가치(W)를 다음과 같이 추정한다.

- $p = \dfrac{r-d}{u-d} = \dfrac{1.05 - 0.9}{1.2 - 0.9} = 0.5, \ 1-p = 0.5$

- $W = \dfrac{p^2 W_{uu} + 2p(1-p) W_{ud} + (1-p)^2 W_{dd}}{r^2}$

$$= \frac{(0.5)^2 (3,900) + 2(0.5)(0.5)(300)}{(1.05)^2} = 1,020.41 \ (\because W_{dd} = 0)$$

그리고 현재 시점에서 회석효과를 고려한 신주인수권 1 단위당 가치(W^*)는 회석효과를 고려하지 않은 신주인수권 1 단위당 가치(W)에다 회석효과를 곱해서 추정하면 아래와 같이 927.65원이 된다. 아래 식에서 N_o는 현재 기존 주식(구주)의 발행주식수를, N_w는 신주인수권 행사에 의한 신주 발행수를, q는 기존 주식 발행수에 대한 신주 발행수의 비율 즉 증자비율을 각각 의미한다.

- 희석효과 $= \dfrac{N_o}{N_o + N_w} = \dfrac{1}{1 + N_w/N_o} = \dfrac{1}{1 + q} = \dfrac{1}{1 + 0.1}$

$$(\because q = \frac{N_w}{N_o} = \frac{10\,(\text{만주})}{100\,(\text{만주})} = 0.1)$$

- $W^* = (\dfrac{1}{1 + q})\,W = (\dfrac{1}{1 + 0.1}) \times 1{,}020.41 = 927.65$

신주인수권이 행사되면 신주가 추가로 발행되며 이로 인해 기업의 자산과 이익은 이전보다 더 많은 수의 주식으로 분산되어 희석효과가 발생한다. 이러한 희석효과가 콜옵션의 성격을 갖는 신주인수권의 가치에 어떠한 영향을 미치며 위의 식에서 적용한 희석효과를 고려한 신수인수권의 가치에 관한 모형이 어떻게 도출되었는지에 관해서는 아래 <Solution Note>를 참고하기 바란다.

(물음 2) 전환사채는 1좌당 5주의 보통주로 전환할 수 있는 권리를 부여하며 전환사채의 전환권 행사는 오직 만기 시에만 행사가 가능하다. 만기일에 일반사채의 가치는 액면가인 100,000원이므로 전환권 주식 1주당 행사가격은 20,000원(=100,000원/5주)이다. 이처럼 콜옵션 성격을 갖는 전환권 주식 1주당 행사가격이 만기일에 예상되는 주가의 최대값인 14,400원(=uuS)보다 크므로 만기일에서의 전환권의 가치는 어떤 상황에서도 모두 0이다. 따라서 현재 시점에서의 전환권 1단위당 가치는 0이다.

(물음 3) 신주인수권부사채의 가치(BW)는 일반사채의 가치(B)와 희석효과를 고려한 신주인수권의 가치(W^*)의 합으로 추정하며, 전환사채의 가치(CB)는 일반사채의 가치와 전환권의 가치(CV)의 합으로 추정한다. 다음 식은 일반사채와 신주인수권부사채 및 전환사채의 가치를 각각 추정한 것이다.

- $B(1\text{좌}) = \dfrac{2,000}{(1+0.06)} + \dfrac{102,000}{(1+0.06)^2} = 92,666.43\ (\text{원})$

- $BW = (B + W^*) \times 10\text{만좌}$

  $= (92,666.43 + 927.65)\text{원} \times 10\text{만좌} = 93.59\ (\text{억 원})$

- $CW = (B + CV) \times 10\text{만좌}$

  $= (92,666.43 + 0)\text{원} \times 10\text{만좌} = 92.67\ (\text{억 원})$

이처럼 신주인수권부사채(BW) 및 전환사채(CB)의 가치가 각각 93.59억원과 92.67억원이다. 따라서 이들 두 사채의 발행가격 95억원은 모두 과대평가된 것으로 판단할 수 있다.

(물음 4) ㈜한국이 현재 신주발행가(X) 8,000원에 25만주를 유상증자하는 경우 유상증자비율(q)과 희석효과가 고려된 권리락 주가(S^*)를 계산하면 다음과 같이 각각 0.25와 9,600원이다.

- $q = \dfrac{N_w}{N_o} = \dfrac{25\,(\text{만주})}{100\,(\text{만주})} = 0.25$

- $S^* = \dfrac{S + q \times X}{(1+q)} = \dfrac{10,000 + 0.25 \times 8,000}{(1+0.25)} = 9,600\ (\text{원})$

만약 기존 주주가 보유 주식 1주당 한 개의 신주인수권을 갖는다면 희석효과가 고려된 신주인수권의 1 단위당 가치(W^*)는 아래와 같이 400원이다.

- $W^* = Max\,[0,\, S^* - X] \times q$

  $= Max\,[0,\, 9,600 - 8,000] \times 0.25 = 1,600 \times 0.25 = 400\ (\text{원})$

※ Solution Note: 희석효과가 신주인수권의 가치에 미치는 영향

신주인수권이 행사되면 행사된 금액만큼 신주가 늘어나며 이로 인해 기업의 자산과 이익은 이전보다 더 많은 수의 주식으로 분산되어 희석효과(dilution effect)가 발생한다. 여기서는 이러한 희석효과가 콜옵션의 성격을 갖는 신주인수권의 가치에 미치는 영향을 감안하여 희석효과를 고려한 신수인수권의 가치에 관한 이론적 모형을 어떻게 도출하는지에 관해 간단히 설명하도록 한다. 아래 식에서 N_o는 현재 기존 주식(구주)의 발행주식수를, N_w는 신주인수권을 행사한 이후 추가로 발행된 신주 발행수를, S는 현 주가를, X는 행사가격인 신주 발행가를, S^*는 희석효과를 고려한 주가를, q는 기존 주식 발행수에 대한 신주 발행수의 비율 즉 증자비율을 각각 의미한다.

- $S^* = \dfrac{N_o \times S + N_w \times X}{N_o + N_w} = \dfrac{S + q \times X}{1+q}$ (단, $q = N_w/N_o$)

만기일에서의 희석효과가 고려된 신주인수권의 가치(W^*)는 다음과 같이 희석효과가 고려되지 않은 신주인수권의 가치(W)와 증자비율(q) 등의 변수를 이용하여 간단히 추정할 수 있다.

- $W^* = Max[0, S^* - X] = Max[0, \dfrac{S + q \times X}{1+q} - X]$

  $= Max[0, \dfrac{S + q \times X - X - q \times X}{1+q}]$

  $= (\dfrac{1}{1+q})Max[0, S - X]$

  $= (\dfrac{1}{1+q})W$

문제 15 BBB기업이 만기 2년, 무이표 전환사채(convertible bond)를 발행할 예정이다. 채권의 액면가는 100만원이고 채권은 만기일을 포함하여 언제나 주식 2주로 전환이 가능하다. 채권 발행 당시의 BBB기업 무배당 주식의 현재 가격은 50만원이며, 매년 주가가 15% 상승하거나 15% 하락하는 이항과정을 따른다고 가정한다. 위험중립 하의 주가의 상승 확률은 55%이고 하락 확률은 45%이다. 무위험이자율은 연 1%로 향후 변동이 없으며, 시장에는 어떠한 차익거래의 기회도 없다고 가정한다. (2015년 문제 7)

(물음 1) BBB기업이 발행하는 전환사채의 현재가치를 2기간 이항모형을 이용하여 <u>원단위로 계산하라.</u>

(물음 2) BBB기업은 (물음 1)과 동일한 전환사채에 수의상환권(call option)을 추가한 수의상환부(callable) 전환사채를 발행할 계획이다. 채권의 만기일 이전에만 수의상환권을 행사할 수 있으며 수의상환가격은 108만원이다. 단, BBB기업이 수의상환을 결정하기에 앞서 항상 채권투자자가 전환권을 행사할 수 있다.

  ① 만기 2년의 수의상환부 전환사채의 현재가치를 2기간 이항 모형을 이용하여 <u>원단위로 계산하라.</u>

  ② 채권에 포함되어 있는 수의상환권의 현재가치를 <u>원단위로 계산하라.</u>

(물음 3) BBB기업이 발행한 (물음 2)의 수의상환부 전환사채의 가치평가 시 BBB기업의 파산위험을 추가로 고려하기로 한다. 매 기말시점에서 위험중립 하의 파산 확률(default probability)은 2%로 가정하고 주가의 상승확률은 55%, 하락확률은 43%로 재설정한다. 파산 시 주가는 0원이 되고 채권 액면금액의 30%가 회수된다고 가정한다. 만기 2년의 수의상환부 전환사채의 현재가치를 파산을 고려한 2기간 삼항모형을 이용하여 <u>원단위로 계산하라.</u>

이 문제는 2기간 이항모형과 삼항모형을 이용하여 전환사채와 수의상환권부 전환사채(callable convertible bond)의 가치를 평가하는 문제이다.

(물음 1) 전환사채의 가치(CB)는 일반사채와 전환권의 가치를 합한 것이므로 일반사채와 전환권의 가치를 각각 구해서 이를 합하면 전환사채의 가치를 산정할 수 있다. 또한 전환사채의 가치는 다음 식과 같이 전환가치와 일반사채의 가치 중 큰 값으로도 구할 수 있다. 아래 식에서 B는 일반사채의 가치를, c는 전환비율을, S는 주가를 각각 의미한다.

- $CB = B + Max[0, cS - B] = Max[cS, B]$

다음 그림은 기간별 주식 2주의 가치($2S$)를 표시한 것이다.

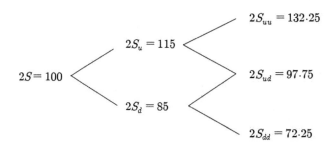

한편 다음 그림은 이항모형을 이용하여 구한 미국형 전환사채의 현재가치(CB)를 기간별로 표시한 것이다.

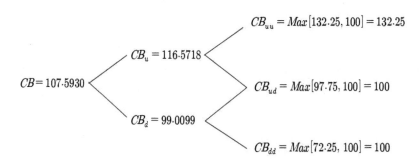

문제에서 전환사채는 만기일을 포함하여 언제나 주식 2주로 전환이 가능한 미국형 전환사채이므로 시점별 전환가치와 전환권을 갖는 전환사채의 가치를 비교하여 전환사채의 가치를 결정해야 한다. 먼저 만기일($t=2$)에서의 전환사채의 가치는 위의 그림에서와 같이 두 주의 주가($2S_{uu}$)가 132.25만원일 때는 전환권을 행사해 주식으로 전환하는 것이 전환사채의 액면가를 상환 받는 것보다 유리하므로 이때 전환사채의 가치는 전환가치인 두 주의 주가인 132.25만원이 된다. 그러나 만기일의 두 주의 주가($2S_{ud}$)가 97.75만원이거나 혹은 두 주의 주가($2S_{dd}$)가 72.25만원일 때는 주식으로 전환하는 것보다 전환사채의 액면가 100만원을 상환 받는 것이 더 유리하므로 전환사채의 가치는 액면가 100만원이 된다.

그리고 1년도 말($t=1$)에서는 어떤 주가 상황에서도 주식으로 전환하는 것보다 전환사채로 보유하는 것이 유리하므로 1년도 말($t=1$)에서의 전환사채의 가치는 이항모형으로 추정한 값에 의해 결정된다.

- $CB_u = Max\left[2S_u, \dfrac{pCB_{uu}+(1-p)CB_{ud}}{(1+r_f)}\right]$

$$= Max\left[115, \dfrac{(0.55)(132.25)+(0.45)(100)}{(1+0.01)}=116.5718\right]$$

$$= 116.5718$$

- $CB_d = Max\left[85, \dfrac{(0.55)(100)+(0.45)(100)}{(1+0.01)}=99.0099\right]$

$$= 99.0099$$

최종적으로 현재 시점에서 전환사채의 가치(CB)는 주식으로 전환하는 것보다 전환권을 갖는 전환사채로 보유하는 것이 유리하므로 전환사채의 현재가치(CB)는 다음과 같이 107.5930만원이다.

- $CB = Max\left[2S, \dfrac{pCB_u+(1-p)CB_d}{(1+r_f)}\right]$

$$= Max\left[100, \dfrac{(0.55)(116.5718)+(0.45)(99.0099)}{(1+0.01)}=107.5930\right]$$

$$= 107.5930$$

참고로 이 문제에서 유의할 점은 위험중립 하에서는 주가의 상승 확률 (q)과 위험중립확률(p)은 반드시 일치해야 한다(앞의 문제 1의 <Solution Note 2>를 참고하기 바람). 그런데 이 문제에서는 q는 55%인데 반해 u와 d, r_f를 이용하여 추정한 p는 53%로 이 원칙이 정확히 적용되지 않는데 이것은 단순한 출제 오류로 판단된다. 여기서는 p를 따로 산정하지 않고 출제자의 의도대로 q를 p의 대용치로 사용한다.

(물음 2) 다음 그림은 만기 2년의 수의상환부 전환사채의 가치를 2기간 이항모형의 반복절차법(recursive technique)을 이용하여 추정한 것이다.

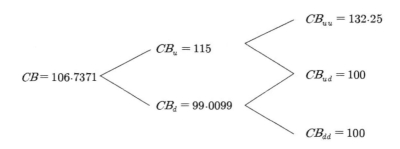

① 먼저 만기일에서의 전환사채의 가치는 앞의 (물음 1)에서 이미 추정하였다. 그리고 1년도 말($t=1$)에서 전환사채의 가치는 다음 식과 같이 추정할 수 있다. 아래 식에서 CP는 수의상환가격(call price)을, c는 전환비율을 각각 의미한다.

- $CB_u = Max[Min(\dfrac{p\,CB_{uu}+(1-p)\,CB_{ud}}{r}, CP), cS_u]$

  $= Max[Min(\dfrac{(0.55)(132.25)+(0.45)(100)}{1.01}=116.5718, 108), 115]$

  $= 115$

- $CB_d = Max[Min(\dfrac{(0.55)(100)+(0.45)(100)}{1.01}=99.0099, 108), 85]$

  $= 99.0099$

그런데 1년도 말($t=1$)에서 수의상환권을 고려하지 않는다면 주가가 상승할 경우의 전환사채의 가치(CB_u)는 위의 식에서처럼 116.5718만원이다. 그러나 수의상환권을 고려할 경우 이것은 수의상환가격 108만원을 초과해 발행기업 즉 주주들이 수의상환권을 행사할 것이므로 채권자의 입장에서는 전환권을 행사해 전환사채를 주식 2주(=115만원)로 전환하는 것이 더 유리하다. 따라서 1년도 말($t=1$)에서 주가가 상승할 경우의 전환사채의 가치(CB_u)는 주식 2주로의 전환가치인 115만원이된다. 반면에 주가가 하락할 경우 전환사채의 가치(CB_d)는 위의 식에서처럼 99.0099만원으로 수의상환가격 108만원보다 작으므로 발행기업이 수의상환권을 행사하지 않을 것이다. 또한 주식 2주의 가치도 85만원에 불과해 전환권도 행사하지 않는 것이 더 유리하므로 전환사채의 가치(CB_d)는 그대로 99.0099만원이 될 것이다.

마지막으로 현재 시점($t=0$)에서의 전환사채의 가치(CB)는 아래 식에서처럼 106.7371만원이다. 이것은 수의상환가격 108만원보다 작으므로 발행기업이 수의상환권을 행사하지 않을 것이다. 반면에 주식 2주로의 전환가치인 100만원보다는 크므로 전환권도 행사하지 않는 것이 더 유리하다. 따라서 현재 시점에서의 전환사채의 현재가치는 106.7371만원이 된다.

- $CB = Max\left[Min\left(\dfrac{(0.55)(115)+(0.45)(99.0099)}{1.01} = 106.7371, 108\right), 100\right]$

  $= 106.7371$

② 수의상환권의 현재가치는 앞의 (물음 1)에서 산정한 수의상환권이 없는 전환사채의 가치(CB)에서 문항 ①에서 구한 수의상환권이 포함된 전환사채의 가치(CB_C)를 차감하면 구할 수 있다. 이때 수의상환권의 현재가치($Call$)는 0.8559만원, 즉 8,559원이다.

- $Call = CB - CB_C = 107.5930 - 106.7371 = 0.8559$ (만원)

(물음 3) 다음 그림은 주식 2주의 만기일까지 기간별 가치 변화를 파산을 고려한 2기간 삼항모형을 이용하여 추정한 것이다. 아래 그림에서 f는 파산(default) 시의 주가 변동계수(=0)를 의미한다.

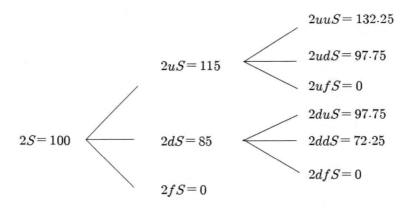

그리고 다음 그림은 만기 2년의 수의상환부 전환사채의 만기일까지 기간별 가치를 파산을 고려한 2기간 삼항모형을 이용하여 추정한 결과이다.

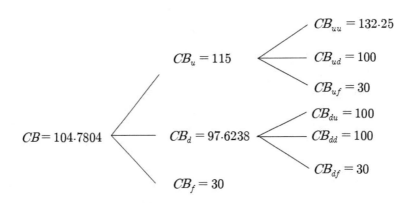

위의 그림에서 만기일에서의 전환사채의 가치는 앞의 (물음 1)과 (물음 2)에서 이미 추정한 것이다. 단, 만기일에 파산할 경우 일반채권의 가치는 30만원이며 전환권의 가치는 0이므로 전환사채의 가치는 30만원이 된다.

그리고 1년도 말($t=1$)에서 전환사채의 가치는 반복절차법을 이용하여 다음 식과 같이 추정할 수 있다.

- $CB_u = Max[Min(\dfrac{(0.55)(132.25)+(0.43)(100)+(0.02)(30)}{1.01}=115.1856, 108), 115]$

  $= 115$ (만원)

- $CB_d = Max[Min(\dfrac{(0.55)(100)+(0.43)(100)+(0.02)(30)}{1.01}=97.6238, 108), 85]$

  $= 97.6238$ (만원)

- $CB_f = 30$ (만원)

그런데 1년도 말($t=1$)에서 수의상환권을 고려하지 않는다면 주가가 상승할 경우 전환사채의 가치(CB_u)는 위의 식에서처럼 115.1856만 원이 된다. 하지만 수의상환권이 있을 경우 이것은 수의상환가격 108 만원을 초과해 발행기업이 수의상환권을 행사할 것이므로 채권자의 입장에서는 전환권을 행사해 전환사채를 주식 2주로 전환하는 것이 더 유리하다. 따라서 1년도 말($t=1$)에서 주가가 상승할 경우의 전환 사채의 가치(CB_u)는 주식 2주로의 전환가치인 115만원이 된다. 반면 에 주가가 하락할 경우 전환사채의 가치(CB_d)는 97.6238만원으로 수의상환가격 108만원보다 작으므로 발행기업이 수의상환권을 행사하 지 않을 것이다. 또한 주식 2주로의 전환가치도 85만원에 불과해 전 환권도 행사하지 않는 것이 더 유리하므로 CB_d는 그대로 97.6238만 원이 될 것이다.

최종적으로 현재 시점($t=0$)에서 수의상환을 고려하지 않을 경우 전환사채의 가치(CB)는 아래 식에서처럼 104.7804만원이 된다. 이것 은 수의상환가격 108만원보다 작으므로 발행기업이 수의상환권을 행 사하지 않을 것이다. 또한 주식 2주로의 전환가치도 100만원에 불과 해 전환권도 행사하지 않는 것이 더 유리하므로 현재 시점의 전환사 채의 가치(CB)는 104.7804만원이 된다.

- $CB = Max[Min(\dfrac{(0.55)(115)+(0.43)(97.6238)+(0.02)(30)}{1.01}=104.7804, 108), 100]$

  $= 104.7804$ (만원)

문제 16 ㈜민국은 해외 현지기업 ㈜다랑 인수를 통해 해외시장을 개척하고자 한다. 현재($t=0$) 해외시장에서는 전쟁 발생의 위험이 존재하며 1년 후($t=1$)에는 전쟁 발생 여부가 결정된다. 현 시점($t=0$)에 ㈜다랑을 인수하는 경우 250억원의 투자비용이 소요된다. 1년 후 ㈜다랑을 인수하는 경우에는 400억원이 소요된다. 만약, 전쟁이 발생할 경우 ㈜민국은 투자비용 전액 손실을 감수하여야 한다. (2022년 문제 3)

1년 후 전쟁이 발생하지 않을 확률은 60%이며 이 경우 매년 확실한 30억원의 영구 현금흐름이 발생한다. 반면, 전쟁이 발생할 확률은 40%이며 이 경우 현금흐름은 0원이다.

현재 휴업중인 ㈜다랑은 1년 후($t=1$)부터 사업을 재개한다. 투자안의 자본비용은 20%이며 무위험이자율은 5%이다. 다음 물음에 답하시오.

(물음 1) ㈜민국이 현 시점에 ㈜다랑을 인수할 경우 순현가(NPV)를 구하시오.

(물음 2) ㈜민국의 관점에서 투자결정을 연기할 수 있는 권리의 가치를 구하시오.

(물음 3) ㈜민국의 관점에서 현 시점에 ㈜다랑을 인수하는 것이 유리한 투자 의사결정이 되는 전쟁 발생 확률의 범위를 구하시오.

상세 해설 및 정답

이 문제는 자본예산에서 전통적인 현금흐름할인법(DCF: discounted cash flow method)과 실물옵션접근법(ROV: real option value analysis)의 차이와 실물옵션인 연기옵션의 가치를 추정하는 문제이다.

(물음 1) ㈜민국이 현 시점에 ㈜다랑을 인수할 경우 순현가(NPV)를 구하기 위해 우선 1년 후($t=1$) 상황에 따른 현금흐름의 현재가치(PV)를 추정하면 다음과 같다. 여기서 유의할 점은 ㈜다랑은 현재 휴업중이며 1년 후($t=1$)부터 사업을 재개할 예정이므로 현금유입은 2년 후($t=2$)부터 발생한다. 아래 식에서 $PV_1(War)$는 1년 후 전쟁이 발생할 경우의 현금흐름의 현재가치를, $PV_1(Peace)$는 1년 후 전쟁이 발생하지 않았을 경우의 현금흐름의 현재가치를, C는 전쟁이 발생하지 않았을 경우 ㈜다랑이 2년 후($t=2$)부터 영구히 창출할 매년 확실한 현금흐름을 각각 의미한다.

- $t=1$: $PV_1(War)=0$

$$PV_1(Peace)=\frac{C}{r_f}=\frac{30}{0.05}=600 \text{ (억원)}$$

따라서 ㈜민국이 현재 시점($t=0$)에서 ㈜다랑을 인수할 경우 순현가(NPV)는 다음과 같이 50억원이다. 아래 식에서 p는 1년 후 전쟁이 발생할 확률을 의미한다.

- $NPV=-250+\dfrac{p \times PV_1(War)+(1-p) \times PV_1(Peace)}{(1+r)}$

$$=-250+\frac{0.4 \times 0+0.6 \times 600}{(1+0.2)}=50 \text{ (억원)}$$

(물음 2) 일반적으로 투자결정을 연기할 수 있는 권리(연기옵션)의 가치는 연기옵션을 가지고 있을 경우의 투자안의 NPV에서 연기옵션이 없는 기존 투자안의 NPV를 차감해 구한다. 그래서 먼저 ㈜민국이 투자결정을 연기할 수 있는 권리를 가지고 있을 경우의 NPV를 계산한다. 1년 후($t=1$)에는 전쟁 발생 여부가 결정되므로 전쟁이 발생할 경우

에는 ㈜다랑을 인수하지 않을 것이다. 반면에 1년 후($t=1$)에 전쟁이 발생하지 않을 경우에는 투자안의 순현가가 양($+$)이라는 것을 확실히 알 수 있으므로 400억원을 지불하더라고 ㈜다랑을 인수할 것이다. 이에 따라 현재 시점($t=0$)에서의 NPV를 계산하면 다음 식과 같이 100억원이다.

- $t=1 : NPV_1(War) = 0$

$$NPV_1(Peace) = -400 + \frac{30}{0.05} = 200$$

- $t=0 : NPV = \frac{0.4 \times 0 + 0.6 \times 200}{(1+0.2)} = 100 \text{ (억원)}$

따라서 ㈜민국이 투자결정을 연기할 수 있는 권리의 가치는 다음 식에서와 같이 연기옵션을 가지고 있을 경우의 $NPV(Option)$에서 연기옵션이 없는 기존 투자안의 $NPV(No\ option)$을 차감해 구하면 50억원이다. 아래 식에서 $NPV(No\ option)$은 앞의 (물음 1)에서 구한 기존 투자안의 NPV를 의미한다.

- 연기옵션의 가치 $= NPV(Option) - NPV(No\ option)$

$$= 100 - 50 = 50 \text{ (억원)}$$

(물음 3) 현재 시점에서 ㈜다랑을 인수하는 것이 유리한 투자 의사결정이 되기 위해서는, 전쟁 발생 확률을 p라고 할 때 연기옵션을 가지고 있지 않은 기존 투자안의 $NPV(No\ option)$가 연기옵션을 가지고 있을 경우의 $NPV(Option)$보다 더 커야 한다. 이 조건을 충족시키기 위해서는 p는 다음과 같이 25%보다 작아야 한다.

- $NPV(No\ option) = -250 + \frac{p \times 0 + (1-p) \times 600}{(1+0.2)}$

- $NPV(Option) = \frac{p \times 0 + (1-p) \times 200}{(1+0.2)}$

- $NPV(No\ option) > NPV(Option)$

$$\rightarrow -250 + \frac{p \times 0 + (1-p) \times 600}{(1+0.2)} > \frac{p \times 0 + (1-p) \times 200}{(1+0.2)}$$

$$\therefore\ p < 0.25$$

문제 17 ㈜한국건설은 주택을 건설한 후 임대할 예정이다. 주택건설에 소요되는 초기 투자비용은 600억원이며, 잔존가치 없이 향후 3년간 정액법으로 감가상각된다. 주택임대수요가 향후 3년간 높을 확률은 60%이며, 낮을 확률은 40%로 예상된다. 임대수요가 높을 경우 향후 3년간 매년 임대소득 500억원, 매년 현금지출비용 120억원이 발생한다. 임대수요가 낮을 경우 매년 임대소득 350억원, 매년 현금지출비용 100억원이 발생한다. ㈜한국건설의 자본비용은 10%이며 법인세율은 40%이다. 현재 평균 시장이자율은 연 10%이다. 기간 3년, 할인율 10%인 연금의 현가이자요소 ($= \sum_{t=1}^{3} \frac{1}{(1.10)^t}$)는 2.4869이다. 모든 계산결과는 억원 단위로 표시하되 반올림하여 소수점 둘째 자리까지 표기하라. (2014년 문제 2)

(물음 1) 주택임대수요가 높을 경우와 낮을 경우 연간 영업현금흐름을 각각 구하라.

(물음 2) 현재 시점에서 투자안의 기대 NPV를 계산하라.

(물음 3) ㈜한국건설은 임대수요를 정확히 파악할 수 있도록 주택건설을 1년간 연기할 수 있는 기회를 가지고 있다.

① 1년 후 주택건설을 시행할 경우 투자안의 기대NPV를 계산하라. 단, 주택건설의 초기 투자비용, 임대로 인한 현금흐름 및 임대수요의 확률분포는 투자시기와 관계없이 변하지 않는다고 가정한다.

② 1년간 임대수요조사를 위해 5억원의 추가 비용을 현재시점에서 지불해야 한다면, 주택건설을 당장 시행하는 방안과 1년간 연기하는 방안 중 어떤 방안이 유리한가?

(물음 4) 투자안 평가에서 실물옵션접근법 사용 시 장점 및 문제점을 5줄 이내로 설명하라.

상세 해설 및 정답

이 문제는 자본예산에서 연기옵션이 가지는 효과와 전통적인 현금흐름할인법(DCF: discounted cash flow method)과 실물옵션접근법(ROV: real option value analysis)의 차이와 장단점 등을 묻는 문제이다.

(물음 1) 주택임대수요가 높을 경우의 연간 영업현금흐름(OCF_u)과 낮을 경우의 연간 영업현금흐름(OCF_d)을 추정하면 다음과 같이 각각 308억원과 230억원이다.

- $OCF_u = (\Delta R - \Delta OC)(1 - T_C) + T_C \Delta Dep$

  $= (500 - 120)(1 - 0.4) + 0.4 \times (\dfrac{600 - 0}{3}) = 308$

- $OCF_d = (350 - 100)(1 - 0.4) + 0.4 \times (\dfrac{600 - 0}{3}) = 230$

(물음 2) 투자안의 기대 NPV는 주택임대수요가 높을 경우의 NPV_u와 낮을 경우의 NPV_d의 기대값이므로 다음과 같이 88.38억원이다.

- $NPV_u = -600 + 308 \times PVIFA_{10\%,\,3}$

  $= -600 + 308 \times 2.4869 = 165.97$

- $NPV_d = -600 + 230 \times 2.4869 = -28.01$

  $\rightarrow$ 기대 $NPV = 0.6 \times 165.97 + 0.4 \times (-28.01) = 88.38$ (억원)

(물음 3) ㈜한국건설이 주택건설을 1년간 연기할 수 있는 기회인 실물옵션 즉 연기옵션(option to wait)을 가지고 있을 경우에는 1년 후 주택시장에서 임대수요의 동향을 정확히 파악할 수 있는 이점이 있다.

① 만약 1년 후에 주택임대수요가 높을 경우 $t=1$ 시점에서 투자안의 NPV_u는 (물음 2)에서 추정한 바와 같이 165.97억원이므로 투자를 시행할 것이다. 반면에, 1년 후에 주택임대수요가 낮을 경우 $t=1$ 시점에서 NPV_d는 (물음 2)에서 추정한 바와 같이 -28.01억원이므로 ㈜한국

건설은 음(−)의 NPV를 가지는 투자안을 시행하지 않고 포기할 것이다. 즉 $t=1$ 시점에서 주택임대수요가 낮을 경우 NPV_d는 0이 된다. 따라서 1년 후 주택건설을 시행할 경우 현재 시점에서의 투자안의 기대 NPV를 계산하면 다음과 같이 90.53억원이다.

- $t=1:\ NPV_u = 165.97,\ \ NPV_d = 0$

- $NPV = \dfrac{0.6 \times 165.97 + 0.4 \times 0}{(1+0.1)} = 90.53$

② 주택건설을 연기하지 않고 당장 시행하는 경우의 $NPV(No\ option)$은 앞의 (물음 2)에서 추정한 88.37억원이며, 1년간 연기하는 경우의 $NPV(Option)$는 (물음 3)의 ①에서 추정한 기대 NPV에서 5억원의 추가 시장조사비용을 차감한 값으로 아래와 같이 85.53억원이다. 따라서 지금 당장 시행할 경우의 기대 NPV가 더 크므로 1년 간 연기하지 않고 당장 시행하는 방안이 더 유리하다.

- 당장 시행 : $NPV(No\ option) = 88.37$
- 1년 연기 : $NPV(Option) = 90.53 - 5 = 85.53$

참고로 이 문제에서와 같이 연기옵션을 가지고 있을 때의 $NPV(Option)$가 연기옵션을 가지고 있지 않은 때의 $NPV(No\ option)$보다 작을 경우도 종종 발생할 수 있다. 이러한 경우에 연기옵션의 가치는 음(−)의 값을 가지는 것이 아니라 옵션은 권리이지 의무가 아니라는 특성상 다음 식과 같이 0이 된다.

- 연기옵션의 가치 $= Max[0,\ 85.53 - 88.37] = 0$

(물음 4) 기존의 현금흐름할인법(DCF: discounted cash flow method)에 의한 투자안 평가에서는 투자가 일단 시행되면 이후에 발생하는 시장 상황의 변화에 대해 경영자가 아무런 대처 방안을 마련하지 않는다고 가정함으로써 NPV를 과소평가할 위험성이 있다. 이에 반해 실물옵션접근법(ROV: real option value analysis)은 투자안의 진행 과정에서 시장 상황의 변화에 대한 새로운 정보를 바탕으로 경영자가 탄력

적으로 대응하여 투자안을 조정할 수 있는 기회인 실물옵션(연기옵션, 확장옵션 및 포기옵션 등)의 가치를 추정하여 이를 현금흐름할인법(DCF)에 의한 NPV에 가산함으로써 보다 정확한 투자평가를 수행할 수 있다. 그러나 옵션시장에서 거래되는 금융옵션(financial options)과는 달리 실물옵션은 그 가치를 평가하는 데 필수적 정보인 기초자산의 가격과 분산, 행사가격 등이 직접 관찰할 수 없거나 불확실함으로 인해 실물옵션의 가치를 정확히 추정하기 어렵다는 것이 실물옵션접근법의 문제점으로 지적될 수 있다.

문제 18 ㈜한강은 내용연수가 1년이고 현재 시점에서 60억원의 투자금액이 소요되는 투자안을 가지고 있다. 투자안의 1년 후 현금흐름과 시장포트폴리오의 연간 수익률에 대한 확률분포는 다음과 같다.
(2010년 문제 6)

상황	확률	투자안의 현금흐름	시장포트폴리오의 수익률
불황	50%	30억원	−20%
호황	50%	200억원	40%

연간 무위험수익률은 5%이다. 금액은 억원 단위로 표기하고, 모든 계산은 반올림하여 소수점 넷째 자리까지 나타내시오.

(물음 1) 투자안의 확실성등가를 계산하시오.

(물음 2) 투자안의 NPV를 계산하여 투자의사결정을 내리시오.

※ (물음 1)에서 계산한 투자안의 확실성등가를 100억원으로 가정하고 (물음 3)부터 (물음 5)까지 답하시오.

(물음 3) 투자안의 위험조정할인율을 계산하시오.

(물음 4) 경제상황이 호황이 될 위험중립확률을 구하시오.

(물음 5) ㈜한강이 투자안을 1년 연기할 수 있는 기회를 갖는다면, 이 연기옵션의 가치를 이항옵션평가모형(binomial option pricing model)을 이용하여 계산하시오. 단, 1년을 연기해서 투자할 경우 투자금액은 물가상승 등의 영향으로 65억원으로 증가하며, 또한 첫 해가 호황(불황)이면 둘째 해도 호황(불황)이라고 가정하시오.

이 문제는 투자안 평가에서 전통적인 현금흐름할인법(DCF: discounted cash flow method)과 실물옵션접근법(ROV: real option value analysis)에 관해 묻은 문제이다. 특히, 투자안 평가에서 연기옵션의 가치를 위험중립확률과 이항옵션평가모형의 원리를 이용하여 추정하는 문제이다.

(물음 1) 투자안의 확실성등가, 즉 1년 후 투자안의 미래 현금흐름(CF_1)의 확실성등가(CEQ_1)를 계산하는 방법은 크게 2가지이다. 첫째는 CAPM을 이용하여 추정하는 방법이며, 두 번째는 위험중립확률을 이용하여 추정하는 방법이다. 첫 번째의 CAPM을 이용하여 추정하는 방법은 확실성등가(CEQ_1)를 계산하기 위해 필요한 관련 변수가 많고 계산 자체가 매우 복잡하다는 단점이 있는 반면 어떤 상황에서도 적용할 수 있다는 범용성은 주요한 장점일 수 있다. 반면에 이 문제에서처럼 미래의 현금흐름이 이항분포를 이룰 때는 위험중립확률(p)을 이용하여 확실성등가를 계산하는 것이 CAPM을 이용하여 추정하는 방법에 비해 훨씬 간단하고 시간도 절약할 수 있는 이점이 있다. 그래서 여기서는 두 번째 위험중립확률(p)을 이용하여 확실성등가를 계산한다 (참고로 CAPM을 이용하여 확실성등가를 추정하는 방법은 아래 <Solution Note>를 참고하기 바란다).

위험중립 평가방법에 있어서 모든 자산의 기대수익률은 무위험수익률이라는 원칙이 적용된다. 따라서 문제에서 주어진 시장포트폴리오의 기대수익률도 위험중립확률(p)을 이용하여 계산할 경우 무위험수익률이 되어야 한다는 원칙을 적용해 호황이 올 위험중립확률(p)은 다음과 같이 산출할 수 있다.

- $E(r_m) = 0.05 = p \times 0.4 + (1-p) \times (-0.2)$

$$\rightarrow p = \frac{0.25}{0.60} = \frac{5}{12}$$

그리고 위에서 구한 호황이 될 위험중립확률 p를 활용하여 투자안의 1년 후 미래 현금흐름의 확실성등가(CEQ_1)를 계산하면 다음과 같이 100.8333억원이다.

- $CEQ_1 = p \times 200 + (1-p) \times 30$

$$= \frac{5}{12} \times 200 + \frac{7}{12} \times 30 = 100.8333 \,(억원)$$

(물음 2) 앞에서 구한 투자안의 1년 후 미래 현금흐름의 확실성등가(CEQ_1)를 이용하여 투자안의 NPV를 계산하면 다음과 같이 36.0317억원이다. 따라서 이 투자안은 양(+)의 NPV를 가지므로 현재 시점에서 이 투자안을 채택할 수 있다.

- $NPV = -60 + \dfrac{100.8333}{(1+0.05)} = 36.0317 \,(억원) > 0$

   → 투자안 채택

※ (물음 1)에서 계산한 투자안의 확실성등가를 100억원으로 가정하고 (물음 3)부터 (물음 5)까지 답하시오.

(물음 3) (물음 1)에서 계산한 투자안의 확실성등가를 100억원으로 가정할 경우 투자안의 위험조정할인율($E(r)$)은 다음 관계식을 만족해야 한다.

- $\dfrac{CEQ_1}{(1+r_f)} = \dfrac{E(CF_1)}{1+E(r)} \rightarrow \dfrac{100}{(1+0.05)} = \dfrac{0.5 \times 200 + 0.5 \times 30}{1+E(r)}$

   $\therefore E(r) = 0.2075$

(물음 4) 경제상황이 호황이 될 위험중립확률 p는 다음 관계식을 만족해야 하므로 이때 위험중립확률 p는 다음과 같이 41.18%이다.

- $CEQ_1 = 100 = p \times 200 + (1-p) \times 30$

   $\rightarrow p = 0.4118 \,(41.18\%)$

(물음 5) ㈜한강이 투자안을 1년 연기할 수 있는 기회를 갖는다면, 1년 후에 오게 될 경제상황이 호황인지 불황인지를 확실히 알 수 있으며 이를 통해 둘째 해의 경제상황도 확실히 파악할 수 있는 이점이 있다. 이에 따라 ㈜한강이 투자안을 1년 연기하여 1년 후 호황이 될 경우의 NPV_u

와 불황이 올 경우의 NPV_d를 계산하면 다음과 같다. 단, 연기옵션을 가지고 있을 경우 둘째 해에 발생하는 미래 현금흐름을 확실히 알 수 있으므로 이를 할인하는 데 사용되는 할인율은 무위험이자율(5%)이라는 점에 유의해야 한다. 1년 후에 호황이 올 경우에는 NPV_u가 양(+)이라는 것을 확실히 알 수 있으므로 투자를 시행할 것이다. 반면에 1년 후에 불황이 올 경우 NPV_d가 음(−)이라는 것을 확실히 알 수 있으므로 투자를 하지 않을 것이며 이때 NPV_d는 0이 된다.

- $t = 1 : NPV_u = -65 + \dfrac{200}{(1+0.05)} = 125.4762$

  $NPV_d = 0$

그리고 현재 시점에서의 NPV는 위험중립확률(p)과 이항옵션평가모형을 이용하여 계산하면 다음과 같이 추정할 수 있다.

- $NPV = \dfrac{pNPV_u + (1-p)NPV_d}{(1+r_f)}$

  $= \dfrac{0.4118 \times 125.4762 + 0.5882 \times 0}{(1+0.05)} = 49.2106$ (억원)

따라서 연기옵션의 가치는 위에서 구한 연기옵션을 행사할 수 있을 경우의 NPV인 49.2106억원에서 연기옵션이 없는 기존 투자안의 NPV인 35.2381억원을 차감하여 구한 13.9725억원이다.

- 기존 투자안 : $NPV = -60 + \dfrac{100}{(1+0.05)} = 35.2381$ (억원)
- 연기옵션의 가치 = 연기옵션 투자안의 $NPV -$ 기존 투자안의 NPV

  $= 49.2106 - 35.2381 = 13.9725$ (억원)

※ Solution Note: CAPM을 이용한 확실성등가 계산 방법

CAPM을 이용할 경우 1년 후 불확실한 미래 현금흐름(CF_1)의 확실성등가(CEQ_1)는 다음 식에 의해 추정한다.

- $CEQ_1 = E(CF_1) - \lambda Cov(CF_1, r_m)$ (단, $\lambda = \dfrac{E(r_m) - r_f}{\sigma_m^2}$)

이 문제에서 확실성등가를 추정하기 위해 필요한 변수들의 값을 계산하면 다음과 같다.

- $E(CF_1) = 0.5 \times 30 + 0.5 \times 200 = 115$
- $E(r_m) = 0.5 \times (-0.2) + 0.5 \times 0.4 = 0.1$
- $\sigma_m^2 = 0.5 \times (-0.2 - 0.1)^2 + 0.5 \times (0.4 - 0.1)^2 = 0.09$
- $Cov(CF_1, r_m) = (0.5)(30 - 115)(-0.2 - 0.1) + (0.5)(200 - 115)(0.4 - 0.1) = 25.5$

위에서 계산한 변수들의 값을 적용하여 확실성등가(CEQ_1)를 추정하면 다음과 같이 100.8333억원이다. 이것은 앞의 (물음 1)에서 위험중립확률(p)을 이용하여 추정한 확실성등가와 정확히 일치한다.

- $CEQ_1 = E(CF_1) - \lambda Cov(CF_1, r_m)$

  $= E(CF_1) - (\dfrac{E(r_m) - r_f}{\sigma_m^2}) Cov(CF_1, r_m)$

  $= 115 - (\dfrac{0.1 - 0.05}{0.09}) \times 25.5 = 100.8333$

문제 19 ㈜신생은 초기투자비용이 1,100만원인 사업에 대한 투자를 고려하고 있다. 이 사업의 1년 후 현금흐름은 다음과 같으며, 현재 무위험이자율은 10%이다. <u>금액의 단위는 만원이며, 소수점 아래 셋째 자리에서 반올림하여 둘째 자리까지 표시하시오.</u> (2018년 문제 2)

상황	확률	1년 후 현금흐름
호황	60%	1,800만원
불황	40%	800만원

(물음 1) ㈜신생은 이 투자안의 평가를 위해 주식시장의 자료를 사용하기로 하고, 재무위험이 동일한 ㈜벤치를 대용기업으로 선정하였다. ㈜벤치의 현재 주가는 24,560원이다. 이 주식의 1년 후 주가는 호황일 경우 36,000원이고 불황일 경우 16,000원이며, 그 가능성은 각각 60%와 40%이다. 이를 이용하여 ㈜신생이 고려하고 있는 투자안에 대한 적절한 할인율과 투자안의 NPV를 구하시오. 단, <u>현재 주식시장은 효율적 시장이라고 가정한다.</u>

(물음 2) ㈜신생에게 투자결정을 1년 연기할 수 있는 옵션이 주어졌으며, 1년 후 현금흐름을 확실히 알 수 있다고 한다. 1년을 연기하여 투자하는 경우 투자비용은 10% 증가하며, 현금흐름 1,800만원 또는 800만원은 2년 후($t=2$) 발생한다. 위 옵션의 가치를 구하시오.

(물음 3) (물음 2)와 관련 없이, 정부는 1년 후 불황일 경우 이 사업을 1,800만원에 인수할 것을 보증하였다. 정부보증의 가치를 구하시오.

(물음 4) (물음 2)~(물음 3)과 관련 없이, ㈜신생은 1년 후 다음과 같은 실물옵션들을 행사할 수 있다고 한다.

> - 추가적으로 500만원을 투자하여 현금흐름을 30% 증가시킬 수 있음
> - 1년 후 이 투자안을 초기투자비용의 75%를 받고 처분할 수 있음

이와 같은 실물옵션들을 고려할 경우 투자안의 NPV를 구하시오.

이 문제는 투자안 평가에서 전통적인 현금흐름할인법(DCF: discounted cash flow method)과 실물옵션접근법(ROV: real option value analysis)에 관해 묻은 문제이다. 그리고 정부보증의 가치와 다양한 실물옵션의 가치를 추정하는 문제이다.

(물음 1) ㈜신생은 이제 신생기업으로 투자안의 평가에 있어서 미래 현금흐름을 현재가치로 환산하는 데 필요한 적정할인율에 대한 정보가 없어 벤치마크가 될 수 있는 ㈜벤치의 적정할인율을 대신 사용한다. ㈜벤치의 현재 주가에 대한 정보를 활용하여 ㈜벤치의 위험조정할인율(risk-adjusted discount rate) 즉 적정할인율($E(r)$)을 계산하면 다음과 같이 14%이다.

$$\bullet \ P = 24,560 = \frac{E(P_1)}{1 + E(r)} = \frac{0.6 \times 36,000 + 0.4 \times 16,000}{1 + E(r)}$$

$$\rightarrow E(r) = 0.14 \,(14\%)$$

그리고 위에서 구한 적정할인율 $E(r)$을 활용하여 투자안의 NPV를 계산하면 다음과 같이 128.07만원이다.

$$\bullet \ NPV = -1,100 + \frac{0.6 \times 1,800 + 0.4 \times 800}{(1 + 0.14)} = 128.07 \,(만원)$$

(물음 2) ㈜신생이 투자결정을 1년 연기할 수 있는 기회인 실물옵션(연기옵션)을 가지고 있을 경우에는 1년 후 이 사업의 시장 상황과 현금흐름을 확실하게 파악할 수 있는 이점이 있다. 따라서 1년 후에는 다음 연도($t=2$)에 발생할 현금흐름을 확실히 알 수 있으므로 이때 적용해야 할 적정할인율은 무위험이자율인 10%이어야 한다. 이에 따라 1년 후에 호황일 때의 NPV_u와 불황일 때의 NPV_d는 각각 다음과 같이 추정할 수 있다. 단 만약 1년 후에 불황이 오면 NPV가 음(-)이라는 것을 확실히 알 수 있으므로 ㈜신생은 투자를 포기할 것이며 이때 NPV_d는 0이 된다.

$$\bullet\ t = 1 : NPV_u = -1{,}210 + \frac{1{,}800}{(1+0.1)} = 426.36$$

$$NPV_d = 0$$

따라서 ㈜신생이 투자결정을 1년간 연기할 수 있는 기회인 실물옵션(연기옵션)을 가지고 있을 경우 현재 시점에서의 NPV는 다음과 같이 추정할 수 있다.

$$\bullet\ NPV = \frac{0.6 \times 426.36 + 0.4 \times 0}{(1+0.14)} = 224.4$$

따라서 ㈜신생이 투자결정을 1년간 연기할 수 있는 기회인 실물옵션(연기옵션)의 가치는 다음과 같이 연기옵션을 행사할 수 있을 경우의 NPV인 224.4만원에서 (물음 1)에서 추정한 연기옵션이 없을 경우의 NPV인 128.07만원을 차감하여 구한 96.33만원이다.

$$\bullet\ 연기옵션의\ 가치 = 연기옵션\ 투자안의\ NPV - 기존\ 투자안의\ NPV$$

$$= 224.4 - 128.07 = 96.33$$

참고로 위에서 제시한 풀이 방법과는 달리 $t = 1$ 시점의 기대 NPV를 위험중립확률을 이용하여 구한 다음 무위험이자율로 할인하여 현재 시점의 NPV를 추정하는 확실성등가법을 적용할 수도 있다. 그러나 이 문제에서는 (물음 1)에서 이미 위험조정할인율인 적정할인율을 계산하여 주어진 상황이므로 구태여 다시 위험중립확률을 구하여 확실성등가를 추정하는 것보다는 위험조정할인율법을 그대로 적용하는 것이 더 간편하고 시간도 절약할 수 있다. 물론 앞의 문제 18(2010년 문제 6)과 같이 위험조정할인율에 대한 정보는 없고 무위험이자율에 대한 정보만 주어져 있을 경우에는 반드시 위험중립확률을 구한 다음 확실성등가법에 의해 투자안의 가치를 평가해야 한다.

(물음 3) 정부가 1년 후 불황일 경우 이 사업을 1,800만원에 인수할 것을 보증할 경우 이 사업의 미래 현금흐름은 1년 후 호황이 오든 불황이 오든 관계없이 1,800만원의 확실한 현금흐름을 가져다주므로 적정할인율은 무위험이자율 10%가 되어야 한다. 따라서 정부보증의 가치는 다음 식과

같이 정부 보증이 포함된 경우의 NPV_G에서 정보 보증이 없는 기존의 NPV(물음 1에서 추정)를 차감하여 구하면 408.29만원이다.

- 정부보증 시 $NPV_G = -1,100 + \dfrac{1,800}{(1+0.1)} = 536.36$

- 정부보증의 가치 $= NPV_G -$ 기존 투자안의 NPV

$$= 536.36 - 128.07 = 408.29 \, (만원)$$

(물음 4) ㈜신생이 1년 후 다음과 같은 두 유형의 실물옵션들을 행사할 수 있다고 가정하고 있다.

- 추가적으로 500만원을 투자하여 현금흐름을 30% 증가시킬 수 있음
- 1년 후 이 투자안을 초기투자비용의 75%를 받고 처분할 수 있음

위에서 제시한 두 유형의 실물옵션은 각각 확장옵션과 포기옵션으로 볼 수 있다. 먼저 ㈜신생이 1년 후 이러한 확장옵션과 포기옵션을 행사할 경우 기대되는 현금흐름과 실물옵션을 모두 행사하지 않을 경우의 현금흐름을 비교한 후 호황일 때의 현금흐름(CF_u)과 불황일 때의 미래 현금흐름(CF_d)을 각각 추정한다. 그런 다음 이들 현금흐름을 이용하여 투자안의 NPV를 구하면 아래와 같이 157.89만원이다.

- $CF_u = Max[1,800 \times 1.3 - 500, \, 1,100 \times 0.75, \, 1,800] = 1,840$

  $CF_d = Max[800 \times 1.3 - 500, \, 1,100 \times 0.75, \, 800] = 825$

- $NPV = -1,100 + \dfrac{0.6 \times 1,840 + 0.4 \times 825}{(1+0.14)} = 157.89$

문제 20 정유회사인 XYZ㈜는 30억 배럴의 매장량을 갖고 있는 미개발 유전 M에 대한 채굴권 계약을 했다. 이 유전의 개발비용은 290억 달러로 예측되며 계약 기간은 향후 12년이다. 원유가격은 배럴당 43달러, 생산비용은 배럴당 28달러로 추정되고 원유가격 변화율의 분산은 0.04, 무위험이자율은 8%로 가정한다. 계산결과는 <u>소수점 넷째 자리까지 표시하고, 금액은 억 달러 단위로 표기</u>하시오. (2011년 문제 7)

(물음 1) 유전 M이 개발 완료되어 생산을 시작하면 매년 유전 가치의 5%에 해당하는 순현금유입(net cash inflow)이 발생할 것으로 예상된다. 유전 M에 대한 채굴권의 가치를 배당이 있는 경우의 블랙–숄즈 옵션 가격공식을 사용하여 구하시오. 만기까지의 기간(T)은 12년이다. 단, 무배당인 경우의 블랙–숄즈 옵션가격공식에서 기초자산의 가치(S)는 408.2억 달러이고, 배당을 고려해서 S를 조정하여 d_1 및 콜옵션 가격을 구한다.

<힌트>

무배당인 경우의 블랙–숄즈 옵션가격공식은 다음과 같다:

$$C = SN(d_1) - Xe^{-rT}N(d_2)$$

여기서, $d_1 = \dfrac{\ln(S/X) + (r + \sigma^2/2)T}{\sigma\sqrt{T}}$

$$d_2 = d_1 - \sigma\sqrt{T}$$

$\ln(0.7165) = -0.3334$, $\ln(0.7724) = -0.2582$,
$e^{-0.4} = 0.6703$, $e^{-0.6} = 0.5488$, $e^{-0.96} = 0.3829$
$N(0.6666) = 0.7475$, $N(0.8807) = 0.8108$, $N(1.3594) = 0.9130$

(물음 2) 이 회사는 기존에 개발 완료되어 생산중인 유전 K도 보유하고 있는데, 이 유전으로부터는 3년간 매년 27억 달러씩의 현금흐름이 발생할 것으로 예상되며 할인율은 9%이다. 한편, 이 회사의 주가는 65달러, 발행주식 수는 1.5억주이고 총부채는 65억 달러이다. 보유 유전은 유전 K와 유전 M이 전부라면 현재 주식이 고평가 혹은 저평가되어 있

는지 판단하시오.

(물음 3) 순현가법(NPV)과 같은 전통적인 투자안 평가방법과 비교하여 실물
옵션(real option) 접근방법이 제공하는 장점을 <u>5줄 이내</u>로 논하시
오.

상세 해설 및 정답

이 문제는 배당이 있는 경우의 Black-Scholes 모형을 이용하여 유전 채굴권의
가치를 평가하는 문제이다. 또한 순현가법(NPV)과 같은 전통적인 투자안 평가
방법에 비해 실물옵션접근법(ROV: real option value analysis)이 제공하는 장
점에 관해 묻는 문제이다.

(물음 1) 연속 배당수익률 δ로 배당을 지급할 경우 배당을 고려하여 주가를 S
에서 $Se^{-\delta T}$로 변형한 후 이것을 무배당인 경우의 블랙-숄즈모형에
대입해 d_1과 콜옵션 가격 즉 채굴권의 가치(C)를 계산한다. 아래
식에서 r은 무위험이자율, X는 행사가격, σ는 기초자산의 변동성, T
는 만기까지의 기간 등을 각각 의미한다.

- $C = Se^{-\delta T}N(d_1) - Xe^{-rT}N(d_2)$

- $d_1 = \dfrac{\ln(Se^{-\delta T}/X) + (r + \sigma^2/2)T}{\sigma\sqrt{T}}$

- $d_2 = d_1 - \sigma\sqrt{T}$

먼저 콜옵션 가격결정 요인들의 값을 정리하면 다음과 같다.

- $S = 408.2,\ X = 290,\ \delta = 0.05,\ r = 0.08,$

  $\sigma^2 = 0.04,\ \sigma = 0.2,\ T = 12$

위에서 제시한 콜옵션의 가격결정 요인들의 값과 힌트에서 주어진
수표 자료를 이용하여 d_1과 콜옵션 가격 즉 채굴권의 가치(C)를 계
산하면 다음과 같이 각각 1.3594와 121.5273억 달러이다.

- $Se^{-\delta T} = 408.2 \times e^{-0.05 \times 12} = 408.2 \times e^{-0.6}$

$$= 408.2 \times 0.5488 = 224.0202 \text{ (억달러)}$$

- $d_1 = \dfrac{\ln(Se^{-\delta T}/X) + (r + \sigma^2/2)T}{\sigma\sqrt{T}}$

$$= \frac{\ln(224.0202/290) + (0.08 + 0.04/2)(12)}{(0.2)(\sqrt{12})}$$

$$= \frac{\ln(0.7724) + 1.2}{(0.2)(\sqrt{12})} = \frac{-0.2582 + 1.2}{(0.2)(\sqrt{12})} = 1.3594$$

$$d_2 = d_1 - \sigma\sqrt{T} = 1.3594 - (0.2)(\sqrt{12}) = 0.6666$$

- $C = Se^{-\delta T}N(d_1) - Xe^{-rT}N(d_2)$

$$= 408.2\,e^{-0.05 \times 12}N(1.3594) - 290e^{-0.08 \times 12}N(0.6666)$$

$$= (408.2)(0.5488)(0.9130) - (290)(0.3829)(0.7475) = 121.5273$$

(물음 2) 이 회사가 보유하고 있는 자산이 유전 K와 유전 M이 전부라면 이 회사의 기업가치(V)와 자기자본가치(E) 및 주당 내재가치(P_I: intrinsic value)는 각각 다음과 같이 추정할 수 있다. 아래 식에서 V_K와 V_M은 각각 유전 K와 유전 M의 가치를 의미한다.

- $V = V_K + V_M = \left(\dfrac{27}{1.09} + \dfrac{27}{1.09^2} + \dfrac{27}{1.09^3}\right) + 121.5273 = 189.8723$

- $E = V - B = 189.8723 - 65 = 124.8723$

- $P_I = \dfrac{E}{N} = \dfrac{124.8723\text{억 달러}}{1.5\text{억 주}} = 83.2482 > P_0(= 65)$

위에서 제시한 바와 같이 주당 내재가치(P_I)가 83.2482달러로 현재 시장가격(P_0)인 65달러보다 크므로 현재 이 회사의 주식은 저평가되어 있다.

(물음 3) 순현가법(NPV)과 같은 전통적인 투자안 평가방법에서는 투자가 일단 시작된 이후에 발생하는 시장 상황의 변화에 대해 경영자가 아무런 대처 방안을 마련하지 않는다고 가정함으로써 NPV를 과소평가할 위험성이 있다. 이에 반해 실물옵션접근법(ROV: real option value analysis)은 투자안의 진행 과정에서 시장 상황의 변화에 대한 새로운 정보를 바탕으로 경영자가 탄력적으로 대응하여 투자안을 조정할 수 있는 기회인 실물옵션(연기옵션, 확장옵션 및 포기옵션 등)의 가치를 추정하여 이를 전통적인 투자안 평가방법인 현금흐름할인법(DCF)에 의한 NPV에 가산함으로써 보다 정확한 투자평가를 수행할 수 있다.

문제 21 ㈜대한은 SPC인 ㈜케이일차와의 총수익스왑(TRS)계약을 통해 ㈜민국을 인수하고자 한다. TRS 계약 내용은 아래와 같다.
(2020년 문제 7)

> (1) 보장매도자: ㈜대한, 보장매수자: ㈜케이일차
>
> (2) 정산일: 계약일로부터 2년
>
> (3) 보장매도자는 보장매수자에게 정산일에 투자금액 기준 연 3%의 고정이자를 지급
>
> (4) 보장매수자는 ㈜민국 배당금 수령 시 보장매도자에게 이를 즉시 지급하고, 정산일에 보장매도자로부터 투자금액 수취 후 ㈜민국의 주식을 양도

TRS 계약일인 1월 1일($t=0$)에 ㈜케이일차는 액면가 5,000원인 ㈜민국 주식을 주당 10,000원씩 100만주 취득했다. ㈜민국의 주가는 매년 말 60% 확률로 10% 상승, 또는 40% 확률로 5% 하락할 것으로 예상된다. ㈜민국은 액면가 기준 2%의 현금배당을 주가변동 직후인 매년 말 지급한다. 무위험이자율은 1%이다. 2년 동안 증자나 감자는 없다고 가정한다.

(물음 1) ㈜대한 입장에서 매년 말 현금흐름을 추정하시오. 단, 현금흐름은 주식가치 변동분을 포함한다. <u>계산결과는 십만원 단위에서 반올림하여 백만원 단위로 표시하시오.</u>

(물음 2) ㈜대한은 TRS 정산일에 ㈜케이일차로부터 ㈜민국의 주식을 인수하지 않을 수 있는 풋옵션을 보유하고 있다고 가정한다. 1주당 풋옵션의 가치를 구하시오. <u>계산결과는 반올림하여 원 단위로 표시하시오.</u>

(물음 3) ㈜케이일차는 TRS 정산일에 ㈜민국의 주가가 주식 취득 시보다 상승할 경우 ㈜대한에 주식을 양도하지 않을 수 있는 권리를 보유하고 있다고 가정한다. 이 권리의 1주당 가치를 구하시오. <u>계산결과는 반올림하여 원 단위로 표시하시오.</u>

(물음 4) 신용부도스왑(CDS)의 보장매도자와 보장매수자 간 현금흐름에 대해 설명하고, 이전되는 위험 종류에 대해 총수익스왑(TRS)과의 차이점을 4줄 이내로 기술하시오.

상세 해설 및 정답

이 문제는 신용파생상품(credit derivatives)인 총수익스왑(TRS: total return swap)과 신용부도스왑(CDS: credit default swap)에 관한 문제이다. 총수익스왑(TRS)은 신용부도스왑과 함께 대표적인 신용파생상품으로 기초자산(주식, ETF, 채권, 외환 등)의 신용위험과 시장위험을 이전하는 상품이다. TRS 거래는 기초자산을 매입하여 소유하고 있는 보장매입자(protection buyer) 혹은 총수익지급자(TRS payer)와 보장매도자(protection seller) 혹은 총수익수취자(TRS receiver)에 의해 거래가 이루어진다. 보장매입자(총수익지급자)는 기초자산에서 발생하는 배당이나 이자소득, 자본이득이나 손실 등 모든 현금흐름을 보장매도자(총수익수취자)에게 이전하고 그 대가로 약정이자 혹은 수수료를 받는다. 이처럼 총수익스왑(TRS)에서 보장매입자는 위험 없이 안정적으로 미리 약정한 이자 혹은 수수료를 받을 수 있고, 보장매도자는 큰 자금 부담 없이 자산을 매입하는 레버리지 효과를 누릴 수 있도록 설계된 신용파생상품이다. 총수익스왑(TRS)과 신용부도스왑(CDS)에 대한 상세한 설명은 아래 <Solution Note>를 참고하기 바란다.

(물음 1) ㈜대한은 보장매도자(총수익수취자)이므로 기초자산(혹은 준거자산)인 ㈜민국의 주식가격이 상승할 경우 발생하는 자본이득(capital gain)과 배당을 보장매입자(총수익지급자)인 ㈜케이일차로부터 지급받는다. 반면에, 기초자산인 ㈜민국의 주식가격이 하락할 경우 발생하는 자본손실(capital loss)과 미리 약정된 이자비용은 ㈜케이일차에게 지급한다. 이 문제에서는 보장매도자인 ㈜대한이 보장매수자인 ㈜케이일차에게 투자금액 기준 연 3%의 고정이자를 매년 지급하는 것이 아니라 계약 정산일($t=2$)에 일시에 지급한다는 점과, 또한 정산일에 보장매도자인 ㈜대한이 보장매수자인 ㈜케이일차로부터 기초자산인 ㈜민국의 주식을 매입하고, ㈜케이일차가 이 주식을 매입하는 데 소요된 초기 투자자금을 ㈜케이일차에게 지급한다는 점에 유의해야 한다. ㈜대한의 입장에서 매년 말 현금흐름을 추정할

때 각 시점에서의 ㈜민국의 주가(S)에 따라 주가 변동분이 달라지므로 다음 그림은 ㈜민국이 지급하는 배당액과 배당락 주가를 매년 말에 추정한 것이다.

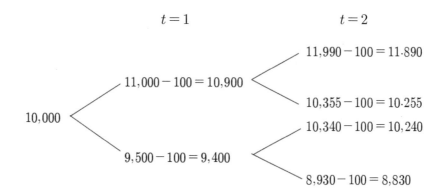

㈜대한의 입장에서 매년 말 현금흐름을 각 연도 말의 기초자산인 ㈜민국의 배당락 주가(S)에 따라 추정하면 다음과 같다.

A. 1년도 말($t=1$)의 현금흐름(CF_1)

   (1) $S_1 = 10,900$ (원)
     • 배당금 수령 : $5,000$(원)$\times 0.02 \times 1$(백만주)$= 100$ (백만원)
     • 주가 변동분 : $(10,900 - 10,000)$원$\times 1$(백만주)$= 900$ (백만원)
       $\rightarrow CF_1 = 100 + 900 = 1,000$ (백만원)

   (2) $S_1 = 9,400$ (원)
     • 배당금 수령 : $5,000$(원)$\times 0.02 \times 1$(백만주)$= 100$ (백만원)
     • 주가 변동분 : $(9,400 - 10,000)$원$\times 1$(백만주)$= -600$ (백만원)
       $\rightarrow CF_1 = 100 - 600 = -500$ (백만원)

B. 2년도 말($t=2$)의 현금흐름(CF_2)

   정산일($t=2$)에 보장매도자인 ㈜대한이 보장매수자인 ㈜케이일차에게 기초자산인 ㈜민국의 주식을 매입하는 데 소요된 초기 투자자금을 지급하고 ㈜케이일차로부터 ㈜민국의 주식을 양도받는다. 이때 이 주식의 가치를 정산일에서의 주가가 아니라 ㈜케이일차가 ㈜민국의 주식을 최초 매입한 시점($t=0$)의 주가(10,000원)를 기준으로 계산해야 한다. 왜냐하면 ㈜케이일차가 ㈜민국의 주식을 매입한 이후에 발생한 주가 변동분은 매년 말에 보장매도자와 보장매수자 간에 이미 교환이 이루어졌으므로 이중계산을 피하기 위해 정산일의 주식가치는 최초 매입가격을 기준으로 계산해야 하기 때문이다. 결국 보장매도자인 ㈜대한은 총수익스왑을 통해 ㈜케이일차로부터 자금을 차입해 ㈜민국의 주식을 매입하고 2년 후 정산일에 차입금의 원금과 이자를 ㈜케이일차에게 지불하는 것과 동일한 현금흐름을 얻을 수 있게 된다.

(1) $S_2 = 11,890$ (원)

- 배당금 수령 : $5,000$(원)$\times 0.02 \times 1$(백만주) $= 100$ (백만원)
- 주가 변동분 : $(11,890 - 10,900)$원$\times 1$(백만주) $= 990$ (백만원)
- 이자비용 : 100억원 $\times (1 + 0.03)^2 - 100$억원 $= 609$ (백만원)
- 양도받은 ㈜민국의 주식가치 : $10,000$ (백만원)
- 투자금액 지급 : $10,000$ (백만원)
  → $CF_2 = 100 + 990 - 609 + 10,000 - 10,000 = 481$ (백만원)

(2) $S_2 = 10,255$ (원)

- 배당금 수령 : $5,000$(원)$\times 0.02 \times 1$(백만주) $= 100$ (백만원)
- 주가 변동분 : $(10,255 - 10,900)$원$\times 1$백만주 $= -645$ (백만원)
- 이자비용 : 100억원 $\times (1 + 0.03)^2 - 100$억원 $= 609$ (백만원)
- 양도받은 ㈜민국의 주식가치 : $10,000$ (백만원)
- 투자금액 지급 : $10,000$ (백만원)
  → $CF_2 = 100 - 645 - 609 + 10,000 - 10,000 = -1,154$ (백만원)

(3) $S_2 = 10,240$ (원)

- 배당금 수령 : $5,000$(원)$\times 0.02 \times 1$(백만주) $= 100$ (백만원)
- 주가 변동분 : $(10,240 - 9,400)$원$\times 1$(백만주) $= 840$ (백만원)
- 이자비용 : 100억원 $\times (1 + 0.03)^2 - 100$억원 $= 609$ (백만원)
- 양도받은 ㈜민국의 주식가치 : $10,000$ (백만원)
- 투자금액 지급 : $10,000$ (백만원)

$$\rightarrow CF_2 = 100 + 840 - 609 + 10,000 - 10,000 = 331 \,(\text{백만원})$$

(4) $S_2 = 8,830 \,(\text{원})$

- 배당금 수령 : $5,000(\text{원}) \times 0.02 \times 1(\text{백만주}) = 100 \,(\text{백만원})$
- 주가 변동분 : $(8,830 - 9,400)\text{원} \times 1(\text{백만주}) = -570 \,(\text{백만원})$
- 이자비용 : $100\text{억원} \times (1+0.03)^2 - 100\text{억원} = 609 \,(\text{백만원})$
- 양도받은 ㈜민국의 주식가치 : $10,000 \,(\text{백만원})$
- 투자금액 지급 : $10,000 \,(\text{백만원})$
  $$\rightarrow CF_2 = 100 - 570 - 609 + 10,000 - 10,000 = -1,079 \,(\text{백만원})$$

(물음 2) 보장매도자인 ㈜대한은 TRS 정산일에 보장매수자인 ㈜케이일차에게 기초자산인 ㈜민국의 주식에 대해 100억원(주당 10,000원)의 투자금액을 지급하고 ㈜민국의 주식을 양도받게 되어 있다. 그런데 만약 ㈜대한이 TRS 정산일에 ㈜케이일차로부터 ㈜민국의 주식을 행사가격인 주당 10,000원에 인수하지 않을 수 있는 풋옵션을 보유하고 있다고 가정할 때 1주당 풋옵션의 가치는 2기간 이항모형의 일반식을 적용하여 구할 수 있다. 먼저 2기간 이항모형의 일반식을 적용하기 위해 필요한 기초 정보와 정산일($t=2$)에서의 풋옵션의 가치를 산정하면 다음과 같다.

- $u = (1+0.1) = 1.1, \; d = (1-0.05) = 0.95, \; r = 1 + r_f = 1.01, \; T = 2$

- $p = \dfrac{r-d}{u-d} = \dfrac{1.01 - 0.95}{1.1 - 0.95} = 0.4, \; 1-p = 0.6$

- $P_{uu} = Max[0, 10,000 - 11,890] = 0$

  $P_{ud} = Max[0, 10,000 - 10,255] = 0$

  $P_{du} = Max[0, 10,000 - 10,240] = 0$

  $P_{dd} = Max[0, 10,000 - 8,830] = 1,170$

위에서 제시한 정보들을 이용하여 1주당 풋옵션의 가치를 다음과 같이 2기간 이항모형의 일반식을 적용하여 구하면 413원이다.

$$\bullet \ P = \frac{p^2 P_{uu} + p(1-p)P_{ud} + (1-p)pP_{du} + (1-p)^2 P_{dd}}{r^2}$$

$$= \frac{(0.6)^2(1,170)}{1.01^2} = 413 \ \ (\because P_{uu} = P_{ud} = P_{du} = 0)$$

(물음 3) 보장매수자인 ㈜케이일차는 TRS 정산일에 기초자산인 ㈜민국의 주가가 주당 10,000원보다 상승할 경우 보장매도자인 ㈜대한에 주식을 양도하지 않을 수 있는 권리, 즉 콜옵션을 보유하고 있다고 가정하면 이 콜옵션의 1주당 가치를 2기간 이항모형의 일반식을 적용하여 구할 수 있다. 먼저 2기간 이항모형의 일반식을 적용하기 위해 필요한 기초 정보와 정산일($t=2$)에서의 콜옵션의 가치를 산정하면 다음과 같다.

- $u = 1.1, \ d = 0.95, \ r = 1.01, \ T = 2, \ p = 0.4, \ (1-p) = 0.6$
- $C_{uu} = Max\,[0,\, 11,890 - 10,000] = 1,890$

  $C_{ud} = Max\,[0,\, 10,255 - 10,000] = 255$

  $C_{du} = Max\,[0,\, 10,240 - 10,000] = 240$

  $C_{dd} = Max\,[0,\, 8,830 - 10,000] = 0$

위에서 제시한 정보들을 이용하여 1주당 콜옵션의 가치를 다음과 같이 2기간 이항모형의 일반식을 적용하여 구하면 413원이다.

$$\bullet \ C = \frac{p^2 C_{uu} + p(1-p)C_{ud} + (1-p)pC_{du} + (1-p)^2 C_{dd}}{r^2}$$

$$= \frac{(0.4)^2(1,890) + (0.4)(0.6)(255) + (0.6)(0.4)(240)}{1.01^2} = 413 \ \ (\because C_{dd} = 0)$$

(물음 4) 먼저 신용부도스왑(CDS: credit default swap)의 보장매입자는 약정된 수수료 즉 CDS 프리미엄을 보장매도자에게 지급하는 대신 기초자산을 발행한 기업 혹은 국가의 채무불이행(default) 사건이 실제로 발생할 경우 보장매도자로부터 약정에 따른 손실액을 보상받는다. 그리고 CDS가 보장매수자에서 보장매도자에게로 기초자산의 신용위

험만을 전가하는 데에 반해 TRS는 신용위험뿐만 아니라 이자율, 주가, 환율 등의 변동에 따른 기초자산의 시장위험도 함께 이전시킨다는 점에서 차이가 있다.

※ Solution Note: 총수익스왑(TRS)과 신용부도스왑(CDS)

1. 총수익스왑(TRS: total return swap)

총수익스왑(TRS)은 신용부도스왑(CDS)과 함께 대표적인 신용파생상품으로 기초자산(주식, ETF, 채권, 외환 등)의 신용위험과 시장위험을 함께 이전하는 상품이다. 최근 국내외 기업들이 기업의 인수합병, 순환출자 해소, 자회사의 채권 발행 시 신용보강 등 다양한 기업재무관리에 활용하고 있는 신용파생상품이다.

TRS 거래는 기초자산을 매입하여 소유하고 있는 보장매입자(protection buyer) 혹은 총수익지급자(TRS payer)와 보장매도자(protection seller) 혹은 총수익수취자(TRS receiver)에 의해 거래가 이루어진다. 총수익지급자(보장매입자)는 자산을 소유하고 있지만 해당 자산에서 발생하는 위험을 총수익수취자(보장매도자)에게 전가하는 대신 이익의 기회 또한 전가하게 되며 그 대가로 약정이자 혹은 수수료를 받는다. 총수익지급자(보장매입자)는 약정된 수익에 더하여 자산에서 발생하는 모든 위험과 기회를 양도하였기 때문에 자산가치 상승에 따른 이익을 누릴 수 없지만 동시에 자산가치 하락으로 손실이 발생할 경우 이 또한 총수익수취자(보장매도자)로부터 보전 받게 된다. 이처럼 총수익스왑(TRS)에서 총수익지급자(TRS payer)는 기초자산을 소유하는 데에서 발생하는 모든 위험을 총수익수취자에게 전가한다는 의미에서 보장매입자라고 부른다. 한편 총수익수취자는 기초자산에서 발생하는 모든 위험을 부담해야 한다는 의미에서 보장매도자라고 부른다. 이처럼 총수익수취자는 TRS 계약을 통해 기초자산을 총수익지출자로부터 대출을 받아 매입한 것과 동일한 효과를 누릴 수 있으며 결과적으로 큰 자금 부담 없이 자산을 매입하는 레버리지 효과를 누릴 수 있다.

지금까지 설명한 총수익스왑(TRS)에서 총수익지급자(TRS payer)와 총수익수취자(TRS receiver) 간에 이루어지는 현금흐름을 그래프로 간단히 표시하면 다음 <그림 1>과 같다.

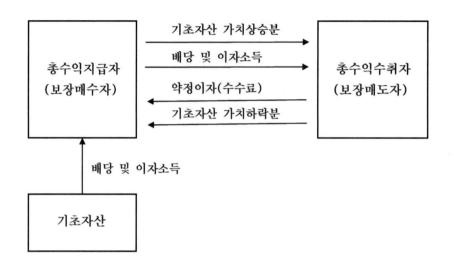

<그림 1> 총수익스왑(TRS)에서의 현금흐름

2. 신용부도스왑(CDS: credit default swap)

신용부도스왑(CDS)은 기초자산인 채권을 발행한 기업이나 국가의 채무불이행 위험(default risk) 자체를 사고팔 수 있도록 만든 파생금융상품이다. 신용부도스왑(CDS)의 보장매수자(protection buyer)는 약정된 수수료 즉 CDS 프리미엄을 보장매도자(protection seller)에게 지급하는 대신 기업 혹은 국가의 채무불이행(default) 사건이 실제로 발생할 경우 보장매도자로부터 약정에 따른 손실액을 보상받도록 설계된 파생상품이다. 예를 들어, A은행(보장매입자)이 B기업이 발행한 회사채(기초자산)를 매입하고, 이 회사채에 대한 채무불이행 위험에 대해 A은행은 C보험회사(보장매도자)에게 약정된 수수료(CDS 프리미엄)를 지급하는 대신, 회사채 발행기업인 B기업이 실제로 파산할 경우 C보험회사로부터 채권가치의 손실액을 보상받도록 약정하는 것이 신용부도스왑(CDS)이다. 그리고 신용부도스왑(CDS)이 총수익스왑(TRS)과 다른 점은 신용부도스왑(CDS)이 보장매수자에서 보장매도자에게로 기초자산의 신용위험만을 전가하는 데에 반해 총수익스왑(TRS)은 신용위험(credit risk)뿐만 아니라 이자율, 주가, 환율 등의

CPA 2차 재무관리

변동에 따른 기초자산의 시장위험(market risk)도 함께 이전시킨다는 점이다.

지금까지 설명한 신용부도스왑(CDS)에서 보장매수자와 보장매도자 간에 이루어지는 현금흐름을 그래프로 간단히 표시하면 다음 <그림 2>와 같다.

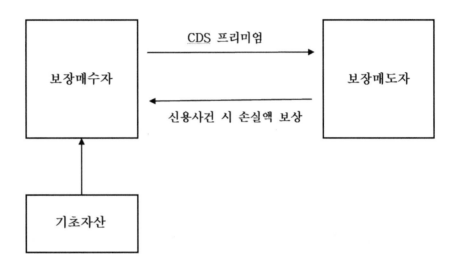

<그림 2> 신용부도스왑(CDS)에서의 현금흐름

9

선물과 스왑

9.1 선물의 가치평가

문제 1 만기가 1년인 금선물계약을 고려하자. 금의 현물가격은 온스당 400달러이고 무위험이자율은 연 10%이다. 보관비용은 연간 온스당 2달러이며 만기에 지불된다. 금선물 1계약은 금 100온스 기준이다. 선물거래에 대해서는 만기에 가서 현물을 인수 또는 인도함으로써 계약을 이행한다고 가정하자. (2012년 문제 3)

(물음 1) 금선물의 균형가격을 계산하시오.

(물음 2) 선물가격이 500인 경우 차익거래(arbitrage)를 통한 차익(payoff)을 계산하시오. 계산결과는 아래의 <u>표를 이용하여 시점별 현금흐름의 관점</u>에서 표기하시오. (단, 선물계약 1단위 기준으로 작성한다.)

거래내용	t=0	t=1
⋮	⋮	⋮
차익(payoff)		

(물음 3) 선물가격이 420인 경우 차익거래(arbitrage)를 통한 차익(payoff)을 계산하

시오. 계산결과는 (물음 2)와 동일하게 표를 이용하여 시점별 현금흐름의 관점에서 표기하시오. (단, 선물계약 1단위 기준으로 작성한다.)

(물음 4) 위 질문과 무관하게, 거래금액의 90%에 한해서 공매도가 허용되며 예치금에 대해서는 3%의 이용료가 지급된다. 차입이자율(borrowing rate)과 대출이자율(lending rate)이 각각 12%, 8%일 때 금선물의 차익거래(arbitrage)가 발생하지 않는 비차익구간(no-arbitrage bounds) 을 추정하시오. 계산결과는 (물음 2)와 동일하게 표를 이용하여 시점별 현금흐름의 관점에서 표기하시오. (단, 선물계약 1단위 기준으로 작성한다.)

상세 해설 및 정답

이 문제는 금선물의 가격결정과 차익거래에 의한 차익거래이익을 어떻게 추정하는지에 관해 묻는 문제이다.

(물음 1) 금 1온스당 금선물의 균형가격을 보유비용모형(cost-of-carry model)에 의해 추정하면 다음과 같이 \$442이며, 1계약당 균형가격은 \$44,200(=442×100)이다. 아래 식에서 F는 온스당 금선물 가격, S는 온스당 금현물 가격, r_f는 무위험이자율, T는 만기까지의 기간, C_1은 금현물 보관비용의 만기일($t=1$)에서의 가치 등을 의미한다.

$$\bullet \ F = S(1+r_f)^T + C_1 = 400\,(1+0.1) + 2 = 442$$

(물음 2) 선물가격이 온스당 500인 경우 (물음 1)에서 추정한 균형가격 442보다 크므로 선물가격이 과대평가된 것으로 볼 수 있다. 이때는 아래 표와 같이 선물을 매도하고 현물을 매수하는 매수차익거래를 통해 만기일에 선물계약 1단위 기준으로 \$5,800의 차익거래이익(payoff)을 얻을 수 있다. 금현물을 매입할 경우 만기일에 지불해야 할 온스당 \$2의 보관비용(C_1)을 현금유출로 계산해야 한다. 아래 <표 1>에서 S_1은 만기일($t=1$)에서의 금 1온스당 현물가격을 의미한다.

<표 1> 선물가격이 500인 경우 차익거래를 통한 차익(payoff)

거래내용	$t=0$	$t=1$
선물 1계약 매도	0	$-100(S_1-500)$
현물 100온스 매입	$-40,000$	$100(S_1-2)$
현금 \$40,000 차입	40,000	$-40,000(1.1)=-44,000$
차익(payoff)	0	5,800

(물음 3) 선물가격이 온스당 420인 경우 선물 균형가격 442보다 작으므로 선물가격이 과소평가된 것으로 볼 수 있다. 이때는 아래 <표 2>와 같이 선물을 매입하고 현물을 공매도하는 매도차익거래를 통해 만기일에 선물계약 1단위 기준으로 \$2,200의 차익거래이익(payoff)을 얻을 수 있다.

<표 2> 선물가격이 420인 경우 차익거래를 통한 차익(payoff)

거래내용	$t=0$	$t=1$
선물 1계약 매입	0	$100(S_1-420)$
현물 100온스 공매도	40,000	$-100(S_1-2)$
현금 \$40,000 대출	$-40,000$	$40,000(1.1)=44,000$
차익(payoff)	0	2,200

(물음 4) 이 문제는 공매도에 대한 제도적 규제, 차입이자율과 대출이자율이 상이한 경우와 같이 불완전시장요인이 존재하는 경우에 있어서 금선물 가격의 차익거래가 발생하지 않는 비차익구간(no-arbitrage bounds)을 추정하는 문제이다. 먼저 선물가격이 과대평가된 경우 차익거래가 발생하지 않기 위해서는 아래 <표 3>에서와 같이 선물을 매도하고 현물을 매수하는 매수차익거래를 통해 만기일에 얻을 수 있는 차익(payoff)이 0보다 작거나 같아야 한다. 이러한 조건을 만족시키는 선물가격은 아래 식과 같이 계약 1단위 기준으로 \$45,000보다 작아야 한다. 아래 식에서 F는 온스당 금선물 가격을 의미한다.

- 차익 $= 100F - 45,000 \leq 0 \rightarrow 100F \leq 45,000$

<표 3> 선물가격이 과대평가된 경우 차익거래를 통한 차익(payoff)

거래내용	$t=0$	$t=1$
선물 1계약 F로 매도	0	$-100(S_1-F)$
현물 100온스 매입	$-40,000$	$100(S_1-2)$
현금 \$40,000 차입	40,000	$-40,000(1.12)=-44,800$
차익(payoff)	0	$100F-45,000$

다음으로 선물가격이 과소평가된 경우 차익거래가 발생하지 않기 위해서는 아래 <표 4>에서와 같이 선물을 매입하고 현물을 공매도하는 매도차익거래를 통해 만기일에 얻을 수 있는 차익(payoff)이 0보다 작거나 같아야 한다. 여기서 유의할 점은 공매도에 대한 제한으로 인해 현재 시점에서 금 현물 100온스의 공매도 수익인 \$40,000 중 90%인 \$36,000만 받을 수 있으며 나머지 10%인 \$4,000은 증거금으로 예치해야 한다. 이 예치금에 대해서는 3%의 이자를 지급받을 수 있으므로 만기일에 예치금과 이에 대한 이자는 현금유입으로 산정한다. 이때 차익거래가 발생하지 않는 조건을 만족시키는 선물가격은 계약 1단위 기준으로 아래와 같이 \$43,200보다 커야 한다.

- 차익 $=-100F+43,200 \leq 0 \rightarrow 100F \geq 43,200$

<표 4> 선물가격이 과소평가된 경우 차익거래를 통한 차익(payoff)

거래내용	$t=0$	$t=1$
선물 1계약 F로 매입	0	$100(S_1-F)$
현물 100온스 공매도	36,000	$-100(S_1-2)+4,000(1.03)$
현금 \$36,000 대출	$-36,000$	$36,000(1.08)=38,880$
차익(payoff)	0	$-100F+43,200$

따라서 금선물의 차익거래가 발생하지 않는 비차익구간(no-arbitrage bounds)은 금선물 가격이 다음과 같이 \$43,200보다 크고 \$45,000보다 작은 구간이다: $\$43,200 \leq 100F \leq \$45,000$.

문제 2 ㈜백두는 1만 달러에 대해 만기 1년, 행사가격 1,000원의 유럽형 콜옵션을 보유하고 있고, 한라은행은 동일 기초자산, 동일 만기, 동일 행사가격의 유럽형 풋옵션을 보유하고 있다. 본 옵션계약에서 ㈜백두와 한라은행은 서로 거래 상대방이다. 또한 달러에 대한 만기 1년의 선물가격(futures price)은 970원/$이고 국내의 무위험이자율은 연 3%이다. 시장에 차익거래의 기회가 없다고 가정하여 다음 물음에 답하시오. (2018년 문제 6)

(물음 1) ㈜백두 입장에서 본 계약의 현재가치를 계산하시오. <u>금액은 반올림하여 정수로 표시하시오.</u>

(물음 2) 만약 만기가 1년이고 행사가격이 1,000원인 콜옵션의 가격이 50원일 경우, 풋옵션의 가격은 얼마인지 계산하시오. <u>금액은 소수점 아래 셋째 자리에서 반올림하여 둘째 자리까지 표시하시오.</u>

(물음 3) 1년 후 만기 시점에 달러의 원화환율이 900원/$이 되었다. 현금결제 방식(cash settlement)을 가정하여 ㈜백두 입장에서 만기일의 현금흐름이 얼마인지 계산하시오.

(물음 4) 앞의 (물음 3)에서 ㈜백두와 한라은행은 만기결제를 하는 대신, 이 결제금액이 반영되고 ㈜백두가 매수 포지션인 1년 만기의 달러 선도계약(forward contract)을 새롭게 체결하려 한다. 1년 후 시점의 국내와 미국의 무위험이자율이 각각 3%와 2%일 때 적정 달러선도가격을 계산하시오. <u>금액은 소수점 아래 셋째 자리에서 반올림하여 둘째 자리까지 표시하시오.</u>

이 문제는 통화 환율을 기초자산으로 하는 옵션 및 선도계약의 패러티 (put-call-forward parity)에 관한 문제이다.

(물음 1) ㈜백두가 현재 보유하고 있는 옵션 포트폴리오는 콜옵션 매입포지 션과 풋옵션 매도포지션이다. 따라서 ㈜백두가 현재 보유하고 있는 계약의 현재가치는 풋-콜-선도 패러티(put-call-forward parity)를 이용하여 계산하면 다음과 같이 -291.262원이다. 아래 식에서 F는 선물가격을, r_D는 국내 무위험이자율을, X는 행사가격을 각각 의미한다.

- $C - P = \dfrac{F - X}{(1 + r_D)^T} = \dfrac{970 - 1,000}{(1 + 0.03)} = -29.1262$ (원/\$)

  → 계약의 $PV = -29.1262$ (원/\$) $\times \$10,000 = -291,262$ (원)

(물음 2) 콜옵션(C)의 가격이 50원일 경우, 풋옵션(P)의 가격은 풋-콜-선도 패러티를 이용하여 계산하면 다음 식과 같이 79.13원이다.

- $50 - P = \dfrac{F - X}{(1 + r_D)^T} = \dfrac{970 - 1,000}{(1 + 0.03)} = -29.1262$

  → $P = 50 + 29.1262 = 79.13$

(물음 3) 1년 후 만기 시점($t = 1$)에 달러 환율이 900원/\$가 되었을 때 1만 달러에 대한 ㈜백두의 만기일에서의 현금흐름은 아래 표와 같이 -100 만원이다.

포트폴리오	$t = 1$
콜옵션 매입	$10,000 \times Max[0, 900 - 1,000] = 0$
풋옵션 매도	$-10,000 \times Max[0, 1,000 - 900] = -100$ (만원)
합 계	-100 (만원)

(물음 4) 이 문제는 ㈜백두와 한라은행이 기존 옵션계약의 만기일에 현금결제를 하지 않고, 대신에 이 결제금액이 반영된 새로운 선도계약을 체결하는 일종의 계약 롤오브(contract rollover)를 추진한다. 앞의 (물음 3)에서 ㈜백두와 한라은행이 기존 옵션계약의 만기($t=1$)에 현금결제를 한다면 ㈜백두와 한라은행은 각각 1달러당 100원의 손실과 이익을 얻을 수 있다.

그러나 만기에 이를 결제하지 않고 이를 반영할 수 있는 1년 만기의 달러 선도계약을 새롭게 체결할 경우, 손실을 본 ㈜백두가 매수포지션을 취하는 본래 선도계약의 가치에다 $t=1$ 시점에서의 손실액 100원의 다음 1년 후 선도계약의 만기일($t=2$)에서의 미래가치를 더해주어야 한다. 왜냐하면 새로운 선도계약의 만기일($t=2$)에 매수포지션을 취한 ㈜백두의 만기손익을 계산할 때 만기일의 현물환율(S_2)에서 선도가격(F_1)을 차감하기 때문에 선도가격에 손실 100원/$\$$을 반영하기 위해서는 손실액의 1년 후 미래가치를 선도가격에 더해주어야 한다. 따라서 기존 옵션계약을 새로운 선도계약으로 롤오브하는 시점($t=1$)에서 이후 1년 만기의 적정 달러선도가격(F_1)은 다음 식과 같이 1,011.82원/$\$$이다. 아래 식에서 S_1은 1년 후 옵션계약 만기 시점의 달러 현물환율을, r_D는 국내 무위험이자율을, r_F는 미국의 무위험이자율을, T는 선도계약의 만기까지의 기간을 각각 의미한다.

$$\bullet\ F_1 = S_1 \times \frac{(1+r_D)^T}{(1+r_F)^T} + 100(1+r_D)^T$$

$$= 900 \times \frac{(1+0.03)}{(1+0.02)} + 100(1+0.03) = 1{,}011.82$$

9.2 선물거래와 헤징

문제 3 ㈜한국정유는 다양한 파생상품을 활용하여 원유가격 인상과 환율 상승에 대비한 헤지전략을 수립하려고 한다. 원유선도, 선물환, 통화옵션에 대한 정보가 아래와 같을 때 다음 물음에 답하시오. (2021년 문제 6)

> ⑴ 3개월 후 10만 배럴의 원유 구입 예정
> ⑵ 원유 현물가격은 배럴당 40달러, 3개월 만기 원유 선도가격은 배럴당 45달러, 3개월 만기 원유선도 가격에 대한 원유 현물가격의 민감도는 0.9
> ⑶ 현재 환율은 1,000원/달러, 3개월 만기 선물환 환율은 1,050원/달러
> ⑷ 3개월 만기 행사가격이 1,020원/달러인 유럽형 콜옵션의 현재가격은 1달러당 30원, 유럽형 풋옵션의 현재가격은 1달러당 20원
> ⑸ 원유선도의 거래단위는 1계약당 1,000배럴, 선물환 및 달러옵션의 거래단위는 1계약당 100,000달러
> ⑹ 무위험이자율은 연 12%

(물음 1) 원유선도 거래를 이용해 원유가격 변동위험을 헤지하고자 한다. 매입 또는 매도할 선도계약수를 계산하시오.

※ (물음 2)와 (물음 3)은 독립적이다.

(물음 2) 선물환을 이용해 환위험을 헤지하고자 한다. 매입 또는 매도할 선물환 계약수와 3개월 후 지급해야 하는 원화금액을 계산하시오. 단, (물음 1)에서 계약이행을 통해 선도거래를 청산한다고 가정한다.

(물음 3) 달러옵션을 이용해 환위험을 헤지하고자 한다. 차입을 통해 옵션을 매입하는 경우 3개월 후 지급해야 하는 총 비용을 원화금액으로 계산하시오. 단, (물음 1)에서 계약이행을 통해 선도거래를 청산한다고 가정한다.

이 문제는 원유가격 상승 위험을 헤지하기 위한 원유선도 계약과 환율 상승에 대비한 헤지전략으로써 선물환 및 통화옵션의 활용 등에 관한 문제이다.

(물음 1) ㈜한국정유는 원유선도 거래를 이용하여 3개월 후 원유가격 상승 위험을 헤지하려고 한다. ㈜한국정유는 3개월 후 10만 배럴의 원유를 구입할 예정이므로 이와 관련된 원유가격 상승 위험을 헤지하기 위해서는 3개월 후에 만기가 도래하는 원유선도 계약을 매입해야 한다. 먼저, 문제에서 3개월 만기 원유선도 가격에 대한 원유 현물가격의 민감도 즉 베타가 0.9로 주어져 있으므로 헤지포트폴리오의 최소분산헤지비율(H^*)은 -0.9이다. 이것은 ㈜한국정유가 헤지포트폴리오의 위험을 최소화하기 위해 총 9만 배럴(=0.9×10만 배럴)의 원유선도 계약을 매입해야 함을 의미한다. 따라서 최소분산헤지에 필요한 최적 계약수를 구하면 다음과 같이 -90계약이다. 즉 3개월 후 구입 예정인 10만 배럴의 원유와 관련된 가격상승 위험을 헤지하기 위해서는 원유선도 90계약을 매입해야 한다.

- $H^* = -\hat{\beta} = -0.9$

- 최적계약수 $= -\dfrac{S \times \hat{\beta}}{F} = -\dfrac{10만 배럴 \times 0.9}{1,000 배럴} = -90$

(물음 2) ㈜한국정유는 (물음 1)에서 원유가격 상승 위험을 헤지하기 위해 원유선도 90계약을 매입해야 한다. 이에 따라 원유선도 계약의 만기인 3개월 후에 계약이행을 통해 원유선도 계약을 청산하려면 달러로 지불해야 하므로 원/달러 환율이 상승하는 위험에 대비할 필요가 있다. 이러한 원/달러 환율 상승 위험을 헤지하기 위해서는 3개월 만기 달러 선물환 계약을 매입해야 한다. 이때 매입해야 할 달러 선물환 계약수는 다음과 같이 약 41계약이다.

- 매입계약수 $= \dfrac{1,000(배럴) \times 45(달러) \times 90(계약)}{100,000(달러)} = 40.5 \approx 41$

그리고 3개월 후 선물환 만기일에 지급해야 할 원화금액은 다음과 같이 43.05억원이다.

- 지급 원화금액 $= 100,000(달러) \times 1,050(원/달러) \times 41(계약)$

$$= 43.05(억원)$$

(물음 3) 선물은 기본적으로 현금을 차입(혹은 무위험채권을 공매도)하여 현물을 매입하는 것과 동일하므로 선물은 다음 식과 같이 풋-콜 패러티에 의해 유럽형 콜옵션 매입과 풋옵션 매도로 합성할 수 있다. 이때 옵션의 행사가격과 선물가격은 동일해야 한다.

- $F = S - \dfrac{X}{(1+r_f)^T} = C - P$

이러한 원리에 의해 달러옵션을 이용해 환율상승 위험을 헤지하기 위해서는 유럽형 콜옵션 매입과 풋옵션 매도를 통해 달러 선물환 매입포지션을 합성해야 한다. 이러한 선물환 매입포지션을 합성하기 위해 현재 시점에서 원화 현금 차입을 통해 콜옵션을 매입하고 풋옵션을 매도하는 경우 차입해야 할 원화 거래비용은 다음과 같이 0.41억원이다.

- 차입액 $=$ 콜옵션 프리미엄 $-$ 풋옵션 프리미엄

$$= 100,000(달러) \times 30(원) \times 41(계약)$$

$$- 100,000(달러) \times 20(원) \times 41(계약)$$

$$= 100,000 \times (30-20) \times 41 = 0.41(억원)$$

그리고 3개월 후 지급해야 하는 총 비용은 크게 통화옵션 만기일에 지급해야 할 콜 혹은 풋옵션의 행사가격(합성선물환 가격과 동일)과 옵션 매입을 위해 차입한 원화 차입금 상환액으로 구성된다. 콜 혹은 풋옵션의 행사가격과 원화 차입금 상환액을 각각 계산하면 다음 식과 같다. 따라서 총비용의 원화금액은 42.2423억원이다.

- 옵션 행사가격 $= 100,000 \text{(달러)} \times 1,020 \text{(원/달러)} \times 41 \text{(계약)}$

  $= 41.82 \text{(억원)}$

- 차입금 상환액 $= 0.41 \text{(억원)} \times (1 + 0.12 \times \frac{3}{12}) = 0.4223 \text{(억원)}$

- 총비용 (원화금액) $= 41.82 + 0.4223 = 42.2423 \text{(억원)}$

9.3 스왑

문제 4 A기업은 B기업에게 고정금리를 지급하고 변동금리를 수령하는 금리스왑 계약을 가지고 있다. <u>금액은 반올림하여 억원 단위로 소수점 둘째 자리까지 표시하고, 금리 및 할인율은 반올림하여 소수점 넷째 자리까지 표시하시오.</u> (2017년 문제 6)

> - 액면금액 100억원, 잔존만기 3년, 연 1회 이자교환
> - 지급 고정금리: 6%
> - 수취 변동금리: 1년 현물이자율
> - 만기별 현물이자율: 6개월 4%, 1년 5%, 2년 6%, 3년 7%

(물음 1) 채권가격을 이용하여 금리스왑의 가치를 평가하시오.

(물음 2) 선도금리계약(FRA)을 이용하여 금리스왑의 가치를 평가하시오.

(물음 3) 스왑의 가치를 0으로 만드는 고정금리를 구하시오.

(물음 4) C기업은 6개월 후에 6개월 동안 차입할 예정이며 향후 금리 상승을 우려하여 선도금리계약(액면금액 100억원, 6개월 시점에 결제)에 대한 매입포지션을 취하였다. 오늘부터 6개월 후까지는 일수가 182일이고 이후부터 만기일인 1년 후까지는 일수가 183일이다. 6개월 후 실제 금리가 7%라면 C기업이 수령하는 금액은 얼마인가?

이 문제는 금리스왑의 가치평가 방법과 선도금리계약(FRA)의 손익 추정에 관해 묻는 문제이다.

(물음 1) A기업은 B기업에게 고정금리를 지급하고 변동금리를 수령하는 금리스왑계약을 가지고 있다. 이 금리스왑은 변동금리채권에 매입포지션을 취하고 고정금리채권에 매도 포지션을 취한 채권포트폴리오로 볼 수 있다. 따라서 A기업이 보유하고 있는 스왑의 가치는 변동금리채권의 가치에서 고정금리채권의 가치를 차감하는 방법으로 추정할 수 있다. 우선 만기까지의 기간별 변동금리를 확인하기 위해 기간별 선도이자율(forward rate)을 다음과 같이 계산한다.

- 기간별 현물이자율 : $r_1 = 0.05$, $r_2 = 0.06$, $r_3 = 0.07$

- $_1f_2 = \dfrac{(1+r_2)^2}{(1+r_1)} - 1 = \dfrac{(1+0.06)^2}{(1+0.05)} - 1 = 0.0701 \, (7.01\%)$

- $_2f_3 = \dfrac{(1+r_3)^3}{(1+r_2)^2} - 1 = \dfrac{(1+0.07)^3}{(1+0.06)^2} - 1 = 0.0903 \, (9.03\%)$

기업 A의 관점에서 이 스왑계약의 기간별 현금흐름을 변동금리 및 고정금리 이자액으로 각각 추정하면 다음 표와 같다(명목원금은 100 억원).

(단위 억원)

현금흐름	$t=1$	$t=2$	$t=3$
변동금리 수령(A)	5	7.01	9.03
고정금리 지급(B)	6	6	6
순현금흐름(A−B)	−1	1.01	3.03

위에서 추정한 변동금리와 고정금리 이자액을 이용하여 변동금리채권의 가치(B_A)와 고정금리채권의 가치(B_X) 및 스왑의 가치(V_S) 등을 추정하면 다음과 같다.

$$\bullet \; B_A = \frac{5}{(1+0.05)} + \frac{7.01}{(1+0.06)^2} + \frac{9.03+100}{(1+0.07)^3} = 100$$

$$\bullet \; B_X = \frac{6}{(1+0.05)} + \frac{6}{(1+0.06)^2} + \frac{6+100}{(1+0.07)^3} = 97.58$$

$$\rightarrow V_S = B_A - B_X = 100 - 97.58 = 2.42$$

따라서 기업 A가 보유한 금리스왑의 가치는 2.42억원이다.

(물음 2) 기업 A가 보유한 스왑은 이자지급 시점마다 고정금리를 지급하고 변동금리를 수령하는 선도금리계약(FRA)의 포트폴리오로도 볼 수 있다. 따라서 이 방식으로 스왑의 가치를 추정할 때는 아래 식과 같이 매 기간별로 수령하는 변동금리 이자액에서 지급하는 고정금리 이자액을 차감하고 이를 해당 기간의 현물이자율로 할인한 후 합산하여 구한다.

$$\bullet \; V_S = \frac{(5-6)}{(1+0.05)} + \frac{(7.01-6)}{(1+0.06)^2} + \frac{(9.03-6)}{(1+0.07)^3} = 2.42$$

위에서와 같이 선도금리계약(FRA)을 이용하여 추정한 금리스왑의 가치는 2.42억원이다. 이러한 결과는 (물음 1)에서 채권가격을 이용하여 추정한 금리스왑의 가치와 일치한다.

(물음 3) 스왑의 가치를 0으로 만드는 고정금리 이자액과 이자율을 각각 I_X와 r_X라고 하면 이들은 다음 관계식을 만족해야 한다.

$$\bullet \; V_S = \frac{(5-I_X)}{(1+0.05)} + \frac{(7.01-I_X)}{(1+0.06)^2} + \frac{(9.03-I_X)}{(1+0.07)^3} = 0 \rightarrow I_X = 6.91$$

$$\therefore \; r_X = \frac{I_X}{F} = \frac{6.91}{100} = 0.0691 \, (6.91\%)$$

따라서 스왑의 가치를 0으로 만드는 고정금리(r_X)는 6.91%이다.

(물음 4) 이 문제는 선도금리계약(FRA) 매입포지션의 손익을 계산하는 문제이다. 우선 선도금리계약에는 2개의 기간이 포함된다. 선도기간 혹은 거치기간(deferment period)과 계약기간(contract period)이다. 이 문제에서 C기업은 선도기간은 오늘부터 전반기 6개월(182일)이며 계약기간은 후반기 6개월(183일)인 "6 by 12 FRA 매수포지션"을 취하고 있다. 선도금리계약 매입포지션은 향후 계약기간인 후반기 6개월간 금리가 상승할 것을 우려하여 현재 시점에서 계약기간 중에 예상되는 금리인 선도이자율을 고정금리로 지급하고 계약기간 중의 실제 금리를 변동금리로 수취하는 계약이다. 이 문제에서 계약기간 중의 실제 변동금리는 문제에서 7%로 주어져 있으며, 고정금리는 현재 시점에서 금리가 상승하기 전 후반기 6개월간에 예상되는 선도이자율($_{0.5}f_1$)이다. 선도금리계약의 고정금리로서 선도이자율($_{0.5}f_1$)은 문제에서 주어진 6개월과 1년 기간의 현물이자율을 이용하여 추정할 수 있으며, 추정 결과 선도이자율($_{0.5}f_1$)은 다음과 같이 5.88%로 나타났다.

- $(1+0.05) = (1+0.04 \times \frac{182}{365})(1 + _{0.5}f_1 \times \frac{183}{365})$

  $\rightarrow _{0.5}f_1 = 0.0588$

따라서 선도금리계약 매입포지션을 취한 C기업의 손익은 수령하는 변동금리(r_A)와 지급하는 고정금리(r_X)와의 차이에 의해 결정되며 아래 공식을 활용하여 추정할 수 있다. 대부분의 파생금융상품의 경우 결제는 만기일에 이루어지지만 선도금리계약의 경우는 계약기간 초기 즉 지금으로부터 6개월 후에 이루어진다. 이에 따라 선도금리계약의 손익 공식 마지막 항은 연말 만기일에 결제할 경우 예상되는 손익을 계약기간 초기 즉 6개월 후의 시점에서 할인하기 위한 것이다. 아래 식에서 r_A은 6개월 후 수령하는 변동금리를, r_X는 지급하는 고정금리를, NP는 명목원금(notional principal)을, P는 계약기간 일수 등을 각각 의미한다. 아래 공식에 의해 추정한 결과, 지금으로부터 6개월 후 실제 금리가 7%일 때 C기업이 수령하는 금액은 0.54억원이다.

$$\bullet \quad \text{손익} = (r_A - r_X) \times NP \times \frac{P}{365} \times \frac{1}{\left(1 + r_A \times \dfrac{P}{365}\right)}$$

$$= (0.07 - 0.0588) \times 100 \times \frac{183}{365} \times \frac{1}{\left(1 + 0.07 \times \dfrac{183}{365}\right)}$$

$$= 0.54 \ (\text{억원})$$

참고로 지금으로부터 6개월 후 이자율이 실제로 7%로 상승한다 하더라도 기업 C는 선도금리계약을 체결함으로써 6개월 후 후반기 6개월 동안 차입하더라도 당시의 변동금리인 7%를 부담하는 것이 아니라 고정금리인 선도이자율 5.88%로 이자비용을 확정지을 수 있게 된다.

10.1 환율결정이론

문제 1 외환시장에서 현재 거래되는 원/달러 현물환율은 ₩1,100/$이고 원/엔 현물환율은 ₩1,100/100¥이다. 또한 한국, 미국 및 일본의 만기별 채권수익률은 다음과 같다. (2013년 문제 7)

만기		1년	2년	3년
만기별 채권수익률	한국	4.0%	3.5%	3.0%
	미국	3.0%	4.0%	4.5%
	일본	0.5%	0.5%	0.5%

(물음 1) 향후 원/달러(₩/$)와 원/엔(₩/100¥) 환율은 어떻게 변할 것으로 기대되는가? 구매력평가이론과 피셔이론이 성립한다고 가정한다. 환율은 반올림하여 소수점 둘째 자리까지 표기하라.

(물음 2) 채권수익률의 기간구조이론 중 유동성선호가설이 성립하며, 한국의 경우 2차 연도와 3차 연도의 유동성프리미엄이 각각 0.5%와 0.7%이고 미국의 경우 2차 연도와 3차 연도의 유동성프리미엄이 각각 0.2%와 0.5%이다. 한국과 미국의 1년 만기 채권수익률은 1년 후와 2년 후 각각 얼마가 될 것으로 예상되는가? 반올림하여 소수점 셋째 자리까지 %로

표기하라.

(물음 3) 한국의 K자동차는 미국의 소비자들에게 보다 원활한 서비스를 제공하기 위해 부품공장을 건설할 계획이다. 이 투자에는 초기 6,000만 달러가 소요되며 이후 3년간 매년 3,000만 달러의 현금유입이 예상된다. 3년 후 발생하는 현금흐름은 무시한다. 이 투자안에 적용되는 할인율은 여러 가지 요소를 고려하여 자국통화 기준으로 20%로 결정하였다. 금액은 반올림하여 소수점 둘째 자리까지 표기하라.

① 자국통화 기준 해외투자안의 NPV를 산출하라.

② 미국통화 기준 해외투자안의 NPV를 산출하라. 단, 환율을 고려하여 매년 할인율을 제시하라.

상세 해설 및 정답

이 문제는 환율결정이론과 이자율 기간구조 및 국제 자본예산 등에 관한 문제이다.

(물음 1) 구매력평가이론(PPP)과 피셔이론(FE: Fisher effect)이 성립한다면, 양국 통화 간 기대 현물환율($E(S_1)$)은 양국 간 명목이자율의 차이에 의해 결정된다는 국제피셔효과(IFE)가 성립한다. 아래 식에서 아래 첨자 D는 국내 이자율(r)과 인플레이션율(π)을, 아래 첨자 F는 외국 이자율과 인플레이션율을, S는 현재의 현물환율을 각각 의미한다(환율결정이론의 간편식은 아래 <Solution Note>를 참고하기 바란다).

- PPP: $\dfrac{E(S_1)}{S} = \dfrac{(1+\pi_D)}{(1+\pi_F)}$ and FE: $\dfrac{(1+r_D)}{(1+r_F)} = \dfrac{(1+\pi_D)}{(1+\pi_F)}$

- IFE: $\dfrac{E(S_1)}{S} = \dfrac{(1+r_D)}{(1+r_F)} \rightarrow \dfrac{E(S_t)}{S} = \dfrac{(1+r_{Dt})^t}{(1+r_{Ft})^t}$

따라서 향후 연도별 원/달러(₩/$)와 원/엔(₩/100¥) 기대 현물환율 ($E(S_t)$)은 위의 식에서 정의한 국제피셔효과(IFE)에 의해 다음과 같이 결정될 것이다.

- 원/달러(₩/$)

$$E(S_1) = 1,100 \times \frac{(1+0.04)}{(1+0.03)} = 1,110.68$$

$$E(S_2) = 1,100 \times \frac{(1+0.035)^2}{(1+0.04)^2} = 1,089.45$$

$$E(S_3) = 1,100 \times \frac{(1+0.03)^3}{(1+0.045)^3} = 1,053.31$$

- 원/엔(₩/100¥)

$$E(S_1) = 1,100 \times \frac{(1+0.04)}{(1+0.005)} = 1,138.31$$

$$E(S_2) = 1,100 \times \frac{(1+0.035)^2}{(1+0.005)^2} = 1,166.65$$

$$E(S_3) = 1,100 \times \frac{(1+0.03)^3}{(1+0.005)^3} = 1,184.15$$

위에서 추정한 기간별 원/달러(₩/$)와 원/엔(₩/100¥) 기대 현물환율을 정리하면 다음 표와 같이 요약할 수 있다. 아래 표에 의하면, 원/달러(₩/$) 환율은 향후 1년 후에는 상승하다가 그 이후 2년간은 점차 하락할 것으로 예상된다. 반면에 원/엔(₩/100¥) 환율은 앞으로 3년 간 지속적으로 상승할 것으로 예상된다.

기간		1년	2년	3년
기대현물환율 $E(S_t)$	원/달러(₩/$)	1,110.68	1,089.45	1,053.31
	원/엔(₩/100¥)	1,138.31	1,166.65	1,184.15

(물음 2) 채권수익률의 기간구조이론 중 유동성선호가설이 성립할 경우 1년 후 1년 동안의 기대현물이자율($E(_1r_2)$)은 다음 식과 같이 이 기간 중의 선도이자율($_1f_2$)에서 유동성프리미엄($_1L_2$)을 차감해서 구한다: $E(_1r_2) = {_1f_2} - {_1L_2}$. 선도이자율($_1f_2$)과 기대현물이자율($E(_1r_2)$) 간의 이러한 관계식을 이용하여 1년 후와 2년 후에 예상되는 한국과 미국의 1년 만기 채권수익률 $E(_1r_2)$과 $E(_2r_3)$를 구하면 다음과 같다.

1. 한국의 기간별 1년 만기수익률

- $_1f_2 = \dfrac{(1+r_2)^2}{(1+r_1)} - 1 = \dfrac{(1+0.035)^2}{(1+0.04)} - 1 = 0.03002\,(3.002\%)$

  $\rightarrow E(_1r_2) = {_1f_2} - {_1L_2} = 3.002\% - 0.5\% = 2.502\%$

- $_2f_3 = \dfrac{(1+r_3)^3}{(1+r_2)^2} - 1 = \dfrac{(1+0.03)^3}{(1+0.035)^2} - 1 = 0.02007\,(2.007\%)$

  $\rightarrow E(_2r_3) = {_2f_3} - {_2L_3} = 2.007\% - 0.7\% = 1.307\%$

2. 미국의 기간별 1년 만기수익률

- $_1f_2 = \dfrac{(1+r_2)^2}{(1+r_1)} - 1 = \dfrac{(1+0.04)^2}{(1+0.03)} - 1 = 0.05010\,(5.010\%)$

  $\rightarrow E(_1r_2) = {_1f_2} - {_1L_2} = 5.010\% - 0.2\% = 4.810\%$

- $_2f_3 = \dfrac{(1+r_3)^3}{(1+r_2)^2} - 1 = \dfrac{(1+0.45)^3}{(1+0.04)^2} - 1 = 0.05507\,(5.507\%)$

  $\rightarrow E(_2r_3) = {_2f_3} - {_2L_3} = 5.507\% - 0.5\% = 5.007\%$

(물음 3) ① 한국 K자동차의 원화 기준 해외투자안의 NPV를 산출하기 위해 해외투자로부터 발생하는 달러화 현금흐름(단위: 만달러)을 (물음 1)에서 산출한 기간별 기대현물환율($E(S_t)$)을 이용하여 원화 현금흐름(단위: 만원)으로 환산하면 다음 표와 같다.

기간(t)	0	1	2	3
달러화 CF_t	$-6,000$	3,000	3,000	3,000
기대현물환율	1,100	1,110.68	1,089.45	1,053.31
원화 CF_t	$-6,600,000$	3,332,040	3,268,350	3,159,930

- $NPV = -6,600,000 + \dfrac{3,332,040}{(1+0.2)} + \dfrac{3,268,350}{(1+0.2)^2} + \dfrac{3,159,930}{(1+0.2)^3}$

  $= 275,050.69$ (만원)

② 출제자가 "환율을 고려하여 매년 할인율을 제시하라"고 요구하고 있으므로 국제피셔효과(IFE)를 이용하여 앞의 (물음 1)에서 구한 기간별 기대현물환율을 고려한 연도별 달러 기준 할인율(R_{Ft})을 다음과 같이 추정한다. 단 원화 기준 할인율(R_{Dt})은 20%로 일정하다.

- IFE: $\dfrac{E(S_t)}{S} = \dfrac{(1+R_{Dt})^t}{(1+R_{Ft})^t}$ → $R_{Ft} = (\dfrac{S}{E(S_t)})^{\frac{1}{t}} \times (1+R_{Dt}) - 1$

- $R_{F1} = \dfrac{S}{E(S_1)} \times (1+R_{D1}) - 1$

  $= (\dfrac{1,100}{1,110.68}) \times (1+0.2) - 1 = 0.18846 \ (18.846\%)$

- $R_{F2} = (\dfrac{S}{E(S_2)})^{\frac{1}{2}} \times (1+R_{D2}) - 1$

  $= (\dfrac{1,100}{1,089.45})^{\frac{1}{2}} \times (1+0.2) - 1 = 0.20580 \ (20.580\%)$

- $R_{F3} = (\dfrac{S}{E(S_3)})^{\frac{1}{3}} \times (1+R_{D3}) - 1$

  $= (\dfrac{1,100}{1,053.31})^{\frac{1}{3}} \times (1+0.2) - 1 = 0.21748 \ (21.748\%)$

위에서 구한 매년도 달러 기준 할인율(R_{Ft})을 이용하여 달러 기준 해외투자안의 NPV를 계산하면 다음 식과 같이 250.02만 달러이다.

$$\bullet \ NPV = -6,000 + \frac{3,000}{(1+0.18846)} + \frac{3,000}{(1+0.20580)^2} + \frac{3,000}{(1+0.21748)^3}$$

$$= 250.02 \ (만달러)$$

※ Solution Note: 환율결정이론의 간편식

1. 구매력평가이론(PPP: purchasing-power parity theorem)
   구매력평가이론(PPP)에 따르면, 양국 통화 간 현물환율(S)의 기대변동률은 양국 간 기대인플레이션율의 차이와 같게 된다. 즉,

$$\frac{E(S_1) - S}{S} = \pi_D - \pi_F$$

2. 피셔효과(Fisher effect)
   피셔효과가 성립하면, 양국 간의 명목이자율의 차이는 기대인플레이션율의 차이와 같게 된다. 즉,

$$r_D - r_F = \pi_D - \pi_F$$

3. 국제피셔효과(IFE: international Fisher effect)
   구매력평가이론과 피셔효과가 동시에 성립할 경우 양국 통화 간 현물환율의 기대변동률이 양국 간 명목이자율의 차이와 같게 되는 현상을 국제피셔효과(IFE)라고 한다. 즉,

$$\frac{E(S_1) - S}{S} = r_D - r_F$$

4. 이자율평가이론(IRP: interest rate parity theorem)
   이자율평가이론(IRP)에 따르면, 양국 간 명목이자율 차이가 선도환율(F)의 할증률(혹은 할인율)과 같게 된다. 즉,

$$\frac{F - S}{S} = r_D - r_F$$

CPA
2차 재무관리
2010-2022년 2차 시험

ⓒ 정형찬, 2022

초판 1쇄 발행 2022년 10월 20일

지은이   정형찬
펴낸이   이기봉
편집   좋은땅 편집팀
펴낸곳   도서출판 좋은땅
주소   서울특별시 마포구 양화로12길 26 지월드빌딩 (서교동 395-7)
전화   02)374-8616~7
팩스   02)374-8614
이메일   gworldbook@naver.com
홈페이지   www.g-world.co.kr

ISBN 979-11-388-1327-3 (03320)